"十三五"国家重点图书出版规划项目
2017年主题出版重点出版物

复兴之路
中国改革开放40年回顾与展望丛书

建设服务型政府
中国行政体制改革40年

魏礼群◎主编

南方出版传媒
广东经济出版社
— 广州 —

图书在版编目（CIP）数据

建设服务型政府：中国行政体制改革40年/魏礼群主编. —广州：广东经济出版社，2017.9（2019.1重印）

（复兴之路——中国改革开放40年回顾与展望丛书）

ISBN 978-7-5454-5807-7

Ⅰ. ①建… Ⅱ. ①魏… Ⅲ. ①行政管理-政治体制改革-成就-中国 Ⅳ. ①D63

中国版本图书馆CIP数据核字（2017）第236629号

出 版 人：姚丹林
责任编辑：李惠玉　张晶晶　程梦菲
责任技编：许伟斌

Jianshe Fuwuxing Zhengfu
Zhongguo Xingzheng Tizhi Gaige 40 Nian

出版发行	广东经济出版社（广州市环市东路水荫路11号11~12楼）
经销	全国新华书店
印刷	中华商务联合印刷（广东）有限公司 （深圳市龙岗区平湖镇春湖工业区中商大厦）
开本	787毫米×1092毫米　1/16
印张	22　2插页
字数	342 000字
版次	2017年9月第1版
印次	2019年1月第4次
书号	ISBN 978-7-5454-5807-7
定价	58.00元

如发现印装质量问题，影响阅读，请与承印厂联系调换。
发行部地址：广州市环市东路水荫路11号11楼
电话：(020) 37601950　邮政编码：510075
邮购地址：广州市环市东路水荫路11号11楼
电话：(020) 37601980　营销网址：http://www.gebook.com
广东经济出版社新浪官方微博：http://e.weibo.com/gebook
广东经济出版社常年法律顾问：何剑桥律师
·版权所有　翻印必究·

复兴之路——中国改革开放 40 年回顾与展望丛书

编委会
EDITORIAL BOARD

编委会主任

魏礼群

编委会副主任

张卓元　迟福林

编　　委

（按姓氏汉语拼音排序）

蔡　武　曹远征　常修泽
迟福林　贾　康　李晓西
隆国强　宋洪远　宋晓梧
王　珺　魏礼群　张卓元
郑新立

总序
PREFACE

坚定不移推进改革开放
实现中华民族伟大复兴

实现中华民族伟大复兴，是中华民族近代以来最伟大的梦想。这个梦想，凝聚了几代中国人的夙愿，体现了中华民族和中国人民的整体利益，是每一个中华儿女的共同期盼。为了实现中华民族伟大复兴的中国梦，中国共产党人进行了长期不懈的奋斗和极为艰辛的探索。经过深刻总结历史经验，科学认识中国国情，顺应时代发展潮流，终于找到了一条正确道路。这条道路，就是中国特色社会主义道路，而改革开放则是中国特色社会主义道路最鲜明的特征。

1978年底，中国共产党召开具有重大历史意义的十一届三中全会，开启了改革开放的伟大征程。改革开放是我们党在新的时代条件下带领人民进行的新的伟大革命，目的就是要解放和发展生产力，加快推进国家现代化；就是要推动我国社会主义制度的自我完善和发展，赋予社会主义新的生机活力；就是要在坚持和发展中国特色社会主义的伟大事业中，实现国家富强、人民幸福、民族振兴。回顾改革开放的历史进程，我们党和人民锐意推进改革，从农村到城市、从经济领域到其他各个领域，成功实现了从高度集中的计划经济体制到充满活力的社会主义市场经济体制的伟大历史性转变；我们不断扩大对外开放，从建立经济特区到开放沿海、沿江、沿边、内陆地区，再到加入世界贸易组织、主动参与经济全球化和提出"一带一路"倡议，从大规模"引进来"到大踏步"走出去"，成功实现了从封闭半封闭到全方位开放的伟大历史性转变。我们在深化经济体制改革的同时，不断深化政治体制、行政体制、文化体制、社会体制、生态文明体制改革和党的建设制度改革，在推进国家治理体系和治理能力现代化方面不断迈出新的步伐。

改革开放以来，我国经济社会发展创造了人类史上的伟大奇迹，经济总量连续跃上几个大台阶，综合国力大幅提升，全国人民总体上过上小康生活，城乡面貌焕然一新。同时，我国政治建设、文化建设、社会建设、生态文明建设等各领域各方面都取得了举世公认的巨大成就，中国的国际地位越来越高，影响力越来越大。现在，我们比历史上任何时期都更接近中华民族伟大复兴的目标。实践充分证明，改革开放是当代中国一切发展进步的动力之源，是全国人民大踏步赶上时代潮流的重要法宝，是坚持和发展中国特色社会主义的必由之路，是实现国家现代化和中华民族伟大复兴中国梦的关键抉择。

习近平总书记指出："改革开放只有进行时，没有完成时。没有改革开放，就没有中国的今天，也就没有中国的明天。"这是对我国改革开放以来走过道路的深刻总结，也是实现未来更加美好目标的根本遵循。无论过去、现在和将来，坚持和发展中国特色社会主义都必须坚定不移地依靠改革开放。具有重大历史意义的中国共产党第十九次全国代表大会即将隆重召开，这是在全面建成小康社会决胜阶段召开的一次十分重要的大会。当前，我国不仅处于全面建成小康社会、实现第一个百年奋斗目标的决胜阶段，还处于为实现第二个百年奋斗目标，即建成社会主义现代化强国奠定基础的关键时期。我们必须按照习近平总书记治国理政新理念新思想新战略，在已经取得历史性成就的基础上，不忘初心，继往开来，坚定不移地推进改革开放的伟大事业，为我国未来发展开辟更为广阔的前景，继续沿着中华民族伟大复兴的康庄大道奋勇前进。

2018年，我国将迎来改革开放40周年。为此，广东经济出版社、中国（海南）改革发展研究院联袂策划并组织出版"复兴之路——中国改革开放40年回顾与展望丛书",献礼党的十九大,献礼我国改革开放40周年。这套丛书共13本,分别针对行政体制改革、计划投资体制改革、现代市场体系建设、所有制结构改革、农村改革、财税体制改革、金融体制改革、对外开放、社会体制改革、文化体制改革、环保体制改革等重点领域,从不同角度客观记录我国改革开放40年的历史进程,并展望改革开放的未来趋势。

这套丛书的主编和作者大多是相关领域知名的专家学者,也是我国改革开放的亲历者、见证者,这套丛书集结了他们长期亲历和研究我国改革开放的重要成果,凝聚了他们对改革开放伟大事业的一腔热情。广东经济出版社对这套丛书的出版给予了全力支持;作为以直谏中国改革为己任的改革智库,中国(海南)改革发展研究院为此书的策划、出版作出了重要贡献。作为编委会主任,我对为这套丛书付出艰辛努力的各位编委会成员、作者,对出版社的领导、编辑表示由衷的感谢!

这套丛书跨越多个领域,力图客观地反映改革开放伟大历程中的理论探索与实践经验,意义重大且任务艰巨,难免有不足之处,欢迎读者批评指正。

魏礼群

2017年7月

目 录

前言 /1

第一章 改革开放40年行政体制改革的回顾与展望 /1
第一节 中国行政体制改革的背景 /1
第二节 改革开放40年中国行政体制改革取得重大进展 /4
第三节 改革开放40年中国行政体制改革的宝贵经验 /11
第四节 深化行政体制改革的重点任务 /14
第五节 深化行政体制改革需要把握好的几个问题 /26

第二章 持续转变政府职能 /30
第一节 转变政府职能的基本历程 /30
第二节 转变政府职能的主要举措及其进展 /37
第三节 转变政府职能存在的突出问题 /46
第四节 加快转变政府职能的主要任务 /51

第三章 稳步调整行政层级与行政区划 /58
第一节 改革开放前中国行政层级与行政区划的变迁 /58
第二节 40年来中国行政层级与行政区划的调整 /63
第三节 中国行政层级与行政区划的现状和主要问题 /71
第四节 进一步优化中国行政层级与行政区划的思路 /76

第四章　精简优化政府机构设置 /84

　　第一节　政府机构改革的基本历程 /84

　　第二节　政府机构改革的内容、特点和经验 /89

　　第三节　政府机构改革取得的成效及存在的问题 /101

　　第四节　未来改革的方向和主要任务 /106

第五章　大力发展电子政务 /111

　　第一节　电子政务的总体发展历程 /111

　　第二节　电子政务管理机制的变革与发展 /117

　　第三节　电子政务发展相关政策与要求 /121

　　第四节　电子政务建设和应用成就 /125

　　第五节　电子政务面临的挑战与问题 /130

　　第六节　电子政务发展趋势和展望 /133

第六章　深入推进政务公开 /137

　　第一节　改革开放以来中国推行政务公开的发展历程 /137

　　第二节　中国推行政务公开的主要举措、成效与经验 /145

　　第三节　存在的问题及全面推进政务公开的展望 /156

第七章　全面开展政务服务中心建设 /162

　　第一节　政务服务中心的发展历程 /162

　　第二节　政务服务中心建设的主要内容和特点 /169

　　第三节　政务服务中心建设遇到的问题和挑战 /180

　　第四节　政务服务中心建设的着力点和趋势 /187

第八章　建立中国社会主义特色的公务员制度 /191

　　第一节　公务员制度的建立 /191

第二节　公务员制度的特色与发展成效 /202

　　第三节　公务员制度存在的主要问题 /220

　　第四节　公务员制度改革完善的基本思路 /228

第九章　不断加强法治政府建设 /236

　　第一节　法治政府建设的理论 /236

　　第二节　法治政府建设的实践 /249

　　第三节　法治政府建设的展望 /255

第十章　着力打造廉洁政府 /275

　　第一节　建设廉洁政府的过程 /276

　　第二节　廉洁政府建设的主要举措和成效 /278

　　第三节　廉洁政府建设的经验和启示 /296

　　第四节　廉洁政府建设展望 /299

第十一章　构建中国特色的现代应急管理体系 /305

　　第一节　现代应急管理体系建设的起步 /306

　　第二节　"十一五"时期应急管理体系建设 /311

　　第三节　"十二五"时期应急管理体系建设 /318

　　第四节　"十三五"时期应急管理体系建设的思考 /324

参考文献 /333

后记 /337

前 言

1978年召开的党的十一届三中全会,开启了我国改革开放的伟大征程。近40年来,国际形势风云变幻、国内发展波澜壮阔,在中国共产党领导下,从经济、政治、文化、社会、生态文明、国防和军队,到党的建设,我国改革在各领域全面展开、不断深化,取得了举世瞩目的辉煌成就。特别是党的十八大以来,以习近平同志为核心的党中央,在总结近40年改革开放经验的基础上,科学把握当今世界和当代中国的发展大势,顺应实践要求和人民愿望,直面深层矛盾和问题,以巨大的政治勇气和智慧,以铁一般的使命担当,全面深化改革,把我国改革大业推向新阶段、新境界。

行政体制改革是我国改革的重要组成部分。近40年来,为了适应经济社会发展的需要,伴随各领域改革进程的发展,我国行政体制改革持续推进、逐步深入,从政府职能转变、组织机构优化、行政区划调整、管理方式创新、管理流程再造,到行政权力制约、行政队伍建设,各方面各环节改革举措接连不断,改革成果亮点纷呈,为社会主义现代化建设提供了体制保障,也促进了其他相关领域改革的深化。

习近平总书记在主持中国共产党十八届中央政治局第二次集体学习时深刻指出，改革开放只有进行时没有完成时。当前，我国发展站在新的历史起点上，中国特色社会主义进入了新的发展阶段，以习近平同志为核心的党中央带领着全党全国各族人民，决胜全面建成小康社会，并向着实现中华民族伟大复兴的中国梦这一宏伟目标，乘风破浪，砥砺奋进。在推进中国特色社会主义伟大事业、实现民族复兴伟大梦想的航程中，必然需要继续全面深化改革，也必然需要在新的起点上将行政体制改革向纵深推进。近40年我国行政体制改革取得了巨大成绩，积累了许多宝贵的经验，但也不总是一帆风顺。系统回顾近40年行政改革的历程，客观评价改革的成绩，深入总结改革的经验，有助于我们研究和把握行政体制改革的规律，从而更好地谋划、部署和推进今后的行政体制改革。

因此，我们组织相关领域的知名专家，围绕我国行政体制改革始终坚持的重要目标——建设人民满意的服务型政府这一主题，从行政体制改革涉及的主要方面，对近40年来我国行政体制改革的基本历程、重要举措进行回顾总结，形成了《建设服务型政府——中国行政体制改革40年》这本书，列入由广东经济出版社、中国（海南）改革发展研究院联袂策划并组织出版的"复兴之路——中国改革开放40年回顾与展望"丛书，向即将召开的党的十九大献礼，向改革开放40周年献礼。希望本书能够为关心、研究、推动我国行政体制改革的理论工作者和谋划、实施行政体制改革的实际工作者提供有益的参考，为我国进一步深化行政体制改革发挥积极作用。

本书编者

第一章
改革开放 40 年行政体制改革的回顾与展望

马克思主义认为:"行政是国家的组织活动。"行政体制改革是政治体制改革的重要内容,是中国改革发展事业的重要组成部分。行政体制改革包括行政权力结构变革、行政组织机构调整、行政管理制度以及行政手段方式创新等。中国改革开放近 40 年来,行政体制改革取得重大进展。回顾总结中国行政体制改革的伟大历程和宝贵经验,研究探讨继续推进改革需要解决的重点问题,对于深刻认识改革开放的伟大成就,推进国家治理体系和治理能力现代化,协调推进"四个全面"战略布局,具有重要意义。

第一节
中国行政体制改革的背景

行政体制是国家上层建筑的重要组成部分。一个国家的社会经济制度及其发展阶段,决定着一定的行政体制。中国行政体制改革离不开中国的行政传统、特定的行政框架、不断深化的经济社会改革发展以及国际行政理论与实践的发展。

一、中华人民共和国成立后 30 年行政体制的演变

1949 年 10 月 1 日,中华人民共和国宣告成立,社会主义制度的确立为探索建立新型的行政管理体制创造了条件。1951 年,政务院制定《关于调整机构紧缩编制的决定(草案)》,进行了中华人民共和国成立后的第一次精兵简政工作。1954 年,第一届全国人民代表大会颁布了中国第一部《中华人民共和国宪法》(以下简

称《宪法》），选举了国家主席，成立了国务院，形成了中华人民共和国基本的行政体制框架。从1954年底开始，用了一年多的时间，对中央和地方各级机关进行了一次较大规模的精简。1956年，重新调整中央与地方的权限关系，同年召开的全国体制会议提出：改进国家行政体制的首要步骤，是先划分中央和各省、自治区、直辖市的行政管理职权，并且对地方的行政管理权予以适当扩大，然后再逐步划分省和县、县和乡的行政管理职权。这次改革一直持续到1960年。20世纪60年代初期，为适应国民经济调整的需要，进行了"精简加集中"的行政体制改革。20世纪60—70年代，行政体制在中央和地方分权以及政府部门增减方面多次调整。总的来看，中华人民共和国成立后，中国行政体制建设取得了重要进展：一是初步构建了与社会主义国家性质要求相适应的行政管理模式；二是创建了与计划经济体制相适应的行政体制；三是积累了中国行政体制建设正反两方面的经验。可以说，这一历史时期的行政体制发展历程尽管有不少曲折，但探索了中央与地方的权限关系，实施了精兵简政，调整了政府机构设置，建立了社会主义行政体制基本框架，促进了经济社会发展。这一历史时期的行政体制建设，为改革开放后的行政体制改革提供了基本前提和重要借鉴，其中最根本的教训就是不能超越经济社会发展水平及相应的客观条件，而一定要从本国国情和实际情况出发，着眼于适应生产力发展需要，稳步加以调整和变革。

二、改革开放以来的经济社会变革

1978年底，中国拉开了伟大的改革开放的历史序幕。此后，从农村到城市、从经济领域到其他各个领域，全面改革的进程势不可挡。从对内到对外、从沿海到沿江沿边、从东部到中西部，对外开放的进程波澜壮阔。这场历史上从未有过的大改革、大开放，有效地调动了全国人民的积极性，极大地解放和发展了社会生产力，推动了经济社会的全面进步，使中国成功实现了从高度集中的计划经济体制到充满活力的社会主义市场经济体制、从封闭半封闭到全方位开放的伟大历史转折。中国人民的面貌、社会主义中国的面貌、中国共产党的面貌发生了历史性变化，综合国力大幅度提升，国际地位和影响力显著提高。中国经济以世界上少有的速度持续快速发展，从一个比较落后的经济体发展到总量位居世界第二，人民生活从温饱不足发展到全面小康，为世界经济发展和人类文明进步作出了重大贡献。持续快速的经济社会发展和不断深化的改革开放事业，为中国行政改革提供了强大动力和基础支撑。

三、国际行政改革理论与实践

自 20 世纪 70 年代以来，随着国际形势的变化，国际行政改革理论与实践取得了积极进展，相继出现了以新公共管理运动、公共选择理论和治理理论为代表的政府行政改革理论，并在美国、英国、法国、澳大利亚、新西兰等国家取得了成功。国际行政改革理论和实践的主要内容与措施有：一是政府职能的优化。重新界定政府职能是当代西方发达市场经济国家政府改革的重点之一。在新公共管理运动视野中，政府从大量社会事务中解脱出来，将这些职能交给或归还社会，由社会经济组织或中介组织去承担，政府则制定法律和规章制度，监督和执行法律法规。二是公共服务的市场化和社会化。即政府充分利用市场和社会的力量，推行公共服务市场化和社会化。三是分权。当代西方国家行政改革的目标之一在于分散政府管理职能，缩小政府行政范围，因而必然要求实行分权与权力下放。四是引入现代化管理技术。"重塑政府"，实现政府管理的现代化，建立一个"市场化""企业化"政府。中国行政改革理论与实践，在借鉴国际最新行政改革理论与实践的基础上进行。虽然国家与国家之间的行政体制，由于政治、历史、文化等原因，其改革路径不可能相同，不可能照抄、照搬国际行政改革的模式，但国际行政改革的理论与实践，对于中国开阔眼界、打开思路，具有积极的启迪意义。实际上，中国行政体制改革正是在借鉴国际行政改革理论与实践有益做法的基础上，不断探索、不断深化，走出了一条中国特色行政改革之路。

第二节
改革开放40年中国行政体制改革取得重大进展

1978年底召开的党的十一届三中全会,开启了我国改革开放和社会主义现代化建设的历史新时期。习近平总书记指出:"我们党团结带领中国人民进行改革开放新的伟大革命,极大激发广大人民群众的创造性,极大解决和发展生产力,极大增强社会活力,人民生活显著改善,综合国力显著增强,国际地位显著提高。"近40年的大改革大开放,使我国成功实现了从高度集中的计划经济体制到充满活力的社会主义市场经济体制、从封闭半封闭到全方位开放的伟大历史转折,经济和社会发展取得了举世瞩目的巨大成就。在这个过程中,按照建设和发展中国特色社会主义的总目标,根据解放和发展生产力、上层建筑适应经济基础的根本要求,坚持不懈地推进行政体制改革,并不断取得新突破和重大进展,不断变革与完善中国特色社会主义行政体制。近40年来中国行政体制改革大体经历了三个阶段。

一、冲破高度集中的计划经济体制模式(1978—1992年)

从1978年党的十一届三中全会召开到1992年党的十四大召开之前,主要是冲破高度集中的计划经济体制和行政管理模式,对完善中国特色社会主义行政体制进行积极探索。改革开放之前,我国实行高度集中的计划经济体制和行政管理模式,国家统得多,管得死,抑制了广大企业和干部群众的积极性和创造性。实行改革开放决策之后,邓小平同志就十分重视行政体制改革与创新问题。他特别强调了三点:第一,"党和行政机构以及整个国家体制要增强活力,就是说不要僵化,要用新脑筋来对待新事物";第二,"要真正提高效率";第三,"要充分调动人民和各行各业基层的积极性"。按照这些要求,全国逐步展开了以简政放权为重点的经济体制和行政体制改革,主要是:废除人民公社"政社"体制,推进乡镇基层政权建设；扩大企业生产经营自主权，放宽地方和城市经济社会管理权限；积极推进政府机构改革，合并一些职能交叉重叠的机构，撤销一些工业经济管理部门，精减人员和编制；推进干部队伍革命化、年轻化、知识化、专业化，废除实际存在的领导职务终身制，提出并开始探索建立国家公务员制度。1982年和1988年实施的两次集中的行政体制改革，都迈出了重要步伐。

在1982年的改革中，国务院各类机构由100个减为61个，其中部委由52个裁并为43个，人员编制由5.1万人减为3万多人。这次改革，在领导班子方面，明确规定了各级各部的职数、年龄和文化结构，减少了副职，提高了素质。在精简机构方面，国务院各部委、直属机构、办事机构从100个减为61个；省、自治区政府工作部门从50~60个减为30~40个；直辖市政府机构稍多于省政府工作部门；城市政府机构从50~60个减为45个左右；行署办事机构从40个左右减为30个左右；县政府部门从40多个减为25个左右。在人员编制方面，国务院各部门从原来的5.1万人减为3万多人；省、自治区、直辖市党政机关工作人员从18万人减为12万多人；市县机关工作人员约减20%；地区机关工作人员精减幅度更大。这次改革历时3年，是改革开放以来规模较大、目的性较强的一次行政改革。通过精简各级领导班子和废除领导职务终身制，加快了干部队伍的年轻化，是一个很大的突破，是行政体制改革的一次有益探索。

1988年实施了新一轮行政体制改革，进一步转变职能，理顺关系，精简机构和人员，提高行政效率。1988年的机构改革，除了继续简政放权，解决机构臃肿、人浮于事等问题以外，还对一些经济管理部门进行了调整，提高了工作效率。这次改革首次提出"转变政府职能是机构改革的关键"，着重于大力推进政府职能的转变，政府的经济管理部门要从直接管理为主转变为间接管理为主，强化宏观管理职能，淡化微观管理职能。其内容主要是合理配置职能，科学划分职责分工，调整机构设置，转变职能，改变工作方式，提高行政效率，完善运行机制，加速行政立法。改革的重点是那些与经济体制改革关系密切的经济管理部门。改革采取了自上而下，先中央政府后地方政府，分步实施的方式进行。此次改革是在推动政治体制改革、深化经济体制改革的大背景下出现的，其历史性的贡献是首次提出了"转变政府职能是机构改革的关键"这一命题。总体上看，通过这一阶段的改革，初步摆脱了与高度集中的计划经济体制相适应的行政管理模式的羁绊，激发了经济社会活力，促进了社会生产力的解放和发展。

二、探索适应社会主义市场经济的行政体制（1993—2012年）

从1992年党的十四大召开到2012年党的十八大召开之前，主要是按照发展社会主义市场经济的要求不断深化改革，中国特色社会主义行政体制改革取得重大进展。党的十四大确立了建立社会主义市场经济体制的目标。随着经济体制改革的加快推进，行政管理体制改革也随之向适应建立社会主义市场经济体制的要求加快转变。这一时期行政体制改革的重点是，加快实行政企分开、转变政府职能。一是着力推进国有企业改革，培育市场体系，推进计划、投资、财政、金融、商贸等宏观经济部门和专业部门的管理体制改革，撤并了一些中央部门管理的国家局。二是下放权力，减少行政审批事项，各级政府都较多地减少了对企业生产经营活动的直接干预和管理，实行党政机关与所办经济实体脱钩。三是逐步调整政府部门之间关系，明确划分职责权限，解决了一些长期存在的部门职责交叉、权责不清、多头管理等问题。四是着力理顺中央与地方关系，明确中央与地方管理权限，特别是实行了分税制。五是进一步精简机构编制。这些内容集中体现在1993年和1998年实施的两次集中的行政体制改革中。

1993年的政府机构改革，是在确立社会主义市场经济体制的背景下进行的，首次提出政府机构改革的目的是适应建设社会主义市场经济体制的需要，其核心任务是在推进经济体制改革、建立市场经济的同时，建立起有中国特色的、适应社会主义市场经济体制的行政管理体制，改革的重点是转变政府职能。在机构改革中，为转变政府职能需要，一是把属于企业经营自主权范围的职能切实还给企业；二是把配置资源的基础性职能转移给市场；三是把经济活动中社会服务性和相当一部分监督性职能转交给市场中介组织。1993年3月22日，八届全国人大一次会议审议通过了《关于国务院机构改革方案的决定》。根据这一方案改革后，国务院组成部门设置41个，加上直属机构、办事机构18个，共59个，在原来的86个的基础上减少了27个，人员减少20%。1993年改革的一个重大举措是，实行了中纪委机关和监察部合署办公，进一步理顺了纪检检查与行政监察的关系。1993年实行中纪委机关和监察部合署办公的这种做法，是统筹党政机构设置的重要方式之一。在地方机构改革中，重点是抓好省级机构改革的方案和市地县乡的改革，制定事业单位机构改革的方案和主要措施，推动事业单位改革不断深化，建立符合事业单位自身发展规律、充满生机与活力的管理体制和运行机制。

1998年进行的行政体制改革，努力与建立社会主义市场经济体制相适应，在一些重点领域和关键环节取得了重大突破和实质性进展。1998年3月10日，九届全国人大一次会议审议通过了《关于国务院机构改革方案的决定》。这次改革确立了四大原则，即按照社会主义市场经济的要求，转变政府职能，实现政企分开；按照精简、统一、效能的原则，调整政府组织结构，实行精兵简政；按照权责一致的原则，调整政府部门的职责权限，明确划分部门之间职责分工，完善行政运行机制；按照依法治国、依法行政的要求，加强行政体系的法制建设。改革的目标是：建立办事高效、运转协调、行为规范的政府行政管理体系，完善国家公务员制度，建设高素质的专业化行政管理队伍，逐步建立适应社会主义市场经济体制的有中国特色的政府行政管理体制。在国务院机构改革中，国务院裁撤部委15个，新组建部委4个，更名的部委有3个，保留的有22个部、委、行、署，改革后除国务院办公厅外，国务院组成部门由原有的40个减少到29个，随后中共中央各部门和其他国家机关及群众团体的机构改革陆续展开。1998年改革的历史性进步是，开始提出了"转变政府职能"这个关键性问题，政府职能转变有了重大进展，其突出表现是撤销了几乎所有的工业专业经济部门，在很大程度上消除了政企不分的组织基础。通过这些改革，初步摆脱了与高度集中的计划经济体制相适应的行政管理模式的羁绊，激发了社会经济活力，促进了生产力的解放和发展。

2002年党的十六大以来，行政体制改革的主要任务是推进服务型政府和法治政府建设，中国特色社会主义行政体制改革全方位深化。重点围绕构建有利于推动科学发展、促进社会和谐的体制机制，着力进行制度机制创新和管理方式创新，主要包括：注重以人为本，促进经济社会全面协调可持续发展和人的全面发展；注重发展社会主义民主政治，大力推进科学民主决策，完善决策信息和智力支持系统，增强决策透明度和公众参与度；注重全面履行政府职能，强化社会管理和公共服务职能，加快以改善民生和公共服务为重点的社会建设，增强社会创造活力；注重规范政府行为，全面推进依法行政，加快建设法治政府；注重改进管理方式，推进政务公开和电子政务，探索实行行政绩效管理制度。

2003年的政府机构改革，是在加入世界贸易组织的大背景下进行的。3月10日，十届全国人大一次会议第三次全体会议通过了《关于国务院机构改革方案的决定》。该决定特别提出了"决策、执行、监督"三权相协调的要求。这次改革的目的是进一步转变政府职能，改进管理方式，推进电子政务，提高行政效率，降低行政成本；目标是逐步形成行为规范、运转协调、公正透明、廉洁高效的行政管理体制；重点是深化国有资产管理体制改革，完善宏观调控体系，健全金融监管体制，继续推进流通体制改革，加强食品安全和安全生产监管体制建设。为适应改革目标要求而进行的机构改革，除国务院办公厅外，国务院29个组成部门调整为28个，不再保留国家经贸委和外经贸部，其职能并入新组建的商务部。这次改革重大的历史进步在于抓住当时社会经济发展阶段的突出问题，进一步转变政府职能。

党的十七届二中全会通过的《关于深化行政管理体制改革的意见》，明确了深化行政管理体制改革的指导思想、基本原则和总体目标，提出了到2020年建立起比较完善的中国特色社会主义行政管理体制的改革目标。按照这一目标要求，2008年的国务院机构改革取得了新突破。这次改革按照精简、统一、效能的原则和决策权、执行权、监督权既相互制约又相互协调的要求，着力优化组织结构，规范机构设置，完善运行机制，为全面建设小康社会提供组织保障。国务院机构改革的主要任务是，围绕转变政府职能和理顺部门职责关系，探索实行职能有机统一的大部门体制，合理配置宏观调控部门职能，加强能源环境管理机构，整合完善工业和信息化、交通运输行业管理体制，以改善民生为重点加强与整合社会管理和公共服务部门。经过改革，一是政府职能转变取得明显进展，共取消、下放、转移职能60多项，同时加强了90多项职能。二是理顺部门关系取得重要突破，在探索实行职能有机统一的大部门体制方面迈出新步伐，集中解决了在宏观调控、资源环境、市场监管、文化卫生等方面 70 多项部门职责交叉和关系不顺的问题。三是部门责任得到明显强化，通过制定和完善"三定"规定，在赋予部门职权的同时，规定了相关部门应当承担的责任，共明确和强化了 200 多项责任，力求做到有权必有责、权责对等。四是机构编制得到有效控制，涉及调整变动的机构近 20 个，正部级机构减少了 6 个，国务院行政编制总数受到严格控制。

三、推进政府治理现代化（2013 年之后）

这一阶段行政体制改革的主要任务是推进简政放权、放管结合、优化服务等改革，行政体制改革向纵深推进。党的十八大以来，中国进入全面建成小康社会的决胜阶段，改革步入深水区和攻坚期，以习近平同志为核心的党中央对深化行政体制改革提出了明确要求。党的十八届二中全会指出，转变政府职能是深化行政体制改革的核心。党的十八届三中全会提出了全面深化改革的总目标是发展和完善中国特色社会主义制度，推进国家治理体系和治理能力现代化。行政体制改革围绕这一总目标，加快建立中国特色社会主义行政体制，明确提出："必须切实转变政府职能，深化行政体制改革，创新行政管理方式，增强政府公信力和执行力，建设法治政府和服务型政府。"改革主线是深入推进政企分开、政资分开、政事分开、政社分开，持续推进简政放权、放管结合、优化服务等改革，建设职能科学、结构优化、廉洁高效、人民满意的服务型政府，为适应、引领中国经济新常态，实现中高速增长，迈入中高端水平提供支撑。改革的主要举措有：

一是紧紧扭住政府职能转变这个"牛鼻子"，以简政放权为突破口，加快转变政府职能，坚决改革以审批发证为主要内容的传统管理体制，革除与审批发证相关联的寻租权力和不当利益，改变与审批发证相伴的"看家本领"。改革健全宏观调控体系，创新宏观调控方式，实施定向调控、区间调控。国务院各部门取消和下放的行政审批事项的比例超过 40%，不少地方超过 70%；非行政许可审批彻底终结；中央层面核准的投资项目数量累计减少 90%，外商投资项目 95% 以上已由核准改为备案管理。大力推进商事制度改革，改革工商登记制度。工商登记由"先证后照"改为"先照后证"，前置审批事项压减 87% 以上。国务院各部门设置的执业资格削减70%以上；着力降低企业税费，中央和省级政府取消、停征和减免收费1100多项，其中中央设立的涉企行政事业性收费项目减少69%、政府性基金减少30%，4年多来累计为企业减轻负担2万亿元。

二是优化政府组织结构。2013年进行了政府机构改革，撤掉4个正部级机构，减少2个国务院组成部门，优化了部门设置，协调了部门关系，不断完善决策权、执行权、监督权既相互统一又相互协调的行政运行机制。纵向上，加快推进地方政府职能转变和机构改革，在一些地方开展了行政层级改革探索。不少地方为适应加强政府监管、优化行政审批等方面的变革大胆进行机构调整，设立了行政审批局等政府机构。

三是创新行政管理方式。不仅在"放"上下更大功夫，进一步做好简政放权的"减法"，而且在创新政府管理服务上破难题，善于做加强监管的"加法"和优化服务的"乘法"。在监管方面，积极推进监管体制改革，以综合监管提高行政效能，克服"多顶大盖帽管一顶小草帽""多龙治水、无人负责"的不正常现象。创新监管方式，突出以公正监管维护市场秩序，大力推动建立以"双随机、一公开"为特征的监管机制。以创新监管提升政府管理水平，用大数据、云计算等现代技术为监管装上"火眼金睛"。以包容审慎监管助力新动能健康成长，为新技术、新业态、新模式规范发展留出充足空间。在优化服务方面，把企业和群众的痛点、堵点、难点作为改进服务的重点，大力实施"互联网+政务服务"，推出"一窗受理、一站服务"等便民措施，大力推行涉企涉民的事项网上办，让信息多跑路、群众少跑腿。根据有关部门对几百万条网络信息的追踪调查，群众对"放、管、服"改革的满意度在持续上升，2016年达到了89.9%。其中，84%的群众认为便民服务更加有效，很多烦琐证明被取消，82%的群众认为营商环境进一步优化。

四是依法行政加快推进。行政权力运行机制进一步完善，政府权力清单制度加快建立。政府决策机制进一步完善，行政决策科学化、民主化水平不断提高。行政执法体制改革不断深化，行政执法组织体系更加健全，行政执法程序化、规范化水平明显提高，行政监督制度建设加强，行政权力运行和行政行为实施的法制化、规范化、公开化程度大幅提高。行政绩效制度、问责制度推行进展明显，廉洁政府建设迈出重要步伐，公务员管理法制化程度进一步提高。

总的看来，经过近40年的不懈努力，中国行政体制改革取得了重大进展，主要标志为：一是摒弃了高度集中的计划经济体制和行政管理模式，基本建立了与发展社会主义市场经济相适应的行政管理体制。二是转变政府职能取得实质性进展。企业作为市场竞争主体地位得到确立，市场在配置资源中的决定性作用明显增强，新型宏观调控体系逐步健全，社会管理和公共服务职能不断加强。三是政府组织结构不断优化。建立了以宏观调控部门、市场监管部门、社会管理和公共服务部门为主体的政府机构框架，机构设置和职责体系趋于合理。四是依法行政全面推进。2004年国务院颁布《全面推进依法行政实施纲要》，经过10多年的努力，基本实现建设法治政府的目标，依法行政成为各级政府的基本准则，政府立法工作不断改进，行政执法体制逐步健全，对行政权力的规范、制约和监督进一步加强。五是行政管理方式创新取得重要进展。"互联网＋政务服务"模式得到推广，科学民主决策水平不断提高。普遍建立重大问题集体决策制度、专家咨询制度、社会公示制度和听证制度，政务公开制度逐步完善。六是政府自身建设不断加强。服务政府、责任政府、法治政府、廉洁政府建设迈出重要步伐，公务员管理法律法规体系逐步健全，中国特色国家公务员制度基本建立；政风建设和廉政建设不断推进，公务员队伍整体素质和能力明显提高。所有这些，都为建立和完善中国特色社会主义行政管理体制奠定了重要基础。

第三节
改革开放40年中国行政体制改革的宝贵经验

"明镜所以照形，古事所以知今。"改革开放以来，中国行政体制改革不仅取得了显著成效，而且在实践中积累了宝贵经验。主要表现在以下六个方面。

一、坚持顶层设计，统筹规划

这既是中国行政体制改革的重要经验，也是今后深化行政体制改革的基本遵循。深化行政体制改革，需要放到党和国家发展的大局中统筹谋划，在中央统一领导下与其他方面的改革统筹规划部署，整体协调推进。邓小平在《党和国家领导制度的改革》中指出："改革党和国家领导制度及其他制度，是为了充分发挥社会主义制度的优越性，加速现代化建设事业的发展。""我们要不断总结历史经验，深入调查研究，集中正确意见，从中央到地方，积极地、有步骤地继续进行改革。"中国行政体制改革正是在中国共产党的坚强领导下统筹协调推进的。党的十八大报告指出："要完善体制改革协调机制，统筹规划和协调重大改革。"这对加强行政体制改革的顶层设计，统筹规划、协调推进各方面改革有着重要意义。中国政府始终把行政改革作为全面深化改革的关键环节，深入研究行政改革与经济改革、政治改革、文化改革、社会改革的相互关系，把握好各方面改革相互适应、相互支撑的规律性和相互制约、相互影响的复杂性，正确处理好改革、发展与稳定的关系，提高体制改革决策的科学性、权威性，增强各方面改革措施的协调性、配套性、实效性，确保社会主义改革的正确方向和顺利推进。

二、坚持积极稳妥，渐进深化

行政体制改革是全面深化改革的重要环节，是建立和完善社会主义市场经济体制、发展社会主义民主政治的必然要求，在近40年的改革开放中，中国走出了一条开拓性创新、渐进式改革的成功道路。这一改革道路的基本特点，是在坚持中国特色社会主义基本制度框架的前提下，进行的一场有领导、有秩序、有创新的社会主义行政制度的自我完善和革命。有领导，是指行政体制改革与其他方面的改革一样，坚持在党的坚强领导下进行，坚定社会主义改革的方向，有组织、分步骤地推进。有秩序，是指行政改革正确处理了改革、发展与稳定的关系，协调改革力度、发展速度和社会承受度，是在保持社会主义基本政治制度和政体的基础上，对行政体制进行的改革。有创新，是指既是对原有行政权力结构和利益格局的重大调整，也是一场深刻的观念变革和思想革命,必须把创新精神贯穿于改革的全过程和每个环节。实践证明,中国行政体制改革在理论和实践上的每一个进步,都是坚持解放思想、实事求是、与时俱进的结果。推进行政体制改革,要有长远目标和总体规划,明确改革的路径与方向,确定每个时期的重点任务,改革不可能毕其功于一役。既要充分利用各方面的有利条件,正确把握有利时机,坚决果断地推进改革,在一些重要领域迈出较大步伐,又要全面分析面临的矛盾和风险,充分考虑各方面的承受能力,积极稳妥实施。

三、坚持服务人民,依靠群众

全心全意为人民服务是中国共产党和中国政府的根本宗旨,一切为了人民、一切依靠人民,是推进各项改革的根本出发点和动力所在。推进行政体制改革要始终坚持以人民为中心,坚持改革的目的是为了人民,改革的归宿是服务人民,改革的动力是依靠人民,着眼于推进经济和社会发展,不断提高人民群众物质文化生活水平,促进人的全面发展;坚持尊重人民群众的主体地位,维护人民群众的各项权益;充分体现广大人民群众的利益和诉求,使全体人民共享改革发展成果。从行政体制改革的动力机制看,高度重视发挥人民群众的积极性、主动性和参与性,增强社会经济活力和创造力。实践证明,中国行政改革只有符合人民利益,反映人民呼声,紧紧依靠人民,建设人民满意的政府,才能得到广大人民群众的真心拥护和有力支持。

四、坚持围绕中心,协调推进

经济建设是中心任务,围绕经济发展,服务经济发展,适应经济发展,始终是中国行政体制改革的内在驱动力。行政体制是国家体制的基本框架,是上层建筑的重要组成部分,是经济体制、政治体制、社会体制以及其他体制的关键结合点,并且有着密切的联系。行政体制改革尤其是政府机构设置和职能调整,涉及国家经济、政治、文化和社会生活的各个方面,涉及中央与地方、政府与社会、政府与企业、整体利益与局部利益等一系列重要关系。因此,行政体制改革必须放到中国经济社会发展的大局中统筹谋划，服从并服务于促进经济社会发展的需要，做到与完善社会主义市场经济体制进程相适应，与建设社会主义民主政治、完善国家治理体系相协调。

五、坚持鼓励创新，勇于实践

在推进行政体制改革中，始终鼓励和支持地方、部门从实际出发，因地制宜，大胆探索，推进创新，为深化改革积累经验。近些年来，许多地方和部门围绕政府组织结构、层级体系、管理体制、运行机制、服务方式等进行了积极探索，包括推进大部门制改革、探索省直接管理县（市）改革、创新行政管理方式、政务服务标准化、综合执法体制改革等。有关部门和地方深入调查研究和客观评估这些改革效果，认真研究解决改革过程中出现的问题，使那些在实践中被证明行之有效的改革措施得到完善和推广，并体现在顶层统筹和决策部署中。

六、坚持立足国情，善于借鉴

改革开放以来，中国以开放的胸襟，宽广的视角，大力开展中外行政文化交流，在相互学习借鉴中，为推动人类文明进步作出了应有的努力。行政改革涉及行政权力关系的调整和政府组织结构的变动，中国行政改革既善于研究借鉴国际上公共治理方面的有益成果，顺应时代发展和变革潮流，又不盲目照抄照搬国外模式。中国地域辽阔、各地情况差异性很大、发展很不平衡，在推进改革中，充分考虑各地特点，分类指导，做到国际经验与中国特殊国情相结合。

第四节
深化行政体制改革的重点任务

行政体制改革是包括转变政府职能、政府机构改革、优化行政层级与区划、领导职数和编制改革、政府管理方式创新等在内的系统配套改革。当前，我国正处于全面建成小康社会的决胜阶段，改革步入深水区、攻坚期，这既是全面深化改革的关键时期，也是实现2020年全面深化改革目标的收官阶段。与到2020年建立起比较完善的中国特色社会主义行政管理体制的改革目标相比，我国行政体制各方面的改革进展还不平衡，一些重点领域和关键环节的改革还需要进一步取得实质性突破。党的十八届五中全会提出，要深化行政管理体制改革，进一步转变政府职能，持续推进简政放权、放管结合、优化服务，提高政府效能，激发市场活力和社会创造力。这为今后一个时期深化行政体制改革，提出了明确要求。今后一个时期，深化行政体制改革必须围绕建立比较完善的中国特色社会主义行政体制，切实推进关键环节和重点领域的改革，实现政府职能向创造良好发展环境、提供优质公共服务、维护社会公平正义的根本转变，政府组织机构及人员编制向科学化、规范化、法制化的根本转变，行政运行机制和政府管理方式向规范有序、公开透明、便民高效的根本转变。到2020年形成系统完备、科学规范、运行有效的行政管理制度体系，使行政方面的制度更加成熟更加定型，为推进国家治理体系和治理能力现代化提供强有力支撑。

习近平总书记指出："我们的改革要更加注重系统性、整体性、协同性，敢于涉深水区、啃硬骨头。我们要以勇于自我革命的气魄、坚忍不拔的毅力推进改革，敢于向积存多年的顽瘴痼疾开刀，敢于触及深层次利益关系和矛盾，坚决冲破思想观念束缚，坚决破除利益固化藩篱，坚决清除妨碍社会生产力发展的体制机制障碍。"中国行政体制改革的总体要求是：一要充分考虑协调推进"四个全面"战略布局和全面、协调、绿色、开放、共享发展理念的要求，统筹兼顾，协调推进。二要充分考虑发展和完善社会主义市场经济体制的要求，正确处理政府与市场关系，使市场在资源配置中起决定性作用和更好发挥政府作用。三要充分考虑推进国家和政府治理现代化的要求，完善法律法规体系，提高治理能力。四要充分考虑建设创新型国家的要求，全面推进体制机制创新、制度创新和管理创新，逐步建成服务型、现代化的法治政府。基于此，深化行政体制改革，必须着力抓好以下几个重点任务。

一、正确处理好政府与市场的关系，进一步转变政府职能

习近平总书记指出："转变政府职能是深化行政体制改革的核心，实质上要解决的是政府应该做什么、不应该做什么，重点是政府、市场、社会的关系。"要按照党的十八大报告确定的"推动政府职能向创造良好发展环境、提供优质公共服务、维护社会公平正义转变"的总方向，科学界定政府职能范围，加快转变政府职能，推动政府职能实现"四个转变"。

一是向创造良好发展环境转变。在宏观环境方面，要健全宏观调控体系，创新和完善宏观调控方式，搞好基础设施建设和公共服务，加强对生态环境和资源的保护，注重运用经济手段、法律手段并辅之以必要的行政手段管理和调节经济社会活动。在微观环境方面，要强化市场监管职能，健全行政执法、行业自律、舆论监督、群众参与相结合的监管体系，加强事中事后监管，创新监管方式，提高监管能力，维护统一开放、竞争有序、安全健康的市场秩序。

二是向提供优质公共服务转变。要更新管理理念，强化服务意识，做到在服务中实施管理、在管理中体现服务，不断提高公共服务水平。随着经济社会的持续发展，要以不断满足人民群众对公共产品、公共服务日益增长的需求为着眼点，着力解决公共产品供给短缺、公共服务能力不强等问题，推进城乡、区域基本公共服务均等化；加快完善公共财政制度，扩大公共产品和公共服务的覆盖范围，切实保障农村、基层和欠发达地区人民群众基本公共服务的需要。创新政府服务方式，大力实施"互联网＋政务服务"，提供公开透明、高效便捷、公平可及的政务服务和公共服务。要实行更加有力的政策措施，推进教育、卫生、文化等社会事业加快发展。

三是向维护社会公平正义转变。维护社会公平正义，是社会文明进步的重要标志。要正确认识和处理效率与公平的关系，当前和今后一个时期，更加注重社会公平和社会管理，强化政府促进就业和调节收入分配的职能，整顿和规范收入分配秩序，建立科学合理的收入分配调节机制。发挥社会政策的"兜底"作用，加快完善社会保障体系，调节社会利益关系，大力发展社会保险、社会救助、社会福利等

事业。更加注重突发事件应急管理体系建设，健全社会矛盾疏导调处和安全预警机制，构筑社会安全网，维护社会和谐稳定。

四是向实行科学化的公共治理转变。公共治理相对于传统的公共管理而言，更强调以规范的、民主的、法治的行政方式来管理公共事务。推行这种管理模式，符合建设服务型、现代化政府的要求。要树立新的公共治理理念，由以行政控制为主向以服务公众为主转变，由"全能政府"向"有限政府"转变；逐步完善公共治理机制，建立健全公开、参与、评价和责任制度；建立健全公共治理结构，改进公共治理方式，综合运用现代管理方法和科技手段，不断推进政府治理创新。

二、继续简政放权，释放市场和社会活力

经过多年努力，我国在简政放权方面取得了很大进展，尤其是党的十八大以来，我国以简政放权为突破口，加快转变政府职能，取得积极成效，有效地激发了企业和社会活力。但也要看到，在现实中仍然存在一些政府不该管、管不了，也管不好的现象，同时又存在着一些政府应该管而没有管住或者没有管好的问题。深化行政体制改革，要紧紧扭住转变政府职能这个"牛鼻子"，在更大范围、更深层次，以更有力的举措推进简政放权、放管结合、优化服务改革，使市场在资源配置中起决定性作用和更好发挥政府作用，切实推进政企分开、政资分开、政事分开、政府与中介组织分开，破除制约企业和群众办事创业的体制机制障碍。重点是把简政放权改革作为主攻方向，继续加大放权力度。坚持取消优先，能取消的要尽量取消，直接放给市场和社会。

一是继续深化行政审批制度改革。进一步取消国务院部门行政审批事项和中央指定地方实施的行政审批事项，取消国务院部门行政审批中介服务事项，削减生产许可证、经营许可证。对确需保留的行政审批事项，要统一审批标准，简化审批手续，规范审批流程。按照"营业执照 + 负面清单 + 监管服务"的改革方向，优化审批流程，努力实现"一枚公章管审批"。加快构建全国性的网上审批服务网络平台，实现国务院各部门间的"横向联通"、中央与地方的"纵向贯通"。

二是全面深化商事制度改革。在深化"先证后照"改"先照后证"基础上，

着力实施"先照减证",对后置的审批和许可进行清理削减。加快企业名称登记管理改革,在全面实施"一证一码"基础上,建立全国联网的企业登记名称查询平台,推进商标注册提速降费。在更大范围内推进"证照分离"改革试点,除涉及国家安全、公共安全、经济安全、生态安全、意识形态安全和公众健康等重大公共利益之外,把能分离的许可类的"证"都分离出去,分别予以取消或改为备案、告知承诺等管理方式。

三是全面推行清单管理制度。现在省、市、县三级政府部门权力和责任清单全部公布,初步效果是好的。但由于标准和规范不统一,各地清单长短、内容差别很大,谁来监管、谁来追责执行不清楚,不少企业和群众反映看得"一头雾水"。下一步要继续对清单进行规范和完善。国务院部门的权力和责任清单要在总结试点经验基础上加快制定出台,并向社会公布。要进一步扩大市场准入负面清单试点,压缩负面清单事项,提高透明度和市场准入的可预期性,尽快全面实施市场准入负责清单。

四是努力优化政务服务。要加快推行"互联网+政务服务",推动政府部门在协同联动、流程再造、系统整合等方面进行改革,提升实体政务大厅服务能力,推进实体政务大厅向网上办事大厅延伸,打造政务服务"一张网",简化服务流程,创新服务方式,对企业和群众办事实行"一口受理"、全程服务,变"办事群众围着部门跑"为"各部门围着办事群众跑"。抓紧制订政府部门间数据信息共享实施方案,明确共享平台、标准、目录、管理、责任等要求,建立国家共享平台,打破信息孤岛和数据壁垒,实现数据信息互联互通和充分共享,建设高效运行的服务型政府。要继续实施"减证便民"行动,大刀阔斧砍掉不必要的"奇葩"证明。因势利导,主动服务、跟踪服务,打造"双创"综合服务平台,为企业开办和成长"点对点"提供政策、信息、法律、人才、场地等全方位服务,为扩大就业、培育新动能、壮大新经济拓展更大的发展空间。要坚持普惠性、保基本、均等化、可持续的方向,加快完善基本公共服务体系。创新机制,推广政府和社会资本合作模式,调动社会各方面积极性,增加基本公共服务。

三、创新和加强政府监管，提高政府治理水平

高度重视创新和加强政府监管，既是健全社会主义市场经济体制的内在要求，也是推进政府治理现代化的重要环节，更是新时期顺利推进改革发展的迫切需要。监管是政府的法定职责，法定职责必须为。无论是综合监管部门还是业务监管部门，都有监管责任。创新和加强政府监管，应抓住以下几个重点。

一是加强顶层设计，科学实施监管。要从全局和战略上统筹谋划全面深化简政放权、放管结合的改革任务和目标，按照完善社会主义市场经济体制要求，构建全过程、立体式、开放型、现代化的政府监管体系，有步骤地协同推进放权与监管改革。同一重要事项所涉及的部门和地方要同步放开、同步下放、同步跟进监管，不能你放我不放、你管我不管。对已经简政放权的，要抓紧清理和制定统一、权威、系统的监管制度。无论是行政审批、投资审批、商事制度改革，还是职业资格许可认定、收费管理和科教文卫体等社会领域，凡是需要加强事中事后监管的，都应当明确监管任务、内容、标准、程序、方法，有的需要重申已有的制度、标准、做法，有的需要根据新情况、新要求更新监管内容、标准和措施。要健全分工合理、权责一致的职责体系，重新明确监管主体、监管职能、监管责任，并公之于众，公开透明，接受社会监督，以做到监管有权、监管有据、监管有责、监管有效，避免出现监管过度或监管真空的现象。

二是完善监管体制，形成"大监管"合力。要严格落实"谁审批谁监管、谁主管谁监管"要求，不能想管就管，不想管就不管，管好是尽责，不管是失责，管不好要追责。要建立跨部门、跨行业的综合监管和执法体系，把相关部门的监管事项、监管规则都放到统一的监管平台，让几个"大盖帽"合成一个"大盖帽"，形成监管和执法合力。要严格规范公正文明执法，解决多头执法、重复执法、粗暴执法问题。要构建协同共治监管体系，强化行政部门监管，充分发挥监管部门的职能作用；同时，广泛吸引公众参与监管，充分发挥社会组织的作用，切实落实企业首负责任，重视发挥媒体舆论的监管作用。推进社会信用体系建设。各部门、各地方都要加快完善市场主体信用公示系统，推进各部门、各方面信息互联共享，构建以

信息公示为基础、信用监管为核心的监管制度,形成一个平台管信用。加快实行巨额惩罚性赔偿制度,建立完善跨地域、跨部门、跨行业的失信联合惩戒机制,让违法经营者付出高昂代价,在市场上无法立足,切实维护公平竞争的市场秩序。

三是创新监管方式,提高监管效能。实施"阳光"监管,凡是不涉及国家秘密和国家安全的,各级政府要把简政放权后的监管事项、监管依据、监管内容、监管规制、监管标准公之于众,有关企业、社会组织也要按时、全面、准确地公布受监管活动的运行状况,监管和执法部门应对信息披露的全面性、真实性、及时性进行监管,对违反信息披露规定的行为及时进行查处。推行"智能"监管。要积极运用互联网、云计算、大数据等信息化手段创新和加强政府监管。要全面开发和整合各种监管信息资源,加快中央部门之间、地方之间、上下之间信息资源共享、互联互通,对被监管事项活动实行全覆盖、立体化、实时性监管。创新日常监管。要实现"双随机、一公开"监管全覆盖,进一步建立健全随机抽查概率和频次,确保监管公平公正、不留死角。还可以推广权威性的第三方评估,对监管者和监管对象的行为作随机抽查评估,发现问题,提出整改意见,及时发出黄牌警告或出示红牌令其退出市场。

四是加快修法立规,提供法治保障。要运用法治思维、法治方式创新和加强监管。现行许多法律法规中的一些条款是在以前计划经济色彩较浓的情况下制定的,鉴于简政放权的改革已全面展开,国家层面的法律法规修订工作必须抓紧进行,避免改革与法治的"冲突"。应及时修改、补充、完善相关法律法规,为简政放权之后行使监管执法职能、规范行政监管和执法提供制度引领和保障。特别是要严格执法,加大对违法违规行为的惩处力度,增强监管执法的威慑力、公信力,使监管对象不敢触碰违法运行的红线。

五是推进机构改革,强化综合执法。落实"创新执法体制"的要求,加快推进统一市场监管和综合执法模式,构建"一支队伍管市场"综合执法格局,形成市场监管、执法的合力。已经建立综合监管执法机构的地方,要充分发挥执法力量整合优势,通过市场主体信用信息公示系统归集、公示市场主体登记注册、许可审批、行政处罚等信息,实现内部联合惩戒。为了彻底解决目前多头监管执法和权责交叉的问题,可以适时推进市场监管的大部门制改革。

六是提升队伍素质能力,加强对监管者的监管。要着力提高各级政府人员的素质能力,特别是提高他们的责任意识、担当精神、专业能力,使他们能够敏锐识别并发现问题、敢于揭露并解决问题。既不能包揽过多,胡乱作为,也不能撒手不管,懒惰不为。随着简政放权改革的进一步深化,必须加强地方政府特别是县(乡)镇基层的监管能力建设,适当调整职能机构,充实人员,强化培训,增加技术设备,这样才能适应部分审批权下放和监管权增加的需要。要建立对监管者的监督、评估机制,加强政府内部层级监督和专门监管,对各级各类行政行为实行全方位监督。健全并严格执行监管责任制和责任追究制。

四、优化行政组织结构,健全部门职责体系

机构是职能的载体,职能配置需要科学的机构设置来履行。优化组织结构,应从以下三个方面着力。

一是健全部门职责体系。这是政府全面正确履行职能的基础。要根据经济社会发展变化和全面履行政府职能的需要,科学划分、合理界定政府各部门职能,包括综合部门与专业部门、专业部门与专业部门的职责关系,明确各部门责任,确保权责一致。进一步理顺行政组织纵向、横向以及部门之间的关系,健全部门间协调配合机制。合理调整机构设置,优化人员结构,既要解决有些部门机构臃肿、人浮于事的问题,也要解决有些部门因职能加强而出现的编制过少、人员不足的问题,做到职能与机构相匹配、任务与人员编制相匹配。

二是稳步推进大部门制改革。大部门制是一种合理设置机构、优化职能配置的政府组织模式,可以优化政府组织结构和行政运行机制,有效克服行政体制中机构重叠、职能交叉,权责脱节、职责不清,推诿扯皮、效率低下等弊端。党的十八大报告明确要求,"稳步推进大部门制改革,健全部门职责体系",这是中央对深化行政体制改革、优化政府组织结构的重要部署。要按照精简、统一、效能的原则和决策权、执行权、监督权既相互制约又相互协调的要求,继续探索实行职能有机统一的大部门体制。推进大部门制改革,要对职能相近、管理分散的机构进行合并,

对职责交叉、相互扯皮、长期难以协调解决的机构进行合并调整，以利于权责统一，提高整体效能。同时，要对职能范围过宽、权力过分集中的机构进行适当分设，以改变部门结构失衡和在运行中顾此失彼的现象。

三是实现组织机构和人员编制科学化、规范化、法制化。这是优化行政组织机构的关键。要严格执行机构编制审批程序和备案制度，严格编制管理，减少领导职数，以建设俭朴政府为目标，全面控制和降低政府行政成本。加快政府机构编制管理科学化、规范化、法制化进程。要统筹党委、政府、人大、政协、群团组织机构设置，统筹领导机构设置和部门设置，撤并党政对口设置的机构，推进决策权、执行权、监督权相对分离。

五、统筹中央和地方关系，优化行政层级和行政区划设置

理顺不同层级政府的职责关系，核心是做到财权与事权相对应、权力与责任相统一，这也是统筹中央与地方关系的关键。要合理划分不同层级政府的职权，根据其不同的地位和功能确定权力与责任，突出管理和服务重点，形成责任明确、各有侧重、相互衔接、高效运行的职责体系。党的十八大报告提出，要"优化行政层级和行政区划设置，有条件的地方可探索省直接管理县（市）改革，深化乡镇行政体制改革"。按照这一要求，要研究探索不同层级政府关系的调整方式，综合运用立法规范、政策指导、行政协调、司法裁决以及财政转移支付等方式，逐步实现各层级政府关系调整的规范化、制度化和程序化。

一是进一步优化行政层级。合理、协调的行政层级是国家行政权力顺畅、高效运行的重要条件和基础。必须适应经济社会发展以及政府职能转变的新要求，认真解决我国当前行政层级和行政区划方面存在的一些问题，合理确定中央与地方政府的职能与责任，健全中央和地方财力与事权相匹配的体制。要科学界定和明确省以下不同层级地方政府的职能与权责关系，充分发挥地方各级政府的积极性。要扩大县域发展自主权，推进省直接管理县财政体制，依法积极探索省直接管理县的体制。近几年，一些省实行省直接管理县（市）的改革，这是减少行政层级、提高行政效率的重要探索，也是优化行政层级的基本趋势。但由于我国幅员辽阔，各地

发展不平衡，也由于历史的原因和各地实际的情况不同，这方面的改革要积极而慎重地进行，不搞一个模式，不能一刀切。要坚持从实际出发，因地制宜决策，有条件的地方可以继续进行探索，并及时总结经验，加以正确引导。要调整和健全垂直管理体制，完善市场经济条件下的中央与地方关系，规范垂直管理部门与地方管理的事权范围和权责关系，建立健全协调配合机制。

二是进一步优化行政区划设置。行政区划是国家行政管理的基础，区划设置是否科学合理直接关系行政效能。近些年来，我国经济体制改革、政府职能转变以及城市化发展对行政区划设置提出了新要求，要按照有利于促进科学发展、有利于优化配置资源、有利于提高社会治理水平和更好地提供公共服务的原则，合理调整行政区划，适时适度调整行政区规模和管理幅度。通过优化行政区划设置，合理配置行政资源，提高行政能力与效率。

三是深化乡镇行政体制改革。乡镇政府等基层政权组织是国家政权的基石，乡镇行政体制直接关系农村经济发展和社会稳定。要按照因地制宜、精简效能、权责一致的原则，转变乡镇政府职能，优化机构设置，精减机构人员，创新服务方式，提高行政效率，建立行为规范、运转协调、公正透明、廉洁高效、服务为民的基层行政体制和运行机制。探索经济总量较大、吸纳人口较多的县城和小城镇，赋予其与经济总量和管理人口规模相适应的经济社会管理权限。

六、创新行政管理方式，进一步推进制度创新和管理创新

加快实现行政运行机制和政府管理方式向规范有序、公开透明、便民高效、权责一致的根本转变，这是深化行政体制改革、建设人民满意的服务型政府的重要环节。

一是全面推行依法行政，着力建设法治政府。完善有关法律法规体系，规范政府的立法行为。进一步加强行政立法、执法和监督工作，加强行政程序和行政监督制度建设，规范政府行为，推进政府建设和行政工作法治化、制度化，推进权力清单制度建设，切实用制度管权、管事、管人。健全科学决策、民主决策、依法决策机制，合理界定决策权限，规范决策行为，完善决策信息系统和决策智力支持

系统。

二是大力推进政务公开，着力建设阳光政府。完善政务公开制度，扩大政务公开范围，提高政府信息质量，以公开为常态，以不公开为例外，切实保障公众对公共事务的知情权、参与权、表达权和监督权，让权力在阳光下运行。同时，加快电子政务建设，充分利用现代信息技术，推进公共管理和服务信息化，创造条件让人民群众更好地了解政府、监督政府、支持政府。

三是推进绩效管理，建设责任政府。做到权责一致，就要坚持有权必有责、用权受监督、违法要追究，强化责任意识，推动政府从"权力本位"向"责任本位"转变。要建立科学合理的绩效管理制度，加快完善行政绩效评估标准、指标体系和评估机制、评估方法，建立和完善督查办法和常态化，强化评估结果和督查结果运用，严明奖惩办法，加快完善责任追究制度，有效引导和督促各级政府和工作人员树立正确的政绩观，积极作为。推行行政目标责任制，健全并认真实施质询、问责、经济责任审计、引咎辞职、罢免等制度。

七、进一步加强公务员队伍建设，建设廉洁政府

公务员队伍是政府管理的主体，其素质和能力直接影响政府的执行力和公信力。要进一步完善公务员分类管理配套制度和措施，实现公务员队伍管理的制度化、规范化、法制化。坚持从严治吏，严格规范公务员行为，健全公务员激励、约束机制。探索建立中国特色公务员"旋转门"制度，建立公务员准入与退出机制及权利保障机制，打破选人用人体制壁垒和干部"铁饭碗"。加强和改进公务员教育培训，充分发挥公务员教育培训机构的作用，努力提高公务员教育培训的针对性和实效性，提高公务员素质和能力，建设爱岗敬业、忠于职守、素质优良、作风过硬、勤政廉政的公务员队伍。

八、推进政务服务标准化建设

推行政务服务标准化是深化行政体制改革、推进政府治理现代化的必由之路和重要举措，也是一项紧迫的重要任务。

一是深化政务服务标准化的理论研究和实践创新。要在继续扩大政务服务标准化试点范围的同时，对已有的试点项目和地方开展深入调查研究，全面评估已取得的进展和成效，总结有益经验，分析存在问题，对试点探索的实践成果进行研究、提升，以丰富和发展有关理论。积极探索全面深化行政体制改革形势下标准化工作创新，包括在全国范围内推广普及行政审批标准化，全面清理、取消或调整行政审批等政务事项的标准、规定等。要充分认识我国全面推进信息化技术迅猛发展的新形势，包括互联网、大数据发展和应用的进程及其要求，将互联网、大数据作为提升政府治理能力的重要手段，打造精准治理、多方协作的政府治理新模式，大力推动政府部门数据共享，推动中央部门与地方政府条块结合、联合试点，实现公共服务的多方数据共享、制度对接和协同配合。加快建立政府部门、事业单位等公共机构的信息标准、数据标准和统计标准体系，推进共性关键标准的制定和实施。充分发挥标准在培育服务市场、提升服务能力等方面的作用。还要注意研究和借鉴国际政务服务标准化方面的最新理论和实践成果。从我国经济社会发展大势和全面深化改革、全面推行法治的大局出发，开展前瞻性研究，努力推进具有中国特色的政务服务标准化理论创新和实践创新，以提升政务服务标准化工作水平。

二是研究制定推进政务服务标准化的工作规划。政务服务事项繁多，其中很多事项相互关联。一方面，我们必须适应推进政府治理现代化的需要，加快推进政务服务标准化；另一方面，我们不能指望在短时间内全面建立起政务服务的标准体系。因此，必须坚持总体设计和鼓励探索相结合，在总结各地试点经验的基础上，对政务服务事项进行系统梳理、科学分类，按照改革发展的需要和国家标准化工作总体部署，根据企业和人民群众的要求，分清轻重缓急、主次先后，研究制定推进政务服务标准化工作规划，明确近期、中期、远期工作的总体方向、主要目标、基本原则、重点任务和政策措施，为推进政务服务标准化提供合理可行的总体设计，包括任务书、时间表和路线图。

三是完善政务服务标准化的协调推进机制。为加大推进政务服务标准化工作的力度，保证推进成效，需要进一步完善推进机制。2015年3月国务院发布的《深化标准化工作改革方案》明确提出，要建立由国务院领导同志为召集人、各有关部门负责同志组成的国务院标准化协调推进机制,统筹标准化重大改革,研究标准化重大政策。我们认为,省以下地方各级政府也应建立这种协调推进机制。要充分发挥这种协调机制的作用,更加有效地推进政务服务标准化,切实加强对跨部门、跨领域标准制定和实施的统筹协调。各级政府要把推进政务服务标准化工作作为简政放权改革的重要内容,发挥国务院和地方各级政府推进职能转变协调机制的作用。

第五节
深化行政体制改革需要把握好的几个问题

一、坚持党的领导,确保正确的政治方向

习近平总书记指出:"坚持中国共产党的领导是一切事业成功的关键。"深化行政体制改革必须始终坚持党的领导,坚持正确的政治方向。一要推进党的领导现代化,从领导理念、机制、结构、方式等方面改革创新,提高党科学执政、民主执政、依法执政水平,使党的领导现代化与政府治理现代化协同推进、相得益彰。二要坚持中国特色社会主义正确方向,确保改革方向正确,必须在中国特色社会主义制度框架内不断推进社会主义行政管理制度的自我完善和发展,完善政府治理体系,提高政府治理能力,在任何时候、任何情况下都必须毫不动摇地坚持、完善和发展中国特色社会主义的根本制度,绝不能犯颠覆性错误。

二、统筹规划,协调推进

这既是我国行政体制改革的宝贵经验,也是今后一个时期深化行政体制改革的基本遵循。深化行政体制改革需要放到党和国家发展的大局中统筹谋划,在中央统一领导下,与其他方面的改革统筹规划部署,整体协调推进。党的十八大报告指出,要"完善体制改革协调机制,统筹规划和协调重大改革"。这对加强行政体制

改革的顶层设计，统筹规划、协调推进各方面改革有着重要意义。要把行政体制改革作为全面深化改革的关键环节，深入研究行政体制改革与经济体制改革、政治体制改革、文化体制改革、社会体制改革的相互关系，把握好各方面改革相互适应、相互支撑的规律性和相互制约、相互影响的复杂性，正确处理好改革、发展与稳定的关系，提高体制改革决策的科学性、权威性，增强各方面改革措施的协调性、配套性、实效性，确保社会主义改革的正确方向和顺利推进。

三、明确目标，突出重点

任何事物的发展都有连续性和阶段性的特点，把握住了连续性，才能把握事物的历史状况和发展趋势；把握住了阶段性，才能明确事物的现状特点和发展重点。行政体制改革也是一个连续性和阶段性相统一的过程，是一项长期的任务。深化行政体制改革，需要围绕目标不断探索、稳步前进。一方面，要按照建立完善的中国特色社会主义行政体制的总体目标，明确改革的方向、重点和路径，蹄疾而步稳，既不能进展缓慢，又要防止改革急于求成。另一方面，必须有长远目标下的近期目标，在总体规划下体现一个时期的重点安排，每一个时期都要有一定的改革任务，突出重点，不断突破。只有这样，行政体制改革才能一个重点一个重点地突破，一个目标一个目标地实现，才能做到长远目标和近期目标相结合，全面推进和重点突破相结合。

四、坚持制度引领，强化法治保障

我国改革开放的理论和实践表明，制度体系既是国家治理的基础性要素，又具有引领作用。深化行政体制改革，要不断完善以《宪法》为核心的各项行政法律法规和制度体系，完善以中国特色社会主义市场经济制度、民主政治制度、先进文化制度、公正社会制度、生态文明制度为主体的基本制度安排。同时，要妥善处理好行政体制改革过程中整体制度安排与具体政策设计、系统政策链条与局部政策环节、政策顶层设计与政策分层对接、政策统一与政策差异性、长期性政策与阶段性政策的关系，加快完善行政体制机制，破除一切不利于科学发展的体制机制障碍，使行政管理和政府治理各方面的制度更加成熟更加定型，为政府治理提供基本制度规范和行为规划。

深化行政体制改革，还要筑牢法治保障的基石。"法者，治之端也。"法治不仅是现代政府治理的基本方式，也是行政体制改革逐步深化和推进的重要保障。要按照重大改革于法有据的要求，善于运用法治手段和法治方式来推进，将法治要求运用于观察、认识、分析、解决行政体制改革过程中各种问题的方方面面。要加快推进相关法律法规的立改废释工作，对行政法规、规章、规范性文件进行全面清理，抓紧制定改革急需的法律法规，始终做到行政体制改革以法治为规范，用法治作支撑，由法治来贯穿，用法治确保我国行政体制改革深化和推进过程既生机勃勃又井然有序。

五、坚持问题导向，渐进深化改革

中国的行政体制改革是随着经济体制改革的深入而不断深化的。下一步行政体制改革必须坚持问题导向，抓住制约经济社会发展的行政体制机制障碍，努力破解桎梏发展的行政体制难题。中国近40年的改革开放走出了一条渐进式改革的成功之路。行政体制改革也必须遵循这一规律，在坚持中国特色社会主义基本制度框架的前提下进行一场有秩序、有探索、有创新的社会主义行政制度的自我完善和发展革命。有秩序是指中国的行政改革要正确处理改革、发展与稳定的关系，合理协调改革力度、发展速度和社会承受度，在保持我国基本政治制度和政体基础上对行政运行体制进行自我完善。有探索是指中国的行政改革要正确处理社会主义与市场经济的关系，一切为适应社会主义市场经济的需要而进行一番前无古人、无所参照的事业。改革的每一步都要踩对、踩准、踩实、踩稳。有创新是指中国的行政改革既是对原有行政权力结构和利益格局的重大调整，也是一场深刻的观念变革和思想革命，必须把创新精神贯穿于改革的全过程和每个环节。推进行政改革，要直面改革的矛盾和问题，充分利用各方面的有利条件，正确把握有利时机，坚决果断地推进改革措施，在一些重要领域迈出较大步伐。另外，要全面分析面临的矛盾和风险，充分考虑各方面的承受能力，积极稳妥渐进实施。

六、总结运用经验,鼓励创新探索

在近40年的改革开放实践中,我们党领导人民创造了很多成功的经验。这些经验是宝贵的精神财富,应当认真加以总结,以更好地把握我国行政体制改革的规律。坚持理论和实践相统一,注重实际效果。在行政体制改革推进过程中,各项改革政策要实,既要重视改革质量,细化改革措施,确保政策落地,又要明确改革责任,以责促行、以责问效,做到全程跟进、全程负责、一抓到底,形成上下贯通、层层负责的主体责任链条,条条线都要拉直绷紧,确保改革取得实效。实践中,既要鼓励和支持地方、部门积极进行实践探索和创新,勇于推进行政体制改革,又要高度重视总结实践经验,大胆进行理论探索和创新,用发展着的科学理论指导和推进新的改革实践,把行政体制改革不断向纵深推进。

第二章
持续转变政府职能

政府职能是政府在国家经济社会事务中承担的角色和发挥的作用的总称。在不同的国家治理结构和不同的体制安排下,政府履行着不同的职能。改革开放以来,为适应不同时期经济社会发展的需要和公共事务管理的要求,我国政府职能不断调整。党中央把转变政府职能作为行政体制改革的重要内容,精心部署,积极推进。在2013年2月召开的党的十八届二中全会上,习近平总书记指出:"转变政府职能是深化行政体制改革的核心,实质上要解决的是政府应该做什么、不应该做什么,重点是政府、市场、社会的关系。"这一重要论述强调了转变政府职能在深化行政体制改革中的核心地位,指出了转变政府职能的根本实质,明确了转变政府职能的重点任务,标志着我们党经过长期实践对行政体制改革规律认识的升华和飞跃。

第一节
转变政府职能的基本历程

改革开放近40年来,适应国内外形势的发展变化,伴随着经济、政治、文化、社会、生态文明等各领域改革的全面推进,我们党对政府职能的认识不断深化,并持续推进政府职能转变。以1982年、1988年、1993年、1998年、2003年、2008年、2013年的国务院机构改革为标志,我国进行了七轮比较集中的行政体制改革。尽管这七轮行政体制改革的主要任务和举措不同,但转变政府职能始终是行政体制改革的重要目标和内容。近40年来我国推进政府职能转变的过程,大体上可分为三个阶段。

一、1978—1992 年：改变计划经济体制下政府大包大揽的职能定位

中华人民共和国成立后，由于历史的原因，在国内外多种因素的作用下，我国逐步建立起了计划经济体制。作为这种体制的重要组成部分，政府是社会资源配置的主导性、决定性力量，掌握着几乎一切经济事务的决策权，通过制订和实施指令性计划，决定生产什么、生产多少、如何生产、如何分配。在社会事务领域，政府也在能力允许的范围内，力图实行大包大揽。实践证明，这种高度集中的计划经济体制配置资源的效率低下，严重阻碍了社会生产力的发展。

1978 年 12 月，党的十一届三中全会决定把党的工作重点转移到经济建设上来，开启了改革开放的伟大实践。其中一个重要方面，就是转变政府职能，以适应经济建设的需要。早在党的十一届三中全会前夕，邓小平同志就指出："现在我国的经济管理体制权力过于集中，应该有计划地大胆下放……应该让地方和企业、生产队有更多的经营管理的自主权。"[①] 1980 年 8 月 18 日，邓小平在中共中央政治局扩大会议上指出："我们的各级领导机关，都管了很多不该管、管不好、管不了的事。"[②] 邓小平同志的讲话明确指出了计划经济体制下我国政府职能存在的问题，为改革开放后转变政府职能奠定了思想基础。

1981 年 12 月，按照党中央统一部署，国务院决心从各部门改起，坚决改变部门林立、层次繁多、互相扯皮、人浮于事、工作效率低下的状况，从而在实际上拉开了转变政府职能的序幕。1982 年我国修改《宪法》，废除政社合一的人民公社体制，建立乡人民政府，并对地方人民政府的职责和定位进行了明确规定。1984 年 10 月，党的十二届三中全会通过的《中共中央关于经济体制改革的决定》提出，我国经济体制改革的方向是发展有计划的商品经济，要求实行政企分开，正确发挥政府管理经济的职能。1986 年 5 月，第一次全国中等城市机构改革试点工作座谈会指出，"以转变政府管理经济职能为主要内容的机构改革是'七五'期间党中央、

---

① 《邓小平文选》（第 2 卷），人民出版社，1994 年版，第 145—146 页。
② 《邓小平文选》（第 2 卷），人民出版社，1994 年版，第 328 页。

国务院作出的一项重大决策,是经济体制改革的重要组成部分",并对综合经济管理部门转变政府职能提出了具体要求。1987年4月召开的第二次中等城市机构改革试点工作座谈会,进一步提出了"转变政府职能是政府机构改革的核心"的观点。①

1987年召开的党的十三大提出,经济体制改革的方向是发展有计划的商品经济,转变职能是行政管理体制改革的关键。这就不仅在此前"经济体制改革""政府机构改革"等概念的基础上,提出了"行政管理体制改革"概念,而且在之前"转变政府管理经济职能"的基础上,首次在党的重要会议上提出了转变政府职能的要求,明确了转变政府职能在行政管理体制改革中的关键地位。与此相适应,会议强调,要建立"国家调控市场,市场引导企业"的机制,政府职能要自觉地与经济体制改革相结合,力求互相适应,互相促进。1988年,七届全国人大一次会议通过了国务院机构改革方案,指出这次改革的最大特点是"以转变政府管理职能为关键,与政府内部的制度化建设相配套,并结合推行国家公务员制度进行",把转变职能看作区别于以往历次机构改革的主要标志,并对转变职能的主要内容、主要方式加以具体化,使之具有更强的可操作性。

这个阶段我国转变政府职能表现出三个突出特点:一是在指向上,主要针对改革开放前在计划经济体制下,政府管得过宽、过细带来的诸多弊端和问题;二是在内容上,主要转变政府管理经济的职能,重点是政府和企业、上级和下级政府的关系;三是在方式上,主要通过政府机构改革推进政府职能转变。

二、1992—2012年:围绕适应社会主义市场经济要求转变职能

1992年党的十四大确立了建立社会主义市场经济体制的目标。党的十四大报告指出:"我们要建立的社会主义市场经济体制,就是要使市场在社会主义国家宏观调控下对资源配置起基础性作用……同时也要看到市场有其自身的弱点和消极方面,必须加强和改善国家对经济的宏观调控。我们要大力发展全国的统一市场,进

---

① 夏海:《政府的自我革命——中国政府机构改革研究》,中国法制出版社,2004年版。

一步扩大市场的作用,并依据客观规律的要求,运用好经济政策、经济法规、计划指导和必要的行政管理,引导市场健康发展。"这表明,经过10多年的改革探索,我们党对政府和市场关系的认识发生了一次飞跃,第一次明确了市场在资源配置中起基础性作用,同时,强调了加强和改善政府宏观调控的必要性和重要性。此后的行政管理体制改革,是在建立和逐步完善社会主义市场经济体制的背景下进行的,政府职能转变也是围绕适应建立社会主义市场经济体制的要求来推进的。

党的十四大指出,政府职能转变的"根本途径是政企分开。凡是国家法令规定属于企业行使的职能,各级政府都不要干预。下放给企业的权力,中央政府部门和地方政府都不得截留。政府的职能,主要是统筹规划,掌握政策,信息引导,组织协调,提供服务和检查监督"。[①] 按照党的十四大作出的重大部署,1993年召开的八届全国人大一次会议明确了转变政府职能的重点任务,提出:"要按照建立社会主义市场经济体制的要求,加强宏观调控和部门监督,强化社会管理职能部门,减少具体审批事务和对企业的直接管理,做到宏观管好,微观放开。要坚决把企业的权力放给企业;把应该由企业解决的问题,交由企业自己去解决。"[②] 同时强调,为转变政府职能需要,一是把属于企业经营自主权范围的职能切实还给企业,二是把配置资源的基础性职能转移给市场,三是把经济活动中社会服务性和相当一部分监督性职能转交给市场中介组织。可见,1993年以后,政府职能转变的力度加强了,内涵深化了,范围拓宽了。

1997年,党的十五大重申要按照社会主义市场经济的要求,转变政府职能,实现政企分开,把企业生产经营管理的权力切实交给企业。同时,对政府宏观调控职能作出了明确表述,即宏观调控的主要任务是保持经济总量平衡,抑制通货膨胀,促进重大经济结构优化,实现经济稳定增长。1998年3月,九届全国人大一次会议审议通过了《关于国务院机构改革方案的决定》,把"按照社会主义市场经济的要求,转变政府职能,实现政企分开"作为行政体制改革的重要原则。同时,为

---

① 《中国共产党第十四次全国代表大会文件汇编》,人民出版社,1992年版,第26页。
② 张志坚、刘俊林:《中华人民共和国政府机构五十年》,党建读物出版社、国家行政学院出版社,2000年版,第494页。

与转变政府职能相适应，提出要按照精简、统一、效能的原则，调整政府组织结构，实行精兵简政；按照权责一致的原则，调整政府部门的职责权限，明确划分部门之间的职责分工，完善行政运行机制；按照依法治国、依法行政的要求，加强行政体系的法制建设。

2001年，我国加入世界贸易组织。为适应社会主义市场经济的快速发展和国际贸易的通行规则，我国政府职能转变的步伐进一步加快。2002年，党的十六大对于社会主义市场经济条件下我国政府职能的认识进一步深化，明确提出政府的职能主要是经济调节、市场监管、社会管理和公共服务。在继续转变政府经济管理职能的同时，强调了政府在社会管理和公共服务方面的职能，更加注重全面履行政府职能。2003年3月，十届全国人大一次会议通过的《关于国务院机构改革方案的决定》提出，改革的目的是进一步转变政府职能，改进管理方式，推进电子政务，提高行政效率，降低行政成本，目标是逐步形成行为规范、运转协调、公正透明、廉洁高效的行政管理体制，重点是完善宏观调控体系，健全金融监管体制，继续推进流通体制改革，加强食品安全和安全生产监管体制建设。

2007年召开的党的十七大就深化行政体制改革、转变政府职能作出新的部署，明确提出建设服务型政府的目标，强调要着力转变职能，健全政府职责体系，强化社会管理和公共服务，加快推进政企分开、政资分开、政事分开、政府与市场中介组织分开，减少和规范行政审批，减少政府对微观经济运行的干预。党的十七届二中全会通过的《关于深化行政管理体制改革的意见》首次在党的重要文件中提出，深化行政管理体制改革要以政府职能转变为核心，强调要通过改革，实现政府职能向创造良好发展环境、提供优质公共服务、维护社会公平正义的根本转变。不仅突出了政府职能转变在深化行政体制改革中的核心地位，而且明确了政府职能转变的总体方向。

从1992年党的十四大到2012年的20年里，我国在前一阶段突破计划经济体制下政府职能定位的基础上，逐步探索与社会主义市场经济相适应的政府职能定位，并加快推进职能转变，取得了实质性进展。这个阶段我国转变政府职能有以下三个特点：一是转变政府职能的地位越来越重要，成为行政体制改革的核心任务；

二是随着我国社会主义市场经济体制的逐步建立和完善,与之相适应的政府职能定位越来越清晰,转变政府职能的方向和主要任务也越来越明确;三是政府职能转变的内涵和范围逐步扩展,在继续强调转变政府经济管理职能,推进政企分开,处理好政府与市场关系的同时,重视转变政府在社会事务管理中的职能,强化政府的社会管理和公共服务职能,推进政府与社会分开,着力处理好政府与社会的关系。

三、党的十八大以来:着眼于推进政府治理现代化,构建科学的政府职能体系

党的十八大在总结改革开放 30 多年经验的基础上,根据我国发展改革面临的新形势新任务,对转变政府职能作出新的重大部署。党的十八大报告提出,要按照建立中国特色行政体制目标,深入推进政企分开、政资分开、政事分开、政社分开,建设职能科学、结构优化、廉洁高效、人民满意的服务型政府。深化行政审批制度改革,继续简政放权,推动政府职能向创造良好发展环境、提供优质公共服务、维护社会公平正义转变。

党的十八大以来,以习近平同志为核心的党中央,统筹推进"五位一体"总体布局,协调推进"四个全面"战略布局,以完善和发展中国特色社会主义制度,推进国家治理体系和治理能力现代化为总目标,全面深化改革。作为全面深化改革的重要内容,作为深化行政体制管理改革的核心任务,政府职能转变加快推进。

党的十八届二中全会和十二届全国人大一次会议审议通过了《国务院机构改革和职能转变方案》,第一次在党和国家重要文件的题目中将职能转变与机构改革相并列,更加突出了职能转变的位置,强调要以更大力度,在更大范围、更深层次上加快国务院机构职能转变,重在向市场、社会、公民放权,减少对微观事务的干预,同时,改善和加强宏观管理,严格事后监管,努力做到不该管的不干预,该管的切实管好。该方案提出了系列转变政府职能的改革举措,包括:减少投资项目审批,最大限度地缩小审批、核准、备案范围;减少生产经营活动审批事项,最大限度地减少对生产经营活动和生产物品的许可,最大限度地减少对各类机构及其活动的认定等非许可审批;减少资质资格认定和许可,对不符合行政许可法规定的,一

律予以取消；减少行政事业性收费和政府性基金项目；逐步改革工商登记制度，放宽工商登记办证条件；改革社会组织管理制度，成立行业协会商会类、科技类、公益慈善类、城乡社区服务类社会组织，直接向民政部门依法申请登记，不再需要业务主管单位审查同意，逐步推进行业协会商会与行政机关脱钩；完善和加强宏观管理。

党的十八届三中全会通过的《中共中央关于全面深化改革若干重大问题的决定》指出，经济体制改革的核心问题是处理好政府和市场的关系，使市场在资源配置中起决定性作用和更好发挥政府作用。强调要加快转变政府职能，全面正确履行政府职能。进一步简政放权，深化行政审批制度改革，最大限度减少中央政府对微观事务的管理，市场机制能有效调节的经济活动，一律取消审批；直接面向基层、量大面广、由地方管理更方便有效的经济社会事项，一律下放地方和基层管理。同时，政府要加强发展战略、规划、政策、标准等的制定和实施，加强市场活动监管，加强各类公共服务提供。

党的十八大以来，按照党中央的部署，从中央到地方各级人民政府，以继续深化行政审批制度改革为突破口，持续发力，不断加力，上下接力，积极推进简政放权、放管结合、优化服务。同时，加强中央政府宏观调控职责，着力完善宏观调控；加强社会建设，创新社会治理；加强公共服务，强化环境保护。这一阶段，我国政府职能转变取得突破性进展。

总的来看，党的十八大以来我国政府职能转变有以下几个特点：一是紧紧围绕全面深化改革的总目标，着眼于推进政府治理现代化，构建科学的政府职能体系；二是以"放、管、服"改革为抓手，通过不断将"放、管、服"改革推向纵深而加快推进政府职能转变；三是以营造良好的发展环境为重点，以处理好政府与市场关系为核心，强调既要使市场在资源配置中起决定性作用，又要更好发挥政府作用，以服务于创新、协调、绿色、开放、共享发展；四是注重把转变政府职能与各方面、各领域、各环节的改革，与"四个全面"战略布局统筹谋划、协调推进。

第二节
转变政府职能的主要举措及其进展

改革开放近40年来,我国政府从计划经济体制下大包大揽的角色定位,到全面正确履行与社会主义市场经济体制要求相适应的职能,再到着眼于政府治理现代化而构建科学的政府职能体系,其职能一直在渐进地、稳步地转变。可以说,转变政府职能一直伴随着我国改革开放的全过程,贯穿于我国改革开放的各个方面。为推进政府职能转变,我们党和政府根据不同时期的形势和需要,采取了多方面的改革举措。

一、逐步调整政府和市场关系

政府和市场关系是体现政府职能最重要的方面,处理好政府和市场关系是经济体制改革的核心问题,也是转变政府职能的首要目标。过去近40年,随着改革开放伟大实践的不断发展,随着对政府和市场关系认识的不断深化,我们党相应作出了一系列历史性的重大决策,逐步调整政府和市场关系。

党的十一届三中全会提出:"应该坚决实行按经济规律办事,重视价值规律的作用。"1979年11月,邓小平同志在会见英国不列颠百科全书出版公司编委会副主席吉布尼和加拿大麦吉尔大学东亚研究所主任林达光等时,明确提出:"社会主义也可以搞市场经济。"1982年9月,党的十二大指出:"正确贯彻计划经济为主、市场调节为辅的原则,是经济体制改革中的一个根本性问题。我们要正确划分指令性计划、指导性计划和市场调节各自的范围和界限……"明确提出了计划经济与市场调节的主辅关系,即政府与市场的关系。1984年10月,党的十二届三中全会通过《中共中央关于经济体制改革的决定》,提出"社会主义计划经济必须自觉依据和运用价值规律,是在公有制基础上的有计划的商品经济"。党的十三大进一步提出:"社会主义有计划商品经济的体制,应该是计划与市场内在统一的体制。"并指出,"新的经济运行机制,总体上来说应当是'国家调节市场,市场引导企业'的机制",强调必须把计划工作建立在商品交换和价值规律基础上,逐步缩小指令性计划范围,扩大指导性计划范围,最终实现以间接控制为主、计划与市场内在统一的模式。这里,强调计划和市场的作用都是覆盖全社会的,不再提计划经济为主。

1992年10月,党的十四大明确提出建立社会主义市场经济体制,"就是要使市场在社会主义国家宏观调控下对资源配置起基础性作用",为长期纠结于"计划"和"市场"关系的改革开启了新的里程。至此,我们党对政府和市场关系的认识达到了一个新高度。1997年9月,党的十五大提出要"充分发挥市场机制作用,健全宏观调控体系"。2002年11月,党的十六大进一步提出:"健全现代市场体系,加强和完善宏观调控。在更大程度上发挥市场在资源配置中的基础性作用。"并明确要求:"完善政府的经济调节、市场监管、社会管理和公共服务的职能,减少和规范行政审批。"党的十六届三中全会通过的《中共中央关于完善社会主义市场经济体制若干重大问题的决定》提出,要"切实把政府经济管理职能转到为市场主体服务和创造良好发展环境上来"。2007年10月,党的十七大提出,要"从制度上更好地发挥市场在资源配置中的基础性作用,形成有利于科学发展的宏观调控体系",并要求"加快推进政企分开、政资分开、政事分开、政府与市场中介组织分开",进一步强化了市场的作用。

2012年11月,党的十八大指出:"必须更加尊重市场规律,更好地发挥政府作用。"并明确要求:"完善宏观调控体系,更大程度更广范围发挥市场在资源配置中的基础性作用。"这里,更加突出了市场作用,也强调了更好发挥政府作用。2013年11月,党的十八届三中全会进一步提出:"经济体制改革是全面深化改革的重点,核心问题是处理好政府和市场的关系,使市场在资源配置中起决定性作用和更好发挥政府作用。"把以往市场起"基础性"作用改为"决定性"作用,同时也强调"更好发挥政府作用"。这是我们党对政府和市场关系定位的新突破。

可见,改革开放近40年来,我国一直在调整政府和市场关系,从改革开放前政府是配置资源的唯一主体、完全排斥市场机制作用,到政府计划为主、市场为辅,到二者不分主辅,再到在政府宏观调控下发挥市场在资源配置中的基础性作用,最后发展到使市场在资源配置中起决定性作用,同时更好发挥政府作用。随着这一进程的深化,市场在资源配置中起的作用越来越大,政府发挥的作用越来越好。体现我国政府职能转变的一个重要指标,是商品价格的市场化程度。改革开放前,在计划经济体制下,我国几乎全部产品价格都是政府控制的。随着政府和市场关系的逐步调整,价格市场化程度越来越高,政府定价范围越来越小。据国家发改委测算,到2016年,我国价格市场化程度达到97.01%,政府管理价格的比重为2.99%,其中中央政府管理价格的比重仅为1.45%。从产业来看,第一产业的价格市场化程度达到100%,第二产业为97.37%,第三产业也达到95.90%。政府定价范围基本集中在网络型自然垄断环节、重要公用事业和公益服务三个领域,其他领域的商品几乎全部由市场定价。

二、持续推进简政放权

改革开放近40年来,为适应从计划经济体制向社会主义市场经济体制转型,我国转变政府职能的一个重要举措就是持续推进简政放权。作为我国改革开放起点的农村家庭联产承包责任制,就是政府把农村集体所有的土地生产经营权下放给农户。此后,随着"包"字进城,实行企业改革,推进政企分开、政社分开、政事分开,政府在越来越广阔的范围内,把越来越多的管理权取消,由企业、工商户、公民个人、社会组织来决定和管理,或者由上级政府下放给下级和基层政府管理。20世纪80—90年代的几轮政府机构改革,除了针对因多种原因造成的机构臃肿、人浮于事、职责不清、效率低下等问题外,也是通过"拆庙赶和尚"倒逼简政放权。

由于以往各级政府管理权多数体现为行政审批权,因此,作为简政放权的一项重要措施,国务院从2001年开始全面启动行政审批制度改革,并为此设立了专门的机构——行政审批制度改革办公室。自2001年开始,各级政府不断深化行政审批制度改革,大幅精简行政审批等事项。据统计,2001—2012年,国务院共取消和调整了2497项行政审批项目，占国务院各部门当时全部行政审批事项的近70%，而地方各级政府取消和调整的行政审批事项多达数万项，占原有项目总数的一半以上。

党的十八大之后，我国进一步加大简政放权的力度。按照党中央的部署，国务院把简政放权作为行政体制改革的"先手棋"和"当头炮"，提出任期内要在以往改革成果基础上，把各部门仍保留的行政审批事项再削减1/3以上。近5年来，各级政府以深化行政审批制度改革为突破口，全面推进简政放权，并取得明显成效。

2013年至2017年6月，国务院分9批审议通过取消下放行政审批事项618项，超过原有总数的40%，其中，取消491项，下放地方政府127项；分3批审议通过取消的中央指定地方实施行政审批事项共283项；中央层面核准的投资项目数量累计减少90%，外商投资项目95%以上已由核准改为备案管理；投资项目前置审批由33项减少到2项；减少投资项目报建审批事项23项；分7批审议通过取消的国务院部门职业资格许可和认定事项共434项，占原有总数的70%以上，其中专业技术人员职业资格154项、技能人员职业资格280项；取消和下放评比、达标、表彰、评估事项118项；分3批审议通过清理规范的国务院部门行政审批中介服务事项共323项；改革工商登记制度，工商登记由"先证后照"改为"先照后证"，减少前置审批事项197项，压减87%以上；将企业注册资本实缴制改为认缴制，降低企业注册门槛；推行"三证合一""多证合一"；对企业实行"一址多照"和"一照多址"；着力降低企业税费，中央和省级政府取消、停征和减免收费1100多项，其中中央设立的涉企行政事业性收费项目减少69%，政府性基金减少30%，4年多累计为企业减轻负担2万亿元。清理规范行政审批事项，2015年，国务院各部门非行政许可审批全部取消。各级地方政府也按照中央的要求，大力推进简政放权，不少省级政府职能部门把行政审批事项减少70%以上。

三、加强和改善宏观调控

改革开放近40年来，我国政府职能定位由高度集中的计划经济体制下对经济社会事务的大包大揽，分阶段一步一步地转向使市场在资源配置中起决定性作用，政府把越来越多的管理权下放给市场和社会，中央把越来越多的权力下放地方。但是，我国政府职能转变的这个过程并不是"只放不收、放而不管"的单向放权过程，而是在尊重市场经济规律的前提下，立足我国国情，根据不同时期经济社会发展需要，针对市场的缺陷和不足，在放权的同时，不断加强和改善政府的宏观调控职能。从党的十二大提出政府计划调控为主、市场调节为辅，到党的十四大提出"要使市场在社会主义国家宏观调控下对资源配置起基础性作用"，党的十七大要求"形成有利于科学发展的宏观调控体系"，再到党的十八大和党的十八届三中全会强调要更好发挥政府作用，这30多年的改革历程中，尽管政府宏观调控的范围、任务和方式发生调整，但宏观调控的职能不仅没有弱化，反而得到不断强化、不断改进。

党的十八大以来，随着我们党对社会主义市场经济规律的认识深化，对中国特色社会主义道路更加自信，我国在继续深入推进市场化改革，努力使市场在资源配置中起决定性作用的同时，坚持市场和政府"两只手"并用，进一步加强和改善宏观调控。党的十八届三中全会通过的《中共中央关于全面深化改革的若干重大问题的决定》指出，科学的宏观调控、有效的政府治理，是发挥社会主义市场经济体制优势的内在要求；提出要健全宏观调控体系，明确了现阶段宏观调控的主要任务，即保持经济总量平衡，促进重大经济结构协调和生产力布局优化，减缓经济周期波动影响，防范区域性、系统性风险，稳定市场预期，实现经济持续健康发展；还对改善宏观调控作出了部署，即健全以国家发展战略和规划为导向、以财政政策和货币政策为主要手段的宏观调控体系，推进宏观调控目标制定和政策手段运用机制化，加强财政政策、货币政策与产业、价格等政策手段协调配合，提高相机抉择水平，增强宏观调控前瞻性、针对性、协同性，形成参与国际宏观经济政策协调的机制，推动国际经济治理结构完善。

习近平总书记指出："经济环境越复杂，制定和实施政策越要精当，宏观政策多一点则过火，少一点则不足，要力争恰到好处，把握好时机、节奏、力度。"贯彻落实党中央的部署，面对全球经济复苏疲软、国内经济因升级换档带来的阵痛，我国政府创新宏观调控思路，实行区间调控、精准调控，实施积极的财政政策和稳健的货币政策，取得良好效果。

近40年来，由于各种内外部原因和经济发展的自身规律，我国经济增长速度发生过波动，经济结构也出现过问题，经济发展甚至数次遭遇国际金融和经济危机的冲击。在此过程中，我们党和政府总是审时度势，加强宏观调控，及时调整宏观调控政策。正是因为始终坚持加强和改善宏观调控，通过宏观调控把握了经济发展的总体方向，维持了经济的总体稳定，才使得我国经济这艘体量越来越大的巨轮历经各种风浪，保持了近40年的高速增长。

四、加强和创新市场监管

市场不是自动发挥作用、维持良性运行的，必须在政府的引导和监管之下才能规范运行。改革开放近40年来，为维护良好的市场秩序，促进市场经济健康发展，我国始终把市场监管作为一项重要的政府职能，并且，随着对市场经济规律和市场自身缺陷的认识逐步深化，不断加强和创新市场监管。

改革开放之后不久，随着市场经济的起步和发展，我国便开始重视市场监管问题，并逐步强化政府的市场监管职能。早在1978年，我国就把"文化大革命"中并入原商业部的原中央工商行政管理局重新恢复，改名为"国家工商行政管理局"，其主要职责就是监督维护市场秩序。1988年，我国又设立了国家技术监督局，其也具有市场监管职能。党的十四大报告指出，政府的职能主要是统筹规划、掌握政策、信息引导、组织协调、提供服务和检查监督，其中的检查监督包括对市场的监管。党的十五大报告提出，要加强执法监管部门，强调要依法加强对金融机构和金融市场包括证券市场的监管，加强对外商投资企业的引导和监管。党的十六大报告明确要求完善政府的经济调节、市场监管、社会管理和公共服务的职能。党的十八届三中全会把加强市场监管、维护市场秩序作为政府的主要职责之一，要求"改革市场监管体系，实行统一的市场监管"。

为了加强政府的市场监管职能，我国先后设立了多个政府机构。2001年，我国将原国家工商行政管理局升级为国家工商行政管理总局，将1998年在国家技术监督局基础上组建的国家质量技术监督局与出入境检验检疫局合并为国家质量监督检验检疫总局，同时将原劳动部所属的劳动保护监督管理局变为国务院直属的国家安全生产监督管理局，并于 2005 年将其升级为国家安全生产监督管理总局。1998年 4 月，在原国家中医药管理局的基础上组建国家药品监督管理局，2003 年改名为"国家食品药品监督管理局"，2013 年进一步升级为国务院直属的国家食品药品监督管理总局。为加强金融监管，我国于 1992 年、1998 年、2003 年相继成立了中国证券监督管理委员会、中国保险监督管理委员会和中国银行业监督管理委员会。

习近平总书记深刻指出，只放不管，必有大乱。党的十八大以来，在加快政府职能转变的过程中，我国在大力推进简政放权的同时，强调要放管结合、放管并重，着力加强和创新市场监管。按照党中央的部署，国务院先后出台了《国务院关于促进市场公平竞争维护市场正常秩序的若干意见》《企业信息公开暂行条例》等文件，有力地推动了市场监管工作。

一是转变监管理念。改变一些政府部门以往以批代管，只批不管，重事前审批轻事中事后监管，"谁审批、谁负责监管"的片面认识和错误观念，强调事前审批与事中事后监管并重，树立"谁主管、谁负责监管"的理念。

二是改革监管体制。很多地方政府将工商行政管理、质量监督管理、食品药品监督管理、安全生产管理等市场监管相关部门，进行"二合一""三合一"甚至"四合一"，开展综合行政执法，以整合监管力量和资源，实行"一支队伍管市场"。推进监管重心下移，加强市、县级政府市场监管职能和力量，建立横向到边、纵向到底的监管网络，逐步做到疏而不漏，防止再走入"一放就乱、一管就死"的怪圈。

三是创新监管方式。国务院推行"双随机一公开"抽查，即在监管过程中随机抽取检查对象，随机选派执法检查人员，将抽查情况及查处结果及时向社会公开，以提高市场监管效率，保证监管的公平性。对于新业态、新经济，实行审慎监管，从而为其发展提供相对宽松的环境。建立市场主体信用信息平台，开展信用监管。运用互联网、大数据等信息技术，推进智慧监管。

五、加强和创新社会管理

改革开放前，在计划经济体制下，我国政府以户籍制度、工作单位制度、职业身份制度和档案制度等为基础,实行"管控型"的社会管理体制,严格限制社会成员在城乡之间、单位之间和不同职业身份之间流动。这种高度组织化的社会管理虽然有利于维护社会稳定,但抑制了社会活力。改革开放后,随着我国从计划经济体制向社会主义市场经济体制转轨,中国特色城镇化进程的开启,互联网等信息技术的快速发展和应用,我国社会形势发生深刻变化。为了适应经济社会发展的要求,既维护社会稳定又激发社会活力,我国政府强化社会管理职能,推进社会管理创新。

2002年党的十六大之前,在我们党的重要文件中,虽然没有明确出现"社会管理"的表述,但对社会管理的不同方面作出了部署,提出了要求,制定了政策措施,对有些方面还出台过专门的政策文件。如党的十四大和党的十五大报告都强调要搞好社会治安,维护社会稳定。党的十六大报告第一次明确提出"完善政府的经济调节、市场监管、社会管理和公共服务的职能",要求"改进社会管理,保持良好的社会秩序"。党的十七大报告提出要强化社会管理职能,完善社会管理,并明确了完善社会管理的主要任务,包括:健全党委领导、政府负责、社会协同、公众参与的社会管理格局,健全基层社会管理体制;重视社会组织建设和管理;加强流动人口服务和管理;强化安全生产管理和监督;健全社会治安防控体系,加强社会治安综合治理。2011年,党中央、国务院印发了《关于加强和创新社会管理的意见》,明确了加强和创新社会管理的指导思想、基本原则、主要任务和举措。

党的十八大根据我国经济社会发展新形势,对加强和创新社会管理进一步作出部署,强调必须加强社会管理法律、体制机制、能力、人才队伍和信息化建设,加强基层社会管理和服务体系建设,强化企事业单位、人民团体在社会管理和服务中的职责,引导社会组织健康有序发展,充分发挥群众参与社会管理的基础作用。2013年,党的十八届三中全会提出要创新社会治理体制,转变社会治理理念,改进社会治理方式,激发社会组织活力,提高社会治理水平。

为了贯彻落实党中央的重大部署,各级政府强化社会管理职能,积极构建党委领导、政府负责、社会协同、公众参与、法治保障的社会治理格局,完善社会管理体系,推进户籍管理、社会组织管理、社会治安综合治理、应急管理等方面制度改革，运用互联网、大数据等信息技术创新社会管理方式，为维护社会稳定、保障公共安全、促进社会发展发挥了积极作用。目前，我国新的社会治理格局已初步形成，政府社会管理体系已建立起来并在不断完善，社会治安状况良好，刑事犯罪率连年下降，应对突发事件的"预案"全面系统，应急管理体制机制和法制得到完善，突发灾害事故应对的效率和效果得到国际社会的公认。同时，我国社会组织快速发展，运行越来越规范。据民政部的统计，截至 2016 年一季度，全国经民政部门依法登记的社会组织达到 66.48 万个，其中社会团体 32.9 万个，基金会 4841 个，民办非企业单位 33.1 万个。总之，我国形成了一方面社会秩序井然、社会和谐稳定，另一方面社会活力迸发、社会创造力涌流的良好局面。

六、加强和优化公共服务

中国共产党自成立以来，无论在革命时期，还是社会主义建设时期，都始终坚持全心全意为人民服务的宗旨。改革开放前，由于多种原因，我国经济社会发展在取得重大成就的同时，也经历了一些波折和起伏，特别是"文化大革命"使民经济发展受到严重影响。尽管中国共产党坚持执政为民，但由于主观和客观因素的限制，政府的公共服务职能较弱。改革开放后，随着经济快速发展、财政实力增强，随着我们党对建设中国特色社会主义的认识深化，我国政府不断加强公共服务职能。

党的十六大报告首次在我党的重要文件中，明确将公共服务作为政府的一项重要职能，要求完善政府的公共服务职能，加强公共服务设施建设。2006 年 10 月，党的十六届六中全会通过的《中共中央关于构建社会主义和谐社会若干重大问题的决定》，明确要求"建设服务型政府，强化公共服务和社会管理职能"，首次在党的文件中提出建设服务型政府的目标。党的十七大把提高公共服务水平作为全面建设小康社会的重要目标要求，强调要强化公共服务职能，加大公共服务领域投入，完善公共服务体系，推进基本公共服务均等化，增强政府特别是基层政府提供公共服务的能力。党的十七届二中全会通过的《关于深化行政管理体制改革的意见》提出："通过改革，实现政府职能向创造良好发展环境、提供优质公共服务、维护社会公平正义的根本转变。"党的十八大和党的十八届三中全会都重申了要建设服务型政府的目标。

近年来,按照党中央的决策部署,各级政府以保障和改善民生为重点,进一步强化政府公共服务职能,优化公共服务质量。一是加快建立比较健全和完善的政府主导、覆盖城乡、可持续的公共服务体系,编织一张覆盖全民的保障基本民生的安全网。二是全面深化教育、医疗、社会保障、住房、就业等公共服务领域改革,完善公共服务体制机制,创新公共服务方式,如推广政府购买服务,凡属事务性管理服务,原则上都要引入竞争机制,通过合同、委托等方式向社会购买。三是加大对公共服务的财政投入。据财政部和国家统计局的全国一般公共预算支出决算数据,2011—2016年,用于教育、医疗卫生、文化体育与传媒、社会保障与就业、环境保护、城乡社区事务、公共安全、住房保障等公共服务领域的国家财政支出逐年稳步增长,这些领域财政支出总和占当年国家财政支出总额的比重,由2011年的53.67%增长到2016年的56.95%。四是推进基本公共服务均等化和服务设施标准化,提高公共服务的公平性。五是优化政务服务。一些中央部门和全国多数地方建立了政务服务大厅或政务服务中心,按照国务院实施的"简政放权、放管结合、优化服务"改革部署,这些政务服务大厅普遍实行"一窗受理、并联审批、限时办结",精简政务事项材料、办理流程,提高审批服务效率和质量。很多地方推行政府服务网络化,建立延伸到居民社区的网上政务大厅,"让群众少跑腿,让网络多跑路",大大提高了企业和群众办事的便利性和公平性。

第三节
转变政府职能存在的突出问题

经过近40年的持续推进改革,与计划经济时期相比,我国政府相对于市场、社会、企业、个人的职能定位已发生根本性转变。市场在配置资源中的作用大大增强，政府对微观经济运行的干预明显减少，企业作为市场主体地位得到确立，新型宏观调控体系逐步健全，政府的社会管理和公共服务职能不断加强。同时，也要看到，与不断完善和发展的社会主义市场经济要求相比，与推进政府治理现代化、建立完善的中国特色社会主义行政管理体制的目标相比，我国政府职能转变仍然不到位，推进政府职能转变的实践还存在一些问题。

一、政府职能定位还不够明确

党的十八大提出，推动政府职能向创造良好发展环境、提供优质公共服务、维护社会公平正义转变，为政府职能转变确定了方向。但是，在坚持这一总方向的前提下，与社会主义市场经济的要求相适应，在诸多具体公共事务管理中，政府与市场、社会、公民等的职责边界应划在哪里，还不是十分清晰明确。在经济领域，哪些事情政府该做，哪些该由企业等市场主体去做，哪些事务政府该管，哪些事务该由市场机制发挥作用；在社会领域，哪些事务该由公民、社会组织自行管理，哪些该由政府管理，哪些该由政府和社会共同管理；在不同层级政府之间，哪些事务该由中央政府管，哪些职责该由省、市或县及基层政府承担，并没有统一的答案。各个国家因国情不同、发展阶段不同，政府的职能定位不一样，即使同一个国家，在面临不同形势时，政府职能定位也会调整。立足我国国情，立足现阶段我国确立的改革发展目标和任务，我国政府的职能定位还需要进行理论研究和实践探索。

当前，在理论和实践界，对于政府职能定位，存在两种片面认识。一部分人没有完全摆脱计划经济思维，头脑中仍存在"全能政府"的观念，不相信市场的自我调节能力和社会的自我管理能力，不重视发挥市场机制和社会组织的作用，对于公共事务习惯性地依靠政府干预。另一部分人则对市场机制的作用过于理想化，对市场机制的缺陷认识不足，认为"政府管得越少越好"，罔顾中国国情和实际，主张照搬西方发达国家的"政府—市场""政府—社会"关系模式。这两种思想认识都对我国政府职能转变进程带来了消极影响。

二、政府职能越位与缺位问题并存

一方面，各级政府仍然管了许多本不应该管、管不了也管不好的事情，简政放权还远未做到位。

第一，一些审批权放得不实。尽管各级政府取消和下放了大量行政审批等事项，但一些部门"明放暗不放，口放手不放，虚放实不放，小放大不放"，仍在以不同方式干预企业经营管理，干预下级政府职责范围内的具体事务。如：有的部门表面上把有关审批权下放基层政府，办事企业或群众在基层就可办理，但要求审批材料必须录入该部门建立和管理的专门网络系统，需要通过网络系统的认可才能审批，造成"放权不放网"现象，审批程序仍然复杂。

第二，后置审批仍然过多。在近几年的简政放权改革中，为降低企业的市场准入门槛，将大量前置审批事项改为后置审批事项。但是，这些审批事项大多数并没有取消，企业注册后要生产经营依然需要经过审批程序。根据江苏省的调查，企业注册后，还需要通过164项后置审批才能开业经营；从事建设项目的企业，从获得用地许可到获得建房施工许可，至少需要经过22个流程、66道审批；企业要开工生产产品前，还需要取得一系列生产许可，这些许可涉及100多个门类、1000多个品种。

第三，审批事项统计和审批行为不够规范。如：对于"什么是一项审批事项"缺乏统一的界定，各地各部门在清理统计审批或其他行政权力事项时采用的标准不一。有的"一项"是指一大项，包括多个子项。因此，有的地方和部门保留的行政审批事项看起来比较少，但实际上仍然有很多。同时，在一些事务的审批中，对于通过审批的条件、审批时限、审批结果，甚至是否必需政府部门审批，也缺乏明确标准，导致审批部门和人员的自由裁量权过大，为相关部门和人员越权干预留下了空间。

另一方面，一些应该由政府加强管理、承担职责的事务，因为多种原因，政府发挥作用不充分或不到位。如：在公共卫生、社会保障、基础教育、环境保护等公共服务方面，政府的职责有待进一步加强；由于观念滞后、体制不顺、能力不足等原因，我国政府的市场监管职能仍然比较薄弱，特别是对于产品质量、食品药品安全、公共安全等的监管，力度不足。

三、政府职能法定化不足

政府职能和权责法定化是现代法治政府的重要内容和必然要求。由于我国的行政立法工作起步较晚，而建立健全的行政法律体系需要一个较长的过程，因此我国的行政法律体系还很不完善。目前，除《宪法》外，我国关于政府职能的法律主要有《中华人民共和国国务院组织法》和《中华人民共和国地方各级人民代表大会和地方各级人民政府组织法》，这两部法律分别对国务院和地方各级政府应履行的职能作出了规定。其他一些就特定行政行为制定的专项法律，如《中华人民共和国行政许可法》《中华人民共和国行政处罚法》《中华人民共和国行政监察法》等，对行政机关和人员与特定行政行为相关的职权作了规定。《中华人民共和国国务院组织法》和《中华人民共和国地方各级人民代表大会和地方各级人民政府组织法》对政府职能的规定偏于方向性、原则性，比较笼统，特别是《中华人民共和国地方各级人民代表大会和地方各级人民政府组织法》对省（直辖市、自治区）、市（州）、县（县级市）、乡镇等四级地方政府的职能没有作细致区分。因此，关于政府职能的立法不足，政府职能的法定化程度偏低。以往政府职能转变一般是依据立法机关或行政机关作出的决定、制定的红头文件之类法律效力较低的规范性文件，且多数规定笼统模糊，实施中有较大的自由裁量权，有的规定还与相关法律有冲突。

四、关联配套改革不到位

行政体制改革包括政府组织结构调整优化、政府职能转变、行政管理方式转变和创新、行政权力监督制约和行政人员管理制度改革等内容，转变政府职能是行政体制改革的核心，与行政改革的其他内容是相互相联、相辅相成的。如果这些相关联的方面不进行配套改革，政府职能转变不可能单兵突进，取得实效。

我国现阶段的行政体制改革总体上是围绕转变政府职能这个核心系统推进的，但也存在一些相关方面改革滞后、不到位的问题，影响了政府职能转变的进程。

第一，机构编制改革滞后。在近几年大力推进简政放权、放管结合、优化服务的改革过程中，政府部门原有的大量行政审批等事项取消和下放了，由于准入门槛降低，市场主体快速增加，对于原来从事审批的行政机关而言，工作量明显减少，而对于下级部门和从事监管工作的机构来说，工作责任和压力显著加大。但是，很多地方和部门没有及时对机构编制和人员作出相应调整，导致下级机关对上级政府下放的权力接不住，基层监管能力跟不上。

第二，财政制度改革与政府职能转变脱节。党中央、国务院确立了建设人民满意的服务型政府目标，强调要强化政府的公共服务职能，特别是要增强地方政府提供义务教育、医疗卫生、社会保障、环境保护等公共服务的能力。近年来，各地虽然加大了对公共服务的财政投入，但由于没有对公共预算作制度性的规定，或者对规定的执行监督不力，一些地方在公共服务方面的财政投入增加较少，增速低于当地总财政收入的增长速度。

第三，事业单位改革偏慢。我国事业单位数量众多、情况复杂，绝大多数在教育、卫生等领域从事公共服务工作，对于强化和优化政府公共服务职能发挥了重要作用。由于历史原因，有的事业单位承担着行政机关职责，有的是像企业一样的市场主体，有的则扮演着行政机关与企业之间的中介角色。我国启动事业单位改革的时间较长，虽然取得了重要进展，但总体进程偏慢，在一定程度上制约了政府职能转变。

第四，法律法规修订不同步。在推进简政放权改革时，一些原有的法律法规没有根据形势和发展的需要及时废止或修订，导致改革进程受阻。如《中共中央 国务院关于地方政府职能转变和机构改革的意见》（中发〔2013〕9号）明确提出成立行业协会、商会类、科技类、公益慈善类、城乡社区服务类社会组织，直接向民政部门依法申请登记。但《社会团体登记管理条例》规定，社会团体及其分支机构筹备、变更、换届、注销、年检等，仍由业务主管部门进行前置审批。再如，浙江省按照"零审批"的要求，对所有列入不再审批的项目都实行"先建后验"，但现行法律法规仍将节能评估报告、环境影响评价报告、安全评价报告、防雷设计技术评价意见和防雷装置检测、施工图纸设计文件审查合格书、消防设施检测和材料防火性能报告等评价作为项目建设的审批前置条件，基层政府部门考虑法律责任风险，在实际操作中只能保持原流程不变、原要求的材料不减。

第四节
加快转变政府职能的主要任务

我国已进入决胜全面建成小康社会的冲刺阶段，世情、国情、党情、政情继续发生着深刻变化。党的十八大以来，面对复杂多变的形势，以习近平同志为核心的党中央提出一系列治国理政新理念新思想新战略，统筹推进"五位一体"总体布局，协调推进"四个全面"战略布局，带领全党全国人民砥砺奋进，致力实现中华民族伟大复兴的中国梦。转变政府职能是全面深化改革的重要组成部分，对于全面深化改革的进程和目标产生着直接影响，对于加快建设社会主义现代化强国、实现中华民族伟大复兴的中国梦意义重大。我国必须在已经取得的改革成果的基础上，进一步解放思想，以更大的勇气和智慧，加快推进政府职能转变。

今后一个时期，我国转变政府职能的总体思路是：贯彻落实习近平总书记系列重要讲话精神，围绕完善和发展中国特色社会主义制度、推进国家治理体系和治理能力现代化，坚持以"创造良好发展环境、提供优质公共服务、维护社会公平正义"为方向，以处理好政府与市场关系为重点，放管结合、放权与治权相结合，从制度上保证市场在资源配置中起决定性作用和更好发挥政府作用，同时发挥好社会力量的作用。

一、向纵深推进简政放权

管得过多、过细仍然是我国政府职能存在的一个突出问题。我们必须紧紧扭住简政放权这个"牛鼻子"不放，着眼于进一步激发市场活力和社会创造力，充分发挥地方和基层积极性，坚持问题导向，把简政放权改革继续推向纵深。

一是深入推进向市场放权。继续深化行政审批制度改革，针对简政放权改革中出现的新情况和新问题，进一步减少投资项目审批事项，最大限度地缩小审批、核准、备案范围，最大限度地精简审批要件、优化审批流程、压缩审批时限；进一步减少生产经营活动审批事项，改革产品许可证制度，最大限度地减少对生产经营活动和生产物品的许可；进一步改革职业资质资格许可认定制度，对于社会风险程度低、无关国家安全、公共安全的职业资质资格许可认定事项，政府不再承担，由市场认可的中介组织、行业协会等社会组织承担；进一步清理和减少行政事业性和政府性基金项目；推动不同层级、不同部门实现信息共享、流程融合、标准统一，促进协同审批和服务。

二是稳步推进向社会放权。降低成立社会组织的门槛，鼓励和支持人民群众依法通过社会组织实行自我管理、自我服务，参与公共事务管理，重点培育和发展为企业生产经营和人民群众生产生活提供服务的社会组织，以更好发挥社会力量在公共事务管理中的作用，更好落实人民群众在国家治理中的主体地位。

三是有序推进中央向地方政府放权。按照统一高效、分工合理、权责一致的原则，明确界定中央和地方各级人民政府的职责权限，强化中央在全国性、跨区域性事务方面的政策和规划制定、统筹协调管理职能；对于由地方投资且不产生全局性或跨区域性影响的项目、直接面向基层的生产经营项目以及适合地方管理的专项转移支付项目的审批和资金安排，对于大量面向市场、企业、人民群众的社会管理和公共服务事务，由地方政府负责，以充分调动中央和地方各级人民政府的积极性，使政府管理更加贴近基层，贴近市场，贴近企业，贴近人民群众。

二、进一步完善宏观调控

一是适时调整宏观调控范围。要坚持从我国实际出发，科学研判经济发展趋势，合理界定政府宏观调控的范围和重点。宏观调控的主要任务是保持经济总量平衡，促进重大经济结构协调和生产力布局优化，减缓经济周期波动影响，防范区域性、系统性风险，稳定社会预期，实现经济持续健康发展。

二是完善宏观调控体制机制。要进一步明晰相关宏观调控部门的职责和权限，理顺部门关系，推进部门之间信息资源共享和整合。宏观调控部门之间、宏观调控部门与有关部门之间要建立多层面的政策沟通协调机制，统筹进行政策特别是重大政策调整的综合评估和协调，推进宏观调控目标和政策制定机制化。建立健全经济形势分析研判机制，合理确定宏观调控预期目标。建立健全重大问题研究和政策储备工作机制，加强重大问题研究，并向政策思路、改革方案、战略构想、中长期规划等延伸，形成政策储备。加强中央宏观调控部门与地方政府的联系和协调，提高宏观调控的精准性、可操作性。

三是健全宏观调控体系。以国家发展战略和规划为导向、以财政政策和货币政策为主要手段，建立健全宏观调控体系。要加强国家发展战略和规划的宏观引导、统筹协调功能，充分发挥国家发展规划对政府公共预算安排、金融资本运用、国土空间开发、资源合理配置等政策措施的综合协调作用。要把完善并充分发挥财政、货币政策的作用作为宏观调控的主要手段。完善财政政策的有效实施方式，优化货币政策目标体系和工具组合，健全宏观审慎政策框架，发挥好差别准备金动态调整工具的逆周期调节功能，探索综合运用资本充足率、流动性比率和杠杆率等调控手段。同时，要加强财政政策、货币政策与产业、价格等政策手段协调配合，增强宏观调控前瞻性、针对性、协同性。

三、进一步加强和创新政府监管

一是完善监管体系，实施科学监管。要按照完善社会主义市场经济体制要求，构建全过程、立体式、开放型、现代化的政府监管体系，有步骤地协同推进放权与监管改革。对已经取消行政审批、下放管理权的事务，要抓紧清理和制定统一、权威、系统的监管制度，加快明确监管任务、内容、标准、程序、方法。要健全分工合理、权责一致的职责体系，重新明确监管主体、监管职能、监管责任，并公之于众，接受社会监督。

二是完善监管体制，形成"大监管"合力。要建立跨部门、跨行业的综合监管和执法体系，形成监管和执法合力。要构建协同共治监管格局，强化行政部门监管，充分发挥监管部门的职能作用，重视发挥媒体舆论的监管作用。要推进社会信用体系建设，加快完善市场主体信用公示系统，推进各部门、各方面信息互联共享，构建以信息公示为基础、信用监管为核心的监管制度，形成一个平台管信用，建立诚信档案制度、失信惩戒制度。

三是创新监管方式，提高监管效能。实施"阳光"监管，凡是不涉及国家秘密和国家安全的，各级政府要把简政放权后的监管事项、监管依据、监管内容、监管规制、监管标准公之于众。推行"智能"监管，积极运用互联网、云计算、大数据等信息化手段创新和加强政府监管。创新日常监管，全面推行"双随机一公开"抽查制度。还可以组织开展第三方评估，委托权威、专业的第三方机构对监管者和监管对象的行为作随机抽查评估，发现问题，提出整改意见，及时发出黄牌警告或出示红牌让违规者退出市场。

四是推进机构改革，强化综合执法。要落实"创新执法体制"的要求，加快推进统一市场监管和综合执法模式，构建"一支队伍管市场"的综合执法格局，形成市场监管、执法的合力。

五是提升监管队伍素质能力，加强对监管者的监管。要加强监管部门特别是县、乡镇基层的监管能力建设，适当调整机构编制，充实人员，强化培训，增加技术设备，以适应审批权下放和监管职责增加的需要。要建立对监管者的监督、评估机制，加强政府内部层级监督和专门监管，对监管行为实行全方位监督，健全并严格执行监管责任制和责任追究制。

四、进一步强化和创新社会管理

一是补齐社会管理格局的短板。近年来，按照党中央的部署，各级各地加快构建党委领导、政府负责、社会协同、公众参与、法治保障的社会管理格局。目前，在这个格局中，公众参与、法治保障这两方面相对不足，是整个格局的短板。下一步要在组织动员公众参与社会管理、推进社会管理立法执法方面下功夫。

二是健全基层社会管理体系。社会管理的重心在基层。要加大财政投入，为基层社会管理提供财力保障。建立完善基层矛盾化解、诉求表达、利益协调等机制。理顺不同层级、不同部门关系，发挥正式和非正式社会组织的作用，形成社会管理合力。

三是加强社会组织建设和管理。培育和扶持社会组织，引导和促进社会组织健康有序发展。支持社会组织参与社会事务管理，密切政府与社会组织的联系和协作。加强党对社会组织的领导，确保社会组织坚持正确方向。创新对社会组织的管理，寓管理于服务之中。完善社会组织管理制度，依法规范社会组织运行。

四是进一步加强应急管理能力建设。加强突发事件风险评估，健全突发事件预防机制和应对预案。完善应急管理体制，建立专业救援队伍，形成应对突发事件协作机制。

五是高度重视网络社会管理。把握网络传播的规律和特点，密切关注网络传播新技术、新模式、新动态，建立专业化的网络社会管理队伍，创新网络社会管理方式，主动引导舆论，净化网络社会生态，规范网络社会秩序。

五、切实优化公共服务

一是增加对公共服务的投入。与世界上一些处于相同经济发展水平的国家相比，我国对部分公共服务领域的财政投入偏低。如我国对医疗卫生、社会保障的年财政投入占当年总财政支出、国内生产总值的比例，都低于多数发展水平相当的国家。强化政府的公共服务职能，首先要加大对公共服务的财政投入，特别是要增加对教育、卫生、社会保障、环境保护等与民生相关的基本公共服务的财政投入。

二是完善公共服务供给机制。要充分发挥政府、社会、企业和市场各自的优势，建立起公共服务供给的激励机制和市场化服务机制、公共服务购买机制，通过向市场购买服务提供公共产品。

三是改进政务服务。推进政务服务的精简化，精简政务服务事项办理的材料、环节，提高办理效率；推进政务服务的一体化，推动相关部门共享信息、整合流程、并联办理、协同处置；推进政务服务的标准化，压缩办理机构和人员的自由裁量权，使企业和群众有明确预期，增强政务服务的公平性；推进政务服务的公开化，将政务服务办理要件、过程、结果等向社会公开，提高政务服务的规范性；推进政务服务的网络化，借助互联网等信息技术手段，加快推行"互联网+政务服务"，建立"纵向贯通、横向全覆盖、业务全流程、部门全协同、效能全监管"的网上政务服务体系。

六、明确界定不同层级政府职能

合理界定不同层级政府的政府职能、清晰划分政府间职责边界，是转变政府职能的基础。2016年国务院印发了《国务院关于推进中央与地方财政事权和支出责任划分改革的指导意见》，对推进中央与地方财政事权和支出责任划分改革作出全面部署。要贯彻落实这一文件精神，遵循体现基本公共服务受益范围、兼顾政府职能和行政效率、实现责权利相统一、激励地方政府主动作为、支出责任和财政事权相适应等划分原则，对不同层级政府职能进行明确界定。

一是推进中央与地方财政事权和责任划分。立足我国国情，划分中央与地方的财政事权，建立财政事权的动态调整机制。完善中央与地方支出责任划分，中央的财政事权由中央承担支出责任，地方的财政事权由地方承担支出责任，中央与地方共同的财政事权根据基本公共服务的属性，区分情况划分支出责任。

二是加快省以下财政事权和支出责任划分。将部分适宜由更高一级政府承担的保持区域内经济社会稳定、促进经济协调发展等的基本公共服务职能上移，将适宜由基层政府发挥信息、管理优势的基本公共服务职能下移，并根据省以下财政事权划分、财政体制及基层政府财力状况，合理确定省以下各级政府的支出责任。

三是进一步完善权力清单制度。制定并公布不同层级政府行政权力、履行责任的流程和规范化、可评价的标准，逐步明晰不同层级政府的权责边界。

在经过一定时期的实践探索基础上，按照党的十八届四中全会提出的推进政府机构、职能、权限、程序、责任法定化的要求，推动制定关于政府职能定位的法律法规，修订和细化现行《中华人民共和国国务院组织法》和《中华人民共和国地方各级人民代表大会和地方各级人民政府组织法》，通过法律界定各级政府应履行的职能。

七、统筹推进关联改革

一是推进机构编制改革。在严格控制行政机构和人员编制总额的前提下，根据政府职能转变的需要，通过盘活存量、优化结构、动态调整等方式，实现机构编制增减平衡。向深化改革要编制，向创新管理要编制，向运用信息技术要编制，解决严控编制和满足事业发展需要之间的矛盾。要完善机构编制审批、实名制管理、核查、审计、评估、信息公开等工作制度，建立机构编制管理长效机制。完善机构编制政策标准体系，科学核定和规范管理机构编制，逐步推进机构编制法定。

二是推进财政制度改革。完善财政预算制度，将预算编制、财政投入与政府部门履行的职能挂钩，根据一级政府和各政府部门承担的职责事项分配预算，根据职能转变的方向对财政预算进行动态调整，使各级政府和行政机构承担的职责事项与财力相匹配，通过调整财政支出推动政府职能转变。

三是加快推进事业单位改革。深化事业单位改革是推进政府职能转变、建设服务型政府的重要举措。要按照《中共中央 国务院关于分类推进事业单位改革的指导意见》的精神，完善不同类别事业单位管理制度，形成基本服务优先、供给水平适度、布局结构合理、服务公平公正的中国特色公益服务体系。创新公益类事业单位管理体制，按照政事分开的原则，推动公办事业单位与主管部门理顺关系和去行政化，建立各类事业单位统一登记管理制度和事业单位法人治理结构，使事业单位在提供公共服务方面发挥更大作用。深化事业单位人事管理、财政投入、收入分配等制度改革，转换用人机制，建立和完善体现岗位绩效和分级分类管理的收入分配制度，健全监管制度，提高事业单位提供公共服务的质量和效益。

四是完善激励约束制度。一方面，要建立并切实执行行政机构和人员的绩效管理制度，完善行政绩效评估标准、指标体系和评估机制、评估方法，有效引导和督促各级政府和工作人员树立正确的政绩观，按照转变政府职能的要求全面正确履行职能。另一方面，加强对行政权力的监督制约，完善责任追究制度，防止行政机构和人员越位越权乱作为。

第三章
稳步调整行政层级与行政区划

行政区划是国家结构形式的空间投影，具有管理与空间的双重属性。一方面，行政区划是国家对国土空间的管理划分，事关国家政治、经济、社会发展全局，也关乎国家稳定。另一方面，行政区划也是国体、政体结构的表现形式，直接影响和决定着中央与地方的关系、各级行政机构设置与职能以及百姓福祉等。作为一个综合性的整体概念，行政区划还可分为纵向和横向两大部分，即同一行政区划层次的行政区域划分和不同行政区划层次的行政区域划分，即行政层级与狭义的行政区划。行政区划改革涉及政治、经济、行政、文化、社会、历史、地理、民族、国家安全等多个领域，关系到国家治理结构、权力配置、利益分配、行政效率和社会稳定，是一个十分复杂而敏感的重大问题。

第一节
改革开放前中国行政层级与行政区划的变迁

当代我国的行政层级与行政区划，在很多方面继承了传统中国的一些重要成分。在我国漫长的古代时期，影响行政层级与行政区划的主要原因有两个。一是自然地理因素，即根据大江大河、崇山峻岭等形成的自然边界，这就是区划问题上的所谓"山川形便"原则；二是政治需要，即越过自然地理边界的束缚，有意混杂民族、风俗甚至地理，形成你中有我、我中有你，相互制约、相互牵制的格局，这就是区划问题上的所谓"犬牙相入"原则。此外，根据不同时期的不同需要，军事原因、民族自治、外交便捷等都可能对局部的行政区划产生影响。但总体而言，中华人民共和国成立之前，行政层级与行政区划问题更多是从中央政府有效统治的角度所作出的自上而下的政治安排。

一、历史上我国行政层级与行政区划的"变"与"不变"

我国自秦朝推行郡县制以来的2000多年里，与不同历史时期经济、政治、社会的发展和变化相适应，行政层级与行政区划也经历了漫长而曲折的变化，不同朝代各不相同。但是，基于我国自然地理的严格约束和大一统中央集权逐渐成形的中国历史大逻辑，行政层级与行政区划也形成了一些稳定不变的特征或者说规律。2000多年来，中国地方政府行政层级差异很大，或二级（如秦汉的郡县制），或三级（如明清的省、府、县制），甚至四级，但其运行的基本逻辑并未发生多大的变化，即主要是属地化管理和行政体系内责任与权力的逐级发包。前者指居民的日常事务只与所在地的行政组织或地方政府打交道，并由其直接管辖，地域与地域之间联系较少。后者指政府责任和权力的向下转移过程。20世纪以来，晚清和民国政府基于建立现代国家的需要，对地方政府职能进行了重新配置，建立省、县、乡镇财政，推行乡镇、县、省自治，但由于种种原因，地方自治并未真正得到实施，中华人民共和国成立之前延续下来的属地管辖和行政发包制仍然一直沿用，持续到现在。

简而言之，历史上我国行政区划演变的一般规律是：其一，虚、实三级制为主；其二，三级制往往取代二级制；其三，二级制时，之上或之间往往有一监察机构；其四，经济的发达程度、地位的重要程度与行政区划划分的粗细呈正相关；其五，一级行政区的数量至关重要，一级行政区偏少，往往导致管理层次偏多。这些规律提示我们，在新时期对行政层级和行政区划进行调整时，要尊重其背后所蕴含的历史与文化背景，当然，也要考虑到新时期的新因素。

二、1949—1954年我国的行政层级与行政区划

作为上层建筑的一部分，行政区划要与国体、政体相适应。中华人民共和国成

立之后，我国对行政层级与行政区划进行了相应的调整。中华人民共和国成立伊始，在省、直辖市以上设大行政区建制，当时全国共设六大行政区，即：华北区、东北区、华东区、中南区、西北区、西南区（见表3-1）。六大行政区在1952年后皆改称为"行政委员会"，一个大行政区辖数省（市）。各大行政区（行政委员会）辖省、直辖市，省辖行政公署，行政公署辖县，县辖区，区辖乡，乡辖村，形成了以大行政区—省（直辖市）—县（行政区）—县、区（乡）—乡的行政层级（见图3-1）。

表3-1 各大行政区设立和辖域情况表

大区名称	行政机构	成立时间	统辖区域
华北区	华北事务部	1950年9月	北京市、天津市、河北省、察哈尔省、山西省、绥远省、平原省、内蒙古自治区
东北区	东北人民政府	1949年8月	沈阳市、长春市、哈尔滨市、旅大市、抚顺市、鞍山市、本溪市、辽东省、辽西省、吉林省、松江省、黑龙江省、热河省
华东区	华东军政委员会	1950年1月	上海市、南京市、苏北区、苏南区、皖南区、皖北区、山东省、浙江省、福建省
中南区	中南军政委员会	1950年2月	武汉市、广州市、湖北省、湖南省、河南省、江西省、广东省、广西省
西北区	西北军政委员会	1950年1月	西安市、陕西省、甘肃省、宁夏省、青海省、新疆省
西南区	西南军政委员会	1950年7月	重庆市、西康省、云南省、贵州省、川东区、川南区、川西区、川北区以及西藏地区

资料来源：根据相关史料整理。

为了加强中央集中统一的管理，减少组织层次，提高工作效率，1954年6月，中央政府发布了《中央人民政府关于撤销大区一级行政机构和合并若干省、市建置

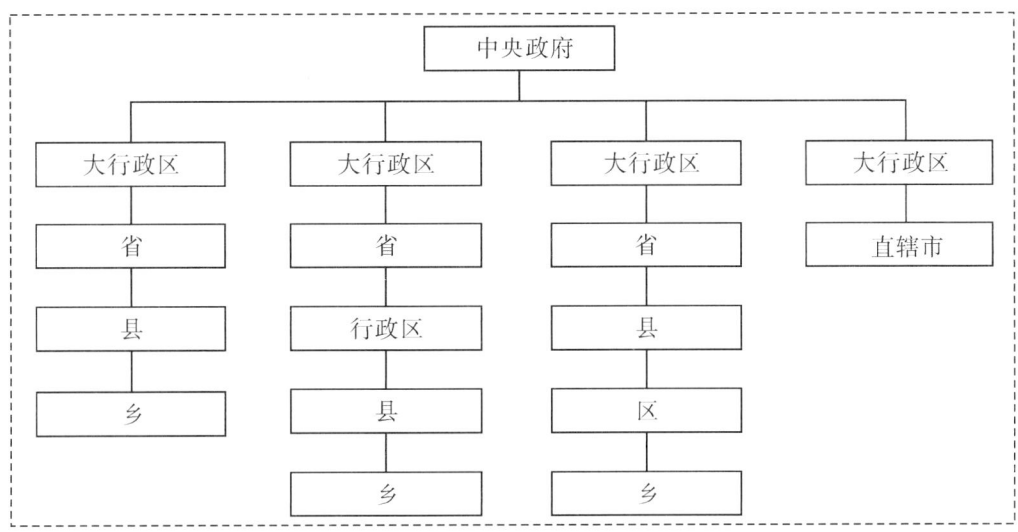

图3-1 中华人民共和国成立初期的行政区层级结构图（1949—1952年）

的决定》，撤销设于中央与各省、市之间的六大行政区，只保留北京、上海、天津三个直辖市，其余的中央直辖市划归各省。1954年《宪法》对此进行了确认，中央、省、市—县—乡的行政层级得到法律确认，奠定了此后一直到现在我国行政层级的基本框架（见图3-2）。

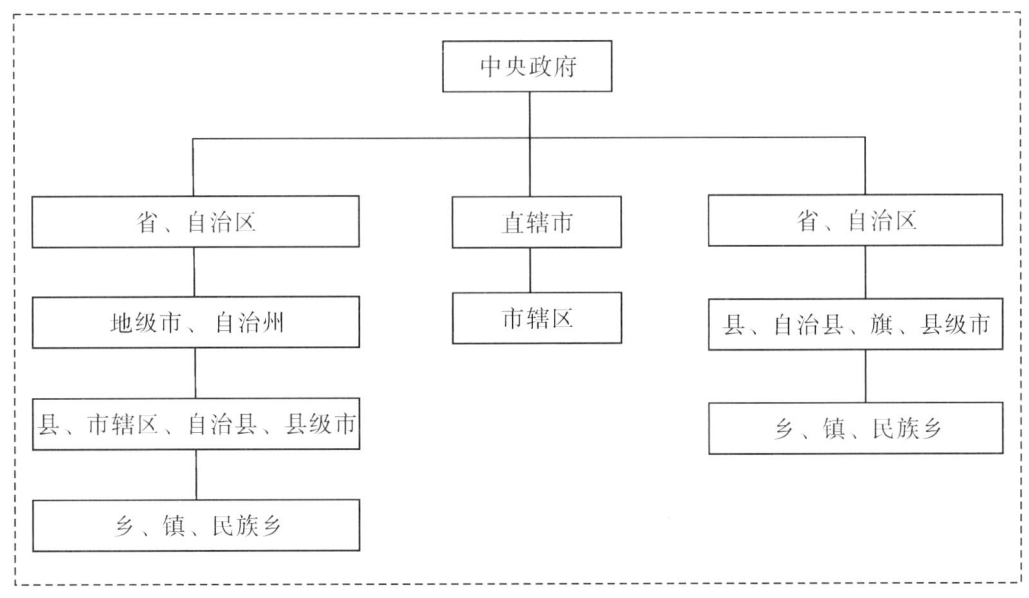

图3-2 1954年《宪法》设定的政区层级结构图

三、1955—1978 年我国的行政层级与行政区划

中华人民共和国成立初期，我国省的面积普遍较大，加上当时交通通讯水平落后，省直接管理众多县级政区确有困难，因此，保留或新设立了一个省政府派出机构——专区，代表省对县进行管理。1961 年相继恢复或新增了一些专区和县。20 世纪 60 年代末"专区"的名称变更为"地区"，原专区专员公署相应地成为党政合一的革命委员会。1975 年《宪法》规定，"地方各级革命委员会是地方各级人民代表大会的常设机关，同时又是地方各级人民政府"。这意味着国家以根本大法的形式确认了地区作为一级行政区划建制的地位。

这一时期县以下的行政区划，在普遍实行政社合一的人民公社体制。毛泽东主席于 1958 年 8 月提出"还是办人民公社好"，中央政治局随后通过了《中共中央关于在农村建立人民公社问题的决议》，"人民公社化"在极短时间内席卷了全中国。到 1978 年改革开放前，全国人民公社总数已达 54000 多个，直到 1983 年中央恢复乡镇建制为止。

1956 年"大跃进"兴起，高指标、浮夸风蔓延各个领域，城市型行政区在这一时期反复裁并、不断废立。1960 年，全国增设城市 20 个，同时扩大了部分城市的市辖区。1961 年，全国市辖区有 505 个。尔后，国务院提高了市镇设置标准，各地按新的标准对市镇作了调整和压缩，1978 年减少到 2173 个。

这一时期还有以下行政区划方面的重要调整：

1955 年 7 月，裁撤热河省，其辖区分别划入辽宁、河北两省；10 月，裁撤西康省，保留昌都地区。翌年 4 月，西藏自治区筹备委员会成立。旋即，昌都地区并入西藏自治区。

1956 年 8 月，中共中央调整了县以下的基层行政单位，撤区并乡，由县行政机构直接管乡级行政机构，乡下设村。

1958 年，裁撤合并县、市级行政建制。如河北省由原来的 152 个县、市，调整为 65 个县、市；陕西省由原来的 96 个县、市，调整为 52 个县、市。县以下实行政社合一的人民公社制度。是年 10 月，全国农村已设人民公社 23397 个，平均每

个公社计 4797 户。据 13 个省统计，一个县成立一个大型公社，或成立全县人民公社联社的已有 94 个。1961 年，恢复了本来的县、市级行政区划。

1969 年 8 月，中共中央、中央军委针对中苏、中蒙边境局势，为做好备战工作，对内蒙古自治区的行政区划进行大幅度调整，将该自治区邻近东北地区的呼伦贝尔盟、哲里木盟、昭乌达盟三个盟，分别划入隶属于沈阳军区的黑龙江省、吉林省、辽宁省；将该自治区的西部地区，分别划入隶属于兰州军区的甘肃省、宁夏回族自治区。此举对加强内蒙古地区当时的战备工作、提高应变能力、抵御外国入侵，具有一定意义。伴随着国内、国际形势的变化，1979 年 7 月，中共中央、国务院决定恢复内蒙古自治区原有的行政区划。

总之，行政层级与行政区划是国家权力结构的空间投射，是国家政治体制、行政管理的重要组成部分，涉及政治、经济、行政、文化、历史、地理、民族、国家安全等多个领域，牵涉到国家统一、中央与地方之间权力划分、民族团结稳定、行政成本与效率等一系列重大问题，十分复杂敏感。整个计划经济时期，我国总体上实行赶超战略，需要最大限度地调动和集中全社会资源，为此，我国逐渐建立了从中央到省、市、县、乡的五级政府，实现了对社会的全面管理与控制。1978 年中国开启改革开放的新时代后，行政区划改革也进入了一个新的历史时期。

第二节
40 年来中国行政层级与行政区划的调整

改革开放近 40 年来，我国经济社会发生了翻天覆地的变化。随着社会主义市场经济体制的建立与不断完善，地方政府、企业、家庭、个人等作为经济主体地位的积极性逐渐被激活，中国社会纵向控制严格、横向流动缓慢的特征逐渐被打破，社会流动性空前增加。特别是随着工业化进程加速，大量人口从农村迁移到城市，从西部到中部，昔日以耕读传家的中国社会正缓慢地由"乡村中国"变成"城市中国"。这一数千年来中国从未有过之大变局，深刻地改变着中国社会的面貌，也成为新时期行政层级与行政区划改革的主要影响因素。

一、40年来我国行政层级与行政区划改革调整的主要内容

1982年《宪法》规定，我国行政层次主要为省、自治区—县、自治县、县级市—乡、民族乡、镇三级制。但在省与县之间，事实存在地区一级的建制。一般是省在地区设立地区行政公署作为其派出机构，但地区又不是一级真正的行政层次。因此，改革的重点主要就围绕着"地区"这一级来来回回地进行调整，但不同时期政策的具体取向，则各有不同。

（一）20世纪80年代实行的市管县体制

1982年，为了打破城乡壁垒、推动城乡经济发展，中共中央发出51号文件，提出改革地区体制，试行市管县制，即试行以中心地级市对其周围县实施领导的体制。1983年2月15日，中共中央、国务院发出《关于地市州党政机关机构改革若干问题的通知》，并决定推广市管县体制。到1985年，全国多数地区实行了市管县体制。市管县体制的推行，改变了地区行政公署作为省政府派出机关的设置，形成了我国行政层级事实上的省、自治区—地级市—县、自治县、县级市、市辖区—乡、民族乡、镇四级制。

行政区划在这一阶段的主要任务是撤地设市、撤县设市和创建市管县体制。1978年开始，全党和国家的工作重心从"以阶级斗争为纲"转移到"以经济建设为中心"。随着改革开放的推进，地区和市同驻一地的矛盾日益突出，城市管理体制不顺，行政开支浪费严重。1982年，中共中央以（1982）51号文件发出了改革地区体制、实行市管县体制的通知，同年末首先在江苏省试点，1983年开始在全国试行。地级市的设立一般有以下几种模式：切块设市、整建制改市、组团设市等。1988年，中央在北戴河召开工作会议后，起草了新的行政区划调整方案，准备推行市、地合并的市领导县体制。此后一度由于国内外经济社会情势紧张，放慢了市、地合并的进程。

1992年以后，市领导县体制改革进入新的发展阶段。根据2001年底的数据，

全国 265 个地级市中已有 253 个地级市实行了市管县体制，管辖着 1445 个县级行政区（不含市辖区），占县级行政区总数的 70%。与之相适应，从 1982 年开始地区体制改革以来，地区数量从 1982 年的 170 个减少到 2001 年底的 17 个，撤销了 153 个。截至 2015 年底，全国地级市总数达到 291 个，占地级行政单位的 87.1%。

（二）21 世纪以来实行的省直管县体制

随着市场化、工业化、城市化的进一步发展，市管县体制的弊端也逐渐显现。一方面，政区层级过多带来行政效率低下，造成信息传递速度的降低，增加了信息失真的风险。另一方面，市管县体制实际上缩小了县级政区的自主权，扩大了市级政区的各种管理权限，带有明显的城市偏向性。在市管县体制下，市级政区上提财权、下压事权，加重了县的负担，恶化了县的财政状况，另外，部分地区市弱县强，存在"小马拉大车"的格局，市级政区无法辐射和带动县域经济发展。在这种市县关系紧张、县级财政难以为继的背景下，"省直管县"蓬蓬勃勃地兴起了。

"省直管县"最早发源于浙江。迄今为止，我国的"省直管县"改革已大致经历了前后三轮。第一轮是 2002 年前后以财政省直管为主的改革，第二轮是 2005 年前后以强县扩权为主的改革，第三轮是 2010 年后以行政省直管为主的改革。2002 年 8 月，浙江省将 313 项审批权下放给绍兴县、慈溪市等 17 个经济强县（市）。2003 年，山东省对 30 个经济强县和 30 个经济欠发达县，分别采取不同的扩大经济自主权政策。湖北省于 2004 年确定了首批 20 个县（市）实行强县扩权，并详细列出 239 项扩权项目。河南、广东、吉林、湖南等省先后推行了强县扩权改革试点。2009 年，中央一号文件明确指出，推进省直接管理县（市）财政体制改革，将粮食、油料、棉花和生猪生产大县全部纳入改革范围，稳步推进强县扩权改革试点，鼓励有条件的省份率先减少行政层次，探索省直接管理县（市）的体制。财政部 2009 年发布了《关于推进省直接管理县财政改革的意见》，明确提出省直接管理县财政改革的总体目标，即 2012 年底前，力争全国除民族自治地区外全面推进省直接管理县财政改革。2009 年 8 月底，全国已有 24 个省（区、市）实行了"省直管县"财政管理体制改革。以上种种，都为行政省直接管理县改革奠定了必要的基础。2010 年，中国机构编制委员会办公室选择了安徽、河北、河南、湖北、江苏、黑龙江、宁夏、云南等8个省区30个县（市）进行试点。

实践层面上，"省直管县"的探索主要形成了五种模式。一是浙江模式："省管县"+扩权强县。二是海南模式：县、市分治的行政"省管县"。三是山东模式：强县扩权+弱县倾斜。四是湖北模式：行政"省管县"+财政"省管县"。五是吉林模式：依事权定财权的财政体制"省管县"。基于各个地方自然、地理、风俗与人情的差异，各地探索的重点、途径甚至目标都不完全一致，呈现出多样化的形态。到现在，"省直管县"的下一步如何走，仍然是一个见仁见智的问题。

（三）城市建制大改革大调整

随着工业化、市场化和城市化的推进，城市的作用和功能越来越重要，推进城市建制是改革开放近40年地方行政区划改革的重要内容。在我国城市建制中，除了直辖市、省会城市之外，还包括副省级城市、计划单列市、地级市以及数量众多的县级市、市辖区等。副省级城市享有省级的经济管理权限，行政隶属关系基本不变。1978年以来，中国行政区划演变模式主要有：建制变更、行政区拆分、行政区合并、建制升格以及新设立行政区，其中，最主要的模式就是建制变更，这又分为撤县改市、撤县改区、撤市改区、撤区改市以及撤区改县五种具体的模式。

1978年即改革开放之初，我国地区一级的行政区有310个，县级行政区有2653个，乡镇级行政区有6198个。仅仅两年后即1980年，乡镇行政区就达到54183个，增加了7.7倍。同期，县级行政区划仅增加了122个，为2775个，而地区级行政区划仅增加了8个，为318个。到1984年，乡镇行政区划数达到历史顶点106439个，其中虽然有各地跟风而上的嫌疑，但也确实能反映出农村人口先行向镇汇集的趋势。同期，县级行政区划数小幅增加，达到2814个，地区级行政区划增长到322个。此后，区划改革方面的热点开始转向撤县改市，1986年，全国共有县级市150个，1991年增加到289个，到1993年增加到371个，1996年增加到445个，达到历史高点（见下页图3-3）。1997年，国家紧急叫停撤县改市政策，此后基本停止。①

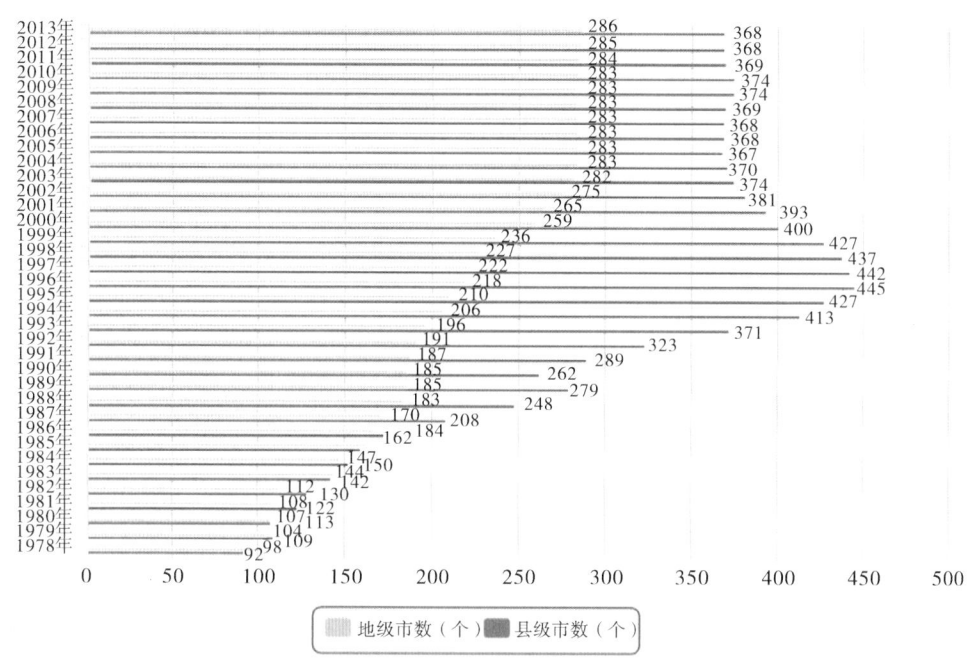

图 3-3　1978—2013 年我国地级市及县级市数量变化图

有必要专门回顾一下撤县改市政策的前前后后。改革开放以后，东南沿海一些地方的县城率先发展起来，无论是非农人口的比重，还是经济总产值，都很快达到了 1983 年国家出台的撤县改市标准，也正是在这些地方，首先掀起了县改市的浪潮。客观地说，在这些地方进行撤县改市在相当大的程度上是顺时应势之举，而且确实促进了当地经济的迅猛发展，也得到国家层面的首肯。1993 年，民政部修订并颁布了新的撤县改市标准，这可以视为对基层首创行为的一种正面肯定。随后，广大内陆省份跟风而上，纷纷启动撤县改市的进程，有条件的要上，没有条件的创造条件也要上，以致出现了一些农村人口仍然占绝大多数的县虚假申报和"假性城镇化"现象。加之已获得批准的县大规模地进行城市基础设施建设，占用了大量耕

---

① 1998—2012 年，民政部只批复了云南蒙自、文山两县撤县改市和江西省德安县部分区域设立共青团市的申请。2013 年 1 月，民政部批准吉林扶余、云南弥勒两县改为县级市。2014 年 12 月，国家发改委、住建部等 11 个部委印发《国家新型城镇化综合试点方案》，批准 62 个县、2 个镇进行改市、设市试点，至此，停滞多年的县改市政策才有所松动。

地良田，威胁到我国的粮食安全，因此，1997年，民政部全面叫停了撤县改市。

但人口流动、城市扩张的趋势，并没有因为一纸公文而停止。撤县改市政策停止以后，这种由人口增长、经济发展驱动的行政区划改革欲望转而冲向"县改区"。从数字上可以看出，1997年，我国还仅有727个市辖区，但5年后即2002年就增加了100多个，达到830个，到2005年后，基本稳定在850个左右。2012年后又呈快速增加态势，2013年达到872个（见图3-4）。

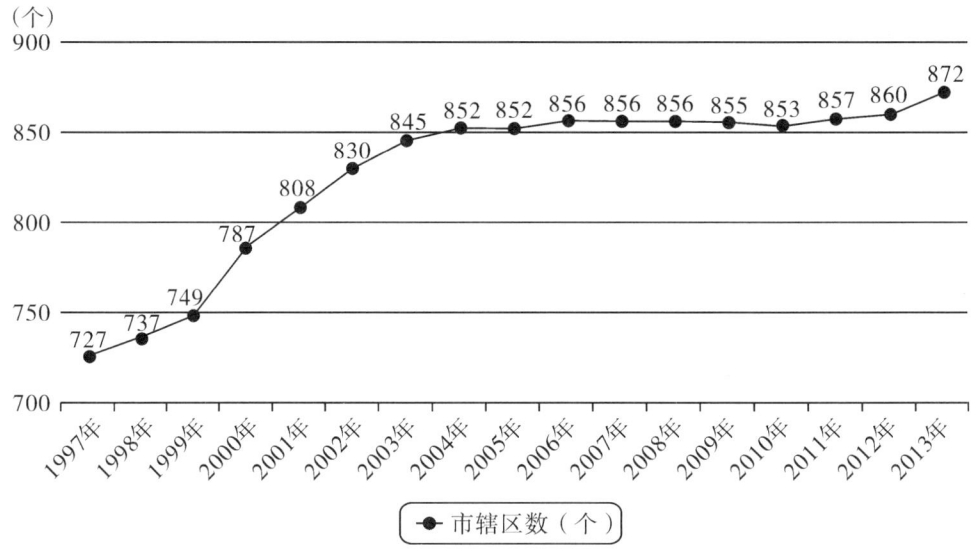

图3-4　1997—2013年我国"县改区"数量变化图

资料来源：国家统计局网站。

这一时期，我国行政区划方面的重大事件还有：1997年设立重庆直辖市，1997年香港回归后成立香港特别行政区，1999年澳门回归后成立澳门特别行政区。

二、40年来我国行政层级与行政区划调整的积极作用

（一）促进了我国城市化的健康发展

20世纪80年代中期开始，为适应城市快速发展的新形势，充分发挥中心城市的辐射功能，合理调整了城市内部行政区划。先后对成都、湘潭、青岛、济南、重庆、上海、吉林、哈尔滨、长春、杭州、太原、广州、海口等多数城市的市辖区进行了合理的调整，实行新的扇形划分模式，解决了长期以来市辖区同心圆划分模式

形成的"郊区管城里,城区管城外"、城郊犬牙交错的矛盾,促进了城乡的协调发展。

经过改革开放近40年的发展,我国市镇的空间布局日趋合理,西部地区、少数民族地区、边境地区的市镇得到较快发展,彻底改变了中华人民共和国成立前城镇过分集中在东部沿海的局面,促进了边远地区和少数民族地区经济的繁荣。城镇群体框架初见端倪,形成了长江三角洲、珠江三角洲、胶东半岛、辽东半岛、京津唐地区五大城市群和沿江、沿海、沿铁路的城市带,促进了生产力的合理布局,城镇体系日趋完善,基本形成了大中小城市以及县城、镇、集协调发展的城镇体系,促进了市场经济网络的形成和完善。

在设市标准方面,1983年,国务院批准的民政部和劳动人事部《关于地市机构改革中的几个主要问题的请示报告》提出了县改市的内部掌握条件,1984年国务院批转了民政部《关于调整建制镇标准的报告》,1986年、1993年国务院两次批准了民政部有关调整设市标准的报告。上述标准的颁布,促进了我国市镇的发展,特别是改革开放以后的新标准,在指导思想上,由控制、紧缩转向积极稳妥发展,适当放宽了条件,适应了经济社会发展的需要。

(二)促进了民族地区经济发展和民族团结大业

20世纪50年代和80年代先后形成了两次设置民族自治地区的高潮。1984年颁布了《中华人民共和国民族区域自治法》,使民族区域自治制度进一步完善。截至2015年底,全国共设置5个自治区、30个自治州、117个自治县、3个自治旗,共155个民族自治地区,另有990个民族乡,152个苏木,1个民族苏木。除俄罗斯、塔塔尔等11个少数民族因人口少、居住分散等原因,不具备建立民族自治地区的条件外,其余44个少数民族都建立了相应的自治地区。民族自治地区的面积已占全国总面积的60%以上,民族自治地区的少数民族人口占全国少数民族总人口的90%以上。这些民族自治地区的建立,对于巩固和加强各民族的大团结,进一步调动少数民族的积极性、促进当地经济文化的发展,起到了积极的促进作用。

(三)促进了区域经济发展与区域协调

一是从1986年开始在全国范围内逐步开展撤区(县辖)并乡建镇工作。县辖区从 1984 年底的 8119 个减少到 2012 年底的 2 个，基本取消了县辖区这个层次，乡级政区从 1985 年底的 96992 个减少到 2015 年底的 39787 个，减少了 59%。二是设置海南省，进行减少层次、提高管理效率的试点，实行省直管县。实践证明，这种体制符合建立社会主义市场经济体制的客观要求，适应政治体制改革和经济体制改革的需要，极大地促进了海南岛的开发建设。三是设置重庆中央直辖市，既是划小四川省的举措，也是优化中央直辖市布局的重大举措，进一步提高了重庆市对区域经济发展的辐射力和影响力，促进了西南地区区域经济的发展。

（四）解决边界争议，为国内经济社会全面发展创造了条件

在党中央、国务院的领导下，民政部门会同有关部门，在各级地方党委政府的配合下，解决了一批"老大难"的省界争议。地方各级民政部门为解决县乡两级边界争议也做了大量工作，取得了一定成绩，促进了这些地区的安定团结和经济社会发展。为从根本上解决行政区域边界争议，民政部在 20 世纪 80 年代提出全面勘界的设想，经国务院批准于 1989 年开始，历时 5 年完成勘界试点，1996 年全面启动勘界工作，2002 年底全部完成，共勘定省级边界 68 条，总长 6.24 万公里，县级边界 6300 多条，总长 41.6 万公里，实现了我国行政区域界线管理方式的革命性变革，彻底结束了行政区域界线粗放管理的状况，从源头上消除了行政区域边界争议的隐患，为依法治界、科学管理创造了有利条件。

三、我国行政区划调整的基本经验

中华人民共和国成立以来，行政区划根据各个时期党和国家的方针政策，进行了一系列的调整和改革，对社会主义革命、经济建设和改革开放起到了积极的推动作用。回顾 60 多年的行政区划工作，主要经验有四条：一是自觉服从国家的方针、政策，突出为经济建设服务、为改革开放服务、为建立和完善社会主义市场经济体制服务的总体指导思想，遵循实事求是的原则，坚持标准，坚持从实际出发，适时地调整不相适应的行政区划；二是加强法制建设，依法行政，增强宏观调控与管理的力度和效能；三是强化理论研究，坚持理论联系实际，理论为实践服务，从宏观上、战略上把握工作方向，努力做到宏观上思路清晰，微观上目标明确，保证工作

合理、科学、有序地进行；四是注意协调关系，努力争取领导和有关部门的支持与配合。

第三节
中国行政层级与行政区划的现状和主要问题

一、当前我国行政层级与行政区划的总体概况

截至 2016 年 6 月，我国共有 4 个直辖市、23 个省、5 个自治区、2 个特别行政区（合计 34 个省级行政区划单位），293 个地级市、8 个地区、30 个自治州、3 个盟（合计 334 个地级行政区划单位），940 个市辖区、363 个县级市、1377 个县、117 个自治县、49 个旗、3 个自治旗、1 个特区、1 个林区（合计 2851 个县级行政区划单位），8016 个街道、20654 个镇、10169 个乡（苏木）、990 个民族乡（民族苏木）（合计 39829 个乡级行政区划单位），99935 个居委会、571794 个村委会（合计 671729 个村居）。

按地理划分，我国现有七大地理区。一是华北地区：北京市、天津市、河北省、山西省、内蒙古自治区。二是东北地区：辽宁省、吉林省、黑龙江省、内蒙古自治区（蒙东）。三是华东地区：上海市、江苏省、浙江省、安徽省、福建省、江西省、山东省。四是华中地区：河南省、湖北省、湖南省。五是华南地区：广东省、广西壮族自治区、海南省。六是西南地区：重庆市、四川省、贵州省、云南省、西藏自治区。七是西北地区：陕西省、甘肃省、青海省、宁夏回族自治区、新疆维吾尔自治区。另外还有港澳台地区，主要指香港特别行政区、澳门特别行政区、台湾地区等。

按经济划分，我国现行行政区可分为四大经济区。一是东北地区：黑龙江省（黑）、吉林省（吉）、辽宁省（辽），共 3 个省。二是东部地区：北京市（京）、

天津市（津）、河北省（冀）、上海市（沪）、江苏省（苏）、浙江省（浙）、福建省（闽）、山东省（鲁）、广东省（粤）、海南省（琼）、香港特别行政区（港）、澳门特别行政区（澳）、台湾地区（台），共13个省（市、区）。三是中部地区：山西省（晋）、安徽省（皖）、江西省（赣）、河南省（豫）、湖北省（鄂）、湖南省（湘），共6个省。四是西部地区：内蒙古自治区（内蒙古）、广西壮族自治区（桂）、重庆市（渝）、四川省（川或蜀）、贵州省（贵或黔）、云南省（云或滇）、西藏自治区（藏）、陕西省（陕或秦）、甘肃省（甘或陇）、青海省（青）、宁夏回族自治区（宁）、新疆维吾尔自治区（新），共12个省（市、区）。

按人口划分，居于前五位的省级行政区分别是：河南省、山东省、四川省、广东省、江苏省，人口在7500万至1亿之间，其中河南省超过1亿；居于后五位的省级行政区为澳门特别行政区、西藏自治区、青海省、宁夏回族自治区、香港特别行政区，人口在50万至800万之间。

按面积划分，居于前五位的省级行政区分别是：新疆维吾尔自治区约166万平方公里，占全国面积的1/6强，西藏自治区约123万平方公里，内蒙古自治区约118万平方公里，青海省约72万平方公里，四川省约49万平方公里；居于后五位的省级行政区分别是：澳门特别行政区、香港特别行政区、上海市、天津市、北京市。

按拥有县级行政单位最多的省级行政区划分，居于前五位的省级行政区分别是：四川省、河北省、河南省、山东省、云南省，县级行政单位均在120至190个之间；居于后五位的省级行政区分别是：海南省、宁夏回族自治区、青海省、吉林省、西藏自治区，县级行政区数量在20至80个之间。①

二、我国现行行政层级与行政区划存在的主要问题

（一）行政层级过多

《宪法》第三十条规定，中华人民共和国的行政区域划分如下：全国分为省、

---

① 中华人民共和国民政部编：《中华人民共和国行政区划简册2016》，中国地图出版社，2016年版，第1—8页。

自治区、直辖市,省、自治区分为自治州、县、自治县、市,县、自治县分为乡、民族乡、镇,直辖市和较大的市分为区、县,自治州分为县、自治县、市。《宪法》第一百一十一条规定,居民委员会和村民委员会(以下简称"居委会"和"村委会")是城乡"基层群众性自治组织"。《中华人民共和国城市居民委员会组织法》和《中华人民共和国村民委员会组织法》规定,居委会和村委会要"协助"基层人民政府或它的派出机关开展工作。从实际情况看,这些行政性的"协助"工作已成为居委会和村委会的主要任务,这使得它们变成了事实上的一个行政管理层次,即所谓的"行政村"。这样看来,中国现实的行政层级是中央、省、地、县、乡、村六级。

行政层级过多,行政管理的幅度就偏小。根据民政部《中华人民共和国行政区划简册2016》,截至2015年底,除台湾地区、香港特别行政区和澳门特别行政区之外,全国31个省(自治区)管辖334个地级行政单位(包括地级市、地区、自治州、盟),平均每个省(自治区)辖10.77个地级行政单位;全国共有县级行政单位(不含市辖区)1929个,平均每个地级单位辖5.78个县级单位。不仅如此,从全国范围看,还很不均衡。有些地区由于地级市数量比较多,因此每个地级市所能管辖的县(市)很少,还有少数地级市没有辖1个县(市),如东莞市、中山市、珠海市、三亚市、海口市、武汉市、鄂州市、莱芜市等地,就是如此。

在我国这样一个大国中,组织的上层(中央政府)和下层(县乡级政府)都是十分重要的一个层级,但居于两者之中的层级过多,不仅造成机构臃肿,人员冗多,助长官僚主义,而且更重要的是,增加了各级政府之间信息传输和反馈的环节,导致信息传递的速度缓慢,特别是容易导致信息失真,严重影响各个上级政府政策、决议、法令等的贯彻执行,从而大大降低了我国政府的行政管理效率。

(二)部分行政区划不合理

一是在面积方面,有29平方公里的省级特别行政区——澳门,有6340平方公里的直辖市——上海,有3万多平方公里的省——海南,也有160多万平方公里的省级行政区——新疆维吾尔自治区。二是在人口方面,大的省级行政区过亿或近亿人,如河南、广东、山东等,小的省级行政区不足百万人或仅有数百万人,如澳门特别行政区、西藏、青海、宁夏、香港特别行政区等。省级行政区规模过大，对地方的管理就会力不从心，甚至一些省级行政区在发展取向上主要倾向于省会城市、自治区首府及其周围地区、重要的交通地域等，因此，边远地区的发展往往得不到重视，这也是"老少边穷"地区长期存在的原因之一。省级行政区划规模过小，也会造成管理成本的严重浪费。三是在所辖县级行政单位方面，四川、河北、河南所辖县级行政单位均超过 150 个，分别为 183 个、170 个和 158 个，而宁夏、海南和青海则仅为 22 个、23 个、43 个。① 管理幅度过大与过小并存。四是在自然地理方面，部分省界的边界线遵循"山川形便"原则，而部分行政区边界线则"犬牙相错"，虽说在传统中国有其政治上的重要考虑，但却不完全适用于今天的情况。比如，秦岭—淮河一线是我国重要的自然分界线，但地处秦岭之南的汉中盆地在行政区划上却不属于地理条件更接近的四川，而是属于秦岭之北的陕西。再比如，江苏和安徽两省治理着淮北、淮南乃至江南地区，还有江苏、浙江和上海共辖太湖地区，湖南和湖北分割洞庭湖流域，称为"河南"的河南省又有相当一部分在黄河之北等。从国土整治和自然生态保护的角度讲，一个行政区内自然地理景观和人文因素存在较大差异，不利于统一规划、开发、保护等之间的相互协调，也不利于区域经济的协调发展，应当进行一定程度的调整。

（三）地域型和城镇型政区混淆

20 世纪 80 年代以来，我国掀起了"市领导县"和"整县改市"两股热潮。应该说，这一改革有其合理性的一面，因为它试图发挥中心城市对农村的带动、辐射作用，促进城乡协调发展、统筹发展，从而加快我国城市化、现代化进程，是探索有中国特色城市化道路的一次重要尝试。然而，这一改革也在一定程度上混淆了地域型政区和城镇型政区的差别，在各种其他因素的共同作用下，反而导致城市与农村的分割甚至城市对农村的剥夺。城镇型政区之所以要从地域型政区中逐步分离开来，主要是因为二者在管理的性质、目标职能和方式等方面存在着实质性的差异。

---

① 中华人民共和国民政部编：《中华人民共和国行政区划简册 2016》，中国地图出版社，2016 年版，第 1-8 页。

然而，问题在于，城市和农村在管理的社会公共事务、管理目标、管理方式方法，以及对管理的需求上都有着明显的区别，所以，在行政管理体制上对城乡分别实施管理，才能符合各自的特殊规律，取得应有的行政效能，并促进城乡经济社会共同发展。我国前期推行的"市领导县""整县改市"，均只是在行政建制上完成了转型，在行政区划管理体制上却没有创新，因而造成城乡两个方面的工作都没抓好，况且，大多数地区存在轻乡重城、轻农重工的现象，因而有悖于初衷，延滞了城乡协调发展的进程。

（四）行政区划的相关标准体系和法律规范不完备

我国虽然有一些行政区划工作方面的文件，但是从整体上看，目前整个行政区划工作还没有建立一套完整的法律法规体系。虽然有《宪法》和《中华人民共和国地方各级人民代表大会和地方各级人民政府组织法》这样的大法，也有《国务院关于地名命名、更名的暂行规定》《国务院关于行政区划管理的规定》以及《行政区域边界争议处理条例》这样的法规，但我国行政区划法制建设总体上讲仍然处于薄弱环节，现行的法律法规比较零散，不成体系，可操作性也不强，尤其是各方高度关注的设市标准，虽然有但已明显过时，对经济发展和区域协调形成制约而非促进之势。另外，我国还没有一部完整的由全国人大及其常委会颁布实施的具有最高权威性的单行法规，这些都越来越不适应社会主义市场经济体制日益成熟和社会经济迅速发展的客观需要。

（五）严重滞后于我国城市化发展要求

诺贝尔经济学奖获得者斯蒂格利茨曾把"中国的城市化"与"美国的高科技"并列为影响 21 世纪的最重大事件。改革开放以来，我国城市化率不断提高，2016 年我国以常住人口计算的城市化率已经达到 57.35%，近 8 亿人已经生活在城市，中国已经由传统的"农村社会"转向了"城市社会"。但与快速的城镇化相比，我国行政区划与行政管理明显滞后，两者很不协调。

第一，经济发达地区的小城镇发展迅速，半城镇化现象及由此带来的区域管理问题突出。由于行政建制的制约，经济发达地区县或镇出现了半城镇化现象，大量外来人口涌入，非农化发展快、程度高但集聚低，非农建设用地扩展快但空间分布零散，等等。如何建立半城镇化地区合理的行政管理体制，是当前面临的一个重要问题。

第二，不同城市的管理者缺少分工协作，各自为政的现象日趋突出。各个城市政府对经济的不合理干预行为比较严重，城市间合作机制不健全，不同城市间存在明显的行政分割现象，使得行政区界限成为区域经济联系和发展的巨大障碍，限制了区域经济社会事业的协同发展。在行政区的边缘地带，双方的政府都不予以重视和开发，基础设施建设和交通建设配套差，管理混乱。

第三，我国现行城镇区划体制带有明显的计划经济体制烙印，城镇区划体制与新型城镇化发展的新阶段、新要求、新趋势还很不适应，在很大程度上制约了城镇化的发展。这种不适应主要表现为纵向行政层级过多、行政管理信息失真、效率不高、财权与事权失衡等。

总之，随着我国经济社会的发展，现在的行政层级与行政区划工作多年来已显示出不相适应的种种弊端。这表明，行政层级与行政区划作为上层建筑的重要部分，与同期经济基础已不相适应，中华人民共和国成立之前和计划经济时期关于行政区划和行政层级工作的指导思想、原则、方式方法等，都应当进行与时俱进的改革与调整。

第四节
进一步优化中国行政层级与行政区划的思路

党的十八大报告提出，要"优化行政层级和行政区划设置"。党的十八届三中全会审议通过的《中共中央关于全面深化改革若干重大问题的决定》着重提出，要"优化行政区划设置"。这是着眼于党和国家事业发展全局、全面推进和深化改革、完善和发展中国特色社会主义、实现国家治理体系和治理能力现代化、助力全面建成小康社会、实现中华民族伟大复兴的中国梦作出的重要决策部署，为今后一个时期我国行政层级与行政区划改革指明了方向。

一、新型城镇化已成为影响我国行政层级与行政区划改革的决定性因素

改革开放以后，中国经济社会发生了巨大的变化。随着地方政府、企业、家庭、个人经济主体地位和积极性被激活，中国社会纵向控制严格、横向流动缓慢的特征逐渐被打破，社会扁平化程度加强，流动性极大增加。特别是随着工业化、城市化进程的展开，大量人口从农村迁移到城市，从西部到中部，昔日以耕读传家的中国社会正缓慢地由"乡村中国"变成"城市中国"。1978年，我国城镇人口总数为17245万人，农村人口总数为79014万人，城市化率仅为10%左右。到2011年，我国城镇人口总数为69078.63万人，农村人口总数为65656.37万人，城市化率提高到51%，在城镇居住的人口总数首次超过在农村居住的人口总数（见图3-5）。2016年，我国城镇常住人口为79298万人，城镇化率为57.35%。整体而言，我国现在正处于城市化快速发展的中期阶段。也就是说，1997—2016年，我国每年有1000万~2000万人从农村迁移到城市（近年有所下降）。遍观历史，数亿人从农村到城市，称得上是"数千年来中国从未有过之大变局"，这一巨大流动所带来的冲击，正深刻地改变着中国社会的面貌。

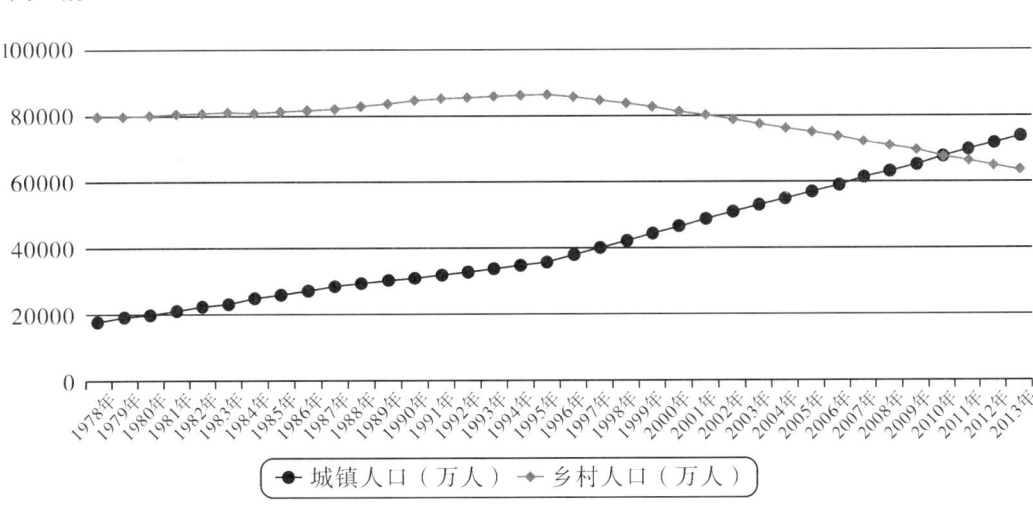

图3-5　1978—2013年我国城乡常住人口变化图

资料来源：国家统计局网站。

相当一个时期以来,行政层级与行政区划方面的改革主要是被城市化推着走,理论创新不足,对实践的指导不够。比如,过去一些地方往往过于依赖通过行政区划调整来解决跨行政区的经济建设和市政建设中出现的问题,而且行政层级与行政区划调整问题过多与级别、官位、待遇等相联动,结果导致要么过急过快,要么多年不动。总之,相较于传统中国影响行政层级和行政区划的主要原因是政治、自然地理、文化风俗等,随着我国社会主义市场经济伟大进程的开启,当今城市化浪潮之下人口的大迁移、大流动、大重组正在相当大的程度上替代过去的政治、自然地理和民俗等,成为推动新时期行政层级与行政区划改革最具决定性的因素,新时期的行政层级与行政区划改革必须基于这一背景定位、设计并实施。

二、优化我国行政层级与行政区划的指导思想

总体而言,行政区划的调整要从国家和人民群众的根本利益出发,从有利于巩固政权、有利于经济社会发展、有利于国家长治久安这一大局出发,妥善处理好中央与地方、地方和地方的利益关系。下一步调整我国行政区划的基本指导思想包括以下几个方面。

(一)以"五大发展理念"引领我国行政层级与行政区划改革

"五大发展理念"是以习近平同志为核心的中央领导集体对中国特色社会主义建设实践的深刻总结,是对中国特色社会主义发展理论内涵的丰富和提升,是中国化的马克思主义最新发展成果,是治国理政理念的最新概括,是指导"十三五"期间中国发展的新的"思想灵魂"。坚持创新发展、协调发展、绿色发展、开放发展、共享发展,是关系我国发展全局的一场深刻变革。坚持用新发展理念这一"思想灵魂"指导我国行政区划优化工作,有利于确保我国行政区划优化工作方向的正确,有利于我国行政区划优化工作持续、高效、稳健推进。

(二)以"五个结合"为主线推进我国行政层级和行政区划改革

行政层级与行政区划关系到政治与经济、中央与地方、城市与农村、稳定与发展等多重关系,牵一发而动全身,十分敏感复杂。推进行政层级与行政区划改革要注意"五个结合",即积极改革和稳健推进相结合、方便管理与提高行政效率相结

合、自上而下的顶层设计与自下而上"摸着石头过河"相结合、优化行政层级与优化行政区划相结合、规范统一与因地制宜相结合。这"五个结合"贯穿中国行政区划优化的全维度和全过程，是中国行政区划改革中必须牢牢坚持的准则，是指引、约束和规范我国行政区划改革的红线和主线，必须牢牢把握，始终坚持。

（三）把握好行政层级与行政区划调整的"七大方面"

行政层级与行政区划涉及内容、主体众多，应根据不同时期的具体情况，分阶段、分步骤实施。结合我国的实际情况，今后行政层级与行政区划改革应集中在以下七个方面：一是科学划分省级行政区划；二是将区域性中心城市升格为直辖市；三是重启"撤县设市"的相关工作；四是在促进区域经济发展的基础上推进"县改区"；五是试点"镇级市"；六是重新定位"省直管县"政策；七是促进城市群之间的相互协调。这七个方面是我国行政层级与行政区划改革的主要内容，要根据情况适时推进。

三、深化我国行政层级与行政区划改革的主要任务

党的十八大报告提出："优化行政层级和行政区划设置，有条件的地方可探索省直接管理县（市）改革，深化乡镇行政体制改革。"党的十八届三中全会审议通过的《中共中央关于全面深化改革若干重大问题的决定》指出："优化行政区划设置，有条件的地方探索推进省直接管理县（市）体制改革""健全城乡发展一体化体制机制"。如何在新形势下优化调整现行政层级与行政区划，以适应改革开放近40年来经济社会方面发生的重大变化，并为实现"两个一百年"目标和中华民族伟大复兴的中国梦构筑坚实的基础，是一个迫切需要研究的重大课题。综合各方面的情况，"十三五"期间优化行政层级应当主要围绕构建新型城镇化体系展开，重点是提升末端，做大底部，从下到上逐渐压扁行政层级。

（一）积极推进"撤县设市"

城市化的过程同时也是部分农村政区转化为城市政区的过程。基于我国城市化的现实情况与发展要求，应当重启"撤县设市"政策并适当加大力度。我们注意到，民政部冰冻多年"撤县设市"政策的背后，在某种程度上是对各地竞相争取

行政级别、权力、机构、编制等升格上位诉求的一种阻拦。因此，一旦要重新启动县改市政策，首先要解决的就是设市标准问题。对此，我们认为需要掌握以下几个要点。第一，不宜再像1993年那样制定出基于GDP、财政收入等的量化指标。原因很简单，因为一旦定指标，就免不了下面"做指标"，面对诸多完全符合定量指标，但实质上有水分的改市要求，民政部怎么选择都不会令各方满意。第二，要适度弱化行政级别与权力大小之间过于紧密的关联。从过往的经验看，通过升格为市获得更高的行政级别、更大的权力、更多的资金支持是一些本来不具备设市条件的县采取种种措施"霸王硬上弓"、创造条件升格的主要动因。这一条不改，重启县改市政策，仍然将面临极大的不确定性。第三，操作上可先对东部众多事实上已经城市化的县或镇，进行设市确认。对于广大的中西部而言，一方面要追认部分已经发展起来的县设市，另一方面则要通过预先设市、提前设市来主动培育一批节点城市，以优化我国城市体系，推动新型城镇化的健康发展。

（二）谨慎扩大"镇级市"试点

根据我国现阶段发展现状，应积极考虑将人口、经济、财政、税收以及城市建设达到一定规模和标准的镇改设为市，这是新时期实现农村转移人口就地城镇化的重要途径，有助于实现城乡均衡发展，推动城乡一体化进程。

必须同时指出，设立"镇级市"的本质在于以现代化小城市标准进行规划、建设和管理，核心在于"放权"。因此，同"撤县设市"一样，镇改市的试点与推进，同样需要弱化其与行政级别之间的关联度。当前及今后一个时期，应当按城市建设和管理要求，重点将东部地区已经发展起来的镇改为市，以便为其脱下行政体制束缚的外衣，率先促进这些地区的城乡一体化发展。在广大的中西部地区，则要根据区位与人口集聚情况，视需要适度培育一批镇级市，以共同推动城乡一体化和区域经济的协调发展。

（三）合理推进"县改区"

基于区域经济健康发展的考量，对一些在地理位置上邻近中心城市，与其经济、社会等关联度极强的县，其发展方向就不是设市，而应当是改区。市场经济是自动扩展的经济，能自动地将周围的要素、空间等内卷到某种自发的秩序之中，进而获得区域协同、规模发展的巨大效应，这在长三角、珠三角已经表现得十分清楚。对此，只能顺应，不能违背，绝不能因一县之私、一人之私，将这些应当同周遭城市协同发展的县也变成市。这对于与邻近中心城市已事实上融为一体的县而言，有百害而无一利。具体操作上，可通过一系列指标，测试县与邻近市的经济联系强弱程度判别：凡是那些与中心城市空间距离较近、产业联系度高、资金人员信息往来频密的县，其行政建制上的取向都是改区，以维护市场经济的内在联系，促进区域经济一体化的逐渐生成。

（四）重新定位"省直管县"政策

市场经济是把双刃剑，在获得经济效率的同时，势必造就一些相对弱势的地区、产业和人群。相对于城市，农村无疑是弱势的，政府必须要为农村发展托底。这当然是一篇大文章，但在行政改革层面，就表现为省对那些跟不上城市化发展、相对落后、相对贫穷的县进行直接管理。因此，"省直管县"政策应当锚定在农村发展稳定托底上。一是通过财政转移支付制度，保证这些县在运转、民生、基本公共服务等方面的需要，而这正是财政部门早已施行的县级基本财力保障机制，当然，未来还应进一步在保障内容、标准上下功夫。长远而言，统筹城乡发展、逐步推进城乡间基本公共服务的均等化是解决问题的根本之道。二是加大财政对农村基础设施的投入，加大对农业生产共同条件的投入，为农业发展构造条件。三是大力发展现代农业、规模农业，通过健全体制机制，将城市的工商业资本、人力资本等，合理、有序地引导到农村农业之中，推动农业经营向现代化、规模化方向发展。四是深化农村土地制度改革，建立城乡之间要素平等交换、自由流动的机制，共享增长与繁荣。总之，保护农村、稳定农村并不意味着要将其与城市隔绝开来，而是一方面拥抱市场和城市，另一方面由政府出面，为其中可能蕴藏的风险托住底，保证城市与农村共享增长与繁荣。

（五）创新跨区域行政体制

为适应我国城市群和区域协同发展的需要，需要总结、借鉴国外处理区域公共问题的成功经验，积极探索各类跨区域的行政管理体制，大力促进区域协作。

一是谨慎使用行政区划调整的"利器"。仔细分析，当前制约区域协同发展的主要问题都不是通过区划可以简单消除的,而应当以强化区域协作为着力点,徐图以进。二是设立区域委员会。区域委员会可有几种设立方式,或由中央牵头设立,或由地区合作产生,还可以在现在相关部委中设立专司区域协调的机构,负责协调区域内各地方政府的行动。三是设立专门处理区域规划、产业布局、应急处置、流域管理、生态协作、基础设施等的区域机构。四是制定有约束力的区域协作规则,在国务院层面、在各部委的具体管理层面,形成要求各地参与区域协作的相关行政规则。五是设计推动区域协作的政策工具,这是解决复杂的区域问题、设计利益平衡机制的关键所在,需要大力创新和加强。六是设计区域公共财政体制,依据要解决的区域公共问题的性质,引入专业人员与技术分析,形成科学合理、各方易于接受的成本分摊和收益共享机制。七是推进政府、市场与社会组织的多元协作,形成具有现代治理特征的跨区域行政机制。

对于各方高度关注的省级行政区划的改革问题,宜慎重思考,逐步施行。一方面要看到,在我国这样一个大国,目前仅有34个省市级行政区,数量的确偏少;另一方面,我国城市化尚处于中期,人口大量集聚是肯定会发生的重大事件。根据国际经验,在我们这样一个大国中,客观上还需要更多功能健全的特大城市以及在此基础上形成的城市群。因此,在政区改革中适当增设省一级行政区的必要性是客观存在的。一是有利于缩小省级政区,增加一级政区的数量,有利于我国现行政区的层级和幅度趋向合理,有利于行政效率、效益和效能的提高。二是有利于带动区域经济的协调发展,因为中心城市行政级别的高低、经济实力的强弱、经济运行的质量和水平等,都对区域经济和社会发展有很大的影响。适当增加省级城市或者跨省级城市,具有重要的经济社会意义。可从区位、规模、实力、辐射力、可操作性、改革成本等因素综合考虑、科学论证、逐步推进。

除此之外,鉴于我国现行行政区划调整的法律依据不全、法律级次低、内容陈旧过时等问题,还需要修改完善相关法律法规,尽早出台《中华人民共和国行政区划法》。

总之,我国的行政区划体制改革要从整体利益和国家大局出发,既引领又服务于经济社会发展。当前,随着我国经济发展进入新常态,各方面工作正在"五位一体"新理念的指导下全面推进。我国行政区划和行政层级的调整,要在新的历史条件和形势下,积极思考如何在新发展理念指导下发挥好能动作用,更好地助力于国家发展总体布局和重大发展战略,助力于国家治理体系和治理能力现代化,为全面建成小康社会和实现中华民族伟大复兴的中国梦作出贡献。

第四章
精简优化政府机构设置

政府机构是负责行政管理活动的载体,是履行行政职能的主体。政府机构的设置是否合理,直接决定着国家的行政效能。改革开放近40年来,我国政府已经先后开展了七轮机构改革,分别发生于1982年、1988年、1993年、1998年、2003年、2008年和2013年。从时间上来看,政府机构改革基本是随政府换届每五年进行一次。其中,最近的一次改革,即第七轮政府机构改革,是在2013年新一届政府组成之后开始的,其以《国务院机构改革和职能转变方案》作为改革指导,确立了"推进机构改革、完善制度机制、提高行政效能,稳步推进大部门制改革"的基本方向。当前在全面深化改革、推进国家治理现代化的大背景下,我国政府机构改革正向纵深发展,着力于通过切实转变政府职能,精简优化政府机构设置,完善运行机制,提高行政效能,加快建设法治政府和服务型政府。

第一节
政府机构改革的基本历程

一、政府机构改革的背景

(一)改革初期的政府机构设置

政府机构设置是国家行政体制的重要组成部分。在我国,政府机构改革既是行政管理体制改革的关键环节,又是政治体制改革的重要内容。改革开放初期,围绕着经济建设这一中心，为配合不断增多的政府经济管理职能需要，中央政府设置的机构数量相应地增加到了76个。

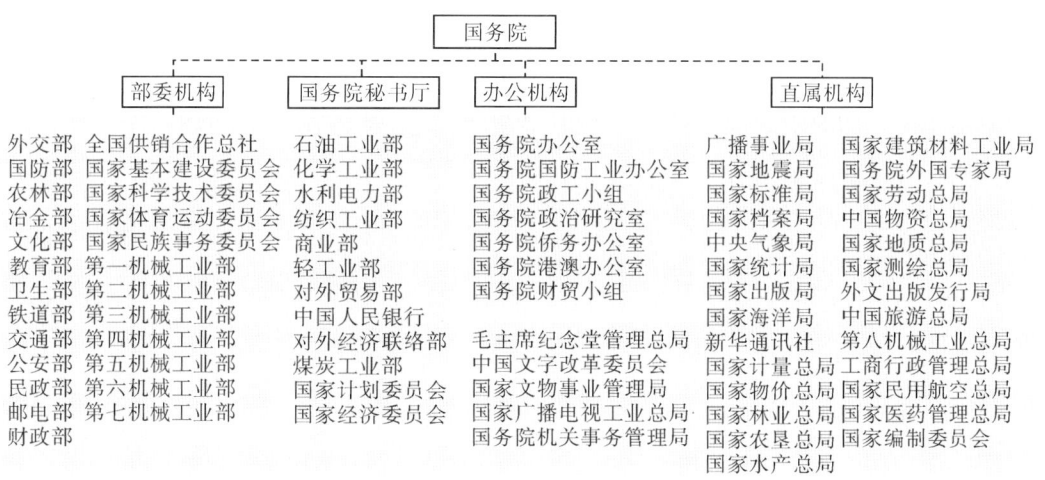

图4-1 1978年国务院组织机构图

资料来源：《国务院组织机构演变图》，《领导决策信息》，1998年第9期，第26页。

20世纪80年代初，中国改革开放的总设计师邓小平提出，在20世纪末以前的20年内要抓紧4件工作，头一件就是进行机构改革。党的十一届三中全会以后，党和国家的工作重心发生了转移，由以阶级斗争为纲转移到经济建设上来，各项改革工作以经济体制改革为主轴展开。

而此时，国务院组成部门不断膨胀增加，机构已多达100个，其中国务院办公机构5个：国务院办公厅、国务院财贸小组、国务院国防工业办公室、国务院侨务办公室、国务院港澳办公室；国务院部委52个：国家计划委员会、国家农业委员会、国家经济委员会、国家基本建设委员会、国家科学技术委员会、国家外国投资管理委员会、国家进出口管理委员会、国家能源委员会、国家机械工业委员会、国家对外文化联络委员会、国家民族事务委员会、对外贸易部等；国务院直属机构43个：国家劳动总局、国家物资总局、国家标准总局、国家计量总局、国家医药管理总局、国家建筑材料工业总局、国家水产总局、中国农业银行、中国人民建设银行、国家进出口商品检验总局、国家建筑工程总局、国家城市建设总局等。机关工作人员数量有5万多人，达到了中华人民共和国成立以来的最高峰；单单是冶金工业部的正副部长加起来就有24位。政府机构庞大,人员臃肿,效率低下,人浮于事。① 因此,改革的当务之急即是精兵简政、提高效率。

(二)改革初期机构设置存在的问题

政府机构承担着行使公共权力、管理经济社会事务的职责。由于受到"苏联社会主义模式"的影响,改革初期的政府机构设置主要存在以下问题:一是机构臃肿,人浮于事。由于当时实行的是计划经济模式,造成了政府经济管理部门林立,机构数量繁多,人员队伍庞大。在对机构的恢复和重建中,"文化大革命"时期被停职、免职、调离的老干部们重新回到了工作岗位,官复原职,因此,无论是机构数量还是人员数量,均达到中华人民共和国成立以来的最高峰。二是机构重叠,职能交叉严重。处在计划经济体制下,政府对经济的管理方式主要是计划和管制,即"管制型政府"形态。由于机构重叠,政府部门之间职能不清晰,相同的经济管理事项往往牵涉多个部门,沟通协调成本较高,影响了办事效率。据1982年的一项统计,当时国务院经济综合部门与专业部门之间的交叉达30%。② 三是机构设置和职能配置不合理。改革前的政府机构设置缺乏整体性和科学性的统筹安排,政府职能围绕着计划经济管理体制而进行,政府的社会管理、公共服务等职能则严重缺失。显然,不合理的政府部门机构设置和职能配置已不适应改革开放和经济社会发展的客观需要,亟待改革。

二、政府机构改革的必要性和紧迫性

早在20世纪40年代,中国共产党就接受了李鼎铭先生"精兵简政"的建议,即政府应"实行精兵简政主义,避免入不敷出,经济紊乱之现象",为此实行了三次精兵简政。③ 毛泽东要求,精兵简政"必须是严格的、彻底的、普遍的,而不是敷衍的、不痛不痒的、局部的,必须达到精简、统一、效能、节约和反对官僚主义

---

① 曹闻民:《行政改革30年:中国政府发展之路》,《甘肃行政学院学报》,2008年第6期,第15—20页。

② 赵园园:《中国政府机构改革三十年之回顾与展望》,《福州党校学报》,2008年第4期,第22—26页。

③ 李维汉:《会议与研究(下)》,中央党史资料出版社,1986年版,第500—532页。

五项目的"。① 自此，精简政府机构和裁减人员，成为中国共产党的一贯主张。

从中华人民共和国成立到"文化大革命"这一段时间，全国进行了四次较大规模的精简机构，但基本上没有解决问题。② 改革开放后，中国政府的机构改革又被提上议事日程。1982年，邓小平在中共中央政治局讨论中央机构精简问题会议上的讲话中提出了"机构改革是一场革命"的著名论断，他指出："如果不搞这场革命，让党和国家的组织继续目前这样机构臃肿、重叠、职责不清，许多人员不称职、不负责，工作缺乏精力、知识和效率的状况，这是不可能得到人民赞同的，包括我们自己和我们下面的干部。"③ 邓小平提出的两个问题，成为机构改革的方向和重点。一是"消肿"的问题。邓小平认为："体制问题，实际上同'消肿'是一个问题的两个方面，要'消肿'，不改革体制不行。"④ "消肿"，就是要精简机构、裁减人员，最终提高机构的运行效率。二是"庙与菩萨"的问题。邓小平指出："解决组织路线问题，最大的问题也是最难的问题，是选好接班人。庙只有那么大，菩萨只能要那么多，老的不退下来，新的进不去，这是很简单的道理。"⑤ "现在的庙很多，每个庙里的菩萨也很多，老同志盖住了，年轻人上不来。"⑥ 所以，机构改革首先通过动员老同志和认真安排好老干部退休离休及退居二线的工作，废除领导干部职务终身制，完善领导班子建设，机构人员队伍向着"四化"（革命化、年轻化、知识化和专业化）的方向发展。经过改革，干部的离退休已实现正常化、制度化。

总的来看，改革开放初期的机构改革迈出了非常重要和关键的步伐。随着对权力过分集中的经济管理体制着手进行改革，作为上层建筑重要部分的行政管理体制也必然需要进行改革和调整。

---

① 《毛泽东选集》（第3卷），人民出版社，1991年版，第896页。
② 王勇学：《政府机构改革是一场革命》，《人民日报》，1998年4月2日。
③ 《邓小平文选》（第2卷），人民出版社，1994年版，第396页。
④ 《邓小平文选》（第2卷），人民出版社，1994年版，第287页。
⑤ 《邓小平文选》（第2卷），人民出版社，1994年版，第193页。
⑥ 《邓小平文选》（第2卷），人民出版社，1994年版，第226页。

三、政府机构改革的主要阶段与目标

自改革开放以来,我国的政府机构改革经历了三个阶段,共七次改革。

第一个阶段,包含1982年、1988年的两次机构改革。1982年的机构改革,主要任务是解决经济建设中的领导体制问题,考虑解决领导干部的老化问题,实行干部队伍年轻化。1988年的机构改革,国务院总理李鹏提出,要建立一个符合现代化管理要求,具有中国特色的功能齐全、结构合理、运转协调、灵活高效的行政管理体系的目标。要达到这个目标,需要经过长期的努力。国务委员宋平指出,今后五年机构改革的目标是:理顺关系、转变职能,精干机构、精减人员,提高行政效率,克服官僚主义,增强机构活力。要创造条件,逐步理顺政府同企事业单位和人民团体的关系、政府各部门之间的关系以及中央政府同地方政府的关系。

第二个阶段,包含1993年、1998年的两次机构改革。1993年的机构改革,处于确立社会主义市场经济体制的宏观背景下,客观上要围绕"适应社会主义市场经济发展的要求"这一目标,按照政企职责分开和精简、统一、效能的原则,转变职能,理顺关系,精兵简政,提高效率。1998年的机构改革,目标是"建立办事高效、运转协调、行为规范的政府行政管理体系,完善国家公务员管理制度,建设高素质的专业化行政管理队伍,逐步建立适应社会主义市场经济体制的、有中国特色的政府行政管理体制"。

第三个阶段,包含2003年、2008年、2013年的三次机构改革。2003年的机构改革,目标是"按照完善社会主义市场经济体制和推进政治体制改革的要求,坚持政企分开,精简、统一、效能和依法行政的原则,进一步转变政府职能,调整和完善政府机构设置,理顺政府部门职能分工,提高政府管理水平,形成行为规范、运转协调、公正透明、廉洁高效的行政管理体制"。2008年的机构改革,旨在探索实行职能有机统一的大部门体制,即大部制改革,"按照精简、统一、效能的原则和决策权、执行权、监督权既相互制约又相互协调的要求,着力优化组织结构,规范机构设置,完善运行机制,为全面建设小康社会提供组织保障"。2013年的机构改革,进一步深化大部制改革,目标是"按照建立中国特色社会主义行政体制目标的

要求，以职能转变为核心，继续简政放权、推进机构改革、完善制度机制、提高行政效能，加快完善社会主义市场经济体制，为全面建成小康社会提供制度保障"。①经过长期的努力探索，一个适应发展社会主义市场经济要求的服务型政府正在形成。2008 年出台的《关于深化行政管理体制改革的意见》指明了我国政府行政管理体制改革的目标是，"到 2020 年建立起比较完善的中国特色社会主义行政管理体制"，"通过改革，实现政府职能向创造良好发展环境、提供优质公共服务、维护社会公平正义的根本转变，实现政府组织机构及人员编制向科学化、规范化、法制化的根本转变，实现行政运行机制和政府管理方式向规范有序、公开透明、便民高效的根本转变，建设人民满意的政府"。②

第二节
政府机构改革的内容、特点和经验

一、政府机构改革的主要内容

（一）20 世纪 80 年代的政府机构改革

1. 1982 年的机构改革

1982 年，在改革开放总设计师邓小平的领导下，我国政府进行了改革开放以来的第一次机构改革，改革的主要内容是撤并机构、裁减人员，以解决干部副职过多和干部老化问题。国务院自身的改革率先进行，到 1982 年上半年，第一阶段国务院机构改革工作结束，副总理减为 2 人（改革前为 13 人），新设置国务委员 10 人，各个部委的副职数量大幅减少。经过改革，国务院各部委、直属机构、办事机

---

① 相关文件内容参见：中国政府网，http://www.gov.cn/.
② 中共中央国务院：《关于深化行政管理体制改革的意见》，2008 年 3 月 3 日。

构由原先的 100 个减为 61 个;省、直辖市、自治区级政府工作部门从 50~60 个减为 30~40 个;市级政府机构从 50~60 个减为 45 个;地区行署办事机构从大约 40 个减为 30 个左右;县级政府部门从 40 多个减为 25 个左右。① 在人员编制方面,国务院各部委的工作人员从原来的 5.1 万人减为 3 万多人,工作人员总编制缩减 1/3 左右。中共中央直属单位、局级机构减少 11%,工作人员总编制缩减 17.3%,国务院各部委的正副职减少 15.7%,部委领导人数由改革前的 540 多人减少到 180 多人,据 38 个部委统计,正副部长、主任的人数共减少 67%。国务院部委新组成的领导班子中,新选拔的中青年干部占 16%,部级领导干部的平均年龄由 64 岁下降到 60 岁,司局级干部的平均年龄由 58 岁下降到 54 岁,干部的文化层次也有较大提高。从 1982 年至 1984 年,各地也先后开展了精简机构的工作,省级党政机关人员由 18 万人减少到 12 万人;市级、县级政府机关工作人员约减少 20%。②

作为中华人民共和国成立以来第一次大规模、目的性明确的政府机构改革,这次改革不仅以精兵简政为原则,而且注意到了经济体制改革的进一步发展可能对政府机构设置和职能配置提出的新要求,力求使机构调整为经济体制改革的深化提供有利条件,较大幅度地撤并了经济管理部门,并将其中的一些条件成熟的单位改革成了经济组织。③ 这次改革废除了领导干部职务终身制,实现了干部队伍的"革命化、年轻化、知识化、专业化",建立起了干部的离退休制度,增强了干部队伍的活力。

2. 1988 年的机构改革

1982 年机构改革后,国务院工作机构又陆续增加,到 1986 年底,国务院机构数量就已超过 70 个,含有 1 个办公厅,45 个部委机构,22 个直属机构,另有 4 个办事机构,各地增设的机构比中央更多,再次改革势在必行。1987 年,党的十三大就指出,"这次机构改革必须抓住转变职能这个关键"。为了适应政治体制改革

---

① 《1982 年国务院机构改革》,政府网,http://www.gov.cn/test/2009-01/16/content_1206981.htm.
② 黄如军:《邓小平与新时期政治体制改革》,《中共党史资料》,1994 年第 3 期。
③ 许耀桐:《中国行政体制改革的发展与启示》,原载于《中国国情与制度创新》,华夏出版社,2004 年版,第 91—113 页。

和进一步深化经济体制改革的需要，1987年12月30日，国务院总理李鹏在国务院全体会议上宣布了新的国务院机构改革方案。1988年4月9日，七届全国人大一次会议通过了国务院机构改革方案。这次机构改革，根据建立一个符合现代化管理要求，具有中国特色的功能齐全、结构合理、运转协调、灵活高效的行政管理体系的长远目标，以及党政分开、政企分开和精简、统一、效能的原则，着重于大力推进政府职能的转变，要求政府的经济管理部门从直接管理为主转变为间接管理为主，强化宏观管理职能，淡化微观管理职能。其内容主要是合理配置职能，科学划分职责分工，调整机构设置，转变职能，改变工作方式，提高行政效率，完善运行机制，加速行政立法。这次改革以国务院部门为主，本着加强综合管理与宏观调控、减少直接管理与部门管理的原则，着重对经济部门中的专业管理机构进行了适当的调整。通过改革，国务院的机构由72个调整为65个，人员编制比原来减少了9700多人。除国务院办公厅外，部委机构由45个调整为41个，直属机构由22个削减为19个，办事机构则在原有基础上新组建3个，数量达到7个。

与1982年的改革相比，这次改革首次提出了"转变政府职能是机构改革的关键"的命题，同时创立了机构改革的"三定方案"（定职能、定机构、定编制）新思路，为国家公务员制度的形成作了有益的探索，为建立一个适应经济体制和政治体制改革要求的新的行政管理体系打下了基础。改变了以往就机构论机构、只注重数量增减和单一组织结构调整的局限，提出了由微观管理转向宏观管理，由直接管理转向间接管理，由部门管理转向全行业管理，由"管"字当头转向服务监督，由机关办社会转向机关后勤服务工作社会化等五项职能转变内容。[①]

（二）20世纪90年代的政府机构改革

1. 1993年的机构改革

同以往历次机构改革经历"精简—膨胀—再精简—再膨胀"循环往复的特点一样，在1988年机构改革之后的一段时间，又出现了反弹。到20世纪90年代初期，

---

① 曹闻民：《行政改革30年：中国政府发展之路》，《甘肃行政学院学报》，2008年第6期，第15—20页。

国务院机构数量最多时高达86个。在我国的条块体制下，下一级政府与上一级政府的机构设置大体相对应，而在地方政府，省、自治区的政府部门平均设置68个，京津沪三市平均设置100个，其他城市平均设置63个，县平均设置45个。有数据显示，1991年我国行政管理经费开支达370多亿元，约占1991年国家财政总支出的37%。1991年末我国各级政府工作人员多达920万人，行政管理经费的巨额开支致使国家财政负担沉重。1992年，党的十四大明确提出"建立社会主义市场经济体制"的改革目标，与此同时，要求"建立适应社会主义市场经济需要的管理体制和组织机构"。1993年3月，八届全国人大一次会议通过了《国务院机构改革方案》，国务院秘书长罗干在解释这一方案时说："这次机构改革和以往机构改革的不同，就是把适应社会主义市场经济发展的要求作为改革的目标。改革的重点是转变政府职能。转变职能的根本途径是政企分开。"这次改革方案中引人注目的地方：一是在综合经济部门中组建了国家经贸委，以"加强对国民经济运行中重大问题的协调"；二是专业经济部门的改革被分为3类，其中一类由政府部门改为经济实体，即撤销航空航天工业部，组建航空工业总公司、航天工业总公司，另两类改为行业总会，即撤销轻工业部、纺织工业部，组建中国纺织总会和轻工业总会。经改革，国务院部委、直属机构、办事机构由原先的86个减至59个，后又陆续削减为40个。

2. 1998年的机构改革

随着我国市场经济体制的建立和完善，传统的"大政府""管制型"的管理思维、管理模式与新的市场经济及社会形态已然不相适应，深层次矛盾日益凸显并日趋尖锐，1998年的机构改革即是为解决这些矛盾而展开的，目标是"要建立办事高效、运转协调、行为规范的行政管理体系，完善公务员制度，建设高素质的专业化国家行政管理干部队伍，建立适应社会主义市场经济体制的、有中国特色的行政管理体制"。经过此次改革，国务院组成部门由40个进一步削减为29个；各个部委的内设或下属司局级机构总共减少200多个，相关部门的工作人员数量减少了50%（由3.2万人减至1.6万人）。省级政府部门机构从平均55个减少为40个，普遍减少了20%，人员平均精减了47%，共减编7.4万人，成为历次机构改革中精简力度最大的一次。这次改革在坚持政府职能转变的目标定位的同时，着力于优化政府职能结构，并取得重大突破。一是调整政府与市场的关系。其核心思想是，把市场能够做的事情交给市场，政府的责任重点放在市场不能做和效能差的地方。政府的责任重点应放在宏观调控、制定产业政策、规范市场、基础建设和提供公共服务方面。二是调整政府与企业的关系。其核心是政企分开，也就是政资分开。在政资分开方面，尝试推行股份制并有了新突破。三是调整政府与社会的关系。其核心是划清政府与社会的界线，大力发展一批社会中介组织，由中介组织提供社会服务。

这次改革取得的显著成效包括：一是政府不再直接管理企业，企业成为市场主体。在这次改革中，工业经济专业管理部门裁并幅度较大，国务院逐步取消了专业经济部门，向企业、社会和下级组织下放的职权约 200 项；省级政府不再保留工业、商业等专业经济管理部门。二是减少行政审批事项，转变工作方式。通过"三定"重新规定了各部门的职责权限，取消了一大批行政审批事项，把属于企业和社会中介组织的职能交给了企业和社会中介组织。省级政府在全面清理的基础上，大力减少审批事项。例如，浙江省对原有的 1372 项审批事项，取消、下放和转移 751 项；天津市对已有的 937 项审批事项进行改革，压缩了 40%。三是合理划分职责权限，理顺上下左右关系。通过明确界定政府各部门的职责分工，理顺相互关系，避免职责交叉，完善了运行机制和办事程序，提高了行政效率。这次国务院对各部门之间职责的调整有 100 多项，解决了一批长期关系不顺的问题。① 此外，这次改革在理论上提出了"行政管理体制改革"的概念，在实践中创立了国家局制度，设立和加强了公共服务机构，第一次提出了政府的公共服务职能，直接体现了政府行政价值理念的变化。此外，还建立了稽查特派员制度，强调依法行政的重要性。

（三）21 世纪以来的政府机构改革

1. 2003 年的机构改革

与以往机构改革不同，2003 年的机构改革有着特殊的国内外背景环境。党的

---

① 许耀桐：《中国行政体制改革的发展与启示》，原载于《中国国情与制度创新》，华夏出版社，2004 年版，第 91—113 页。

十六大召开，提出了"发展社会主义民主政治，建设社会主义政治文明"的目标，从更高层面上对政府的行政管理体制改革提出了新的要求。2001年我国加入世界贸易组织（WTO），给政府管理提出了新的挑战，政府经济管理体制及运行机制必须和国际接轨，以便适应经济全球化需要和应对国际环境的变化。2003年3月6日，国务院机构改革方案提请十届全国人大一次会议审议，启动了改革开放以来的第五次政府机构改革。这次机构改革以科学发展观为指导，更加注重政府职能的转变，更加注重促进经济社会和人的全面发展，更加注重为构建和谐社会和全面建设小康社会提供体制保障。这次改革的目的是进一步转变政府职能，改进管理方式，推进电子政务，提高行政效率，降低行政成本；改革的目标是逐步形成行为规范、运转协调、公正透明、廉洁高效的行政管理体制；改革的重点是深化国有资产管理体制改革，完善宏观调控体系，健全金融监管体制，继续推进流通体制改革，加强食品安全和安全生产监管体制建设。这次改革的重大历史进步，在于抓住当时社会经济发展阶段的突出问题，进一步转变政府职能。经过改革，除办公厅外，国务院29个组成部门调整为28个。根据方案，国家发展计划委员会改组为国家发展和改革委员会（发改委）；设立国务院国有资产监督管理委员会（国资委）；设立中国银行业监督管理委员会（银监会）；不再保留国家经贸委和外经贸部，其职能并入新组建的商务部；国家药品监督管理局重组为国家食品药品监督管理局，原属于国家经贸委管理的国家安全生产监督管理局改为国务院直属机构，同时，将国家计划生育委员会更名为国家人口和计划生育委员会。①

这次改革抓住社会经济发展中的突出问题，进一步转变政府职能，实现了一些重点领域的突破，改变了过去重复改革的现象，呈现出诸多新特点：一是从量的要求转向质的突破，从重形式转向重内容，从表层转向深层；二是政府职能转变集中指向经济调节、市场监管、社会管理和公共服务四个方面；三是专注于解决政府管理中的权责问题，初现大部制的管理思路和对宏观调控有效性的把握，在中国政府

---

① 《2003年国务院机构改革》，政府网，http://www.gov.cn/test/2009-01/16/content_1207006.htm.

的发展史上开始由被动适应向主动出击转变。①

2. 2008 年的机构改革

党的十七大在部署又一轮的行政管理体制改革时明确指出:"加快行政管理体制改革,建设服务型政府。"行政管理体制改革将"着力转变职能、理顺关系、优化结构、提高效能",在此基础上要形成"权责一致、分工合理、决策科学、执行顺畅、监督有力的行政管理体制"。党的十七大报告指出,要"探索实行职能有机统一的大部门体制"。② 2008 年 2 月 27 日党的十七届二中全会审议通过《关于深化行政管理体制改革的意见》,明确了深化行政管理体制改革的重要性和紧迫性,并提出了指导思想、基本原则和总体目标,即到 2020 年建立起比较完善的中国特色社会主义行政管理体制。通过改革,实现政府职能向创造良好发展环境、提供优质公共服务、维护社会公平正义的根本转变,实现政府组织机构及人员编制向科学化、规范化、法制化的根本转变,实现行政运行机制和政府管理方式向规范有序、公开透明、便民高效的根本转变,建设人民满意的政府。③ 改革的主要任务是围绕转变政府职能和理顺部门职责关系,探索实行职能有机统一的大部门体制,合理配置宏观调控部门职能,加强能源环境管理机构,整合完善工业和信息化、交通运输行业管理体制,以改善民生为重点加强与整合社会管理和公共服务部门。④

2008 年的机构改革涉及调整变动的部门共 15 个,正部级机构减少了 4 个。其中,建设部、交通部、信息产业部、人事部、劳动保障部和国防科工委被撤销,新组建工业和信息化部、交通运输部、人力资源和社会保障部、环境保护部、住房和城乡建设部。改革后,除国务院办公厅外,国务院组成部门设置为 27 个。虽然在总数量上变化并不大,但是对很多部门都进行了职能的整合。这次改革按照建设服务政府、责任政府、法治政府和廉洁政府的要求,着力转变职能、理顺关系、优化

---

① 曹闻民:《行政改革 30 年:中国政府发展之路》,《甘肃行政学院学报》,2008 年第 6 期,第 15—20 页。
② 胡锦涛:《高举中国特色社会主义伟大旗帜为夺取全面建设小康社会新胜利而奋斗——在中国共产党第十七次全国代表大会上的报告》,2007 年 10 月 15 日。
③ 中共中央国务院:《关于深化行政管理体制改革的意见》,2008 年 3 月 3 日。
④ 《围绕转变政府职能和理顺部门职责关系探索实行大部门体制》,新华网,http://news.xinhuanet.com/video/2008-03/11/content_7765857.htm。

结构、提高效能的追求，指引了中国政府的改革走向，提出和确立了大部制方向并进行了初步的探索，整合了两个大部门，即"大工业"和"大交通"。

3. 2013年的机构改革

2013年的机构改革是改革开放以来中央政府的第七次机构改革。党的十八届二中全会公报指出，要"贯彻党的十八大关于建立中国特色社会主义行政体制目标的要求，以职能转变为核心，继续简政放权、推进机构改革、完善制度机制、提高行政效能，稳步推进大部门制改革"。十二届全国人大一次会议审议通过《国务院机构改革和职能转变方案》，重点是围绕转变职能和理顺职责关系，稳步推进大部门体制改革，实行铁路政企分开。此次进行的大部制改革，一是更加强调了以职能转变为核心，强调简政放权；二是要求形成权界清晰、分工合理、权责一致、运转高效、法治保障的国务院机构职能体系；三是更加强调制度的权威和尊严，提出加强基础性制度建设和加强依法行政作出重大部署的有效性。改革的具体做法是：拆分铁道部；把计生委与卫生部合并为国家卫生和计划生育委员会；将药监局和食品安全委员会办公室合并为国家食品药品监督管理总局；撤销广电总局、新闻出版总署，建立国家新闻出版广播电影电视总局；重新组建国家海洋局和国家能源局。

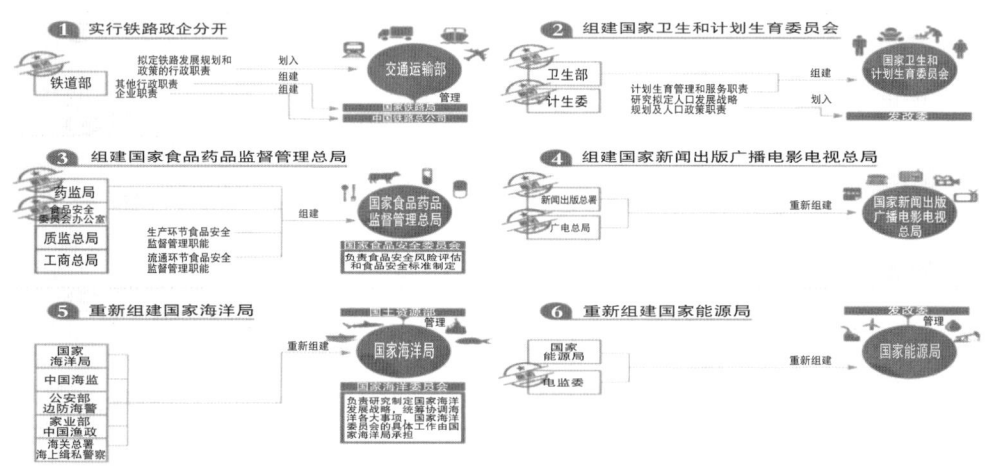

图4-2 2013年政府机构改革的六大举措

资料来源：http://xxw3441.blog.163.com/blog/static/75383624201321110 1029783/.

2013年机构改革后,除国务院办公厅外,国务院设置组成部门25个。此次改革主要有以下亮点:第一,精简机构,稳中求进。如果说2008年的那次大部制改革是试水,迈了一小步,那么这一次就是迈了一中步。上一次减了一个部,而这一次减了两个部,撤销了铁道部,将卫生部和计生委合并为卫生和计划生育委员会。第二,转变职能,四个分开。转变职能是政府机构改革更重要的内涵,这一次改革将铁道部与交通运输部合并成立国家铁路局,同时政企分开,把属于企业的那部分职能分离出来,留给专门成立的中国铁路总公司。在以后的改革中,都要实行"政企分开、政资分开、政事分开、政社分开"。第三,简政放权,自我革命。这是机构改革和职能转变的实质。怎么放权?向市场放权,向社会放权,向地方放权。此次政府机构改革与削减行政审批改革相配合,削减行政审批改革与促进社会自治相结合。第四,统一效能,突出服务。今后,需要政府管理的还要加强,如食品药品管理、海洋管理等,但不搞"五龙治水"。理顺关系,更多地转向了公共服务,打造服务型政府,这是最令人瞩目的。此外,党的十八届三中全会强调"更加注重改革的系统性、整体性、协同性",并决定成立全面深化改革领导小组,负责改革的总体设计、统筹协调、整体推进、督促落实。

以上所述回顾了中国自改革开放以来从1982年到2013年间的七次政府机构改革。现以国务院机构改革为例,对机构改革的演进发展作出简要的梳理,如图4-3所示。

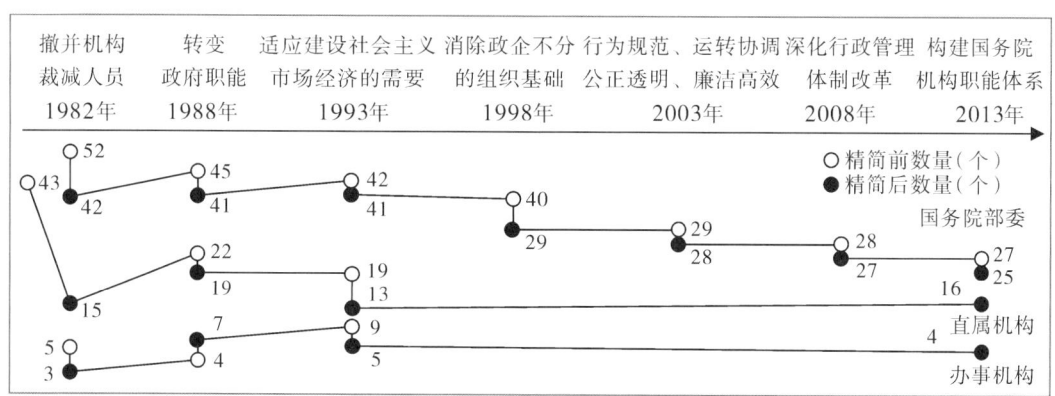

图4-3 1982—2013年中央政府机构改革的演进

二、政府机构改革的主要特点

综观我国改革开放近40年的历史进程,机构改革始终具有特定的和极其丰富的内涵,它既是政治体制改革的重要组成部分,又是经济体制改革的重要内容;既涉及行政管理的方方面面,又涉及党和国家领导体制的相关内容;既有对旧体制弊端的改造,又有对新体制新机制的创新。因此,历次机构改革的目标和所处的环境都具有多重性和不确定性特征,在这一背景下,我国政府机构改革呈现出以下五个主要特点:

一是政府机构改革自上而下展开。我国政府机构改革不仅包括中央层面的机构整合,还包括地方政府机构的重组与合并。历次机构改革均由中国共产党和中央人民政府每隔五年进行一次统筹设计,制订出机构改革的总体方案,按照方案由上到下逐步推进。由中央或国务院的主要领导直接领导,具体负责改革的顶层设计、统筹规划和协调指导。先是国务院组织部门的改革,再是省市级等地方政府部门的改革。从"条条"和"块块"做到上下相对应,部门设置相一致。

二是机构改革紧密围绕政府职能转变。自1988年机构改革起,中央逐渐把改革的目标明确地聚焦在转变政府职能方面。从改革的进展和结果来看,这无疑是非常正确的战略抉择。但在具体实践中,政府职能转变是一项具有复杂性、系统性、综合性的改革工程,它不同于机构精简、裁汰冗员这些只涉及政府内部的改革问题,而是要在调整政府与市场、企业、社会多者之间关系的过程中,推进行政管理体制改革。①

三是机构改革呈现出渐进式发展。渐进式改革意味着每个阶段或每隔一段时间要设定一个目标,不断向前推进,改革呈现出渐进发展态势,而非一蹴而就、一步到位;渐进式改革不会彻底推翻原有的体制机制或制度安排,而是在原有的基础上进行调整和优化。从解决经济建设中的领导体制问题到理顺关系、转变职能,精干机构、精减人员,提高行政效率,从机构精简到探索实行职能有机统一的大部门体

---

① 吴江:《我国政府机构改革的历史经验》,《中国行政管理》,2005年第3期,第11-14页。

制,建设一个适应发展社会主义市场经济要求的服务型政府。任务逐渐深化,改革层层推进。

四是机构改革服从于、服务于经济管理体制和其他领域的改革。经济体制改革深入到哪一步,政府机构改革就需与之步调一致,改革的目标需与经济体制改革的目标、任务相适应。1982年的机构改革注意到了经济体制改革的进一步发展可能对政府机构设置提出的新要求,力求使机构调整为经济体制改革的深化提供有利条件。1993年的机构改革处于确立社会主义市场经济体制的宏观背景下,紧紧围绕"适应社会主义市场经济发展的要求"这一目标展开相关改革措施。2003年的机构改革是按照完善社会主义市场经济体制和推进政治体制改革的要求展开的,进一步转变了政府职能,提高了政府管理水平。

五是政府机构改革遵循依法推进路径。即历次政府机构改革的动议、决策和实施,都是按照程序依法决策、依法进行的。一般的程序是先由中国共产党中央委员会提出一个五年期机构改革的建议,作出决定,然后由国务院提出改革方案,经全国人民代表大会审查批准,全国都按这个方案来执行。在这个过程中,将成功的经验、有效的做法,以不断制定新的法律的形式固定下来,变成国家意志和成熟的法律。①

三、政府机构改革的基本经验

我国机构改革的实践,主要有五条宝贵经验:一是坚持以适应社会主义市场经济体制为改革的目标,把转变政府职能作为行政改革的关键;二是坚持精简、统一、效能的原则,把精兵简政和优化政府组织结构作为行政改革的重要任务;三是坚持积极稳妥的方针,既审时度势,把握时机,坚定不移地迈出改革步伐,又充分考虑各方面可承受的程度,审慎地推进改革;四是坚持机构改革与干部人事制度改革相结合,制定配套的政策措施,妥善安排分流人员,优化干部队伍结构;五是坚持统一领导,分级负责,分步实施,从实际出发,因地制宜地进行改革。②

---

① 陈宝生:《中国行政管理体制改革》,《当代世界》,2015年第11期,第2—3页。
② 王忠禹:《关于国务院机构改革方案的说明》,《光明日报》,2003年3月7日。

经过改革开放近40年的努力探索，一个适应发展社会主义市场经济要求的服务型政府正在形成。2008年出台的《关于深化行政管理体制改革的意见》指明了我国政府行政管理体制改革的目标：到2020年建立起比较完善的中国特色社会主义行政管理体制。通过改革，实现政府职能向创造良好发展环境、提供优质公共服务、维护社会公平正义的根本转变，实现政府组织机构及人员编制向科学化、规范化、法制化的根本转变，实现行政运行机制和政府管理方式向规范有序、公开透明、便民高效的根本转变，建设人民满意的政府。①

对改革开放以来历次机构改革目标的分析，可以总结出我国政府机构改革的基本经验。机构改革应当紧密围绕"转变政府职能"这一根本目标，必须按照社会主义市场经济的要求转变政府职能，这是历次改革成功与否的关键。1988年的机构改革就已明确了转变职能是我国政府机构改革的核心，并提出了定职能、定机构、定编制的"三定"改革方略。在进行职能转变的同时，一定要把政府机构数量控制好，部门之间的关系协调好。机构改革主要是组织设置的科学化，以利于各部门业务的有效协调与公共政策的执行。改革要正确处理好"政府—市场—社会"三者之间的关系，改变政企不分、政社不分的历史积弊，把属于市场的自主权还给市场，把该由社会承担的职能交给社会，把原本隶属基层政府部门的职权放还基层。在此基础上，把属于政府的职能重新界定、归并，按照政企分开和精简、统一、效能的原则，实行综合管理。② 历次改革不仅仅是简单的机构裁撤合并设立或者人员的增加减少，而是一种复杂艰巨的体制机制重构，精兵简政和优化政府组织结构成为改革的双重任务。此外，机构改革呈现出渐进式特点，既要审时度势，把握时机，又要坚定不移、积极稳妥地推进改革。改革方式是政府机构改革与干部人事制度改革相结合，妥善安排人员分流是改革过程中必须协调好的问题。改革取向是法治化、制度化、民主化。改革由中央统一领导，分级负责，分步实施，从实际

---

① 中共中央国务院：《关于深化行政管理体制改革的意见》，2008年3月3日。
② 吴江：《我国政府机构改革的历史经验》，《中国行政管理》，2005年第3期，第11—14页。

出发，因地制宜。改革步骤是从中央到地方，先中央后地方。①

第三节
政府机构改革取得的成效及存在的问题

一、政府机构改革取得的主要成效

（一）政府机构改革极大地提升了政府的治理能力

政府机构改革作为行政体制改革的核心部分，其实质是对政府管理体制、管理方式与运作机制的综合改革。政府的行政质量和效率取决于行政管理体制的合理与否，而行政管理体制是对社会覆盖面最大、最普遍、最经常发生直接影响的管理系统，是推动整个社会经济生活的重要杠杆，一个国家的经济起飞和社会发展，往往取决于行政管理体制的合理与否并与政府管理的有效程度相关。② 政府能力是衡量一个国家综合国力的重要指标，是构成国家竞争力的核心要素，包括机构改革在内的行政体制改革，则是提升政府能力的重要途径。从这个意义上来看，中国政府的七次机构改革，通过转变政府职能，理顺权责关系，转变管理方式，实现治理转型，初步建立了办事高效、运转协调、行为规范的行政管理体制，从行政层面推进了政府治理能力的持续提高，从而不断提升我国国际竞争力。此外，不同于西方国家三权分立的政治体制模式，我国政府机构改革在政治层面坚持决策权、执行权、监督权既相互制约又相互协调的行政运行机制，形成了权界清晰、分工合理、权责一致、运转高效、法治保障的国务院机构职能体系，从而构成了独具中国特色的权

---

① 《王忠禹作国务院机构改革方案的说明》，人民网，http://www.people.com.cn/GB/shizheng/19/20030307/938006.html.
② 何颖：《中国政府机构改革：30 年回顾与反思》，《中国行政管理》，2008 年第 12 期，第 21—27 页。

力结构及运行机制。

（二）建立起与市场经济体制相适应的机构配置

我国政府机构的七次改革有着一个共同的宏观背景，即建立中国特色社会主义市场经济体制。1982年是"计划经济为主，市场调节为辅"；1988年为"公有制基础上有计划的商品经济"；1993年则为"确立社会主义市场经济体制"；1998年承续着1993年"逐步建立社会主义市场经济体制"；2003年我国加入世界贸易组织，从本质上说也是要推进社会主义市场经济体制建立；2008年则是不断完善社会主义市场经济；2013年的经济体制改革是全面深化改革的重点，要"使市场在资源配置中起决定性作用"。早在1986年，邓小平就提出，不改革政治体制，就不能保障经济体制改革的成果，不能使经济体制改革继续前进。从改革的实践看，政府方面不只是"适应"，而是有大量的主动作为。① 1982年进行机构改革的时候，中央领导已经意识到在经济体制改革的同时，需要对政府机构设置进行相应调整，并较大幅度撤并了经济管理部门；1988年的改革强调政府的经济管理部门要从直接管理为主转变为间接管理为主，强化宏观管理职能，淡化微观管理职能；1993年的改革成立国家经济贸易委员会，以"加强对国民经济运行中重大问题的协调"，将专业经济部门的改革分为不同类；1998年的改革逐步取消专业经济部门，向企业、社会和下级组织下放的职权约200项；2003年的改革设立国务院国有资产监督管理委员会、中国银行业监督管理委员会，不再保留国家经济贸易委员会和对外贸易经济合作部，其职能并入新组建的商务部；2008年的改革组建"大工业"和"大交通"；2013年的改革实行铁路政企分开，将国家食品药品监督管理局和食品安全委员会合并为国家食品药品监督管理总局。可以说，推动政府机构改革的本质动力是市场经济体制的驱动，同时，政府机构改革又对市场经济体制改革起到了保障作用。

（三）从精简机构到理顺权责关系并推动政府职能转变

政府机构改革是一项复杂的系统工程，涉及职能转变、机构设置、人员编制管

---

① 颜德如：《中国政府改革30年：特点、问题及其化解》，《理论探讨》，2012年5期，第5—9页。

理等诸多方面，机构的裁合设立、人员的增加减少均为改革的外部表现，政府职能的转变才是改革的核心要义与目的。1988年的机构改革，明确提出了"转变政府职能是机构改革的关键"，机构改革"就是按照经济体制和政治体制改革的要求，推动政府各部门特别是经济管理部门，由微观管理转向宏观管理，由直接管理转向间接管理，由部门管理转向全行业管理，由'管'字当头转向监督和服务"。1988年的机构改革把职能转变的重点放在同经济体制改革关系密切的经济管理部门，特别是其中的专业管理部门和综合管理部门内的专业机构。1993年的机构改革，先是聚焦在政企分开和部门性质定位，减少、压缩甚至撤销工业专业经济部门，逐步推动政府经济管理方式的合理化；而后一年将重点放在政府职能转变，政企分开、政社分开，把属于企业经营自主权范围的职能还给企业，将配置资源的基础性职能转移给市场，将经济活动中的社会服务性和相当一部分监督性职能转交给市场中介组织。1998年的机构改革，政府职能转变有了重大进展，突出体现是撤销了几乎所有的工业方面的专业性经济部门，取消了政府与企业之间的"二道贩子"，打破了政企不分的组织堡垒。2003年、2008年、2013年的机构改革，转变政府职能的重点是加强和改善宏观调控，以改善民生为重点加强与整合社会管理和公共服务部门，主要是抓住社会经济发展阶段性的突出问题，完善宏观调控体系，出台严格的市场监管措施，等等，同时，国务院分批次、大力度地取消和调整了行政审批项目。此外，政府不再对社会进行生硬的直接管制，而是寓管理于服务之中，在服务中体现管理，调动一切积极因素进行社会建设。[1]

二、政府机构改革存在的主要问题

（一）未能有效克服机构改革后的反弹

我国政府七次机构改革的情况说明，客观上出现了一个机构改革后又有所反弹的情况，这从每次改革之后国家公务员数量仍然不断攀升的事实中便可看到。根据

---

[1] 周志忍、徐艳晴：《基于变革管理视角对三十年来机构改革的审视》，《中国社会科学》，2014年第7期，第66—86页。

国家公务员局提供的数据，2008年度、2009年度、2010年度及2011年度全国公务员的数量分别为659.7万人、678.9万人、689.4万人和702.1万人，2012年全国公务员数量则为708.9万人，呈现出逐年上升的趋势。据统计，1979年我国政府在编干部人数仅为279万。每次改革伊始强调的目标之一都是精兵简政，减少政府机构数量和行政人员编制，但是实际上，机构改革不久后又会重新膨胀起来，原有的改革成果无法很好地巩固，于是便催生出新一轮机构改革。这就是，在政府机构人员数量上出现了"膨胀—精简—再膨胀—再精简"，在政府机构数量控制上出现了"撤销—恢复—再撤销—再恢复"，在政府机构职能安排上出现了"分开—合并—再分开—再合并"，在行政权力纵向划分上出现了"下放—上收—再下放—再上收"，在政府干预经济方式上出现了"强化集中—弱化分散—再强化集中—再弱化分散"的现象。产生这样反弹的原因在于，我国的政府机构必须解决在纵向结构方面的"上下一般粗"和横向层级方面的"左右一样齐"，造成上面权力大、责任小，下面权力小、责任大的问题，真正解决职责交叉、关系不顺、相互扯皮、争权推责的弊端。

（二）顶层设计缺失与制度建设不足

政府机构改革，会受到既有的国家宏观政治经济制度结构、改革过程中的组织行为选择以及固有思想观念的相互影响。因此，不能顾此失彼，零敲碎打，有必要加强顶层设计与整体制度建设。我国政府机构的设置和职能配置，是在计划经济时代产生、形成的，在国家宏观政治经济体制和制度结构没有作出根本性改革的情况下，相应存在的组织机构也不会消失。现在，在社会主义市场经济条件下，党的十八届三中全会审议通过的《中共中央关于全面深化改革若干重大问题的决定》进一步将政府职能概述为宏观调控、市场监督、公共服务、社会管理、保护环境。政府的职责和作用主要是保持宏观经济稳定，加强和优化公共服务，保障公平竞争，加强市场监管，维护市场秩序，推动可持续发展，促进共同富裕，弥补市场失灵。政府要加强发展战略、规划、政策、标准等的制定和实施，加强市场活动监管，加强各类公共服务提供。因此，我国各级政府还要在国家治理中起主导作用。为此，需要进一步从制度上解决转变职能的问题，做到政企分开、政资分开、政事分开、政社分开,继续简政放权、自我革命,向市场放权、向社会放权、向地方放权。政府还要从制度上统一效能、突出服务。需要政府管理的还要加强,如食品药品管理、海洋管理。

(三)职能定位不准及权力边界模糊

习近平总书记指出,坚决扭转政府职能错位、越位、缺位现象,"看不见的手"和"看得见的手"都要用好。机构改革的关键是加快转变政府职能,该放给市场和社会的权一定要放足、放到位,该政府管的事一定要管好、管到位。虽然我国的政府机构改革在转变政府职能方面取得了显著成效,但是仍存在着政府管理错位、越位、缺位现象。第一是错位的问题,一些政府部门"该管的不会管",对于自己该管的事情,也没有能力去管好,滥用权力、乱搞一通,也就是"乱权"。例如,一些政府部门滥发各种行政指令,干扰了正常的市场秩序。第二是越位的问题,一些政府部门"不该管的也去管",超越了本部门的职权范围,承担了许多本不该政府承担的功能,或管了别的部门该管的事情,也就是"越权"。例如,存在的乱收费的现象。第三是缺位的问题,一些政府部门"该管的不去管",有许多应该由政府履行的职责政府没有履行或者没有履行好。长期以来政府在履行职责方面的越位、错位现象,使政府管了许多不该管的事情,分散了政府的精力,不能认真履行自己的职责,也就是"失权"。例如食品药品安全监管不到位的问题,又如公共服务方面有所欠缺,存在上学难、看病难、住房难等问题。

当前,我国中央与地方政府、政府部门之间的权力边界存在交叉和模糊的地方,亟须按照权责一致的原则,进一步明确中央和地方政府之间的权力边界划分。中央政府要加强对经济社会事务的宏观管理,进一步减少或下放具体管理事项,把更多的精力转到制定战略规划、政策法规和标准规范上,维护国家法制统一、政令统一和市场统一。地方政府要确保中央方针政策和国家法律法规的有效实施,加强对本地区经济社会事务的统筹协调,强化执行和执法监管职责,做好面向基层和群众的服务与管理，维护市场秩序和社会安定，促进经济和社会事业发展。[①] 政府部门之间的权力边界也要理顺。防止出现那些权力小、责任重、服务多的事项成为各政府部门推诿的对象，而那些权力大、责任轻的行政审批事项则成为各个政府部门竞相争取的对象的现象。

第四节
未来改革的方向和主要任务

一、未来政府机构改革的方向

党的十八届三中全会通过的《中共中央关于全面深化改革若干重大问题的决定》指出："转变政府职能必须深化机构改革。优化政府机构设置、职能配置、工作流程，完善决策权、执行权、监督权既相互制约又相互协调的行政运行机制。"回溯中国政府改革开放以来的机构改革历程，可以看到，每一次机构改革的核心内容都有所不同，但改革的成果同样是显著的，给我国政府带来了新的活力，引导政府治理迈入新的阶段。

值得注意的是，我国机构改革与其他领域的改革不太一样，每次机构改革的成果较难持久巩固，政府机构在精简之后不久又会迎来新一轮扩张。政府机构改革的内在要义是适应社会主义市场经济发展和社会建设不断提升的需要来优化组织结构与运行机制，重点是调整政府与市场、社会三者之间的关系，调整中央政府与地方政府之间的关系。通过由"全能型政府"走向"简政型政府"，"管制型政府"迈向"服务型政府"，"封闭式政府"转为"开放型政府"，实现政府治理体系与治理能力现代化；通过政府职能转变来调整政府与市场、社会的关系，划分公共权力边

[①] 江洋：《优化、效能、责任：政府改革三十年》，《当代世界与社会主义》，2008年第5期，第32—38页。

界；通过分税制改革、财权事权安排、简政放权来调整央地关系，达到集权与分权的有效平衡。改革开放近40年来，市场经济的发展、社会结构的变迁、人民生活方式的变化，对政府结构与运行模式不断提出新的要求，进而对政府机构的设置和管理方式也不断提出新的挑战。回顾过往，政府机构改革的内容经历了精简机构、职能转变、理顺关系、职能整合、政府转型的不同阶段；展望未来，政府机构改革的方向随着历史的推进具有精简化、分权化、市场化、国际化、服务化的趋势。[1]

探索永无止境，改革永无止境。接下来的机构改革，将围绕以下几个方向展开。其一，按照政府部门职能所涉及专业、行业领域的划分，进一步"合并同类项"的大部门制改革将成为政府机构改革的主要措施。以"结构调整"替代"机构精简"，以小步微调的渐进式改革步骤，稳步推进大部制改革，健全部门职责体系。其二，理顺行政协调机制，构建整体性政府，实现跨部门业务协同将成为未来机构改革的创新方向。以部门间协调机制和机构内部整合形成的"化学反应"，或将取代以往机构合并、拆分或增设的"物理变化"，政府治理体系将从矩阵结构转变为网状系统，以更加开放、灵活的形态适应公共事务治理的需求。其三，从以往单一性的机构调整到顶层设计、制度建设、转变政府职能以及完善编制管理的同步进行将成为今后机构改革的重要内容。政府机构改革作为一项系统工程，今后的改革将更加体现出系统性和协同性，多项改革相互促进、相得益彰，以全方位、整体式推进形成巨大的改革红利，有效应对复杂的治理局面。

二、推进政府机构改革的主要任务

2013年党的十八届二中全会和十二届全国人大一次会议审议通过了《国务院机构改革和职能转变方案》，并将这一方案内容分解细化为72项任务。总体来看，在将来的一段时间里，我国推进政府机构改革的主要任务是：加强法制建设，推进国务院组织机构、职能配置、运行方式的法治化，组织开展机构编制法制化的研究工作；加强权力监督，深化政务公开，包括政府权力行使的法律依据、过程、结果

---

[1] 何颖：《中国政府机构改革：30年回顾与反思》，《中国行政管理》，2008年第12期，第21—27页。

公开,建立健全各项监督制度,让人民监督权力,强化行政问责,严格责任追究;深化审批改革,基本完成取消和下放一批许可事项、取消非许可审批事项,加强事中事后监管;理顺权责关系,减少一批重要领域和关键环节的部门职责交叉和分散,基本形成权界清晰、分工合理、权责一致、运转高效、法制保障的国务院机构职能体系;强化职能规范,通过修订或制定国务院部门"三定"规定,强化发展规划制定、经济发展趋势研判、制度机制设计、全局性事项统筹管理、体制改革统筹协调等职能。① 依据这些任务要求,今后的机构改革可从以下三个方面着力推动。

(一)加强顶层设计,注重与全面深化改革的配套推进

习近平总书记指出,"改革是一项复杂的系统工程,需要加强顶层设计和整体谋划,加强各项改革的关联性、系统性、可行性研究","要在基本确定主要改革举措的基础上,深入研究各领域改革的关联性和各项改革举措的耦合性,深入论证改革举措可行性","使各项改革举措在政策取向上相互配合、在实施过程中相互促进、在实际成效上相得益彰"。② 党的十八届三中全会强调,要"更加注重改革的系统性、整体性、协同性"。行政管理体制改革是我国政治体制改革的首要问题,以转变职能、精简机构、裁汰冗员为重点的政府机构改革,是现行政治体制改革的重要突破口。政府机构改革必须纳入宏观改革环境中通盘考虑,应当注重与全面深化改革配套推进,以政府治理现代化为目标,通过顶层设计和制度创新,解决好政府治理的公开化、民主化、法制化等问题,创造一个机构改革与各项配套改革同步推进的利好局面,切实转变政府职能、理顺权责关系、优化政府结构、提高政府效能才能从根本上达到改革的目的,真正建成服务政府、责任政府、法治政府和廉洁政府。以政府机构改革为核心的行政管理体制改革,必须适应社会主义市场经济体制改革需要,建立适合市场经济发展需要、机构设置合理的政府系统并确定合理的

---

① 《国务院办公厅关于实施〈国务院机构改革和职能转变方案〉任务分工的通知》,2013 年 3 月 26 日。

② 习近平:《改革是由问题倒逼而产生》,中国网,http://news.china.com.cn/2013-11/14/content_30593536.htm。

人员编制。既要深化经济管理领域改革,完善和规范行业监管部门;又要重视社会领域改革,推进事业单位改革,注重公共服务机构改革。此外,还应当注意厘清和规范部门间的关系,利用高科技时代最新信息技术加强部门间的业务协同。

(二)遵循核心逻辑,从精简优化机构到划分权力边界和制约权力

任何改革事业的推进都需要运用科学的方法,抓住主要矛盾和抓住矛盾的主要方面,由表及里,由此及彼,逐步深化,这是改革的核心逻辑。从一定意义上来说,精简和优化机构只是改革的内容表现,其背后权力边界的划分和制约权力才是改革的重点与难点。2008年和2013年的大部制改革在提高行政效率、降低行政成本方面成效显著,但在权力的集中和整合、权力的约束和监督方面亟待改进。全国人大常委会原副委员长华建敏曾指出,要理顺部门职责关系,制定国务院部门"三定"规定,按照权责一致的原则,合理界定和调整政府部门的职能,明确相应的责任,做到权力与责任对等;坚持一件事情原则上由一个部门负责,确需多个部门管理的事项,明确牵头部门,分清主次责任,避免职能交叉重叠、政出多门;着力解决权责脱节、推诿扯皮等问题;建立健全部门间的协调配合机制,切实提高行政效率。[①]

李克强总理在出席2014天津夏季达沃斯论坛开幕式时,给中国制度建设开出三张清单——"权力清单""责任清单"和"负面清单",这给今后机构改革进程中权力边界划分以很好的启示。围绕权力运行主线,解析公共权力体系,协调权力运行系统,厘定政府权力清单,划分部门权力边界,开展以清权(厘清权力)、确权(限定权力)、配权(分置权力)、晒权(公开权力)和制权(监督权力)为内核的权力革命,制定"权力清单、责任清单、监督清单",做到"法无授权不可为、法定职责必须为"。权力清单用以区分机构之间的权限划分,明确部门权力边界,即各自该管什么;责任清单给予各个部门清晰的职责确认,确权(限定权力)和配权(分置权力),以期形成上下协同、部门联动的整体政府格局;而监督清单

[①] 华建敏:《坚持一件事情原则上由一个部门负责》,人民网,http://politics.people.com.cn/GB/99014/7529999.html。

有助于确保纪检监察部门、上级机关以及社会公民的监督权力，形成对政府机构权力的制约。

（三）把握关键环节，着力于制度构建、职能转变和编制管理

建设法治政府，是我国"四个全面"战略布局中全面依法治国的重要内容和主攻方向之一。为杜绝机构改革后的反弹，保障和巩固已有改革成果，维护和支持政府机构改革的顺利进行，必须重视法制建设和制度建设，加强行政立法，实现政府机构职能、编制和工作程序的法制化、规范化。一是健全政府组织法，以法律条文明确规定政府机构的性质、任务、职责、权限、机构设置、人员配备及机构成立、变更、撤销等程序，实现政府机构职能的法定化。二是出台政府编制法，实现政府机构编制法定化。邓小平曾明确指出："编制就是法律。"[1] 机构编制一旦确定，就具有法律性质，不得随意变动，否则应承担法律责任。三是制定适合国情的行政程序法，促进政府依法行政，提高行政效率，使政府成为精简而高效的法治政府。[2]

政府职能转变和编制管理仍然是机构改革的重要环节。职能转变是机构改革的推动力，在政府职能转变没有到位的情况下，机构改革推进乏力。回溯改革开放以来的七次机构改革可知，被动适应性改革、机构撤并与职能转变缺乏有效互动、改革重横向轻纵向等诸多原因，导致我国历次政府机构改革后的反弹。职能转变和机构改革之间互为动力、互为前提和互为保障，前者是内因，是内在推动，后者是表现，是外在推动。我国中央政府与地方政府的机构和职能不应严格按照"上下对口，上下完全一致"来设置，而是应当根据事权和功能合理安排职能，根据职能来设置机构。随着公共事务范围的变化，政府也要根据职能要求进行自我"瘦身"或"强身"，实现职能与结构关系合理化，并使结构与功能形成有效互动。[3] 此外，应遵照"精简、统一、依法合规"的原则，重视编制管理工作，注重机构设置与人员配置的同时"瘦身"，以便有效控制机构设置、人员配备、人员定额和结构比例。

---

[1]《邓小平文选》（第2卷），人民出版社，1994年版，第20页。

[2] 马宝成：《健全和完善行政法制：依法行政的重要基础》，《行政论坛》，2001年第1期，第15—18页。

[3] 陈六玉、刘春苗、赵泽洪：《再探政府机构改革"黄宗羲定律"破解之法》，《西南交通大学学报（社会科学版）》，2007年第6期，第148—151页。

第五章
大力发展电子政务

电子政务是互联网技术发展的必然产物,是政府信息化建设的核心内容。近年来,电子政务已经成为许多国家信息化建设的重点领域。从世界范围来看,政府信息化建设最早可以追溯到20世纪50年代计算机在政府部门的应用,并随着计算机的大量应用,从20世纪70年代开始在很多国家推行。20世纪90年代初期,美国克林顿政府首次提出了借助信息技术实现"电子政府"(e-Government)的概念。此后,包括我国在内的世界上很多国家纷纷根据本国实际制定电子政务发展目标和规划,将电子政务作为信息化建设的一大重点领域,以信息化的手段来提高政府的行政管理水平、行政效能和科学决策的水平,更加有效地为企业和公众服务。

在回顾我国电子政务发展历程、管理机制变革过程、出台的相关政策与要求的基础上,总结改革开放近40年来我国电子政务的建设成果和应用成就,分析面临的问题与挑战,并对未来的发展趋势进行展望。

第一节
电子政务的总体发展历程

党中央、国务院高度重视电子政务,早在1972年,周恩来总理就高瞻远瞩地提出了要"积极推广电子计算机应用"。综览我国改革开放近40年来的电子政务发展历程,大致可将其分为4个阶段:1993年前属于探索试验阶段,重点是办公自动化,建立了各种纵向和横向的内部办公网络;1993年到2000年9月属于初级建设阶段，重点是"三金"工程；2000年10月至2013年属于全面推进阶段，电子政务在全国范围内展开，成为提高政府执政能力的重要工具；2014年至今属于创新发展阶段，在工程建设、资源共享协同、公共服务和网络强国等方面，实施了创新转型发展。

一、探索试验阶段

计算机在我国政府部门的应用始于20世纪70年代，此后直到1993年我国的电子政务建设都处于探索试验阶段，建设重点是机关内部的办公自动化。20世纪80年代，中央和部分地方党政机关开展办公自动化（OA）工程，建立了各种纵向和横向的内部信息办公网络。1985年前后，党中央和国务院决定在中南海实施信息化建设项目，从而掀起了我国办公自动化建设的热潮。

1992年，国务院办公厅下发了《国务院办公厅关于建设全国政府行政首脑机关办公决策服务系统的通知》，要求在政府机关普及推广计算机的使用，推进政府机关自动化程度。文件明确提出要利用3~5年时间，在全国范围内初步建成"全国行政首脑机关办公决策服务系统"。在政府系统的办公自动化建设初期，电子政务应用主要集中于事务处理层面，表现为分散开发、各自应用的状况，如使用计算机打字，推广使用传真机、复印机和开发简单的单机应用项目等。

在开展办公自动化建设的同时，1984—1990年，国务院先后批准了经济、金融、铁路、电力、民航、统计、财税、海关、气象、灾害防御等12个国家级信息系统的建设。在此期间，有43个部委先后成立信息机构，总投资约200亿元，引进了大、中、小型计算机1391台，安装了微型计算机约6万台，用户终端3万台，开发了各类经济信息数据库174个，各类经济信息管理系统252个。这些系统都发挥了一定的经济和社会效益，但不论应用的广度还是深度都很有限。

二、初级建设阶段

改革开放以来，我国信息网络和信息系统的建设取得了长足进展，但与发达国家相比仍存在较大差距。随着经济体制改革的深化和市场机制的建立，跨部门跨地区的通信与信息交换日益频繁，20世纪90年代，在继续加快办公自动化建设的同时，对我国电子政务发展具有重要影响的"金"字工程也开始萌芽并逐渐发展起来。

1993年3月12日，国务院副总理朱镕基主持国务院会议，提出了建设"三金"工程的设想，即"金桥""金关"和"金卡"工程，由此拉开了"金"字工程建设的序幕。"三金"工程的实施为以后电子政务的发展打下了良好的基础。但从电子政务建设的广度和深度看，这一时期我国的电子政务建设仍然处在初级建设阶段。

（一）"金桥"工程

"金桥"工程即国家公用经济信息通信网工程，是以建设我国重要的信息化基础设施为目的的工程。"金桥"工程的总体目标是以光纤、微波、程控、卫星、无线移动等多种方式建立覆盖全国的经济信息网，与国务院各部委，全国各省、直辖市、自治区及500个中心城市，1.2万个大中型企业以及国家重点工程等相联系，最终形成电子信息高速公路主干线，并与全球信息高速公路实现互联。"金桥"工程的建设，对我国电子政务的发展进行了积极的探索。

（二）"金关"工程

"金关"工程是我国政府利用信息技术，实现对国家的对外经济贸易和相关领域进行标准化、规范化、科学化、网络化和现代化管理的一项国家信息化重点系统工程。工程的短期目标是建设好配额许可证管理、进出口统计、出口退税、出口收汇和进口付汇核销4个应用系统，实现外经贸领域的网络互连和信息共享；中长期目标是逐步推行各类对外经贸业务单证的计算机网络传输，提高对外经济贸易的现代化管理水平，实现电子商务，增强国家的宏观调控能力。"金关"工程于1993年提出，最初由电子工业部全面负责，1996年3月移交外经贸部负责实施。

（三）"金卡"工程

"金卡"工程是银行信用卡支付系统工程，不仅涉及金融电子化建设，而且关系到国民经济各重点部门及地方政府的管理信息化建设，是提高各级政府部门、企事业单位现代化管理水平和推广应用电子商务的社会信息化基础工程。1993年10

月,国务院批准成立全国金卡工程办公室,由电子工业部牵头,协同中国人民银行、邮电部、内贸部、国家旅游局等,共同负责"金卡"工程的领导和组织协调工作。1986年中国银行发行的红棉卡是我国第一张银行卡,到1993年,5家国有商业银行总计发行银行卡400万张,当时的银行卡在本行内尚不能异地使用。

(四)其他工程

随着"三金"工程建设步伐的加快,尤其是"金关"和"金卡"工程效益的显现,越来越多的经济管理信息系统被纳入"金"字工程的行列,如"金税"工程。"金税"工程是"三金"工程之外第一个被纳入"金"字工程的项目。"金税"工程的提出源于加强增值税管理的需求。党的十四届三中全会以后,国家出台了一系列重大改革措施,税制改革是其中之一。从防伪、防弊入手,抓好增值税的征管是保证国家税制改革的关键,同时也是保证国家财税收入的关键。1994年,"金税"工程被纳入"金"字工程系列。1994年3月,"金税"工程试点工作正式启动。

三、全面推进阶段

2000年10月,党的十五届五中全会明确提出"以信息化带动工业化"。2001年12月,国家信息化领导小组召开第一次会议。会议决定,把电子政务建设作为今后一个时期我国信息化工作的重点,政府先行,带动国民经济和社会发展信息化。从此,我国电子政务建设开始进入全面推进阶段。

2002年8月,中共中央办公厅和国务院办公厅转发《国家信息化领导小组关于我国电子政务建设指导意见》,规划安排了"一站、两网、四库、十二金",即建设并整合中央和地方的综合门户网站;建设和整合统一的由政务内网和政务外网构成的电子政务网络;规划和开发人口基础信息库、法人单位基础信息库、自然资源和空间地理基础信息库、宏观经济数据库的重要政务信息资源;建设和完善政府办公业务资源系统、金关、金税、金融监管(含金卡)、宏观经济管理、金财、金盾、金审、社会保障、金农、金质、金水等重点业务系统。

（一）中央政府门户网站建设

中央政府门户网站由国务院办公厅牵头组织建设。一期建设目标是：从无到有建立中央政府门户网站，实现政务信息发布、典型交互式服务以及信息分类与检索等功能；初步整合各级政府网上信息和服务，建立与其他政务系统已有网站的链接。二期建设目标是：完善中央政府门户网站各项服务功能，整合中央和国家机关的网上信息和服务，充分利用电子政务网络平台资源，全面开展对企业和公众的一站式服务，最终建成功能完备、代表我国政府形象的世界一流的政府门户网站。

（二）网络基础设施建设

网络基础设施为电子政务建设提供网络平台，是电子政务建设的基础工作之一。在网络基础设施建设方面，主要是要求建设和整合统一的网络平台，适应业务发展和安全保障的要求，有效遏制重复建设。

（三）基础信息库建设

重点建设4个基础信息库。人口基础信息库的建设目标是建立战略性的人口基础数据库，实现资源共享，为增强政府部门间的协调、提高管理水平服务，促进国民经济发展和社会全面进步。法人单位基础信息库的建设目标是建设以组织机构代码为统一标识的标准统一、信息完善、安全可靠的法人单位基础信息库国家电子政务平台；建设法人单位基础信息计算机管理信息系统和基础信息数据库群；整合和统一不同部门的法人单位基础信息，实现信息资源共享；建设法人单位基础信息标准规范化的运行管理体系，保障法人单位基础信息的动态更新。自然资源和地理空间基础信息库的建设目标是建设标准化、规模化和可持续更新维护的基础性、战略性自然资源与地理空间信息资源数据库；构筑基础地理空间信息共享和应用服务平台；为社会提供系列化、标准化的基础性地理空间信息产品；促进自然资源与地理空间信息共享，带动相关产业发展。宏观经济数据库的关键任务是建立面向宏观决策、公共服务和国际社会要求的宏观经济数据库的核心系统。

（四）重点业务系统建设

重点推进的业务系统主要有12个，由原来的"三金"工程扩展为"十二金"工程。从"十二金"工程立项来分析，"十二金"工程又可以分为三类。第一类是对加强监管、提高效率和推进公共服务起到核心作用的办公业务资源系统、宏观经济管理系统建设；第二类是增强政府收入能力，保证公共支出合理性的金税、金关、金财、金融监管（含金卡）、金审等5个业务系统建设；第三类是保障社会秩序，为国民经济和社会发展打下坚实基础的金盾、社会保障、金农、金水、金质等5个业务系统建设。

四、创新发展阶段

党的十八大报告在深化行政管理体制改革方面明确提出，建设"职能科学、结构优化、廉洁高效、人民满意的服务型政府"，"稳步推进大部门制改革，健全部门职责体系"。党的十八届三中全会发布《中共中央关于全面深化改革若干重大问题的决定》，明确提出"推进社会领域制度创新，推进基本公共服务均等化，加快形成科学有效的社会治理体制，确保社会既充满活力又和谐有序；切实转变政府职能，深化行政体制改革，创新行政管理方式"。这些要求都为我国电子政务的发展指明了方向。

2014年2月，中央网络安全和信息化领导小组成立。该领导小组着眼于国家安全和长远发展，统筹协调涉及经济、政治、文化、社会及军事等各个领域的网络安全和信息化的重大问题，研究制定网络安全和信息化发展战略、宏观规划和重大政策，推动国家网络安全和信息化建设。习近平总书记在中央网络安全和信息化领导小组成立大会上的讲话中强调：网络安全和信息化是事关国家安全和国家发展、事关广大人民群众工作生活的重大战略问题，要从国际国内大势出发，总体布局，统筹各方，创新发展，努力把我国建设成为网络强国；没有网络安全就没有国家安全，没有信息化就没有现代化；网络安全和信息化对一个国家的很多领域都是牵一发而动全身的，网络安全和信息化是一体之两翼、驱动之双轮；要掌握我国互联网发展主动权，保障互联网安全、国家安全，就必须突破核心技术这个难题，争取在某些领域、某些方面实现"弯道超车"。中央网信领导小组的成立和总书记的重要指示表明，我国电子政务进入了建设网络强国的重要发展时期。

第二节
电子政务管理机制的变革与发展

在国家电子政务管理机制方面，涉及电子政务的部门先后包括了国家计委、国信办、工信部、国家发改委、国务院办公厅、中共中央办公厅、中央网信办等。根据管理机制的重要变革情况，可以将其划分为以下四个阶段。

一、国务院信息化工作领导小组成立前

从 20 世纪 80 年代开始，随着各级各类国家机构信息中心的建立与发展，隶属事业单位人事管理制度的政府信息技术人才队伍逐步形成。1983 年，原国家计委成立信息管理办公室，负责国家信息管理系统的规划和建设，以及相关总体方案、法律法规和标准化的研究工作。1986 年，国务院批准建设国家经济信息系统并组建国家经济信息中心。1987 年 1 月 24 日，原国家计委所属的计算中心、预测中心和信息管理办公室合并，组建成国家经济信息中心，全面负责国家信息系统规划与建设工作。与此同时，中央其他政府部门也开始开展信息系统建设工作，此后，各级地方政府及有关部门相继建立信息中心。1988 年 1 月 22 日，国家经济信息中心更名为"国家信息中心"。1993 年，国家经济信息化联席会议成立，由国务院副总理邹家华任主席，统一领导和组织协调全国的信息化建设工作，领导小组下设办公室，加强了信息化工作的统一领导，确立了推进信息化工程实施、以信息化带动产业发展的指导思想。1994 年，国家信息化专家组成立，专家组作为国家信息化建设的决策参谋机构，为建设国家信息化体系，推动国家信息化进程提出了许多重要建议。

二、国务院信息化工作领导小组从成立到合并

1996 年 1 月，国务院信息化工作领导小组成立。国务院信息化工作领导小组由

20多个部委组成，由国务院副总理邹家华任组长，领导小组是国务院负责全国信息化工作的议事协调机构，领导小组下设办公室，原国家经济信息化联席会议办公室改为领导小组办公室。办公室主任由电子部副部长吕新奎兼任。办公室设专职、兼职副主任各2名，专职副主任分别由电子部和邮电部派出；兼职副主任分别由国家计委和国家科委派出。此后，在全国绝大部分省区市、部委局办都成立了信息化工作领导小组及其办公室。

国务院信息化工作领导小组的主要职责是：研究制订国家信息化工作的方针政策，组织起草有关信息化的法规和规章，拟订国家信息化的发展战略、总体规划及分段实施方案，并进行监督检查；组织跨部门、跨地区、关系国民经济和社会发展的国家重大信息工程项目建设，负责大型计算机信息网络及国际联网的协调与管理工作，协调制订有关信息化的技术和应用标准。

国务院信息化工作领导小组确立了国家信息化的定义和国家信息化体系六要素，进一步充实和丰富了我国信息化建设的内涵；提出了信息化建设"统筹规划，国家主导；统一标准，联合建设；互联互通，资源共享"的24字指导方针。国务院信息化工作领导小组成立是国家适应信息化发展形势的需求，根据我国政府机构特殊的组织形势需要，设立的跨部门的信息化工作协调小组，表明了国家对信息化工作的高度重视，为跨部门信息化协调工作提供了有力的新途径，开辟了国家信息化工作的新篇章。

1998年，国务院机构改革，组建了信息产业部，撤销国务院信息化工作领导小组，相关工作改由信息产业部承担，其具体职责包括：担负起研究制订推进国民经济和社会信息化发展规划，指导各地区、各行业的国民经济信息化工作；协助推进重大信息化工程；组织协调和推进全国软件产业的发展；研究制订有关信息资源的发展政策与措施，指导、协调信息资源的开发利用和信息安全技术开发；成立信息化推进司推动信息化普及教育；等等。

三、国家信息化（工作）领导小组成立

1999年12月，国家信息化工作领导小组成立。根据国务院领导关于恢复国务

院信息化领导小组的批示，成立了由国务院副总理吴邦国担任组长的国家信息化工作领导小组，以继续推进国家信息化工作。领导小组不单设办事机构，具体工作由信息产业部承担。领导小组的主要职责是：组织协调国家计算机网络与信息安全管理方面的重大问题，组织协调跨部门、跨行业的重大信息技术开发和信息化工程的有关问题，组织协调解决计算机2000年问题（千年虫），负责组织拟定并在必要时组织实施计算机2000年问题（千年虫）的应急方案，承办国务院交办的其他事项。

在国务院信息化工作领导小组撤销的一年后，以国家名义再次成立了国家信息化工作领导小组，这是国家领导人根据当时信息化工作形势的需要作出的重大决定，表明了国家对信息化工作重要性的高度重视，强化了国家对信息化工作的领导和指导。

2001年8月，为了进一步加强对推进我国信息化建设和维护国家信息安全工作的领导，中共中央、国务院重新组建国家信息化领导小组，具体工作由信息产业部承担，由国务院总理朱镕基任组长。国家信息化领导小组的主要职责是：审议国家信息化的发展战略、宏观规划、有关法规草案和重大决策；综合协调涉及政治、经济、文化及军事等各个领域的信息化和信息安全工作；组织协调计算机网络与信息安全管理方面的重大问题。

国家信息化领导小组成立后，我国又成立了国务院信息化工作办公室（简称"国信办"），由曾培炎任办公室主任。国信办是国家信息化领导小组的办事机构，办公室下设五个组和一个秘书处，即政策规划组、推广应用组、网络与信息安全组、电子政务组、综合组和专家委员会秘书处。国务院信息化工作办公室的主要职责是：组织贯彻落实党中央、国务院关于信息化工作的方针政策，开展对涉及政治、经济、文化及军事等领域的信息化和信息安全等重大问题的调查研究，并向国家信息化领导小组提出政策建议；督促检查并协调推进国家信息化领导小组决议的执行，研究国家信息化的协调机制；组织有关部门研究我国信息化发展战略、规划，协调推进国家信息化建设和计算机网络与信息安全管理工作中的法规、标准及相关政策的起草工作；组织协调国家信息安全保障体系的建立；参与涉及全局的重大信息化项目的协调与审议；组织规划政府网，推进电子政务建设；协调国家重要信息资源的开发利用与共享，促进跨行业、跨部门面向社会服务网的互联互通；协调信息网络规划和实施中的问题，防止重复建设，促进电信网络、广播电视网络和计算机网络的融合；协调完善与信息化相关的统计调查制度，推进信息化的宣传普及和教育培训；参与信息化相关的重要国际合作与交流；承办国家信息化领导小组交办的其他工作。

国务院信息化工作办公室的成立，表明了国家信息化领导小组工作有了日常办事机构，日常的具体事务能够得到有效的落实。

2008年，国务院信息化工作办公室并入工业和信息化部，原国信办电子政务司取消，相关工作改由信息化推进司和信息安全协调司承担。

四、中央网络安全和信息化领导小组成立

2014年2月27日，中央网络安全和信息化领导小组宣告成立。中共中央总书记、国家主席、中央军委主席习近平担任组长，李克强、刘云山任副组长，再次体现了中国最高层全面深化改革、加强顶层设计的意志，显示出我国保障网络安全、维护国家利益、推动信息化发展的决心。

中央网络安全和信息化建设领导小组的成立是以规格高、力度大、立意远来统筹指导中国迈向网络强国的发展战略，是在中央层面设立的一个更强有力、更有权威性的机构，是落实党的十八届三中全会精神的又一重大举措，是我国实施网络安全和信息化国家战略迈出的重要一步。

根据中央精神，中央网络安全和信息化领导小组要发挥集中统一领导作用，统筹协调各个领域的网络安全和信息化的重大问题，制定实施国家网络安全和信息化发展战略、宏观规划和重大政策，不断增强安全保障能力。

中央网络安全和信息化领导小组办事机构即中央网络安全和信息化领导小组办公室，由国家互联网信息办公室承担具体职责。工业和信息化部与电子政务相关的信息化推进司和信息安全协调司的相关职能、人员调整入中央网络安全和信息化领导小组办公室，成立信息化发展局和网络安全协调局。

第三节
电子政务发展相关政策与要求

为规范和引导电子政务健康、持续发展，我国先后出台了一系列相关政策文件。其中，既包括了统筹部署电子政务发展的总体性文件，也包括了规范和引导电子政务建设的专项文件。同时，信息化、互联网等相关领域的一些重要文件也多次对我国电子政务的发展提出要求，这些文件为推进我国电子政务建设和发展起到了显著的支撑作用。

一、电子政务总体性文件

2002年，中共中央办公厅、国务院办公厅联合发布了《中共中央办公厅 国务院办公厅关于转发〈国家信息化领导小组关于我国电子政务建设指导意见〉的通知》（中办发〔2002〕17号），要求"把电子政务建设作为今后一个时期我国信息化工作的重点，政府先行，带动国民经济和社会发展信息化"，明确电子政务建设的指导思想和原则，提出了"十五"期间我国电子政务建设的主要目标和任务。该通知将"政府先行，带动国民经济和社会发展信息化"正式确立为我国信息化建设的发展战略，提出"两网一站四库十二金"的建设任务，确立电子政务发展的主脉络，从此开启了全面推进党委、人大、政府、政协、高检、高法等六大系统政务信息化建设的序幕。

2006年，为指导"十一五"期间各地区、各部门更好地推行电子政务，促进全国电子政务健康发展，国务院信息化工作办公室正式下发了《国家电子政务总体框架》（国信〔2006〕2号），并为此专门召开了全国电子政务工作会议。框架从战略高度明确了电子政务发展的思路、目标和重点，为加快我国电子政务建设打下了重要基础。《国家电子政务总体框架》以极为简明清晰的结构，深刻揭示了电子政务的历史使命及社会价值，科学地将电子政务的社会功能、技术关键、管理要素有机组成统一的、动态的整体，并划分为五个部分：服务是宗旨，应用是关键，信息资源开发利用是主线，基础设施是支撑，法律法规、标准化体系、管理体制是保障。

2014年，国务院办公厅印发了《国务院办公厅关于促进电子政务协调发展的指导意见》（国办发〔2014〕66号），客观分析了当时国家电子政务发展状况，指出电子政务经过多年发展，已经成为各级政府平稳运转和高效履职不可或缺的手段，并由业务办公的支撑工具逐步发展为促进重大改革措施贯彻实施、支撑重大问题决策研判、推动重点工作督查落实、提高服务人民群众水平的有效抓手，是提升政府治理能力必不可少的创新手段。文件重点强调电子政务顶层设计，强调信息资源开发利用和共建共享，强调深化应用、信息安全和完善电子政务协调发展的体制机制，为解决电子政务工作中的突出矛盾和问题，进一步推动政府系统电子政务科学、可持续发展指明了方向。

二、电子政务重点专项文件

为做好电子政务建设和管理的各项工作，我国电子政务相关主管部门先后出台了一系列专项政策文件，内容涵盖了政务网络、政务信息资源、政府网站、政务服务、电子政务工程等各个方面，助力了我国电子政务各项工作的深入开展、扎实推进。主要包括以下文件：

（1）《国务院信息化工作办公室　科学技术部　信息产业部关于印发〈电子政务工程技术指南〉的通知》（国信办〔2003〕2号）。

（2）《国家信息化领导小组关于推进国家电子政务网络建设的意见》（中办发〔2006〕18号）。

（3）《国务院办公厅关于加强政府网站建设和管理工作的意见》（国办发〔2006〕104号）。

（4）《国家电子政务工程建设项目管理暂行办法》（国家发改委55号令）。

（5）《关于进一步加强国家电子政务工程建设项目管理工作的通知》（发改高

技〔2008〕2544号）。

（6）《国家发展改革委 财政部关于加快推进国家电子政务外网建设工作的通知》（发改高技〔2009〕988号）。

（7）《国务院办公厅转发全国政务公开领导小组关于开展依托电子政务平台加强县级政府政务公开和政务服务试点工作意见的通知》（国办函〔2011〕99号）。

（8）《关于进一步加强国家电子政务网络建设和应用工作的通知》（发改高技〔2012〕1986号）。

（9）《国家发展改革委关于加强和完善国家电子政务工程建设管理的意见》（发改高技〔2013〕266号）。

（10）《关于开展国家电子政务工程项目绩效评价工作的意见》（发改高技〔2015〕200号）。

（11）《国务院办公厅关于转发国家发展改革委等部门推进"互联网＋政务服务"开展信息惠民试点实施方案的通知》（国办发〔2016〕23号）。

（12）《国务院关于印发政务信息资源共享管理暂行办法的通知》（国发〔2016〕51号）。

（13）《国务院关于加快推进"互联网＋政务服务"工作的指导意见》（国发〔2016〕55号）。

（14）《国务院办公厅关于印发"互联网＋政务服务"技术体系建设指南的通知》（国办函〔2016〕108号）。

（15）《国务院办公厅关于印发政务信息系统整合共享实施方案的通知》（国办发〔2017〕39号）。

（16）《国务院办公厅关于印发政府网站发展指引的通知》（国办发〔2017〕47号）。

三、其他文件的相关要求

2004年10月，国家信息化领导小组第四次会议审议通过了《关于加强信息资源开发利用工作的若干意见》，强调以体制创新和机制创新为动力，以政务信息资源开发利用为先导,充分发挥公益性信息服务的作用,提高信息资源产业的社会效益和经济效益,完善信息资源开发利用的保障环境,推动信息资源的优化配置,促进社会主义物质文明、政治文明和精神文明协调发展。加强信息资源开发利用的指导原则是:统筹协调,需求导向,创新开放,确保安全。

2005年,国家信息化领导小组审议并通过了《2006—2020年国家信息化发展战略》,这是我国信息化发展史上第一次制定的中长期战略性发展规划,也是规制未来15年信息化建设趋势和走向的一个纲领性文件。该文件把"推行电子政务"作为我国信息化发展的战略重点之一,并提出了改善公共服务、加强社会管理、强化综合监管、完善宏观调控四个方面的具体要求。

2012年,针对我国信息化建设和信息安全保障仍存在的一些亟待解决的问题,国务院发布了《国务院关于大力推进信息化发展和切实保障信息安全的若干意见》(国发〔2012〕23号)。文件将电子政务快速发展作为主要目标,并围绕提升服务和监管能力,促进政府管理创新,强调要加强电子政务顶层设计,提升电子政务服务能力。以互联互通为重点,形成统一的国家电子政务网络,完善项目建设管理、绩效评估和运行维护机制。扎实推进药品、食品、住房、能源、金融、价格等重要监管信息系统建设。推动重点领域信息共享和业务协同,加快电子政务服务向街道、社区和农村延伸,支持基层政府和社区开展管理和服务模式创新试点示范。加强地理空间和自然资源、人口、法人、金融、税收、统计等基础信息资源的开发利用,促进共享。全面提升电子政务技术服务能力,鼓励业务应用向云计算模式迁移。加强电子文件管理与应用。

2015年7月,《国务院关于积极推进"互联网+"行动的指导意见》提出,加快推进"互联网+"发展,有利于重塑创新体系、激发创新活力、培育新兴业态和创新公共服务模式,对打造大众创业、万众创新和增加公共产品、公共服务"双引擎"等具有重要意义;启动"互联网+"益民服务行动计划,有利于加快发展基于互联网的医疗、健康、养老、教育、旅游、社会保障等新兴服务,创新政府服务模式,提升政府科学决策能力和管理水平。据此,国家发改委等部门组织实施了信息惠民、智慧城市等公共服务建设工程。

2015年8月，《国务院关于印发促进大数据发展行动纲要的通知》提出，大数据成为推动经济转型发展的新动力、成为重塑国家竞争优势的新机遇、成为提升政府治理能力的新途径。应大力推动政府部门数据共享，稳步推动公共数据资源开放，建立政府和社会互动的大数据采集形成机制，制定政府数据共享开放目录。

2016年7月，中共中央办公厅、国务院办公厅联合印发了《国家信息化发展战略纲要》。文件提出要深化电子政务，推进国家治理现代化，适应国家现代化发展需要，更好地利用信息化手段感知社会态势、畅通沟通渠道、辅助科学决策。持续深化电子政务应用，着力解决信息碎片化、应用条块化、服务割裂化等问题，以信息化推进国家治理体系和治理能力现代化。文件还提出了服务党的执政能力建设、提高政府信息化水平、服务民主法治建设、提高社会治理能力、健全市场服务和监管体系、完善一体化公共服务体系、创新电子政务运行管理体制等要求。

第四节
电子政务建设和应用成就

党中央、国务院高度重视电子政务，从20世纪80年代以来，以办公自动化、政府上网等工作为基础，建设了一系列国家重大电子政务工程，有效支撑了政务部门依法履职，在宏观调控、市场监管和社会管理方面发挥了巨大作用。各级地方政府按照国家电子政务的有关部署，面向企业和公众的服务需求，积极推动信息共享和业务协同，在提高公共服务效能方面进行了大量有益的探索，涌现出不少成功的案例。

一、一批重大信息化工程发挥了重要作用

2002年，《国家信息化领导小组关于我国电子政务建设指导意见》提出，建设和整合统一的电子政务网络、规划和开发国家基础信息资源、加快12个重要业务

系统建设、建设电子政务网络与信息安全保障体系等重要任务。10多年来，各地、各部门按照国家电子政务建设指导意见的要求，不断创新和实践，有效推进并初步实现了电子政务工程建设目标。

中共中央办公厅、国务院办公厅、国家发展和改革委员会等相关部门密切配合，不断推进国家电子政务网络基础设施建设，取得了明显成效。目前，电子政务内网已完成对党委、人大、政府、政协、高法、高检六大系统，中央、省、市各级政务网络的整合规划和总体设计；电子政务外网的接入单位已覆盖中办、国办等130个中央部门和单位，已基本覆盖31个省和新疆兵团的省、市、县、乡，接入14.4万个地方单位，为43项全国性业务系统和5000多项地方业务系统提供了支持，承载了一批跨层级、跨地方的业务协同应用和数据传输。

另外，国家基础信息资源建设任务快速推进，人口基础信息库已存储14.6亿的人口数据；法人基础信息库部分项目已进入建设阶段。

重要业务系统和共建工程建设的成效也十分显著，金盾、金关、金财、金税、金审、金农、金质，以及金融监管等一大批国家重要信息系统建设顺利实施，应用不断深化，国家发展和改革委员会投资项目在线审批监管平台、国家工商总局企业信用信息公示系统投入运行。农业部已经与12个省、市人民政府共同启动了13个国家级大市场建设，在7个省市建设了30个田头市场示范点。最高人民法院以吉林为试点，建设了"电子法院"，将诉讼由"线下"搬到了"线上"，有效缓解了"案多人少"的矛盾。这些国家重大工程在完善宏观调控、推进结构性改革、释放市场活力和加强社会管理方面发挥了巨大作用。

二、政府网站建设和管理工作成效显著

从1996年第一家政府网站开通以来，我国政府网站经历了20多年的快速发展，逐渐被社会公众和企业所熟知并融入到了我们每个人的日常生活之中。2015年3月，国务院办公厅印发《国务院办公厅关于开展第一次全国政府网站普查的通知》（国办发〔2015〕15号），提出"夯实底线、集约建设、规范发展"的理念，吹响了我国政府网站改革提升的号角。《关于推行地方各级政府工作部门权力清单

制度的指导意见》（中办发〔2015〕21号）、《2015年推进简政放权放管结合转变政府职能工作方案》（国发〔2015〕29号）等文件部署推进"放、管、服"改革，为政府网站在全面深化改革大背景下的发展赋予了新的使命任务。国务院部署"互联网+"行动，印发《促进大数据发展行动纲要》，为政府网站改革提升注入新的理念。

2016年2月，中共中央办公厅、国务院办公厅印发《关于全面推进政务公开工作的意见》（中办发〔2016〕8号），要求强化政府门户网站信息公开第一平台作用，编制政府网站发展指引，明确网站功能定位以及相关标准和要求，分区域、分层级、分门类对网站从开办到关停的全生命周期进行规范。同时，《国务院办公厅关于转发国家发展和改革委员会等部门推进"互联网+政务服务"开展信息惠民试点实施方案的通知》（国办发〔2016〕23号）、《国务院关于加快推进"互联网+政务服务"工作的指导意见》（国发〔2016〕55号）等文件陆续出台，要求"依托政府门户网站，整合本地区本部门政务服务资源与数据，加快构建权威、便捷的一体化互联网政务服务平台，提供一站式服务"。

截至2017年3月，全国政府网站运行总数达到42352个，围绕全面推进政务公开、推进"互联网+"行动和"放、管、服"改革的契机与要求，在铸牢底线的基础上通过集约化的方式加强创新发展，为实现国家治理现代化的目标发挥了重要作用。

三、部分地方集约化建设取得了成功经验

近几年，我国一直强调电子政务要走集约化建设的道路，要避免重复建设、投资浪费。云计算是实现集约化建设的有效途径之一。利用云计算，可以推动电子政务从离散化向集约化建设模式转变，极大降低建设和运维成本。2015年，国务院印发《关于促进云计算创新发展培育信息产业新业态的意见》，提出要在2020年让云计算成为我国信息化的重要形态和建设网络强国的重要支撑。

近年来，伴随着云计算技术、产品和服务的日益成熟，开展政务云建设已成为国内外各级政府部门的普遍共识，全国已有超过2/3的省份对政务云建设进行了专

项规划。北京、福建、河北、陕西、浙江、四川等地纷纷启动政务云建设实践工作，推动政务信息技术能力实现按需供给，促进信息技术和数据资源充分利用，对解决政务信息化基础设施重复建设、使用效率低、条块分割、信息孤岛林立、开放共享不足、信息安全挑战突出等问题，支持简政放权和行政体制改革，提升政府治理现代化水平，建设服务型政府，具有现实意义。

据统计，目前全国已有15个省（区、市）通过"云"实现了机房、存储设备、OA系统等软硬件资源的集中建设。例如，"数字福建"云计算中心建成，并向政府和社会提供服务。河北省正在推进"云上河北"建设，目前已建成政务云、环保云，为省直部门提供统一基础设施和共性应用服务。浙江省建设了省市两级架构的电子政务云平台，集中支撑49个省级单位应用系统运行。重庆市、济南市将各委办局业务系统部署在云平台上，使电子政务建设成本降低了15%~25%。陕西省将95个省级部门、11个地市、107个县的1233个业务应用系统和数百个数据库部署在政务云平台上，通过集约化建设，节约了55%的建设资金、60%的运维服务费用。

四、在信息共享协同方面开展了积极探索

一直以来，信息共享和业务协同问题是我国电子政务发展过程中深化应用和取得更大实效的主要制约因素。为切实解决这一瓶颈问题，各地围绕横向互联、纵向贯通、内部优化的需求，进行了积极的探索和实践：开展横向多部门并联审批，提供一站式电子政务服务，通过"数据多跑路"实现"群众少跑腿"；开展跨层级业务资源整合，推动跨层级电子政务业务和服务贯通，实现"数据向上走，服务沉下去"，不断提升政府的管理能力和服务能力；运用电子政务手段促进内部流程优化，支撑简政放权、放管结合、优化服务，把电子政务作为推进行政管理改革创新的重要内容；高度重视信息资源价值，不断加强数据资产化意识。福建、浙江、广东等地纷纷出台文件，加强对政务数据资源的整合、管理和使用，全面推进大数据规划研究工作。

特别是近年来，各地围绕打破信息孤岛做了大量工作。有的地方在建章立制方

面积极探索,以制度促共享。例如,深圳出台《政务信息资源共享管理办法》,通过全市统一的政务信息资源共享平台,汇集了2300多类、50000多项信息资源,部门共享数据超过13亿条,极大地减少了数据采集频次,提高了资源利用效率。有的地方在标准方面开展研究,制定技术规范,以标准促共享。例如,"数字福建"在《福建省级电子政务顶层设计》中提出了信息资源共享的技术规范,设计了《政务信息资源目录与分类管理》《电子政务信息数据交换》等技术标准,为"信息怎么共享"提供了解决方案。有的地方还围绕人民群众最关心的问题,深化应用、需求牵引、带动突破,以应用促共享。例如,浙江省以"放、管、服"为改革抓手,围绕"五证合一",推动工商、税务、人社等部门信息的整合共享,取得了重大进展。福建省围绕行政审批、通关报检等业务全流程网上办理,在全国率先推行证照电子化,目前,全省累计生成电子证照233万多本,并实现了多部门共享。贵州省围绕破解"数据从哪来、数据放哪里、数据谁来用"三大问题,在数据确权、数据交易等前沿领域率先探索,初步回答了数据共享、开发利用、安全保障等工作应该怎么干的问题。北京市在实行小汽车摇号系统时,共享了公安、社保、税务、民政等部门信息,确保小汽车摇号的公平、公正和公开。

五、移动互联网成为服务创新的重要渠道

近年来,电子政务服务通道正在由 PC 端向手机、平板、可穿戴设备等移动终端迁移。各级政府普遍利用移动互联网、政务微博微信、政务 APP 等新媒体,加强政民互动,开展公共服务。互联网特别是移动互联网,在促进治理和服务方式转变、推进政务信息公开、解决群众实际问题等方面发挥着越来越重要的作用,成为政府与群众沟通的桥梁。

据统计,目前全国各地各部门开通的政务微信公众号已超过了 10 万个,覆盖了全国 31 个省,平均每个政务微信公众号关注用户超过 3.6 万。政务 APP 大量涌现,向公众提供政府办事、交通出行、劳动就业、教育医疗等公共服务内容。阿里、腾讯等互联网企业积极参与政务服务渠道建设,截止到 2016 年 6 月,支付宝城市服务已上线 29 个省 347 个城市,可提供涵盖车主服务、政务办事、医疗服务、

交通出行、气象环保、充值缴费、文化生活、综合服务等10大类58个子类的5300多项服务。

政府部门越来越多地借助网络来改善服务。例如：南京市在推进行政权力网上公开透明运行的基础上，围绕"互联网＋政务服务"，建设了网上办事大厅，与实体大厅融合，为老百姓提供"线上线下、虚实一体"的政务服务。江西省利用政务服务平台，汇集省级部门、市、区（县）400多个重点服务项目，为企业和公众提供一站式服务。广东省佛山市在推进"信息惠民"试点过程中，从2015年初至2016年上半年间，通过网站、微信、微博、移动应用等渠道，获取了36000多条网络舆情信息，为改善公共服务提供了重要依据。福建省还率先探索利用虚拟现实技术（VR）来促进电子政务"可视化"，目前，"数字福建"发布了VR＋医疗、教育、交通、制造、环保、文化、水利、国土、城市、应急等10个领域的应用服务包，以新技术改进政府治理模式，提升公共服务水平。

第五节
电子政务面临的挑战与问题

尽管我国电子政务建设取得了较大成绩，但存在的问题仍然突出，主要是：顶层设计不足，各自为政的建设模式还需要进一步扭转；共享协同不够，业务条块化、信息碎片化、服务割裂化的现状还需要进一步改变；应用服务水平不强，重建轻用的错误观念还需要进一步转变。此外，电子政务与管理创新结合不够，法律法规和标准规范建设滞后等问题还比较突出，需要加大工作力度、采取有效措施加以解决。

一、电子政务顶层设计理念有待深化

从国家层面看，2002年的《国家信息化领导小组关于我国电子政务建设指导意见》是国家电子政务大规模建设时期的顶层设计，2006年的《国家电子政务总体框架》提供了如何深化应用的基本方法。但是由于缺乏指导具体设计与实施工作的总体规划，一些地区和部门只能根据自己的理解进行探索和实践，因而难免出现认识偏差，造成了电子政务谁都想管、谁都不管、谁都没管好的现象。尤其是涉及电子政务规划、投资、建设、运维、标准化等，综合管理部门间协调不足的现象，地方在统筹推进电子政务方面也存在"卡位""抢位"和"越位"的现象。同时，部门分割和利益冲突始终困扰着电子政务的发展，网络割据、信息资源独享、业务不能协同导致电子政务重复建设、投资浪费和信息孤岛等现象十分严重。公共基础信息库成为主建单位的部门资产，业务系统未充分利用电子政务内外网集约建设。

随着技术的发展，随着人民群众对公共服务的需求不断变化，我国电子政务的顶层设计需要在以往文件的基础上进行深化，以进一步理顺电子政务建设领域的条块关系，明确基础设施、数据资源、政务服务建设等完善的主要方向，以及有关部门和地方电子政务统筹协调的主要内容，从而形成全国"一盘棋"的局面。

二、信息共享和业务协同有待加强

信息资源共享和业务协同的问题，是电子政务建设的一块"硬骨头"。认识不足，不愿共享协同；制度缺乏，不敢共享协同；标准缺乏，不会共享协同。这三点是造成信息资源共享和业务协同困难的主要原因。近年来，不少地方做了大量探索，也取得了局部成效，但从全国范围看，问题还是非常突出。由于相关部门对系统工程之间的协同关系认识不清，习惯于以部门为中心、以财政分蛋糕的传统方式来简单处理系统工程建设问题，造成一系列只可展示、不可互动运行、不可持续的"信息烟囱"。多数跨部门的重点业务系统规划成了部门内业务系统，一个完整的电子政务体系被人为地割裂成了一个个"烟囱"，潜在的信息孤岛风险突出，协同监管能力受到极大牵制。战略性基础信息资源建设方案仍未形成，国家基础数据与业务应用数据尚未界定清楚。资源共建、共享模式还没有达成共识，自建、自用和自成体系的数据库建设格局还在延续。

这种信息无法共享、业务不能协同的现状，严重影响到为民服务和社会管理应用的深化，严重制约了电子政务总体效益的显现。未来我国的电子政务工作应进一步明确政务信息共享和业务协同的原则,明确政务信息资源目录编制、开展信息共享、落实业务系统等任务,还应对共享信息和协同业务的提供、使用和监督提出具体要求,做好信息共享和业务系统的制度保障,逐步打破信息壁垒,提升服务和管理效率。

三、应用水平和服务能力有待提升

政府公共管理和服务水平,事关国家经济社会发展,事关人民群众生产生活,电子政务要在提升管理效能、改善公共服务水平方面主动发挥作用。过去,我们的电子政务应用主要是围绕部门的业务流程展开的,更多体现的是传统的管理思路和模式,而且一些部门之间存在"老死不相往来"的现象。所以,就出现了各类奇葩证明,以及企业和群众多头办证、重复跑路的问题。目前我国电子政务应用水平整体仍然偏低,通过电子政务来提高行政效率,提高对外服务能力,以及促进政府职能转变等工作还处于起步阶段。基于互联网的公共服务体系供给乏力,大多处于一种信息公开的阶段,无法满足人民群众日益高涨的在线服务需求。在行政审批网络化方面,不少地方建立了网上办事大厅,但大多扮演"网络收发室"的功能,可真正在网上办理的事项并不多。网上公共服务资源供给较少,仅有少数地区启动了互联网医院、教育资源公共服务平台、数字公共图书馆等资源建设。

近年来,互联网特别是移动互联网的快速发展,为人民群众获取服务提供了便利手段,也对政府提出了更高要求。这就需要电子政务工作转变思路,急群众所急、想群众所想,切实站在企业和百姓需求的角度来设计服务模式、服务流程,这样才能体现以人民为中心的发展思想。要以电子政务推进"放、管、服"改革为突破口,积极推进"互联网+政务服务",逐步实现"一号申请、一窗受理、一网通办",加快构建面向百姓的一体化在线服务体系,为百姓提供用得上、用得起、用得好的信息服务。

四、法律法规和标准化体系有待完善

尽管我国电子政务立法和标准化体系建设工作已经起步,但是从总体上说,目前电子政务法律规范和标准建设仍然明显滞后于电子政务的发展,法律法规和标准

规范滞后或缺失现象明显。部分涉及电子政务、信息技术、安全保障方面的法律法规制定发布时间较早，没有实时跟进新技术发展。特别是在电子证照、电子文件、电子印章、电子档案等领域，由于相关法规的缺失，无法满足在线服务、在线审批等网上办事的需要。在标准领域，部分标准过于宏观、笼统，缺乏配套的实施指南，实际操作难度较大，特别是在数据领域，缺乏基础数据标准规范、数据质量保障体系、数据共享政策和数据安全等级划分等，给信息采集、共享和使用造成困难。同时，即使有了好的标准，也缺乏规划、立项、审计、评估等环节强有力的配合，标准的执行是一个很大的问题。

法律法规和标准规范对电子政务的发展起着重要的保障和规范作用，是电子政务发展的基础条件。完善的电子政务法律法规和标准规范体系是电子政务规范有序发展的重要保障。为了推动我国电子政务的健康发展，要树立"法规标准先行"的观念，通过制定完善的电子政务法律法规和标准规范，逐步建立健全电子政务相关的法律体系和标准体系，从而促进我国电子政务的规范、健康发展。

第六节
电子政务发展趋势和展望

经过多年来的努力，我国电子政务建设已经取得了阶段性成果。但从总体上看，目前电子政务仍处于发展阶段，建设和应用水平仍有较大的提升空间。未来一段时期，我国电子政务建设应立足于当今国际国内纷繁复杂的大背景，深入贯彻落实习近平总书记系列重要讲话精神，以五大发展理念为统领，大力推进以人民为中心的电子政务，有效服务于法治政府、创新政府、廉洁政府和服务型政府建设，让亿万群众共享互联网发展成果，让互联网更好地造福于国家和人民。

一、以服务人民为出发点，让电子政务更加方便群众办事创业

人民信念、人民理念，是党的宗旨所在，是贯穿以习近平同志为总书记的党中

央治国理政的主旨主线。2016年4月，习近平总书记在网络安全和信息化工作座谈会的讲话中强调，网信事业要发展，必须贯彻以人民为中心的发展思想，这是其"人民至上"治国理念的重要体现，是指导网信工作的战略和纲领。坚持以人民为中心的发展思想，就是坚持人民至上，坚持发展为了人民，发展依靠人民，发展成果由人民共享。电子政务的建设和发展，也须贯彻以人民为中心的发展思想，这是电子政务的出发点和落脚点。

为广大人民群众提供优质、高效、便捷的服务，是加快转变政府职能，推进简政放权、放管结合、优化服务改革的重要内容，也是电子政务"以人民为中心"发展思想的重要体现。电子政务的建设和发展，要从群众利益出发，为群众着想，以满足需求为导向。通过电子政务手段，依托电子政务平台，优化服务流程，丰富服务内容，拓宽服务渠道，创新服务方式，强化部门协同联动，打破信息孤岛，推动信息互联互通、开放共享，降低应用成本，提高服务质量和效率，提升服务能力，为基层群众提供用得上、用得起、用得好的服务，让亿万人民在共享互联网发展成果上有更多的获得感，让群众办事更方便、创业更顺畅，更好地推动大众创业、万众创新，激发市场活力和社会创造力。

二、以回应关切为切入点，让电子政务更加了解民意和贴近群众

全心全意为人民服务是党的根本宗旨，群众路线是党的生命线和根本工作路线。习近平总书记指出，各级党政机关和领导干部要学会通过网络走群众路线，经常上网看看，了解群众所思所愿，收集好想法、好建议，积极回应网民关切，解疑释惑。这是总书记对当前我国各级党政机关在新趋势、新理念下如何更好执政的重要要求，也是面对当前舆论生态和民意趋势的积极回应。当前，随着互联网技术的迅猛发展和信息传播方式的深刻变革，社会公众对政府工作的知情、参与和监督意识不断增强，表达诉求的机会和渠道日益增多，形成了新的网络民意生态。电子政务应发挥平台优势，以回应关切为切入点，更加了解民意和贴近群众。

一是了解民意，汇聚众智。民之所望，施政所向。坚持以人民为中心，必须真诚倾听群众呼声，真实反映群众愿望，真情关心群众疾苦。依托电子政务平台，清

除沟通障碍，缩短沟通距离，贴近群众，真正了解群众关心什么、期盼什么，听到一线声音，得到一手材料，为群众排忧解难，为科学民主决策提供宝贵支撑。二是发扬民主，接受监督。通过电子政务平台，群众不仅可以方便地提出咨询、意见、建议，也可快捷地提出投诉、举报、批评。电子政务平台成为发扬人民民主、接受人民监督的新渠道。三是回应关切，引导舆论。通过电子政务手段，建立健全舆情收集、研判和回应机制，密切关注重要政务相关舆情和社会热点，及时敏锐捕捉外界的疑虑、误解，甚至歪曲和谣言，加强分析研判，通过网上发布消息、组织解读等形式及时予以回应，解疑释惑，澄清事实，消除谣言，引导网络舆论。

三、以加强治理为突破口，让电子政务更好地发挥监管应用成效

党的十八届三中全会明确提出，我国全面深化改革的总目标是完善和发展中国特色社会主义制度，推进国家治理体系和治理能力现代化。加强网络空间治理，加强网络内容建设，培育积极健康、向上向善的网络文化，营造天朗气清、生态良好、风清气正的网络空间，是符合人民利益的。在推进治理能力现代化和网络空间治理的进程中，电子政务要服务于治理体系和治理能力现代化，充分发挥监管应用成效。

互联网为网民提供了自由开放的空间，但自由不等于放任。习近平总书记曾强调网络空间同现实社会一样，既要提倡自由，也要保持秩序。网络不是法外之地，网络空间延伸到哪里，法治就要覆盖到哪里。依法加强网络空间治理，坚持依法治网、依法办网、依法上网，才是对社会负责、对人民负责的态度。要规范网络空间秩序，加强网络治理，保障广大网民的合法权益，就必须加强网络监管，依托电子政务手段和平台，加强网络内容建设，做强网上正面宣传，培育积极健康、向上向善的网络文化。同时加大力度打击网络犯罪、整治网络乱象，进一步畅通投诉举报渠道，建立健全监督机制，充分发挥电子政务监管应用成效。

四、以开放参与为着力点，让电子政务长期健康稳定有序发展

坚持人民主体地位，充分调动人民积极性，是我们党立于不败之地的强大根

基。建设"以人民为中心"的电子政务,同样离不开人民的参与和支持,其根本在于依靠人民。随着信息技术的快速发展和深入应用,电子政务正在由业务办公的支撑工具,逐步成为促进重大改革措施贯彻实施、支撑重大问题决策研判、推动重点工作督查落实、提高服务人民群众水平的有效抓手,成为提升政府治理能力必不可少的创新手段。这就要求电子政务的建设和发展不能闭门造车,要将开放、参与作为着力点,加强政府开放透明程度,动员广大网民和企业一起参与,营造全民参与的工作格局。

通过开放参与,建立完善各级政府横向协同、纵向联动,政府主导、社会参与的电子政务协调发展机制,提升电子政务信息共享、业务协同和数据开放水平,提高服务政府决策和管理的信息化能力,普及政府公共服务网上运行,优化电子政务协调发展环境,从而推动电子政务在国家治理体系和治理能力现代化建设中发挥越来越重要的作用。

五、以持续创新为推动力,让电子政务持续激发释放更强活力

在人类社会历次科技革命和产业变革中,创新都是重要的引擎,为经济社会发展提供了不竭动力源泉。党的十八大报告明确提出要实施创新驱动发展战略,强调科技创新是提高社会生产力和综合国力的战略支撑,必须摆在国家发展全局的核心位置。习近平总书记在网信工作座谈会上的重要讲话中,再次强调"创新"是五大发展理念之一,要坚定不移实施创新驱动发展战略。创新驱动,是大势所趋。

当前,各种新技术、新理念、新模式快速发展,电子政务须坚持创新驱动,准确把握发展趋势,探索电子政务创新发展的新思路、新应用、新模式。加快推进"互联网+政务服务",促进云计算、大数据、物联网在电子政务中广泛应用,推动电子政务服务和应用创新、信息资源聚集和开放共享创新、基础设施模式和技术创新与电子政务协调发展的管理机制创新,以及标准体系创新,激发人民群众的创新智慧,释放人民群众的创造活力,为打造大众创业、万众创新和增加公共产品、公共服务"双引擎"提供有力支撑,为推动创新发展、转变经济发展方式、调整经济结构发挥积极作用。

第六章
深入推进政务公开

改革开放近40年来,伴随着经济的快速有序发展,我国的行政体制改革进程也逐步深入。作为我国政府治理工具变革的一个重要内容,我国深入推进政务公开,各项工作得到了全面而有效的推行。政务公开的全面有效推行,有助于改变政府治理的方式和方法,有助于优化政府治理的生态环境,是我国改革开放近40年的重要成果之一。同时,深化政务公开对推进我国行政体制改革、加强对行政权力的监督制约、从源头上防治腐败和提供高效便民服务具有重要意义。中国政府在推行政务公开方面迈出了积极的步伐,取得了各方面的积极意义。深入推进政务公开,是我国改革开放以来行政体制改革的重要组成部分,更是继续推进和完善我国行政体制改革的重要举措,是贯穿于改革开放全过程、促进政府治理现代化的必经之路。

第一节
改革开放以来中国推行政务公开的发展历程

政务公开在我国的实践是从农村家庭联产承包责任制改革后实行村务公开开始的。改革开放近40年来,我国政务公开经历了一个行政层级上由低到高、范围上从局部到全面的发展过程,即从村务公开到乡镇政务公开,并逐步扩大到县、省和中央政府部门的政府信息公开,以及后来的依托电子政务和政务服务的政务公开,到智慧政府建设中,线上线下齐头并进的全面政务公开等发展过程。我国的政务公开主要经历了以下发展阶段。

一、农村经济体制改革推进村务公开

党的十一届三中全会推行改革开放以来，农村经济体制改革全面推行了家庭联产承包责任制。随着农村家庭联产承包责任制的实行，原来公社、生产队的管理组织形式逐渐解体，广西壮族自治区宜山县合寨大队果作等6个生产队自发地成立了由村民实现自我管理、自我教育、自我服务的农村基层群众性自治组织。① 此后，全国范围内广泛推行了农村村民自治及城市居民自治。1987年11月全国六届人大常委会第二十三次会议通过了《中华人民共和国村民委员会组织法（试行）》，1998年11月4日全国九届人大常委会第五次会议通过了正式的《中华人民共和国村民委员会组织法》，农村居民的民主选举、民主决策、民主管理、民主监督的自治形式得到了法律的保证。作为村民自治基础要件的村务公开工程也在全国各地得到了推行和发展。

对于在广大农村推行村务公开的工作，中央在1991年就进行了有关部署。1991年，中共中央与国务院在有关农业和农村工作的决定中提出建立村务公开制度；1998年颁布的《中华人民共和国村民委员会组织法》明确了村务公开的五项内容；1998年中共中央办公厅、国务院办公厅联合发布了《关于在农村普遍实行村务公开与民主管理制度的通知》，要求在全国农村基层组织推行村务公开。此后，中纪委、农业部和民政部等都分别把推行村务公开当作一项重要的工作，予以重视。村务公开已逐渐成为全国农村政治生活中的一项基本制度和基层行政管理的一项基础性工作。

二、乡镇政府推行政务公开的实践

20世纪90年代后期，在村务公开和村民自治取得较好效果的情况下，乡镇作为基层政权的政治载体，其政务公开的任务也被提上了日程。与此同时，一些地方

---

① 本刊评论员：《依法而选则安，违法而行则乱》，《乡镇论坛》，1999年第2期。

政府在自己的辖区内也作出了关于推行政务公开和建设阳光政府的尝试。

根据中纪委的部署和要求，该时期乡镇推行政务公开的重点是：群众最关心、反映最强烈的问题；影响本地区经济发展和社会稳定的问题；行政工作中容易滋生腐败的问题。各地根据这个原则来确定要公开的重点事项、重点部门和重点岗位。从各地的实际情况看，乡镇政务公开的特点主要有：内容比较集中，主要以财务情况、经济事项作为重点，主要是为了解决好廉政问题，改进党政机关施政方式和工作作风，密切党群、干群关系，促进经济社会的稳定发展。因此，相对而言，乡镇政务公开的制度设计和运作方面就没有村务公开的那一套组织和程序架构，而是主要依靠国家行政体制框架来执行，乡镇政权政务公开的动力具有自上而下的特点和典型的行政特征。

三、地方政府对政务公开的探索

在改革开放的历史进程中，在不断创新的改革浪潮中，在市场经济竞争和地方政府治理逐步改进的背景下，一些地方政府为了配合经济发展的特定目标以及优化环境和加强治理，开始自觉地推行政务公开，在阳光政府的路子上摸索着前进。在这个过程中，有的是以县市为单位推进的，有的是一些地级市在特定的区域内开始探索的。20世纪90年代后，一些县市和地市乃至一些国家职能部门相继进行了政务公开以及相关制度的探索。总体而言，当时县级政府及其他地方政府的政务公开有如下特点：

首先，以办事公开为主，主要是办事程序、规则和依据的公开，目的是为企业和公民办事提供方便，这也为政务公开的广泛推行提供了深厚的社会支持和动力。有的地方进行了财务公开的探索，有的还探索了收支两条线和国库统一支付制度，这些对于防治腐败和加强廉政建设起到了较好的作用。有的部门则以权力制约为主线，加强了对组织、人事和重大决策的公开力度，如人事决策的组织公示制度、岗位公布和服务承诺制度以及重大事项的公示咨询制度等，这些都为政务公开的推进积累了很好的经验。

其次，在组织机构上，这个过程体现为政务公开的载体逐渐走向了专门化——

也就是以一站式、一门式等集中的行政许可为主要特色的行政服务机构的发展与崛起。据 2005 年的不完全统计,全国县以上规模集中的行政审批服务机构近 3300 家。到 2007 年 10 月,全国地市级以下政府建立的行政许可服务中心由 2005 年的 3300 多家增至 4500 多家。有 1002 个行政服务中心的独立网站,其相关内容的网页达到了 1159 万多页。① 这些行政服务机构被认为是行政审批制度改革的新生事物,在《中华人民共和国行政许可法》颁布后得以大量快速的出现。目前,行政服务机构不仅在全国范围内普遍建立,而且成为政务公开推行方面的"主阵地"和"主战场"。

从总体来看,虽然这个阶段的政务公开发展比较迅速,但还处于发展过程之中,还存在一些问题:政务公开还未纳入国家立法,缺乏持续有效的权威支持,还未成为基本的政治制度;缺乏文化上的认可和心理意识上的支撑,未成为民主主体自身的内在需求;权威结构严重畸形——高度集权于个别领导、缺乏法治等问题还程度不同地存在着。这个阶段的政务公开还表现出局部性、非均衡性和不稳定性等特点。

四、《中华人民共和国政府信息公开条例》颁布后的政务公开

2007 年 4 月 5 日,国务院总理温家宝签署了国务院第 492 号令,公布了《中华人民共和国政府信息公开条例》,并规定自 2008 年 5 月 1 日起施行。该条例从总则、公开的范围、公开的方式和程序、公开的监督和保障等各个方面对政府的信息公开做了基本规范,为在全国范围内推行政府信息公开工作提供了准绳和依据。该条例的公布,标志着我国政务公开进入了一个全国推行、全面深入,走向法制化、制度化、经常化的全新阶段。这一阶段有如下几个特点:

第一,政务公开的责任主体开始实体化、全面化。根据要求,所有的行政机关都成为政府信息的主体,也就是政府信息公开的义务主体。在主要责任主体方面,该条例把国务院办公厅及各级人民政府办公厅定为信息公开工作的主管机构,还要

---

① 胡仙芝:《历史回顾与未来展望:中国政务公开与政府治理》,《政治学研究》,2008 年第 6 期。

求设立专门机构负责这项工作。2006年1月1日，中央人民政府门户网站正式开通，国内外媒体普遍认为此举"充分体现了中国建设服务型政府的信心和决心"。据统计，仅一年时间，中央人民政府门户网站就发布了国务院和国务院办公厅文件500多件、国务院公报250多期；整合71个部门约1100项网上服务；发布8个部门的47项行政许可项目，被誉为"24小时不下班的政府"。到2008年底，96%的国务院部门建成了政府网站，约90%的省级政府、96%的地市级政府、77%的县级政府都拥有政府网站。各级政府网站已成为我国建设服务型政府的重要窗口和服务平台。[①] 此外，国务院的74个部门、单位和31个省（区、市）政府还建立了新闻发布和发言人制度。

第二，明确了政府信息公开的内容和范围，并扩展了相关内容。该条例确定了"以公开为原则，以不公开为例外"的基本原则，并规定行政机关对符合下列基本要求之一的政府信息应当主动公开：一是涉及公民、法人或者其他组织切身利益的；二是需要社会公众广泛知晓或者参与的；三是反映本行政机关机构设置、职能、办事程序等情况的；四是其他依照法律、法规和国家有关规定应当主动公开的。显然，这些规定对于原先仅以"办事公开"为基本内容的公开范围有了更大的扩展。此外，还增加了申请需要公开的相关事项。

第三，公开的方式和公开的程序走向制度化和规范化。该条例规定，每年的政务公开主管机构都要编制政务信息公开指南、政府信息公开目录、公开年度报告，实际上已经将政务公开工作作为一个制度化的行政管理内容，政府信息公开成为政府向社会和公众提供的一种公共服务和公共物品，成为人们日常生活决策不可缺少的部分。该条例对政务公开的制度和类型也作了较为明确的规定。

第四，政务公开中政府与社会公众的互动逐步强化。自该条例明确了信息公开的义务主体，并规定了申请公开的具体程序之后，公民的知情权得到了保障，公民、法人等可以根据需要向有关部门申请可以公开的内容，这种信息交换机制使得政务公开由政府单方面的公开开始走向政府部门与社会互动发展式的公开。

---

① 胡仙芝：《历史回顾与未来展望：中国政务公开与政府治理》，《政治学研究》，2008年第6期。

总之,自从《中华人民共和国政府信息公开条例》颁布和贯彻实施之后,我国的政务公开走向了法制化、制度化的道路。

五、从政府信息公开到全面推进政务公开

《中华人民共和国政府信息公开条例》颁布和实施后,我国政务公开日渐成为各级政府的工作常态,与此同时,我国的电子政务建设和信息化工作也大幅增加,接下来的几年,政务公开工作逐步与电子政务、行政审批等改革走向融合,互为支持,互相推进,开创了全面推进政务公开的新局面。

2011年6月8日,中共中央办公厅、国务院办公厅联合印发《关于深化政务公开加强政务服务的意见》,该意见深入贯彻落实党的十七大和党的十七届三中、四中、五中全会精神,促进服务政府、责任政府、法治政府、廉洁政府建设,提高依法行政和政务服务水平,明确提出深化政务公开、加强政务服务总体要求是以邓小平理论和"三个代表"重要思想为指导,深入贯彻落实科学发展观,坚持以人为本、执政为民,坚持围绕中心、服务大局,按照深化行政体制改革的要求,转变政府职能,推进行政权力运行程序化和公开透明;按照公开为原则、不公开为例外的要求,及时、准确、全面公开群众普遍关心、涉及群众切身利益的政府信息;按照便民利民的要求,进一步改进政务服务,提高行政效能,推进政务服务体系建设,为人民群众提供优质、便捷、高效服务。明确对"以改革创新精神深化政务公开工作"作出工作安排和部署:主要有创新政务公开方式方法、推行行政决策公开、推进行政权力公开透明运行、加大行政审批公开力度、深入实施政府信息公开条例、着力深化基层政务公开、加强行政机关内部事务公开以及统筹推进政务服务体系建设,强化监督保障措施等主要内容。在统筹推进政务服务体系建设方面,还专门对行政服务机构、职能、作用、运行方式等作出安排,并明确加强组织领导,制度建设和监督考核。

以2011年《关于深化政务公开加强政务服务的意见》为起点,2011年9月13日,国务院办公厅又转发全国政务公开领导小组《关于开展依托电子政务平台加强县级政府政务公开与政务服务试点工作的意见》(国办函〔2011〕99号),重点对县级政务公开工作提出指导意见。2012年在全国选取了北京市东城区等共100个县市区进行了工作试点，有效地推进了政务公开在全国范围内的深化和开展。①

2016年2月17日中共中央办公厅、国务院办公厅公布了《关于全面推进政务公开工作的意见》对政务公开工作作出专门全面的部署，"公开透明是法治政府的基本特征。全面推进政务公开，让权力在阳光下运行，对于发展社会主义民主政治，提升国家治理能力，增强政府公信力、执行力，保障人民群众知情权、参与权、表达权、监督权具有重要意义"。这可谓自中国实行改革开放，推行政务公开政策、启动信息公开法治建设以来，对政务公开性质、意义及其法理基础的一次精确阐述，反映了国家党政领导机关对政务公开和政府信息公开制度建设认识的深化与理念的提升。在指出"党中央、国务院高度重视政务公开，作出了一系列重大部署，各级政府认真贯彻落实，政务公开工作取得积极成效"之后，针对"与人民群众的期待相比，与建设法治政府的要求相比，仍存在公开理念不到位、制度规范不完善、工作力度不够强、公开实效不理想等问题"，而继续作出全面推进政务公开的一个总动员和总部署。为进一步做好当前和今后一个时期的政务公开工作，《关于全面推进政务公开工作的意见》对从2016年至2020年的政务公开作出5个方面共21项重要部署。这5个方面分别是：全面推进政务公开工作的总体要求；推进政务阳光透明；扩大政务开放参与；提升政务公开能力；强化保障措施。在"十三五"期间，政务公开工作推向全面、走向深入。

为更好地贯彻落实《关于全面推进政务公开工作的意见》，2016年11月10日，国务院办公厅又印发《〈关于全面推进政务公开工作的意见〉实施细则》，并通过国办发〔2016〕80号文件下发。该细则主要为贯彻落实中共中央办公厅、国务院办公厅《关于全面推进政务公开工作的意见》要求，进一步推进决策、执行、管理、服务、结果公开（统称"五公开"），加强政策解读、回应社会关切、公开平台建设等工作，持续推动简政放权、放管结合、优化服务改革。该细则的制定为各级各地人民政府和国务院各部委、各直属机构及地方政府的组成部门推进全面政

---

① 胡仙芝、姜秀谦、王君琦等：《我国县级政务公开改革研究》，华夏出版社，2014年版。

务公开提供了很好的指导，有力地推进了下一步的政务公开改革。

六、大数据和智慧政府战略下的政务公开

在全面政务公开广泛推行的同时，智能化、数字化、信息化的战略同时在影响着政务公开的形态、方式，有力地提高了政务公开的深度、广度和效能，为此，我国将政务公开的实施和战略与大数据技术相结合，电子政务和智慧政府的建设同时有了实质性的突破和推进。近些年来，我国领导人紧扣技术革新和创新经济，提出了国家大数据战略，国家治理在数据开放和智慧政府建设方面也取得了很大的进展。正如"十三五"规划建议对实施大数据国家战略指出："运用大数据技术，提高经济运行信息及时性和准确性。"

而在此之前，大数据战略在国家的行业治理以及市场经济运行方面都开始有了较为系统的应用。2014年7月23日，国务院常务会议审议通过《企业信息公示暂行条例（草案）》，推动构建公平竞争的市场环境。其中要求建立部门间互联共享信息平台，运用大数据等手段提升监管水平。2014年9月17日，部署进一步扶持小微企业发展，推动大众创业，万众创新，其中包括加大服务小微企业的信息系统建设，方便企业获得政策信息，运用大数据、云计算等技术提供更有效服务。2014年10月29日，要求重点推进6大领域消费，其中强调加快健康医疗、企业监管等大数据应用。2014年11月15日，提出在疾病防治、灾害预防、社会保障、电子政务等领域开展大数据应用示范。2015年1月14日，部署加快发展服务贸易，以结构优化拓展发展空间，提出要创新模式，利用大数据、物联网等新技术打造服务贸易新型网络平台。2015年2月6日，确定运用互联网和大数据技术，加快建设投资项目在线审批监管平台，横向联通发展改革、城乡规划、国土资源、环境保护等部门，纵向贯通各级政府，推进网上受理、办理、监管一条龙服务，做到全透明，可核查，让信息多跑路，群众少跑腿。2015年7月，国务院办公厅印发的《关于运用大数据加强对市场主体服务和监管的若干意见》提出，要提高对市场主体服务水平；加强和改进市场监管；推进政府和社会信息资源开放共享；提高政府运用大数据的能力；积极培育和发展社会化征信服务。现代数字政府和智慧政府的

建设对于政府信息公开产生了强有力的实践需求，也为新时期全面推进政务公开提供新的技术平台和支撑手段，从而为全面推行政务公开创造了诸多的实践动力，有力地推进了我国政务公开纵深发展的进程。

第二节
中国推行政务公开的主要举措、成效与经验

从1991年中共中央与国务院在有关农业和农村工作的决定中提出建立村务公开制度以来，到2016年2月17日中共中央办公厅、国务院办公厅公布《关于全面推进政务公开工作的意见》，我国的政务公开经历了从基层到高层，从局部到整体，从片面到全面，从平面到立体的发展历程。目前我国已进入"十三五"建设时期，正在实施全面推进政务公开工作。在2016—2020年期间，中国政府围绕全面推进政务公开，让权力在阳光下运行，为发展社会主义民主政治，提升国家治理能力，增强政府公信力、执行力，保障人民群众知情权、参与权、表达权、监督权而全面推进政务公开，并作出一系列重大部署。回顾我国全面推进政务公开的主要举措，观察全面推进政务公开的主要成效以及总结相关经验，对研究我国的政治发展和推进行政体制改革都具有非常重要的意义。

一、全面推进政务公开的主要举措

全面推进政务公开工作确立了明确的工作目标，即"到2020年，政务公开工作总体迈上新台阶，依法积极稳妥实行政务公开负面清单制度，公开内容覆盖权力运行全流程、政务服务全过程，公开制度化、标准化、信息化水平显著提升，公众参与度高，用政府更加公开透明赢得人民群众更多理解、信任和支持"。全面推进政务公开工作确立了鲜明的指导思想，那就是"认真落实党的十八大和党的十八届三中、四中、五中全会精神，深入贯彻习近平总书记系列重要讲话精神，紧紧围绕

'四个全面'战略布局,牢固树立创新、协调、绿色、开放、共享的发展理念,深入推进依法行政,全面落实党中央、国务院有关决策部署和政府信息公开条例,坚持以公开为常态、不公开为例外,推进行政决策公开、执行公开、管理公开、服务公开和结果公开,推动简政放权、放管结合、优化服务改革,激发市场活力和社会创造力,打造法治政府、创新政府、廉洁政府和服务型政府"。围绕以上目标,秉持以上指导思想,全面推进政务公开在以下三个方面采取了一系列的有力举措。

(一) 全面推进政务阳光透明

政务公开也就是确保政务在阳光中运行,实现政务透明。因此在广大政务活动中贯彻以公开为常态、不公开为例外原则,全方面无死角地实现行政决策公开、执行公开、管理公开、服务公开和结果公开,尤其是实现重点领域的信息公开。具体表现为以下几个方面。

1. 推进决策公开

决策公开有助于实现决策的科学化和民主化,更有利于全面推行政务公开。这方面的主要举措有:将公众参与、专家论证、风险评估、合法性审查、集体讨论决定确定为重大行政决策法定程序。实行重大决策预公开制度,依法公开涉及群众切身利益、需要社会广泛知晓的重要改革方案、重大政策措施、重点工程项目,除依法应当保密的外,在决策前应向社会公布决策草案、决策依据,通过听证座谈、调查研究、咨询协商、媒体沟通等方式广泛听取公众意见,以适当方式公布意见收集和采纳情况。探索利益相关方、公众、专家、媒体等列席政府有关会议制度,增强决策透明度。决策作出后,按照规定及时公开议定事项和相关文件。

2. 推进执行公开

执行公开是行政公开的重要范畴,也是接受监督的一个必要环节。这方面的主要举措有:主动公开重点改革任务、重要政策、重大工程项目的执行措施、实施步骤、责任分工、监督方式,根据工作进展公布取得成效、后续举措,听取公众意见建议,加强和改进工作,确保执行到位。各级政府及其工作部门都要做好督查和审计发现问题及整改落实情况的公开,对不作为、慢作为、乱作为问责情况也要向社会公开,增强抓落实的执行力。

3. 推进管理公开

管理公开直接涉及管理成效。这方面的举措有：全面推行权力清单、责任清单、负面清单公开工作，建立健全清单动态调整公开机制。推行行政执法公示制度，各级政府要根据各自的事权和职能，按照突出重点、依法有序、准确便民的原则，推动执法部门公开职责权限、执法依据、裁量基准、执法流程、执法结果、救济途径等，规范行政裁量，促进执法公平公正。推进监管情况公开，重点公开安全生产、生态环境、卫生防疫、食品药品、保障性住房、质量价格、国土资源、社会信用、交通运输、旅游市场、国有企业运营、公共资源交易等监管信息。公开民生资金等分配使用情况，重点围绕实施精准扶贫、精准脱贫，加大扶贫对象、扶贫资金分配、扶贫资金使用等信息公开力度，接受社会监督。

4. 推进服务公开

办事公开本质上是服务公开。这方面还需要继续加强的有：把实体政务服务中心与网上办事大厅结合起来，推动政务服务向网上办理延伸。各地区各部门要全面公开服务事项，编制发布办事指南，简化优化办事流程，让群众不跑冤枉路，办事更明白、更舒心。公布行政审批中介服务事项清单，公开项目名称、设置依据、服务时限。推行政府购买公共服务、政府和社会资本合作（PPP）提供公共服务的公开。大力推进公共企事业单位办事公开，行业主管部门要加强分类指导，组织编制公开服务事项目录，制定完善具体办法，切实承担组织协调、监督指导职责。通过最大限度方便企业和群众办事，打通政府联系服务群众的"最后一公里"。

5. 推进结果公开

不管是办事、服务还是决策，回应社会的关键环节之一是结果公开。为此，这方面规定的举措有：各级行政机关都要主动公开重大决策、重要政策落实情况，加大对党中央、国务院决策部署贯彻落实结果的公开力度。推进发展规划、政府工作报告、政府决定事项落实情况的公开，重点公开发展目标、改革任务、民生举措等方面的事项。建立健全重大决策跟踪反馈和评估制度，注重运用第三方评估、专业机构鉴定、社情民意调查等多种方式，科学评价政策落实效果，增强结果公开的可信度，以工作实绩取信于民。

6. 推进重点领域信息公开

全面推行政务公开要有深度和力度，同样必须把握好重点，抓好重点领域的信息公开。《关于全面推进政务公开工作的意见》中规定的主要举措有：着力推进财政预决算、公共资源配置、重大建设项目批准和实施、社会公益事业建设等领域的政府信息公开，有关部门要制定实施办法，明确具体要求。各级行政机关对涉及公民、法人或其他组织权利和义务的规范性文件，都要按照政府信息公开要求和程序予以公布，规范性文件清理结果要向社会公开。加强突发事件、公共安全、重大疫情等信息发布，负责处置的地方和部门是信息发布第一责任人，要快速反应、及时发声，根据处置进展动态发布信息。

（二）全面扩大政务开放参与

全面推进政务公开离不开社会的开放与广大公众的参与。在政务开放参与的系统工程中，需要建构诸多制度以实现政民间的良好互动。而政府数据开放，政策宣传和解读，政府与公众、媒体、社会等之间建立一个良好的参与及互动机制是重中之重。为此，全面扩大政务开放参与，《关于全面推进政务公开工作的意见》提出了以下必要举措。

1. 推进政府数据开放

按照《促进大数据发展行动纲要》的要求，实施政府数据资源清单管理，加快建设国家政府数据统一开放平台，制定开放目录和数据采集标准，稳步推进政府数据共享开放。优先推动民生保障、公共服务和市场监管等领域的政府数据向社会有序开放。制定实施稳步推进公共信息资源开放的政策意见。支持鼓励社会力量充分开发利用政府数据资源，推动开展众创、众包、众扶、众筹，为大众创业、万众创新提供条件。

2. 加强政策解读

将政策解读与政策制定工作同步考虑，同步安排。各地区各部门要发挥政策参与制定者，掌握相关政策、熟悉有关领域业务的专家学者和新闻媒体的作用，注重运用数字化、图表图解、音频视频等方式，提高政策解读的针对性、科学性、权威性。对涉及面广、社会关注度高、实施难度大、专业性强的政策法规，要通过新闻发布、政策吹风、接受访谈、发表文章等方式做好解读,深入浅出地讲解政策背景、目标和要点。各省(自治区、直辖市)政府和国务院各部门要充分利用新闻发布会和政策吹风会进行政策解读,领导干部要带头宣讲政策,特别是遇到有重大突发事件、重要社会关切等问题时,主要负责人要带头接受媒体采访,表明立场态度,发出权威声音,当好"第一新闻发言人"。新闻媒体、新闻网站、研究机构要做好党中央、国务院重大政策解读工作。

3. 扩大公众参与

通过政务公开让公众更大程度参与政策制定、执行和监督,汇众智、定政策、抓落实,不断完善政策,改进工作。研究探索不同层级、不同领域公众参与的事项种类和方式,搭建政民互动平台,问政于民、问需于民、问计于民,增进公众对政府工作的认同和支持。充分利用互联网优势,积极探索公众参与新模式,提高政府公共政策制定、公共管理、公共服务的响应速度。

4. 回应社会关切

建立健全政务舆情收集、研判、处置和回应机制,加强重大政务舆情回应督办工作,开展效果评估。对涉及本地区、本部门的重要政务舆情、媒体关切、突发事件等热点问题,要按程序及时发布权威信息,讲清事实真相、政策措施以及处置结果等,认真回应关切。依法依规明确回应主体,落实责任,确保在应对重大突发事件及社会热点事件时不失声、不缺位。

5. 发挥媒体作用

把新闻媒体作为党和政府联系群众的桥梁纽带,运用主要新闻媒体及时发布信息,解读政策,引领社会舆论。安排中央和地方媒体、新闻网站负责人参与重要活动,了解重大决策;畅通采访渠道,积极为媒体采访提供便利。同时,也要发挥新闻网站、商业网站以及微博微信、移动客户端等新媒体的网络传播力和社会影响力,提高宣传引导的针对性和有效性。

(三)全面提升政务公开能力

政务公开不仅是各级政府的一项基础工作,更是政府对自身的规范和一项基本制度,也是政府行政的一项基本能力。为此,全面推进政务公开,必须采取各种措施全面提升政务公开能力。

1. 完善制度规范

建立健全政务公开制度，注重将政务公开实践成果上升为制度规范，对不适应形势要求的规定及时予以调整清理。修订政府信息公开条例，完善主动公开、依申请公开信息等规定。建立公开促进依法行政的机制，推动相关部门解决行政行为不规范等问题。建立健全政务公开内容、流程、平台、时限等相关标准。推进政务服务中心标准化建设，统一名称标识、进驻部门、办理事项、管理服务等。制定政府网站发展指引，明确功能定位、栏目设置、内容保障等要求。

2. 建立政务公开负面清单

各省（自治区、直辖市）政府和国务院各部门要依法积极稳妥制定政务公开负面清单，细化明确不予公开范围，对公开后危及国家安全、经济安全、公共安全、社会稳定等方面的事项纳入负面清单管理，及时进行调整更新。负面清单要详细具体，便于检查监督，负面清单外的事项原则上都要依法依规予以公开。健全公开前保密审查机制，规范保密审查程序，妥善处理好政务公开与保守秘密的关系，对依法应当保密的，要切实做好保密工作。

3. 提高信息化水平

积极运用大数据、云计算、移动互联网等信息技术，提升政务公开信息化、集中化水平。加快推进"互联网+政务服务"，构建基于互联网的一体化政务服务体系，通过信息共享、互联互通、业务协同，实行审批和服务事项在线咨询、网上办理、电子监察，做到利企便民。推动信用信息互联共享，促进"信用中国"建设。充分利用政务微博微信、政务客户端等新平台，扩大信息传播，开展在线服务，增强用户体验。

4. 加强政府门户网站建设

强化政府门户网站信息公开第一平台作用，整合政府网站信息资源，加强各级政府网站之间协调联动，强化与中央和地方主要新闻媒体、主要新闻网站、重点商业网站的联动，充分运用新媒体手段拓宽信息传播渠道，完善功能，健全制度，加强内容和技术保障，将政府网站打造成更加全面的信息公开平台、更加权威的政策发布解读和舆论引导平台、更加及时的回应关切和便民服务平台。

5. 抓好教育培训

各级政府要把政务公开列入公务员培训科目，依托各级党校、行政学院、干部学院等干部教育培训机构，加强对行政机关工作人员特别是领导干部的培训，增强公开意识，提高发布信息、解读政策、回应关切的能力。制订业务培训计划，精心安排培训科目和内容，分级分层组织实施，力争三年内将全国从事政务公开工作人员轮训一遍，支持政务公开工作人员接受相关继续教育。教育主管部门要鼓励高等学校开设政务公开课程，培养政务公开方面的专门人才。

二、全面推进政务公开的基本成效

全面推进政务公开是在改革开放以来我国自下而上的各级政务公开实践基础上的总结和发展，其成效涵盖了各个层级和各个方面。具体表现为以下三个方面。

（一）政务公开对于公民的重要作用

政务公开不仅是满足公民知情权的法定制度设计，更是公民参与政务、实现自治管理（如实现村民自治等）的一个制度基础。主要表现为：

一是有利于实现村务自治，促进村民参与公共事务改革决策。村务公开作为村民自治的一个有机组成部分，是村民实现民主决策、民主监督、民主管理的一项制度基础，它通过对人民的民主教育、提高民主意识、培训民主政治的骨干力量、整合农民的利益及民主文化等各种潜移默化的政治社会化的方式，有效地维系了村民自治制度的运行。

二是政务公开使公民拥有方便的途径和手段来获得所需要的政府信息，并有效地指导了他们的经济生产、社会生活以及政治参与等，有效地提高了政治、经济、社会等效能。

三是通过政府信息公开，实现了与公众切身利益相关的信息的摄取和利用，为公众参与公共决策，实现与政府的有效沟通提供信息平台和对话理解的渠道，增进对政府的理解和信任，实现对政府及国家的支持。

(二) 政务公开对于各级政府的积极功能

对于各级地方政府和政府部门来说，政务公开作为一种行政公开的表现形式，通过行政公开而实现行政发展，其功能直接指向于廉政和效能两个目标。主要表现有：

一是有效防范暗箱操作、防止滥用权力。推行政务公开，相当于建立起一套有约束力的权力运行规范和运行机制，提高权力运行的透明度，为广大群众直接对政府权力进行最广泛的监督开通了一条渠道，有利于实现有效行政监督，为防止暗箱操作、防止滥用权力提供了制度上的保证。

二是推行政务公开有利于改善政权机关的工作方式和作风，密切干群关系，达成社会稳定和秩序良好目标。

三是政务公开改善了政府的形象，获得了社会群众的广泛好评，大大提高了政府的美誉度，为经济发展等创造了良好的服务环境。

四是推行政务公开，规范公开办事，对办事程序、规则、依据的公开，有利于促进依法行政、文明执法等，提高执法者的法制意识、程序意识、平等意识和尊重权利的意识，从而有利于建设和发展法治政府和法治国家。

(三) 全面推进政务公开的综合成效

全面推进政务公开，是在改革开放近40年来政务公开综合实践经验的基础上，结合新的时代特点而推出来的。其主要特点及成效是：

一是贯彻新理念新精神，确保新理念新精神得到广泛的公开宣传和深入贯彻。全面推进政务公开，要求"牢固树立创新、协调、绿色、开放、共享的发展理念，认真落实党的十八大和党的十八届三中、四中、五中全会精神，深入贯彻习近平总书记系列重要讲话精神"，通过这些公开的内容和精神，新时期新时代的理念和精神得到广泛传播，深入到社会的各个层面，为统一思想、凝聚共识、发掘改革动力创造有利条件。

二是服务新战略新布局，确保政务公开改革的规范化和制度化。全面推进政务公开，在内容上紧紧围绕"四个全面"战略布局，主题是深入推进依法行政，全面落实党中央、国务院有关决策部署和政府信息公开条例；依法依规明确政务公开的主体、内容、标准、方式、程序,加快推进权力清单、责任清单、负面清单公开,达到了政务公开的标准化、制度化和长效化。

三是公开的范畴和范围更加全面,统筹实现各个目标,打造法治政府、创新政府、廉洁政府和服务型政府。全面推进政务公开,提出坚持以公开为常态、不公开为例外,使政务公开成为常态化、制度化、全程化的一种制度存在;全面推进政务公开,坚持推进行政决策公开、执行公开、管理公开、服务公开和结果公开,把公开贯穿于行政服务的全过程;全面推进政务公开,紧紧围绕经济社会发展和人民群众关注关切,以公开促落实,以公开促规范,以公开促服务。

四是结合当前改革攻坚重点,结合社会需求,大力扩大社会公众参与。全面推进政务公开,以社会需求为导向,以新闻媒体为载体,推行"互联网+政务服务",扩大公众参与,促进政府有效施政。近年来更是以推动简政放权、放管结合、优化服务改革为重点,以激发市场活力和社会创造力为目标,解放了社会生产力,也营造了良好的改革发展环境和社会干事创业的动力。

五是全面推进政务公开追求综合的成效。这次改革,坚持改革创新,注重精细化、可操作性,务求公开实效,让群众看得到、听得懂、能监督。在某种意义上,全面推进政务公开激活了广大群众参与和监督的热情,对于营造良好清明的政治生态,达成反腐倡廉的实际成效取得了多方面的良好效果。

总而言之,全面推行政务公开,对于民主政治的建设,对于法治国家的建设,对于新型的政府与公民的关系构建,对于实现社会良好治理的模式,都具有非常重要的意义。尤其是在"互联网+政务服务"的平台上推行政务公开,对于发展电子政务、实施大数据治国战略、构建智慧政府、实现治理现代化能够发挥重大技术支撑和环境塑造的强大功能,是实现精准治理和现代化治理、提高行政效能的必由之路。

三、全面推进政务公开的基本经验

回顾我国政务公开的历史进程,基于我国政务公开取得的相关成效,可以总结出我国在政务公开工作方面取得的有益经验。从全国上下各地各部门来说,各种经验丰富而具体,而对于全面推进政务公开而言,以下几条经验值得总结和借鉴。

（一）上下结合,共同推动——政务公开的路径选择

在政务公开的发展途径上,我国推行政务公开的战略选择了上下结合、共同推进的模式。我国政务公开看起来是起源于村务公开和村民自治,但实际上,中央政府从一开始就已经介入,给予了大力支持,取得了显著的效果。在中央政府的许可和控制下,从基层开始实施,逐步向上级政府过渡。加上中央政府多次出台的文件,在指导乡镇政务公开、地方政务公开以及全面推行政务公开等方方面面都进行了强力推送和有力督导,其间还进行了《中华人民共和国政府信息公开条例》等的立法实践,因此可以说,我国政务公开的推行路径应该是上下结合、共同推进的,其成效也是有目共睹的。

（二）突出重点,全面联动——政务公开的战略要求

政务公开是一个系统的配套工程,需要在政府的各个部门和社会各个公共服务部门进行全面实施,不留死角和盲区。但任何事情都需要有个统筹安排,安排好前后顺序和科学步骤。经验表明,全面推行政务公开,要选好切入口,要把抓要害部门、关键环节、突出问题作为首要步骤,辅之以全面的联动。只有这样,才能加强声势,强化监督,造成影响,消化阻力。如果单纯在一些部门搞政务公开,由于攀比心理、等待心理、从众心理等的影响和作用,所起的效果会大打折扣,并不利于监督和检查,反而会加大推行成本,也不可能取得理想的效果。

（三）统一思想,加强动员——政务公开的心理准备

在行政管理的具体实务中,在政策执行之前,都必须有一个思想动员的环节和必经阶段。统一思想,加强动员,对政务公开的推行尤其重要。第一,政务公开关系到每一个行政系统内外的各类关系主体,关系到相当一部分权力主体的行为和得失,因此,改革的心理阻力是显而易见的。这就需要在政务公开推行之前有一个细致的思想过程,尤其需要通过开发一些积极的力量来推动改革。第二,要加强对政务公开的紧要性和迫切性的宣传,把各级政府的领导统一到学习和贯彻习近平总书记治国理政新思想、新举措、新方略的基本行动上,统一到学习和观察党的基本路线、党的中央精神上来,以权力受到监督和制约为着力点。第三,要明确政务公开

所应坚持的指导思想和基本原则，明确"对运用行政权力办理的与群众利益相关的各类事项，只要不属于党和国家机密，都要向群众公开，接受群众监督"，明确政务公开为促进政权机关及其工作人员廉政勤政，为改革、发展、稳定大局服务的目标。

（四）加强组织，完善监督——政务公开的保障措施

对于推行一项长期性的行政管理工作来说，检查监督是非常关键的环节。组织领导、检查监督同样也是政务公开得以推行、贯彻、落实的基本保障措施。从推行政务公开的经验来看，建立政务公开的监督和评价体系，定期实施检查评估，甚至把政务公开的贯彻情况作为地方政府和部门领导的工作是否达标的考核项目，才能取得一定的效果。政务公开是一项巨大而持久的任务，必须建立完善的监督和评价制度来保证政务公开工作持续运行，并促使政务公开逐步走向经常化、制度化、规范化。

（五）综合配套，制度创新——政务公开的系统要求

在行政系统中，政务公开的推行是一项行政工作，但对于其他系统来说，政务公开应该是不容推卸的一个历史使命。因此，政务公开需要社会各方面的参与和共同推动，需要立法、政党、社团、新闻媒介、社会公众等的实际参与和监督，同时需要理论界的研究，需要实践部门的制度创新。政务公开不是孤立的一项工作，而应该与我国的实践发展联系起来，与我国行政管理中的实践主题结合起来，与社会政治发展、行政发展的各项目标结合起来，与世界的发展潮流融合起来，综合配套地搞好政务公开的工作。具体而言，全面推行政务公开要实现综合配套，实现以下几个方面的结合：与防治腐败相结合，保证政府行政的廉洁化；与民心工程相结合，实现干群关系的协调化；与民主建设相结合，实现政治参与的大众化；与依法行政相结合，实现政务公开的法制化；与电子政务相结合，实现政务公开的现代化。

第三节
存在的问题及全面推进政务公开的展望

政务公开作为一项具有根本性的行政变革,从一开始就难以避免地遭遇到来自观念、利益、技术、方法、制度、法律等方面的障碍,遇到了以上各个方面的阻力。因此,在政务公开的客观实践中,政务公开的推行难免会进入种种误区,从而在不同程度上影响到政务公开各方面的应有成效。在下一步全面推进政务公开的工作中,有必要对存在的问题进行进一步的梳理,澄清相关错误认识并有针对性地采取相关的对策措施,确保全面推进政务公开,深入推进行政改革。

一、全面推进政务公开中存在的问题

从政务公开的工作实践中发现,公众对政务公开的意义都有很好的认识,评价比较到位,也比较积极,但对政务公开的实际效能评价又不是很高。正如2012年中国行政体制改革研究会课题组在我国开展依托电子政务平台加强县级政府政务公开和政务服务试点工作的试点县进行调研时发现的,政府信息公开在时效性、全面性、广度和深度以及群众满意度等方面都还存在问题。归结而言,主要存在的问题及原因有:

一是公开信息的内容不全面、不及时。中国行政体制改革研究会课题组的调查显示,在群众最想通过网络上政务公开了解的内容及其所占百分比中,政策法规占65.32%,政务动态占49.55%,办事指南占41.44%,公告公示占35.59%,组织机构占31.31%,审批项目占30.18%。而目前实际中,政务信息的公开却多集中于政策法规等层面,日常行政管理工作内容和办事指南的公开程度不足。在对"依托电子政务平台开展的政务公开工作中存在的问题"的回答中,认为"信息公开不全面、信息量不足"的占27.70%,认为"缺乏关键性政务信息的公开"的占

20.95%，认为"信息公开不及时"的占21.85%。可见，政务信息公开不全面、不及时，就不利于公众更好地掌握政府工作信息，更不利于公众对政府工作进行有效的监督。

二是信息公开的广度、深度尚须拓展。中国行政体制改革研究会课题组的调查显示，普通群众对政府信息公开指南和政府信息公开目录的了解情况，在对政府信息公开指南内容清晰度的满意度调查中，"比较不满意"所占的比例最高，为29.25%。"非常满意"的仅占20.75%。政府信息公开网站满足群众需求的程度，认为"一般满足"的占30.87%，"不满足"的仍有5.37%。在对政府信息公开网站上公开的内容对群众的帮助程度的评价中，认为"帮助一般"的占20.81%，认为"没有帮助"的仍有5.37%。在对政府信息公开网站政务公开的内容和质量作出的评价中，在"信息种类多信息量大"选项中认为"一般"的占15.54%；在"内容准确可靠"选项中认为"一般"的占15.09%；在"内容及时更新"选项中认为"一般"的占22.30%；在"内容实用有效"选项中认为"一般"的占20.27%；在"公开内容全面"中认为"一般"的占24.32%。可见，试点县市的政务信息公开在广度和深度上仍需要作出努力。

三是政府在行使行政权力和推行政务公开中的阳光透明度还不高。中国行政体制改革研究会课题组的问卷调查结果显示，针对"政府在行使行政权力和推行政务公开过程中的公开透明程度情况"，认为"非常透明"的占39.57%，认为"比较透明"的占45.45%，认为"一般"的占12.83%，认为"比较不透明"的占0.53%，认为"非常不透明"的占0.53%。针对"依托电子政务平台开展的政务公开工作中存在的问题"，认为"公众参与渠道较少"的达29.50%，认为"信息公开渠道不畅"的占15.99%，认为"信息公开不全面""信息量不足"的均为27.70%，认为"缺乏关键性政务信息的公开"的占20.95%，认为"信息公开不及时"的占21.85%，认为"在线办事内容较少"的占17.57%，认为"公共服务项目少"的占13.74%，认为"不同部门公开信息不统一"的占12.84%，其他为

3.15%。因此,需要进一步促进行政审批和服务事项的公开透明程度。①

四是政务公开工作机制还存在欠缺。如政府信息共享机制不够健全,部门信息壁垒造成资源分散,加剧信息鸿沟;政府部门之间条块分割严重,导致在开展电子政务时往往各自为政,各自采用各自的标准,硬件软件不能兼容、无法整合,数据得不到共享。有时一套软硬件系统就可以完全解决的问题仍需使用两套软件、两套硬件,造成资源浪费。各部门在建设各自领域电子政务时,往往是自建、自管、自用,造成电子政务信息资源的产权归属"部门私有化",谁拥有信息越多,谁的话语权越大,如公安、统计等部门拥有大量的基础信息,但不愿意共享其所获取的信息,造成信息交流不畅,信息获取滞后。又如信息发布标准难界定、信息公开内容不全面、程序不规范,重形式轻内容;难以妥善处理信息公开与保守秘密的关系;等等。

五是对政务公开的监督保障方面不健全,激励与约束机制还不够有效。目前还没有对各级政府的政务公开评估与激励机制,既没有对政务公开工作的考评,也没有奖优罚劣的措施。公开不公开一个样,公开好与不好一个样。在工作中也存在缺乏工作标准、自由裁量权过大等情况。

以上各个方面存在的问题,归根结底与一些政府部门工作人员的错误认识是密不可分的。这些认识误区主要存在以下几个方面:第一,认为政务公开是上级交给的任务和目标,不管效果如何,只要向群众公开了上级要求的内容就完事大吉了的"公开目的论"还有较大市场。"公开目的论"完全割裂了政务公开与加强监督、建设社会主义民主政治、推动政府工作规范化之间的联系,导致"为公开而公开",使政务公开流于形式,失去应有功能。第二,认为政府有自己的权能和职责,行政无须公开于民,政务公开不过是人力、物力的浪费——多此一举的"公开无用论"在一些部门也不同程度地存在,并影响着政务公开工作的实际开展。第三,"公开有害论"在特定试点还在抵制政务公开。这种思想认为政务公开不仅无益于政府工作的优化,在一定程度上还阻碍了正常的公务活动,有损于政府的权威,为

---

① 胡仙芝、姜秀谦、王君琦等:《我国县级政务公开改革研究》,华夏出版社,2014年版。

此保密高于一切，不能让公开影响工作。第四，认为公开仅仅是行政的一种手段而不是目的的"公开手段论"，也使政务公开实践中出现形式主义倾向。如有的内容虚假，项目不全，数字不准，情况不实；有的程序不规范，随意性太强；有的政务公开的时间严重滞后，使其内容失去应有的价值；有的内容杂乱，让人看不清、弄不懂；还有的半遮半掩，或者内容藏头去尾，或者公开的位置过于隐蔽，或者公开的方式不易被群众接受，都使政务公开的严肃性大打折扣。此外，政务公开中的惧怕心理、等待观望心理、以政绩公开取代政务公开等问题，也直接影响着政务公开的正常实施，削弱了全面推进政务公开的实际效果。

总之，政务公开是一个综合的系统过程。全面推行政务公开需要针对现存的各项问题，树立正确的政务公开理念，全面认真推行政务公开，认真处理好推进政务公开、行政服务改革与服务型政府建设、深化行政体制改革之间的关系，处理好电子政务平台建设中的硬件建设与政务公开和行政审批的软件建设关系，处理好行政审批窗口与派出机构、行政服务机构与各职能部门之间的协作关系，处理好电子政务平台和行政服务机构的外部服务与内部管理之间的关系，在着重解决当前急迫问题的同时，着眼于未来长效机制的建设关系，做好如下重要工作，以保障全面推进政务公开工作的进一步开展。

二、全面推进政务公开的展望

2016 年 2 月 17 日中共中央办公厅、国务院办公厅公布《关于全面推进政务公开工作的意见》，对我国全面推进政务公开工作作了安排和部署。直到 2020 年前后，全面推进政务公开仍然是我国政府工作的主旋律，在我国的行政体制改革、政务服务建设以及电子政务发展中发挥着重要的作用。政务公开作为行政机关全面推进决策、执行、管理、服务、结果全过程公开，加强政策解读、回应关切、平台建设、数据开放，保障公众知情权、参与权、表达权和监督权，增强政府公信力、执行力，提升政府治理能力的制度安排，在下一步全面推进政务公开中加强组织领导，建立健全各项工作机制，并做好以下各项工作。

（一）要强化各级政府责任

各级政府要充分认识互联网环境下做好政务公开工作的重大意义，转变观念，提高认识，将政务公开纳入重要议事日程，主要负责人亲自抓，明确一位分管负责人具体抓，推动本地区各级行政机关做好信息公开、政策解读、回应关切等工作。要组织实施好基层政务公开标准化、规范化试点工作，让政府施政更加透明高效，便利企业和群众办事创业。

（二）要建立健全政务公开领导机制

中央层面要建立健全全国性的政务公开领导机构，协调处理政务公开顶层设计和重大问题，部署推进工作。各地区各部门也要建立健全政务公开协调机制。各级政府政务公开协调机制成员单位由政府有关部门、宣传部门、网信部门等组成，以便更好地解决和应对政务公开工作中的各类宣传和公开问题。

（三）要完善政务公开工作机制

各地区各部门要整合力量，理顺机制，明确承担政务公开工作的机构，配齐配强工作人员。政务公开机构负责组织协调、指导推进、监督检查本地区本系统的政务公开工作，做好本行政机关信息公开、政府网站、政府公报、政策解读、回应关切、公众参与等工作。在政务公开协调机制下，各级政府及其部门要与宣传部门、网信部门紧密协作，指导协调主要媒体、重点新闻网站和主要商业网站，充分利用各媒体平台、运用全媒体手段做好政务公开工作。各地区各部门要完善信息发布协调机制，对涉及其他地方、部门的政府信息，应当与有关单位沟通确认，确保发布的信息准确一致。

（四）要建立效果评估机制

要建立健全科学、合理、有效的量化评估指标体系，适时通过第三方评估、民意调查等方式，加强对信息公开、政策解读、回应关切、媒体参与等方面的评估，并根据评估结果不断调整优化政务公开的方式方法。评估结果要作为政务公开绩效考核的重要参考。

（五）加强政务公开教育培训

对政务公开以来的工作形势变化，有必要与时俱进地对相关工作人员进行教育配合和技能更新。为此，要制订政务公开专项业务培训计划，组织开展业务培训和研讨交流。干部培训应将政务公开纳入干部培训课程，着力强化各级领导干部在互联网环境下的政务公开理念，提高指导、推动政务公开工作的能力和水平。政务公开工作人员要加强政策理论学习和业务研究，准确把握政策精神，增强专业素养。

（六）强化考核问责机制

为促进政务公开的工作落实和责任机制的建设，各地区各部门要将信息公开、政策解读、回应关切、媒体参与等方面情况作为政务公开的重要内容纳入绩效考核体系。强化政务公开工作责任追究，定期对政务公开工作开展情况进行督查，对政务公开工作推动有力、积极参与的单位和个人，要按照有关规定进行表彰；对重要信息不发布、重大政策不解读、热点回应不及时的，要严肃批评、公开通报；对弄虚作假、隐瞒实情、欺骗公众，造成严重社会影响的，要依纪依法追究相关单位和人员责任。

总而言之，政务公开作为中国行政体制改革的一个重要内容，对政府治理体系和治理能力的建设具有重要意义。在推进政府治理现代化的进程中，它必将沿着法制化、信息化、现代化的方向继续深入发展。

第七章
全面开展政务服务中心建设

政务服务中心建设是伴随我国行政审批制度改革而产生的一种政府权力的运行机制和服务体系。政务服务中心不断集成与企业和人民群众密切相关的行政管理事项,包括行政许可审批、非行政许可审批和其他服务事项,使原先分散、零星,不能统一管理的审批权力得到集中统一管理,科学整合了行政服务资源,以政府行政资源"集成"为先导,以为公众提供便捷高效的无缝隙服务为目标,创建集成化的政务服务新机制,为公众提供咨询与办事、审批与收费、投诉与监督等一站式政务服务。一些省级政府依托政务中心建立了"纵向到底、横向到边、覆盖全省"的省、市、县、乡、村五级政务服务体系。政务服务中心创立以来,经过了一个从物理集中到事项集成,从信息集成到服务集成的点、线、面、体的发展历程。方式从特事特办到制度创新,从现场办理到网上受理,从机制创新到体制创新;目标从群众少跑路到不跑路,从盖章快到盖章少,从办事快到服务好,已经成为政府部门集中服务、协同服务、规范服务、政务公开、接受监督、展示公益形象的平台和窗口。

第一节
政务服务中心的发展历程

一、政务服务中心的萌芽

我国政务服务中心的雏形可追溯到 1995 年,深圳市首次把 18 个政府部门集中起来成立了一个专业性联合审批服务中心,专门为外商投资项目服务。1999 年,在深圳经验的基础上,浙江省金华市创新"服务投资、方便市民、并联审批、全程代理、强化监督"的理念,率先采用一站式审批模式,开创了国内政务服务中心的先河。同年,浙江省上虞市将分散在不同部门的审批、审核、办证、办照事项分离出来,集中到一个大厅进行办理,建立了全国第一家真正意义上的政务服务中心(大厅)。

1995—2000年,是我国政务服务中心的探索期。这一阶段政务服务中心的设立往往具有试点性和特殊性,一般在经济特区或是国家级开发区,将相关审批单位集中起来为特定对象进行服务。早期的政务服务中心大部分是"前店后厂"的运行模式,政务服务中心的办事大厅在很大程度上发挥了"收发室"的作用。受部门利益的约束,政府各职能部门虽然进驻了中心,但通常会把一些与部门利益紧密相关的行政审批事项留在本部门中,对派驻政务服务中心的工作人员只是给予"形式上"的授权,各级地方政府职能部门对政务服务中心授权不充分的问题普遍存在。这种形式上的一厅式业务模式,对于转变政府职能、建立和完善服务型政府具有一定的促进作用,但仍存在诸多缺陷和问题。

二、政务服务中心的发展

2001—2004年,政务服务中心的发展进入了推广期。在这一时期,随着国家推进行政审批制度改革的步伐加快,各地陆续出台了较多的政策文件,使政务服务中心的建设有了政策依据。在2000年底召开的第十五届中央纪律检查委员会第五次全体会议上,明确把"改革行政审批制度,规范行政审批权力"作为三项重点工作之一。2001年9月24日,国务院决定成立"国务院行政审批制度改革工作领导小组",组长由国务院副总理李岚清担任;10月9日,国务院批准了《关于行政审批制度改革工作的实施意见》,自此全国范围内兴起了一股行政审批改革的浪潮,各地在清理审批项目的同时,纷纷成立了政务服务中心,用以规范审批程序、简化审批环节,比如银川、济南、长沙等地。2001年,四川省人民政府办公厅发布《关于建立四川省人民政府政务服务中心的通知》,并依此通知建立了四川省人民政府政务服务中心,这是我国首个省级政务服务中心。同年,安徽省、吉林省也成立了省级政务服务中心。

伴随着政务服务中心的迅速发展,中心的功能和作用得到充分的认识和提升。2004年《中华人民共和国行政许可法》(以下简称《行政许可法》)正式施行,其中第二十五条规定:"经国务院批准,省、自治区、直辖市人民政府根据精简、统一、效能的原则,可以决定一个行政机关行使有关行政机关的行政许可权。"第二十六条规定:"行政许可需要行政机关内设的多个机构办理的,该行政机关应当确定一个机构统一受理行政许可申请,统一送达行政许可决定。行政许可依法由地方人民政府两个以上部门分别实施的,本级人民政府可以确定一个部门受理行政许可申请并转告有关部门分别提出意见后统一办理,或者组织有关部门联合办理、集中办理。"这两条规定为政务服务中心提供了法律上的依据,进而也为其发展的高潮奠定了基础。

三、政务服务中心的壮大

2004—2012年,政务服务中心的建立进入了蓬勃发展阶段。在这一时期,全国范围内很多区(县)级地方政府都开始建立行政服务中心,数量快速上升。2008年《中华人民共和国政府信息公开条例》正式施行,政府信息公开建设在全国范围内铺展开来,这为政务服务中心的发展与转型提供了新的重要机遇。从此"政务公开"作为政务服务中心的一项重要职能和应尽职责,在政务服务中心的建设和发展中越来越受到重视。2011年8月,中共中央办公厅、国务院办公厅印发《关于深化政务公开加强政务服务的意见》。这是对10多年政务服务中心发展成果的系统总结和提炼,并对未来中心发展进行了制度设计。该意见指出,政务服务中心是实施政务公开、加强政务服务的重要平台,凡与企业和人民群众密切相关的行政管理事项,包括行政许可、非行政许可审批和公共服务事项均应纳入服务中心办理,充分发挥服务中心的作用,统筹推进政务服务体系建设。党和中央政府对政务服务中心在深化政务公开、加强政务服务等功能上给予了充分的重视和期望,为政务服务中心迈向规范化、功能多样化的发展道路做好了铺垫。

根据2012年12月底政府网站的统计数据,我国省级以下地方政府共设立政务

（行政）服务中心 3151 个，约占地方政府总数的 96.0%；333 个地市级政府和直辖市下设 68 个区级政府，共设立政务服务中心 392 个，约占地市级政府总数的 97.7%；2862 个县级政府和市辖区共设立政务服务中心 2758 个，约占县级政府总数的 96.4%；全国 43218 个乡镇（街道）共设立 30615 个便民服务中心，约占乡镇和街道总数的 70.8%。

在这一时期，由于地方政府的强力推动，政务服务中心所搭建的第三方平台的优势效应得到发挥，不断拓展了整合领域、扩大了服务功能，有的还将政务公开、热线电话、行政投诉、电子政务、公共资源交易等直接面向社会和公众的事务，同时又有着内在联系的政务服务事项，纳入政务服务中心，实施整体规范、统筹管理。在此基础上，建立协同一致、互补一体的运作机制，打造政府统一的政务服务界面，进一步充实了行政审批制度改革的社会价值，丰富了行政管理体制改革的方式和手段，在大幅节约行政成本的同时，为社会和市场提供了更加优质的公共服务产品。

四、政务服务中心的升级改造

经过多年的实践，我国政务服务中心呈现多样化发展态势，涌现出了服务大厅、市民中心、便民服务中心等各种服务载体，规模不断扩大，管理日益规范。党的十八大以来，党中央和国务院大力推进简政放权、放管结合和优化服务改革。2013 年 7 月，习近平总书记视察武汉市民之家，李克强总理也明确提出要办好政务服务大厅，推动了政务服务中心的进一步发展。政务服务中心的服务功能从最初单纯的投资项目审批，逐步扩展到便民服务、政务公开、热线电话、电子政务、公共资源交易、行政投诉等直接面向社会公众的政务服务领域，成为集行政权力运行、政务公开、便民服务、法制监督、效能监察、政民互动等于一体的综合性政务服务平台。据不完全统计，至 2017 年 7 月，除港澳台地区外，全国 31 个省份中设立省级政务服务中心的有 19 个，而这一数据在 2012 年只有 10 个。新一轮政务服务中心的摸底调查已由国办政府信息与政务公开办完成，正在统计分析中。越来越多的地方政府开始了对政务服务中心的升级改造，主要有以下几个重要举措。

(一)"两集中、两到位"改革

自 2004 年江苏省镇江市率先在全国推出"两集中、两到位"改革以来,全国很多地方行政服务中心都进行了以职权配置为突破口,探索破解制约政务服务中心发展的体制性障碍的改革。"两集中"是指在不增加人员编制、不增加内设机构和领导职数的前提下,清理和归并行政职能部门的审批和服务职能,使部门审批、服务职能向一个处室集中,成立集中行使审批、服务职能的行政服务处(室)。在此基础上,行政服务处(室)成建制集中进驻政务服务中心,实行窗口办公。"两到位"是指各部门的审批、服务事项进驻政务服务中心要到位,部门对进驻政务服务中心的处(室)的授权要到位。所有进驻中心的单位专门刻制行政审批(许可)专用章,供窗口办理审批事项使用,而无须再加盖单位行政印章。这种做法增强了窗口的直接审批功能,在一定程度上解决了审批体外循环问题。

实施"两集中、两到位"以后,进驻政务服务中心的行政审批处(室)具有四项基本职权:受理权、直接审批权、分办权〔对涉及需要转后台处理的事项,有对机关各职能处(室)分办的权力〕和督办权(对整个办事过程和结果负责,拥有全程监督的权力)。而后台的相关处(室)则从具体的审批事务中解放出来,转而负责相关业务和政策法规的研究、工作规范和标准的制定、审批监管以及重大或复杂事项的决策和办理。这种部门内部的职能重新分工是基于现行行政体制的一种创新性改革,在一定程度上实现了行政审批权的决策、执行与监督的有效分离,也避免了一些部门将执行环节连同审批权力盲目集中到政务服务中心,导致后台职能处(室)无所事事,甚至引发前后台之间不必要的矛盾冲突。"两集中、两到位"破解了政务服务中心的发展瓶颈,强化了政务服务中心公共服务的主体地位,也提高了政务服务中心的整体运行质量。政务服务中心权力配置改革的"镇江模式"取得成功之后,"两集中、两到位"成为政务服务中心的发展共识和行政审批权力重新配置的共同要求,并得到积极推广和响应。

(二)并联审批改革

通过流程优化和再造,实现审批事项由串联向并联发展,是政务服务中心改造升级和管理创新的最大亮点。2007 年,成都市设立加快行政审批制度改革暨推进并联审批工作小组，率先在全市范围内整体推进政务服务中心并联审批改革。工作小组根据现行审批项目之间的因果关系，提出了"对各审批项目之间存在法定因果关系的实行串联审批，对各审批项目之间无法定因果关系的实行并联审批"的原则。并联审批的改革按照"许可预告、服务前移、一窗受理、内部运转、并行审批、限时办结、监控测评"七个步骤进行。所谓"服务前移"，是指在流程优化之前，对审批环节进行细分，将其中可以不纳入审批环节的工作，转为审批部门的服务工作，前移到审批启动之前开展。通过将服务事项从审批环节中剥离，为精简审批环节、提高审批效率创造了重要条件。所谓"一窗受理"，是指行政服务大厅设立"并联审批综合窗口"，对并联审批流程内的各审批项目统一受理申请，统一发放证照，实行"一个窗口对外"的服务，并联审批内的各审批部门原则上不再独立接办此类审批事件。所谓"内部运转"，是指综合窗口受理并联审批事项的申请后，将企业的申请材料转发给各相关审批窗口，申请人不需要再到各审批窗口逐一办理相关手续。所谓"并行审批"，是指各相关行政机关收到从综合窗口转来的申请资料后，同时启动对申请的审核工作，提出具体的审批意见。所谓"监控测评"，是指并联审批流程启动之后，各部门的审批工作由行政服务大厅的"并联审批综合窗口"进行监控。"并联审批综合窗口"通过内部运作监督、限时办结监督和公众投诉监督等方式，及时统计分析审批部门的工作情况并予以测评考核。

并联审批改革通过实施流程优化和再造，精简了审批环节，缩短了工作时限，提高了审批效率和服务效能，逐步成为各地政务服务中心的工作重点，越来越多的政务服务中心学会了按主题、按项目实施流程再造，通过并联审批压缩时限，不断优化流程，提升公共服务品质。

（三）政务服务标准化建设

各地服务标准化试点表明，在政务服务中心建设、管理和服务过程中实施标准化，能有效提升行政效能、管理水平和服务质量。首先，通过制定标准，将政务大厅涉及审批和公共服务的内容、流程、行为、评价等环节进行标准化，进一步规范大厅内部管理、提升事项办理质量，有利于打破部门职能壁垒、推进事项协同办理和集成服务；其次，通过组织实施标准，复制、传播和推广各级政务大厅服务的最佳实践经验，有利于各级政务服务工作水平的整体提升；再次，通过政务大厅服务全过程的标准化管理，促进各个环节具体化、规范化，缩小权力寻租空间，打通为民服务的"最后一公里"，让行政权力、服务行为、服务质量更加透明、规范，有利于让企业和群众直接享受改革的成果，提升企业和群众的满意度。

为顺应改革发展需求、规范和指导各级政务服务中心有序推进标准化建设，国家标准化管理委员会于2010年、2011年分别下达了国家标准制修订项目计划，确定由新泰市公共行政服务中心、国家行政学院电子政务研究中心、山东省质监局、山东省标准化研究院、北京市西城区综合政务服务中心、福建省龙岩政务服务中心、安徽省广德县政务服务中心等单位，共同承担《政务服务中心标准化工作指南》《政务服务中心运行规范》两大系列六项国家标准起草制订任务，由中国标准化研究院现代服务标准化发展研究中心与江苏省镇江市行政服务中心共同承担《政务服务中心网上服务规范》国家标准起草制订任务。各参与起草单位在总结各自标准化工作实践经验的基础上，共同制定了GB/T 32170《政务服务中心标准化工作指南》、GB/T 32169《政务服务中心运行规范》两大系列以及GB/T 32168《政务服务中心网上服务规范》国家标准，对政务服务中心标准体系建设、运行管理基本要素和网上服务的建设与管理等进行了全面、系统的阐述。该系列国家标准是我国在政务服务层面推出的首批国家标准，开创了我国政务服务标准化建设、发展的新局面。

（四）行政审批局改革

行政审批局模式是深化行政审批制度改革、使得审批权相对集中的有益尝试，它将原行政审批机关的审批职权转移给行政审批局，行政审批局原则上行使一级政府所有的审批权力，其人员在编制上自成一体，完全接受行政审批局的派遣、管理与考核，这样一来，有助于打破"职责同构"壁垒，形成职责分工合理，事权相对独立、相互协调的新型府际关系。行政审批局模式最早可追溯到2008年成都市武侯区行政审批局的设立。党的十八大以来，以天津市滨海新区为代表的部分地方政府设立了行政审批局，推动了行政审批工作从程序集中向实体集中。

2015年3月27日，中央机构编制委员会办公室（以下简称"中编办"）和中华人民共和国国务院法制办公室(以下简称"国务院法制办")联合下发了《关于印发〈相对集中行政许可权试点工作方案〉的通知》,天津、河北、山西、江苏、浙江、广东、四川、贵州8省(市)被列入试点开展相对集中行政许可权改革。2016年6月23日,中编办和国务院法制办又印发了《关于进一步做好相对集中行政许可权改革试点的通知》,将试点审批权下放各省(市)。辽宁省、银川市各地普遍表现出积极的态度,其中以天津市的改革动作最为迅速。天津市在前期"两集中、两到位"的基础上,市级37个委办局全部成立行政审批处,16个区全部成立了行政审批局,形成了"市级审批处+区级行政审批局"的新型行政审批体制。另外,贵州省贵安新区行政审批局利用大数据优势,推进网上审管联动。目前,全国地级市和区县(含开发区、自贸区等)完成相对集中行政许可权改革,成立行政审批局约180个,势头强劲。但是,在各地高度重视行政审批局改革的同时,对于行政服务中心重新定位、服务范围、架构层级、质量提升和日常管理的关注度明显减弱。

第二节
政务服务中心建设的主要内容和特点

政务服务中心是我国在改革开放过程中适应经济社会发展形势和人民群众期待,主动转变政府职能、改革行政管理制度、推进政府管理创新的重要举措,体现了我们党以人为本、执政为民的根本理念,是建设服务政府、责任政府、法治政府、效能政府和廉洁政府的成功尝试。政务服务体系建设,从外在来讲是方便企业、群众办事的公共场所,从内在来讲是转变执政理念方式,转变审批服务模式,转变机关工作作风的要素整合,从整体来讲是社会发展的客观要求,是打造服务型政府的必然选择。

一、政务服务中心的定位

政务服务中心是在政府领导下由政府有关部门共同组成,行使行政审批和公共服务职能的行政机构。2011年8月,中共中央办公厅、国务院办公厅印发的《关于深化政务公开加强政务服务的意见》(中办发〔2011〕22号)指出:"服务中心是实施政务公开、加强政务服务的重要平台。"其中解释了政务服务中心的性质是"政务公开"和"政务服务",因而政务服务中心的定位应为政府部门集中提供服务的"重要平台"。

(一)政务服务中心是政府部门集中服务的平台

服务型政府要求每一项工作必须从人民的利益出发、为群众的公共利益服务,保障公共利益、服务人民群众不仅是政府工作的出发点,也必须成为政府工作最终的落脚点。政务服务中心集政府各部门、行政许可、公共服务与公共资源交易于一体,为群众进行面对面、个体化、人性化、无缝隙、全天候、可持续的全方位服务,让企业、投资者和群众"进一道门,办所有事",极大地提高了政府为群众服务的针对性、个体性和时效性,真正体现了服务型政府的宗旨和理念。

(二)政务服务中心是政府部门协同服务的平台

政府在执行其为人民服务的各项具体职能时,通常需要各部门及其内设机构共同承担和配合,经常会出现一些需要几个部门共同办理、协作办理或衔接办理的情况。政务服务中心把各部门集中到一起,使各部门在履行职责和为人民服务中目标一致、行动一致、步调一致,工作环环相扣,有问题共同商量,有矛盾协商解决,避免了各自为政、推诿扯皮、办事拖拉等问题的发生。各部门的服务整合和工作协同集中到政务服务中心后,实现了"1+1>2"的服务效果。

(三)政务服务中心是规范政府服务的平台

政府的服务不仅要全面热心,而且要规范有序。各部门的工作集中到政务服务中心后,应做到目标统一、标准统一、规矩统一、评价统一,使政务服务进入规范化、程序化、高效化的轨道。政务服务中心一切服务依照法律法规和规章程序办事,严格按照法定的权限、范围和程序进行,使各部门的行政行为得到规范和制约；另外，还实行联合办理、流水作业，进入政务服务中心的部门的任何懈怠、违规、不作为甚至乱作为现象，都能被及时发现和尽快纠正，确保政府服务做到权责明确、行为规范、监督有效、保障有力。

（四）政务服务中心是政府政务公开的平台

政务公开是实现政府为人民服务，加强政府与群众的联系，把政府工作置于群众和社会监督之下的重要方面和必然要求。政务服务中心将政府行政运行的依据、内容、过程和结果全面向社会公开，使社会了解政府在做什么、依照什么来做、怎么做、做的结果怎样，使人民群众信任政府、理解政府、支持政府，进而增强参与政府决策、协助政府履行职能的积极性。通过政务公开，政府可以真正践行新公共服务所倡导的政府战略性思维，逐步实现开放的、有回应力的民主性建设。

（五）政务服务中心是政府接受群众监督的平台

群众监督政府，是群众对政府工作的关心和参与；政府接受群众监督，是政府职责宗旨提出的本质要求。政务服务中心一切工作向群众公开，把政府所有与群众有关的行政行为置于群众的监督之下，使政府工作真正做到了阳光运行、公开透明，让群众把权力运作的每一个环节和过程都看得清清楚楚，保证了群众对政府工作的知情权、参与权、表达权和监督权，无疑是群众监督什么、怎么监督的最佳平台。

（六）政务服务中心是政府公益形象展示的平台

政务服务中心作为政府的前台和窗口，一方面，通过工作人员真心实意地为群众提供优质高效的服务，塑造政府亲民为民的良好形象，体现政府为人民服务的执政理念，进一步密切了政府与群众的血肉联系；另一方面，政务服务中心及时把社会的反映、群众的需求传递到政府各部门，促使政府各部门改进工作，更好地为群众服务。同时，政务服务中心新型的运作机制，还使之成为转变机关工作作风、密切联系群众、提高行政效能、提升工作服务水平、建设服务型政府的示范和标杆。

二、政务服务中心的功能

随着服务型政府建设的推进和公众对公共服务需求的扩大，政务服务中心的功能在实践中不断地增加和拓展。目前，各政务服务中心的工作范围已经由集中进行行政审批延伸到政务公开、公共服务、社会管理、参政议政、行政投诉和提供中介服务等更多领域，综合来讲，主要有以下六种职能。

（一）服务群众职能

政务服务中心最基本的职能是方便群众、服务群众。促成政务服务的集成化、规范化、高效化。提供让群众满意的高质量服务，是政务服务中心工作的出发点和落脚点。可以通过以下具体方式来体现：

一是方便群众。主要是方便群众了解政策和政府工作情况，方便群众了解自己需要办理的事项的规定和程序，方便群众对政府工作建言献策。具体来说，政务服务中心在做好与群众密切相关的专业办事大厅的基础上，实现与各部门开放同类窗口所办理业务的全覆盖，为群众提供"最终服务窗口"；与其他为民服务网站相联结，实现信息查询、政策解答、诉求办理、信息报道、回访全覆盖，为群众提供"无休息日"服务；开展便民热线，提供查询求助、受理和咨询服务。另外，其提供的便民服务还包括许多种类，例如由人力资源与社会保障部门提供的档案托管、求职登记、职业介绍与职业培训，公安部门提供的机动车登记、临时身份证办理、驾驶证补领换证等。

二是服务群众。包括信息服务，向群众和社会提供政策信息、投资信息、办事信息；咨询服务，回答群众的提问，为群众提供帮助，为群众排忧解难；办事服务，简化程序、压缩时间、精简环节、高效优质，使群众需要办的事情在这里得到便捷的办理。具体来说，政府服务中心要重视政府门户网站在工作中的作用，发布信息做到全面准确；并建立完善的信息网，使之成为群众查询政府信息的数据库。有的政务服务中心还设立了温馨的服务区，包括智慧服务体验大厅、休闲大厅、公益服务广场、图书阅览室、小型洽谈区、休息聊天区，安排专门人员来为这里办事咨询的群众服务，给群众一种宾至如归的温暖体验。

（二）行政许可职能

行政审批和行政许可是与政务服务中心关系最为密切的一个概念，建立政务服务中心的初始目的就是通过集中审批来提升审批效率。2012年《国务院关于第六批取消和调整行政审批项目的决定》中明确规定,"审批项目较多的部门要建立政务大厅或服务窗口",足以体现出行政审批和行政许可在政务服务中心的重要性。按照《行政许可法》,政府部门承担着对一些审批事项的行政管理,这些行政审批职权分散在政府各个部门,政务服务中心按照"应进必进"的原则,把精简后保留下来分散在各部门的行政审批事项集中到一起统一行使职权,使政府的行政许可严格限定在法律法规允许的范围内,形成相互衔接、相互监督的链条。进入政务服务中心的各部门代表,由于具有派出部门授予的受理决定权、许可批准权、审批上报权、组织协调权、行政审批专用章使用权,就能大胆地把窗口收到的许可事项从管理、审批到办结(制证)、送达等一系列环节连续办理。同时,政务服务中心把包括行政许可、非行政许可以及公共服务事项等在内的行政管理事项都纳入其中,使政府能够更加规范、有效、综合、整体地履行行政审批职能,方便了企业和群众在政务服务中心一次性办理审批事项。

(三) 联系协调职能

政务服务中心把政府有审批权的部门集中到一起,统一开展行政许可、非行政许可和公共服务,这实际上就是在做政府履行职能中的沟通和协调工作。政务服务中心在工作中组织各部门齐心协力,有问题及时解决、有矛盾协商处理,使政府服务能够协调一致地开展。由于政务服务中心履行了各部门之间为民服务的协调职能,使得政府不用再耗费大量精力去协调各部门之间的职责不清和相互扯皮,可以将更多的时间和人员留出来研究宏观、研究政策、研究标准,全面履行好政府"经济调节、市场监管、社会管理、公共服务"职能。

(四) 政务公开职能

政务服务中心是实施政务公开建设、处理信息公开申请的一个重要平台。2005年《关于进一步推行政务公开的意见》指出,要"通过各类综合或专项行政服务中心,对行政许可、公共服务等事项予以公开";2008年《国务院办公厅关于施行〈中华人民共和国政府信息公开条例〉若干问题的意见》则提出,"要充分利用现有的行政服务大厅、行政服务中心等行政服务场所,或者设立专门的接待窗口和场所,为人民群众提供便利,确保政府信息公开申请得到及时、妥善处理"。

政府的政务公开，包括决策公开、权力运行公开、行政审批公开、信息公开、基层政务公开、机关内部事务公开等方面。上述信息的公开，坚持方便群众知情、便于群众监督的原则，通过公布于民、公告于民、公开于民等方式及时收集社会反馈和群众心声，进而做到真正问政于民、问需于民、问计于民，让群众更加了解、参与和支持政府工作。政务服务中心不仅集中了政府涉及群众利益的大部分事项，还履行着政府政务公开和办理的重要职责，这种特质优势使其成为政府政务公开的主要载体和平台。

（五）监督制约职能

政府工作除严格置于群众和社会的监督之下外，还要受制于政府部门之间的相互监督。政务服务中心集中了政府各个部门的人员，履行着政府各个部门的审批和服务职能，这就使政务服务中心成为监督政府各个部门和各部门之间相互监督的机构。在这里，一切都要依法进行，按程序办理，各部门你盯着我、我看着你，任何违法违规行为都会被及时发现和纠正，在提高工作效率的同时，不断改进和创新政府服务的模式。

（六）提供中介服务职能

中介服务是指以政务服务中心为平台（可能的形式主要有实体入驻、网站链接、电话转接），吸纳由部分中介机构提供的服务（例如律师咨询、劳务咨询以及各类代理服务等），以方便服务对象。例如，浙江省绍兴市柯桥区政务服务中心将施工图设计、项目申请报告编制、环境影响评价报告编制等138个中介机构以实体的形式集中入驻；山东省新泰市政务服务中心专门开发建设了中介服务网，提供网上公布服务信息、网上比价选择中介机构、网上签订服务合同、网上评价服务质量等服务，对中介服务全过程进行网上监管，营造了良好的中介市场环境；太原市政务服务中心建立了中介机构目录数据库（涵盖与审批相关的29项中介服务），并在政务服务中心和相关服务场所进行公开、公示，方便项目单位自主选择。

三、政务服务中心的体制机制

中共中央办公厅、国务院办公厅印发的《关于深化政务公开加强政务服务的意见》，对政务服务中心的体制机制进行了系统总结和明确规定，要求把政务服务中心纳入行政机构进行管理，政府各部门派驻窗口人员接受政务服务中心管理层的组织协调、监督管理和服务指导。

（一）体制安排

政务服务中心在本级政府领导下，行使行政审批和政务服务职能，是开展政务服务、进行政务公开的前台和窗口。政府主要负责对行政许可和面向公众服务的重大问题进行统筹、协调、组织、实施，对政务服务中心建设发展等有关问题进行研究、协调和决策。政务服务中心的法定职能仍属政府相关部门，其各部门可把行政审批业务集中到一个处（科、室），这个处（科、室）成建制进入政务服务中心，作为部门全权授权的"前台"行使受理权、即办权、协调权（或分办权），使其职、权、责统一。

通过依法科学分权和建立前后台协调机制，使政务服务中心与政府部门形成分工协作、相辅相成、相互制约、相互监督的工作格局。省、市、县和市辖区的政务服务中心，分别受本级政府领导，根据本级政府的职责权限履行职能，不同层级政务服务中心之间是相互联系、相互协调和相互借鉴、相互学习的关系，不存在领导关系。中心内部通过组织协调、监督管理和指导服务，通过对各部门进驻窗口工作人员进行管理培训和日常考核，把原来各自为战的部门统一到服务中心的运行轨道上来。

（二）机制设计

政务服务中心建立行政服务协调工作机制，打破部门界限和壁垒，加强部门之间的协调配合，促进交流沟通，加强监督透明，推进政府部门的资源共享与业务协同。通过分析办理机制、协作机制和监督机制，可以清晰地看出政务服务中心在机制运行中的协调互动功能。

1. 办理机制

（1）在行政审批（服务）项目的受理方面，政务服务中心实行的是"首问负责制"，即从公民或组织与政务服务中心的第一次接触开始，中心有关窗口的工作人员就应该对该公民或组织的申请担负首要责任，代替公民个人进行业务沟通或协调。

（2）在项目办理时实行"分类办理制"，即按照所申请办理项目的性质将它划分到不同的办理类型之中，然后针对每一类型项目的特殊要求而采用不同的处理方式。比如，河南省焦作市解放区社会服务中心根据办理事件的轻重缓急和具体内容，将所有的受理事件分成"九类件"，即即办件、急办件、退办件、承诺件、联办件、补办件、上报件、复议件和投诉件，并通过制定《行政服务事项管理暂行办法》对每一类件的具体认定和管理工作进行了详细的规定。

（3）在项目办理的程序保障方面实行"承诺制"，是指政务服务中心就其服务内容、办事程序、申报材料、办理时限、收费标准等内容向申请人进行公开，并承诺严格按照公开内容办理相关审批或服务项目。

（4）同时还实行"一次性告知制度"，即向申办人一次性告知与项目相关的环节、手续、费用等全部信息。

2. 协作机制

（1）横向协作机制。我国各地的政务服务中心普遍实行不同部门之间的"联合办理制"，即当公民或组织所申请的办理项目在内容上超出受理窗口的职能范围，涉及多个职能部门的业务活动时，政务服务中心会组织相关职能部门对该项目进行联合审批。《行政许可法》也对"联合办理"的做法进行了充分肯定，第二十六条规定："行政许可依法由地方人民政府两个以上部门分别实施的，本级人民政府可以确定一个部门受理行政许可申请并转告有关部门分别提出意见后统一办理，或者组织有关部门联合办理、集中办理。"以"城区埋设市政管线"这一办理项目为例，由于这一项目涉及规划分局、市政管委、公安交巡和公路分局四个部门，按照"联合办理制"之前的规定，每个部门均以其他三个部门的许可意见作为承办的前置条件。如果严格执行这些前置条件，从逻辑上讲申办人不可能办结此项；而实行"联合办理制"之后，各部门均有"一票否决权"，只负责办理本单位职能范围之内有关该事项的许可审批，再由政务服务中心将各部门的许可意见统一起来集中反馈给申办人。作为我国政务服务中心的重要协作机制，"联合办理制"已经成为其在流程再造等方面的必备前置机制之一。

(2) 纵向协作机制。在解决职能部门内部纵向协调问题方面，主要采用"两章制"和"局长接待日"等方式。"两章制"是指为了避免进驻中心的各窗口只是充当"收发室"的角色，中心要求各职能窗口专门刻制"行政服务中心窗口专用章"，对本窗口职能范围之内的事情直接盖章办理，无须回原单位加盖单位公章的做法。例如北京市怀柔区综合行政服务中心的"行政许可两章制"、杭州市萧山区办事服务中心的"窗口专用章"、大连市人民政府行政服务中心的"审批专用章"等。"局长接待日"是指一部分政务服务中心通过由职能部门主要行政首长直接进驻到中心，有效解决办理项目过程中窗口与原单位协调问题的做法。如江苏海安县行政服务中心就要求"各部门主要领导和分管领导，要经常到中心窗口了解情况，听取汇报，现场调和办结有关重大审批事项，已明确负责部门窗口工作的分管领导，要经常到中心工作，不能分而不管"。

3. 监督机制

(1) 内部监督。比较我国各地政务服务中心的建设情况，"超时默认预警制"在完善政务服务中心的内部监督机制方面发挥着重要作用。所谓"超时默认预警制"，是指行政许可审批部门在承诺的时限内，未作出受理或不受理决定时，并且又无法定事由准许延长时限的条件下，逾期未回复的则由该部门事先授权的网络计算机自动生成并印发不危及安全、健康的许可决定。同时又由于电子政务平台的介入，政务服务中心的办公系统能够根据某个项目的办理情况，分别发出不同的预警信号，提示那些没有在规定期限内办理该项目的窗口及时完成审批业务。如天津市南开区行政许可服务中心的电子政务平台，就能由计算机系统自动将逾期未办结的审批事项变为红色，同时每30秒发出两声提示音。"超时默认预警制"是一种将事前、事中与事后监督和电子政务平台有效结合起来的新型监督机制，在完善我国政务服务中心的内部监督机制方面发挥了重要作用。另外，政务服务中心还会设立"行政投诉中心"或"行政效能监察中心"，作为对中心各办事窗口及工作人员的一个内部专职监督机构，发挥其有效的内部监督作用。

(2) 外部监督。由于公众是政务服务中心直接的服务对象，他们对中心所提供服务的品质具有最大的评判权。从这个角度出发，我国大多数政务服务中心已经建立了公众评价和监督系统,以公众的态度来考核和监督每一个中心窗口和工作人员。比如,北京市怀柔区综合行政服务中心为了有效地发挥公民在监督过程中的主体作用,提供了三种不同的反馈渠道:直接到行政投诉中心投诉,通过大厅专设的意见反馈器"满意不满意、键盘点意见"进行反馈,通过互联网向中心投诉。另外,我国还有很多地方的政务服务中心通过聘请人大代表、政协委员、政府有关部门负责人作为中心的义务监督员,对政务服务中心的各项工作也起到了有效的监督作用。

四、政务服务中心的运行

政务服务中心的运行,是按照政务服务中心的职能确定的,因此其工作流程也要按照有利于政务服务中心职能的履行来确定。《关于深化政务公开加强政务服务的意见》将政务服务中心的运行和流程概括为四句话:"一个窗口受理,一站式审批,一条龙服务,一个窗口收费。"

(一)一个窗口受理

入驻政务服务中心的各部门设立一个综合受理窗口,统一负责接受申请人的申报,登录有关申请信息,作出受理与否的决定。予以受理的,立即进入办理流程;不予受理的,告知理由,并为申请人提出补救办法意见,如材料不齐可请申请人补充材料,如材料有误可请申请人更正。申请材料受理分送、流转到各审批部门后,由各审批部门协同审批、限时办结,再由这个综合受理窗口送达申请人。也就是说,进从这个窗口进,出从这个窗口出,申请人办事原则上只与这个综合窗口接触,由这个窗口全程代办,不用在大厅窗口和各部门之间来回奔波。

(二)一站式审批

综合窗口受理后,就进入一站式审批,在政务服务中心内完成所有审批环节。各个部门对派驻中心的窗口进行充分授权,确保不需要进行现场勘察、集体讨论、专家论证、开会听证的一般性审批事项都能在窗口受理后现场办结,不必再由窗口送回单位审批。为此,所有进驻中心的单位都专门刻制行政审批(许可)专用章供窗口办理审批(许可)事项使用。除非重大事项,各窗口一般就在中心内完成审批。对登记备案类、年检年审类、资格认证类等条件、程序简单的行政许可事项，服务对象按要求提供了完整材料后，政务服务中心窗口即收即办，当场或当天办结；对条件、程序相对复杂而不能及时办理的事项，按不同事项设置不同的办结时限和流程；对特殊事项特事特办，必要时设置"绿色通道"；对涉及多个部门的联合审批实行"首办责任制"，该事项的第一个受理窗口为"首办窗口"，由"首办窗口"联合、协调各部门办理并负责最后送达办结件。一站式审批要明确牵头部门，使部门之间、部门内部各处（科、室）之间相互的业务沟通和协调畅通便捷，申报的材料信息中相同部分通过信息系统实现传递共享，从而实现申办材料一口受理、现场核查一同前往、事项审核一家协调、办理结果一口反馈。一站式审批使群众在中心办理跨部门联办事项过程中，只面对一个牵头部门，提交一套必需材料，接受一次现场核查，杜绝了审批事项"多头办理""体外循环"等问题的发生。

（三）一条龙服务

审批业务从窗口受理到科室办理、交接登记、分级审核审批的各个环节实行流水线、一条龙操作，整个过程责任明确、时限清晰、节点透明、督办到位、按时办结。一条龙服务要求窗口与单位前后联动、部门与部门相互衔接、跨部门之间统筹协调、现场办理中的导引和一系列配套服务形成不可分拆的链条，使得各项服务从入门咨询开始就方便、快捷、温馨。一条龙服务具有以下特点：一是要求凡进驻服务中心办理的事项都要公开办理主体、办理依据、办理条件、办理程序、办理时限、办事结果、收费依据、收费标准和监督渠道，使办事人员避免盲目性，从而节省办事时间，提高办事效率；二是建立"首问负责制"，首先接到来访、咨询或办事请求的工作人员为第一责任人，负责给予办事人指引、介绍或答疑等服务；三是结合群众办事场景实施导引服务，引领办事人到相关窗口办理业务，指导协助填写相关表格；四是创造温馨服务环境，努力为办事人提供人性化服务，帮助老、弱、病、残办事人优先办理，做到主动热情、微笑服务，使办事人在进入大厅的第一时间就能得到主动、优质的服务；五是充分利用各种信息技术，进行指挥导引，将整个办事流程连起来、动起来，充分实现进一家门、办万千事、缴各项费、解万千难的目标。

（四）一个窗口收费

政务服务中心集中了各个部门，涉及各种收费，直接影响着中心、各部门和政府在人民群众心中的形象。除法律、行政法规有明确规定之外，行政机关实施行政审批不得收取任何费用；依照法律、行政法规规定可以收取费用的，应当按照法定的项目、标准收费；凡是涉及行政审批过程中产生的服务性税费，均纳入政务服务中心收费窗口集中办理，不再搞额外收费。政务服务中心实行一个窗口的"阳光收费"，即对所有收取费用的行政审批事项，通过适当方式将收费项目名称、收费依据、收费范围、收费标准和收费程序予以公开，实行一票式收费在收费窗口一次性收缴，并拓宽网络缴费等多个渠道，更加方便办事企业和群众。

第三节
政务服务中心建设遇到的问题和挑战

一、政务服务中心发展面临的问题

多年来，由于国家层面没有专门的政务服务中心建设指导部门，政务服务中心的发展大体上是在各地方各部门有关领导的关注下，依靠自我创新为主，通过中心间相互调研学习，对标模仿，改造升级，以此螺旋式上升。在这一过程中，"全国省级政务服务中心（政务大厅）工作交流会议"交流研讨机制发挥了积极作用，中国行政管理学会也连续多年召开"全国政务服务中心创新论坛"，中纪委监察部、国务院审改办、国务院推进职能转变协调办、国办政府信息与政务公开办等改革推进部门也派人参加会议和论坛，了解情况，分析问题，引领政务服务中心改革升级。自2016年开始，全国省际政务服务中心理事会与中国行政管理学会合作，将已经举办了十一届的省级政务服务中心工作交流会议机制与中国行政管理学会连续举办四届的全国政务服务中心创新论坛机制合并，每年举办"全国省级政务服务体系建设交流研讨会",并在北京召开了首届"全国省级政务服务体系建设交流研讨会"。中国行政体制改革研究会与《紫光阁》杂志社等单位还发起了全国政务服务中心点赞活动。这些组织和活动,为政务服务中心的发展和相关改革精神落地发挥了重要的舆论引导和理论支撑作用。与此同时,政务服务中心的这种发展路径和研究情况,也决定了发展中还存在着这样或那样的问题。

（一）建设和发展缺乏更多的法律依据

按照《行政许可法》第二十五条规定,我国的政务服务中心是"经国务院批准,省、自治区、直辖市人民政府根据精简、统一、效能的原则,可以决定一个行政机关行使有关行政机关的行政许可权"而设置的。但《行政许可法》并未对政务服务中心的合法地位进行具体规定。从我国3000多个政务服务中心的设置情况来看,绝大多数的政务服务中心都是由当地党委或政府发文设立的,根据单位的性质可划分为派出机构、直属机构、纯事业单位或参照公务员管理的事业单位等。我国地方各级政务服务中心的运作及其管理主要是依据《行政许可法》中关于联合办理的相关规定,《行政许可法》第二十六条规定:"行政许可需要行政机关内设的多个机构办理的,该行政机关应当确定一个机构统一受理行政许可申请,统一送达行政许可决定。行政许可依法由地方人民政府两个以上部门分别实施的,本级人民政府可以确定一个部门受理行政许可申请并转告有关部门分别提出意见后统一办理,或者组织有关部门联合办理、集中办理。"由此可见,我国的政务服务中心并不是一个独立的部门,更不是一个法定的部门,而仅仅是联合办理、集中办理某种事项的一种机制、一种方法或者手段,法律对是否应成立一个新的机构没有明确规定。也正是这个原因,使得各地对政务服务中心的设立和发展存在着诸多不明确的问题,包括哪一级别的政府需要设立政务服务中心,其设立的要求、程序是什么,如何处理其与原单位的关系,内部如何运作以及如何监督管理等,导致目前政务服务中心在设立和运行过程中存在着极大的不规范性。

（二）服务功能不完整

目前,在全国省级政务服务中心里接近"全权审批"模式的只有少数几个,大部分入驻窗口未获得原单位的充分授权,沦为"传达室"和"收发中心"的尴尬角色。各地在政务服务中心的职能设置方面均存有弹性，多以受理事项为主、办理事项为辅，仅仅起到收发窗口的作用，且窗口办结功能有限，真正审批、盖章还需要回到各自的原部门，行政相对人需要在窗口及各个职能单位之间来回奔波，一站式办结的目标无法实现。"许多部门'避重就轻'，把本应减少的发生于行政机关内部的职能程序作为审批项目取消公布，造成审批事项大为减少的假象，或者象征性地把一些无关紧要的事项放进窗口，真正应该进入窗口服务的实质性审批项目反而留在自己手中。"

（三）信息透明度不高

在现实中，各地政务服务中心按照政务公开的要求，通过一站式的办公方式将各部门的审批、许可、服务等事项集中起来，实行窗口服务和阳光操作，向行政相对人公开进入服务中心事项所依据的法律、所需要的材料、办理的流程和结果、收费的标准等，实现了一定程度上的信息公开和透明。但是，目前的政务服务中心在信息公开上大多只停留在表面，信息透明度不高，与群众的需求还相距甚远。此外，行政决策、行政执行和行政监督三个环节紧密相连、缺一不可，现今的政务服务中心通过集中办理形式在一定程度上解决了行政审批过程中的部门主义以及各部门不规范、不公开等问题，但是对行政审批的决策阶段和行政审批后续监督阶段依然缺乏控制力，一些重大项目的许可审批，大多是由窗口工作人员汇报给原单位领导决策，既没有公众意见的参与，也不会向行政相对人公开，甚至连政务服务中心本身也无从知晓。

（四）管理体制不顺畅

当前行政管理体制的构成建立在"科层制"理论基础之上，是围绕具体公共事务而形成的职能体系。这一体系非常注重公共权力的相对集中及公共机构的专业化水准，公共权力被切割成不同的层级和领域，不同的职能部门在既定的组织边界内按照权责划分进行运作。在应对日益复杂的公共事务时，往往需要多个政府机构的共同协作，极易发生部门之间相互推诿扯皮的问题，而政务服务中心的出现，在某种程度上就是针对这一弊端为公众提供一站式的服务。但截至目前，部分政务服务中心相关的管理体制并未通畅，进驻中心的机构、部门、项目难以协调，行政审批的监管难以到位，有些行政许可或行政审批项目需要涉及多个部门或同一部门的多个处（科、室），有的还需要经过国家、省、市、县等各个层级，办事者来回跑、反复跑的现象并未根除。即使在政务服务中心内部，在涉及工商、国税、地税、国土、环保等条管单位的事项时，也往往需要使用专门的网络系统，无法对接政务服务中心的电子监控系统，难以变串联审批为并联审批，无法实现一条龙服务。

（五）服务标准不统一

满足社会公共需要，向全体社会成员提供均等化公共服务，让城市和乡村所有居民及机构共享无差别的公共服务是政府应尽的责任。然而，当前政务服务中心在服务标准设置方面，仍存在巨大的城乡差别，政务服务中心所提供的大部分公共服务由城市居民享有，农村居民或多或少地被排除在多项公共服务的覆盖范围之外。大多数城市已经推进政务服务体系建设，分别按照不同的服务事项建立起不同层级的政务服务中心，有些地方还从实际出发，实现了政务服务中心的功能整合，将涉及医保、养老、低保、敬老优待等职能下放至社区、街道及区级办理；在农村，虽然也会要求成立相应的政务服务中心或便民服务中心，建立起公共服务机构，但由于在硬件条件、机构职能、政策要求等方面存在着诸多不足，导致很多农村的政务服务中心或公共服务站点难以发挥功能，所能提供的公共服务与城市相去甚远，标准差别很大。另外，全国政务服务中心的服务标准并无统一要求，政务服务水平参差不齐。很多地方的政务服务中心正在尝试制定相关制度规范与技术规范，但尚处于推广阶段。

（六）功能拓展不充分

建立政务服务中心的首要目的是为了方便群众办事，为行政相对人提供优质、高效的政务服务。虽然各地的政务服务中心在行政审批改革、政务公开、效能监察、中介服务、受理投诉等职能上进行了延伸，有效地预防和治理了腐败，规范了政府工作行为，但距离一个完整、规范的政务服务综合平台的理想要求还有很大的差距。在行政审批过程中，如何有效地解决行使相关的联审联办、提供中介服务等便民职能时遭遇较大阻力的问题，如何均衡发展行政审批与许可、监督投诉、政务公开等功能，如何在政府现有信息公开的基础上形成完整的政府新闻发布机制，在建设工程招投标、国有土地使用权出让"招拍挂"进驻的前提下完善提供中介服务职能、采购机制等，都是未来政务服务中心范围拓展的重点。

（七）受到信息化手段的制约

虽然我国各级地方政府在政务服务中心的建设过程中，均将电子政务的建设摆在了显要位置，但是由于我国电子政务的建设在整体上尚处于初级阶段，致使信息技术在政府业务流程整合与再造过程中还未充分发挥作用，特别是网上行政审批的实践更是处于起步阶段。绝大多数地方政府的政务服务中心网站基本上处于静态政务信息提供的阶段，而动态的政务处理内容以及政务服务中心与公民和企业的交流互动，在政务服务中心的信息建设过程中则比较少见，主要原因是绝大多数政务服务中心的电子政务建设至今还没有被纳入到政府电子政务建设的整体规划中，政务服务中心的信息技术发展距离实现网上审批和网上监督的最高阶段还有很长的一段路要走。一方面是进驻行政服务中心的事项网上审批覆盖率不高。就目前政务服务中心的电子化建设进程来看，绝大多数的审批事项仍然需要采用纸质公文流转的形式才能完成，不仅严重降低了政务服务中心的工作效率，也使得行政审批事项的操作游离于信息技术系统的严密监察之外。因此，政务服务中心的发展亟须依托电子政务平台的建设，加快网上运行系统的开发和应用。另一方面是政务服务中心与政府职能部门之间尚未真正实现信息共享。我国各级地方政府政务服务中心在信息化建设方面取得了一定的成绩，如部分地方政府的政务服务中心在电子审批和监察系统的运行方面，实现了统一平台的信息共享、审批和监督，有效提高了一些行政审批和便民项目办结的效率与质量。但一些行政审批事项由于缺乏政务服务中心内网与职能部门专网的对接和数据交换，而无法进驻到政务服务中心办理，或者只能采取"前台受理、后台处理"的方式进行办结，甚至还产生了在政务服务中心和原部门电子审批系统中重复录入信息的"双机录入"现象，信息化手段不仅没能提升行政审批效率，反而成为阻碍效率提高的技术壁垒。

二、政务服务中心建设面临的挑战

党的十八大以来，国际国内政治、经济和社会环境发生了深刻的变化，对政府完善治理体系和实现治理能力现代化提出了新的更高要求。新一届中央政府成立以来，科学把握经济新常态下政府施政内在规律，把简政放权作为全面深化改革的主抓手和突破口，大力推进简政放权、放管结合、优化服务，拉开了我国全面深化改革的新一轮序幕。因此，近一两年内，政务服务中心迎来了新的发展机遇和挑战，决定了政务服务中心未来的发展和走向。

（一）权力清单制度的挑战

2014年，从中央到地方都对权力清单进行了积极的探索，中央提出了行政权力清单依据"9＋X"的权力分类，即行政许可、行政处罚、行政强制、行政征收、行政给付、行政检查、行政确认、行政奖励、行政裁决和其他类别。对应行政审批的权力项主要是行政许可，但是部分审批事项特别是取消的非行政许可审批事项有的因为不属于行政许可而被归并到行政确认或其他类别中，以审批属性的痕迹变相保留下来，这就与行政服务中心关于行政审批事项"应进必进"的基础性原则相违背。各部门依据权力清单，有了充分的理由，将游离在行政许可权力之外的，但实质上仍然行使着行政审批职能的权力和事项留在原部门，这样就增加了行政服务中心管理的难度。

（二）互联网平台运用的挑战

在政府网站建设逐渐完善的进程中，实体政务服务中心存在的必要性受到各方质疑，特别是互联网技术成功运用到日常生活中之后，越来越多的人甚至有些政府部门都认为，网上虚拟的政务大厅可以取代实体的政务服务中心。从网上购物的体验看，虚拟大厅便利且成本低，省去了公众和企业的舟车劳顿，还不需要建设实体大厅，不需要配备数量众多的公职人员，而且虚拟大厅高效透明，全程留痕操作，既便于政务公开，又便于监管，还可倒逼各部门提效。互联网平台的运用使得实体政务大厅的存在受到质疑。

（三）行政审批局快速发展的挑战

从理论上看，在行政审批局的设计框架中，它的职能范围并不能也不适合涵盖所有行政审批事项和便民服务事项，政务服务中心更具包容性的管理方式，于行政审批局而言是一个有益的补充，两者缺一不可。但是，在实际操作中，许多地方政府将政务服务中心从属于行政审批局之内,中心的主任担任了行政审批局的副主任,或行政审批局局长兼任中心主任,这样,政务服务中心是否应当纳入行政审批局并成为其中的一个组成部分,也成了实践中争论的焦点之一。在各地高度重视行政审批局改革的同时,对于行政服务中心的重新定位、服务范围、架构层级、质量提升和日常管理的关注度明显减弱。

(四)公共资源交易平台整合的挑战

2014年,国务院加紧部署公共资源交易改革工作;2015年8月,国务院办公厅印发《整合建立统一的公共资源交易平台工作方案》,从国家层面系统推进公共资源交易市场改革;2016年7月,国家发改委等14部委印发了《公共资源交易平台管理暂行办法》。许多地方政府将公共资源管理机构、政务服务管理机构与行政审批局"合二为一"或"合三为一",机构臃肿,不堪重负。在新形势下,公共资源管理机构、交易运行场所、行政审批局和政务服务中心的组织架构设计方式的不确定性,成为政务服务中心面临的挑战之一。

(五)公共服务提供模式与需求的挑战

2011年和2016年,国家先后印发了《关于深化政务公开加强政务服务的意见》和《国务院关于加快推进"互联网+政务服务"工作的指导意见》两个文件,旨在建设好政务服务中心,通过中心这个集中性、现代化的场所,为企业群众提供一站式、无差别、标准化的政务服务、公共服务、社会服务,这对中心管理者的协调管理和中心场所的承载能力提出新的挑战。政务服务大厅服务功能从最初单纯的投资项目审批逐步扩展到便民服务、政务公开、热线电话、电子政务、公共资源交易、行政投诉等直接面向社会公众且内在联系紧密的政务服务领域,成为集行政权力运行、政务公开、便民服务、法制监督、效能监察、政民互动等于一体的综合性政务服务平台,但调研显示,大部分中心服务场地面积等硬件与协调管理机制等软件不能满足新形势下公共服务的实际需要。

第四节
政务服务中心建设的着力点和趋势

党的十八大以来，党中央、国务院坚持"放、管、服"三管齐下，一方面推进简政放权，大幅取消、下放审批权力；另一方面推进政府职能转变，进一步规范行政行为、优化服务供给，特别是党的十八届三中全会明确提出对直接面向基层、量大面广、由地方管理更方便有效的经济社会事项，一律下放地方和基层管理，这些为加快政务服务中心的发展，全面推进服务政府、责任政府、法治政府、廉洁政府建设，提高依法行政和政务服务水平指明了方向。加强政务服务中心建设有利于实现标准化、公开化、规范化和均等化的政务服务，有利于实现政民互动、信息共享、部门协同和监督监察，呈现了现代政府公共服务的实施方式、实现路径和实现价值，是地方政府行政管理体制改革的有效尝试。

一、政务服务中心建设的着力点

（一）进一步明确政务服务中心的定位

2011年印发的《关于深化政务公开加强政务服务的意见》，对政务服务中心的地位、功能、运行作了系统的制度设计，但各地执行差异较大，政策完全落地的地方比较少，在新的历史条件下，应该进一步明确或调整。国务院进行"互联网＋政务服务"文件和工作部署时，明确提出"建设'互联网＋政务服务'，要筑牢实体大厅这个基础。互联网平台是办事服务的入口，实体大厅是能办通办的基础，'展现在线上、功夫在线下'，强化政务服务管理部门对进驻单位、事项办理、流程优化、网上运行的监督，推进政务服务规范阳光运行"。从中央对改革的要求、各地发展实际和企业群众的需求看，政务服务中心是"放、管、服"成果集中展示的平台，是企业体验政府改革效率的前沿阵地，是群众感知改革措施落地的末端神经,是网上办事大厅必不可少的后台支撑,是制约和监督行政权力运行的制度的"笼子",必须进行改造升级、上下呼应、朝着社会化公共服务的方向发展,为构建社会主义现代政府治理体系、推进供给侧结构性改革、全面建成小康社会贡献力量。

(二)提升"互联网+政务服务"应用水平

"互联网+政务服务"建设应着眼于为政府职能的实现提供延伸服务,不能因强调传统的实体服务手段,而拒绝互联网技术平台的发展。提升"互联网+政务服务"的应用水平主要包括以下几个方面的措施:一是夯实提升政务服务网络支撑平台,建成政务服务"一张网",推进政府部门、公共服务系统各平台业务系统的融合,推进基层相关业务系统与上级政务服务和绩效管理考核系统之间的互联互通,构建统一的互联网政务服务平台。二是建立统一的企业CA认证信息化基础设施,开发建设行政许可服务网上办事大厅,推进以实体政务大厅服务为支撑向计算机终端、自助服务终端、移动客户终端的延伸,做到线上线下无缝衔接。三是积极推进电子证照、电子公文、电子印章、电子签名等在政务服务中的应用,开展网上验证核对,避免重复提交材料和循环证明。四是优化简化网上申请、受理、审查、决定、送达等流程,推进审批要件和信息网络共享,逐步实现"一点登录、一号登记、全网通办、高效服务",切实解决政务服务"最后一公里"的问题。

(三)强化公共服务制度性供给

政府应充分运用政务服务中心这个平台,更大范围地整合各类公共服务的资源,如对与人民群众切身利益密切相关的医疗保险、社会保障、不动产登记、法律援助、促进就业等权力清单中面向群众的事项,要认真提供政策解读和有关信息咨询,为行政相对人提供更多有价值的服务。还应提高公共服务供给绩效,对行政区划范围内的政府、国有企事业单位等的公共服务事项进行全面梳理,摸清底数,编制并公布公共服务事项目录,对事项的申请材料、办理流程等进行清理和规范,逐项编制公共服务事项办事指南,坚决取消各类不合理、不合法的证明和条件,统一纳入政务服务平台,为人民群众提供公平、可及的公共服务。

（四）加快推进公共资源交易平台的建设

公共资源交易平台整合，要做到三个转变：一是从行政化分配到市场化分配的转变。公共资源的分配由行政转向市场，择优择强、公开公正、信用监督，激发活力，发挥效益。二是从分散交易到集中交易的转变。建设集中统一的公共资源交易市场，将行业监管权留在各主管部门，把整合监管交易平台剥离出来、集中起来，统一信息发布、统一专家抽取、招标文件统一审核等，提高交易的透明度和公正性。三是从无序交易到有序交易的转变。把原则性、指导性要求具体为可操作性、定量化规范，以程序公正保证实体公正等，从而实现公共资源交易效益最大化、过程透明化、权利相制衡、社会全监督。通过三个转变，将公共资源交易的"公权力"纳入各级政府统一的公共资源交易中心（政务服务中心），实现集中交易、过程控制、结果公正，推进公共资源交易体制改革的突破。

二、政务服务中心发展的未来

政务服务中心的设立与发展是既利当前又惠长远的制度设计。推进政务服务体系建设，首先要将实体政务大厅做实，发挥实体政务大厅在推动改革中的支撑保障作用。政务服务中心是解决政府与公众"最后一公里"或者说"最后一米"的问题，"放、管、服"改革必须打通这一道关，要把政务服务中心作为推进改革的抓手，加快构建统一的一站式服务体系，落实"一个部门一个窗口对外、一级政府一站式服务"的要求。其次要深刻把握实体政务大厅的发展脉络和趋势，适时调整定位，拓展功能，服务经济建设、社会治理和文化建设等各方面的发展。

（一）重构组织架构：从政务服务中心转型至公共服务中心

适应政府治理现代化的需求，以推进政府职能转变、深化行政审批制度改革为契机，逐步完成从以集中和协调行政审批为主的政务服务中心转型至以公共服务为主的公共服务中心，并进行重新的机构框架设计。将公共服务中心定位于一个具有行政级别、享有法律主体资格、具有实质性权力、负有监管和考核职能的政府行政机构。建议根据中心的职能定位和发展趋势，成立"公共服务中心"，架构是"一委一办多中心"，最上级设置公共服务工作管委会，管委会主任应由常务副省

(市、州、区县)长兼任,负责对公共服务事务进行宏观领导,管委会常务副主任是执行主任,可以是现政务服务中心的主任,并兼任同级政府的副秘书长,组织协调推动日常的具体工作。"多中心"是指多个"服务中心",包括行政审批服务中心、便民专线服务中心、公共资源交易中心、政务网络运行中心等,审批局局长、便民中心主任、公共资源交易中心主任可以兼任公共服务中心副主任或作为党委班子成员,服务中心应直接隶属于政府序列统一管理。

(二)重构服务体系:打造立体功能的公共服务超市

实体的政务服务中心在未来一定还会存在,其原因不仅在于政府需要实体中心对虚拟中心进行后台管理与投诉处理,更为重要的是,公众办事也需要讨论和对话,虚拟中心代替不了人与人之间的互动,尤其是中国加速城镇化进程与老龄化社会的到来,不会使用网络的老年人和低文化群体仍将在相当长的时间内存在,其对于实体中心的服务是有大量需求的。另外,实体政务大厅相较于网上交易更具权威性、安全性与多样性,因此对于投诉和建议的服务也需在线下的实体政务大厅完成。单纯的实体政务大厅,由于时间和空间的限制、信息流通的速度限制,有些许可审批可能效率低一些,但是实体政务大厅的服务体系好,审批事项办理因人工的在场帮助会更流畅,同时,它还可以唤起、回应和满足公众的特殊需求,是政民互动最有效的场景。随着政务服务质量的提升,政务服务中心的服务不再是一个点,而是一条线,并且会发展成一个面,甚至是立体服务体系,中心的硬件比较好,服务更直接、过程更可控,可以开发出各种各样的公共服务,包括图书文化、咖啡文化、政企的交流和会商,目前在广州、上海等较发达城市的政务服务中心已经具备了相应的功能。重构服务体系,打造线上线下统一的具有立体功能的公共服务超市,或许是政务服务中心将来的发展趋势。

第八章
建立中国社会主义特色的公务员制度

公务员制度是保障国家机器正常、有效运转的基本制度之一。各国公务员制度既有公共人事行政的一般属性，也有符合本国政治经济发展道路的特殊属性。我国公务员制度，是在改革开放的过程中建立并发展完善起来的。改革开放使中国成功实现了从高度集中的计划经济体制到充满活力的社会主义市场经济体制、从封闭半封闭到全方位对外开放的历史性转变。在此过程中，建立社会主义市场经济体制，需要调整政府与市场、企事业单位、社会组织的关系；全面建设小康社会，对政府管理提出了新的更高要求，要求加快政府职能转变、完善政府治理方式、提高机关效能，建设服务政府、责任政府、法治政府、廉洁政府。为此，以理顺关系、转变职能、优化结构、提高效能为价值取向的行政体制改革不断深化。与此相适应，建立具有中国社会主义特色的公务员制度，建设一支能有效履行国家职责的公务员队伍，成为我国改革开放的必然要求。

第一节
公务员制度的建立

我国公务员制度的建立与实施，紧紧围绕增强政府执政能力、巩固党的执政地位、服务经济社会的大局来开展，逐步形成了一套符合中国国情的制度体系。

一、建立公务员制度是依法治国和依法行政的需要

（一）国家公务员制度的提出与试点

我国的干部人事制度有着较为悠久的历史传统。早在民主革命时期，中国共产党在革命斗争中就逐步形成了党的干部路线、干部政策和干部制度。中华人民共和国成立初期，与计划经济体制相适应，实行"大一统"的干部人事制度，机关、企业、事业单位的所有干部统称为"国家干部"，用一种方式进行集中统一管理。改革开放以后，随着经济体制改革和各项改革的展开，社会主义市场经济体制逐步建立，依法治国与依法行政全面实施，在此背景下，原有干部人事制度不适应市场经济发展和民主政治建设的矛盾日益凸现，主要表现为"国家干部"概念宽泛笼统，缺乏科学分类，管理权限过分集中，管理方式陈旧单一，管理制度不健全，用人缺乏法制，优秀人才难以脱颖而出，用人不正之风难以根除，等等。为了推进党政机关干部人事制度的科学化、民主化、法制化管理，1984年党和国家提出加强干部人事工作立法，由中组部、劳动人事部等有关部门组织力量着手研究起草《国家机关工作人员法》，在起草过程中，1986年将之改名为《国家行政机关工作人员条例》。1986年下半年至1987年，按照当时政治体制改革的总体要求，提出了干部分类管理和建立国家公务员制度的设想，并对《国家行政机关工作人员条例》作了重大修改，更名为《国家公务员暂行条例》。1987年召开的党的十三大正式提出，在我国建立和推行国家公务员制度。1988年，《国家公务员暂时条例》交由新成立的人事部继续修改完善。1989年初，在国家审计署、国家海关总署、国家统计局、国家环保局、国家税务局、国家建材局进行公务员制度试点，1990年又在哈尔滨市和深圳市进行试点。试点单位和地方严格按照《国家公务员暂行条例》组织实施，增强了干部队伍的活力，使干部人事管理向法制化、科学化方向迈进。

（二）国家公务员制度的建立

1993年，《国家公务员暂行条例》作为行政法规由国务院正式颁布，在各级国家行政机关实施，我国公务员制度自此建立。《国家公务员暂行条例》共有18章88条，对公务员从进机关到退休的各个管理环节都作出了明确规定。该条例继承

了我国干部人事制度的优良传统,总结改革开放后10多年干部人事制度改革的成功经验,借鉴国外公职人员管理的有益做法,适应了建设社会主义市场经济体制的需要,是我国政府机关人事管理逐步走向科学化、法制化的总章程,标志着我国各级国家行政机关实施国家公务员制度的开始。该条例颁布后,国务院明确提出:"争取用三年或更多一点时间,在全国范围内基本建立起国家公务员制度,然后再逐步加以完善。"按照中央部署,各级组织人事部门按照"整体推进,突出重点,分步到位"的思路,一年一个重点,公务员制度建设稳步推进,到1997年底,在全国基本建立公务员制度。

(三)公务员制度的法制化建设

公务员制度经过十二年的运行,许多改革成果需要以更高的立法层次确立和巩固,2005年全国人大常委会通过《中华人民共和国公务员法》,标志着公务员制度已经形成,随后针对各个管理环节制定并出台了多项配套法规。中国公务员制度以《中华人民共和国公务员法》和相关配套法规为基本载体,包括两大方面的内容:一是关于公务员制度和公务员管理的基础性规定。如公务员制度的指导思想、基本原则,公务员的范围、条件、义务与权利、职务与级别、主管部门,违反公务员法的法律责任等。二是关于公务员管理各环节的具体制度。在"进口"方面,有录用、调任、公开选拔、聘任、选任等方式;在"出口"方面,有辞职、辞退、退休、调出、解聘、开除等方式;在在职管理方面,包括职务升降、职务任免、考核、惩戒、交流与回避、奖励、培训、工资福利保险和申诉控告等内容。

我国公务员制度的建立奠定了干部分类管理的新格局,开启了干部民主管理和依法管理的新阶段,为构建国家治理体系和治理能力现代化提供了组织保障和人才保障。公务员法治化管理调整的是国家、机关法人与公务员的关系。公务员制度通过设定国家、机关的权力和责任,设定公务员的权利和义务,形成国家和机关对公务员的管理关系。这种管理关系具体体现为适应改革开放时期的四个管理价值取向:一是强化法律约束力。建立健全制度体系,提高制度权威性,逐步实现公务员管理的规范化和法制化。二是增强队伍人才活力。优化公务员管理机制,提高公务员管理的科学化和民主化程度,保持公务员队伍的先进性。三是注重改革与稳定的关系。坚持"整体推进,突出重点,分步到位",既解放思想大胆创新,又立足实际循序渐进,在实践发展中创新制度,增强与其他改革措施的协调性,保持制度的连续性和队伍的稳定性。四是保持制度的开放性。以原则刚性为基本前提,建设开放的制度体系,保持制度发展能力。

二、公务员管理依法依规有序运行

以《中华人民共和国公务员法》为核心,我国研究制定了相关配套法规,中国特色公务员法律法规体系基本形成,公务员管理机制日益健全,激发了队伍的生机活力。

(一) 职位分类

《中华人民共和国公务员法》第十四条明确规定:"国家实行公务员职位分类制度。公务员职位类别按照公务员职位的性质、特点和管理需要,划分为综合管理类、专业技术类和行政执法类等类别。国务院根据本法,对于具有职位特殊性,需要单独管理的,可以增设其他职位类别。"职位分类和品位分类是两种基本的公务员分类方式。品位分类是以"人"为中心的分类,侧重人的资历条件,通常以人的职务高低、资历深浅和应获得报酬的多少为标准分类。职位分类是以"事"为中心的分类,侧重职位的职务、职责与职权,通常是根据职位的工作性质、责任轻重、难易程度和所需资格条件等进行分类。《中华人民共和国公务员法》规定的分类制度是一种以职位分类为主,职位分类和品位分类相结合的分类制度。

根据公务员分类制度设计的立法思想,划分类别的标准不仅要依据职位的性质和特点,还要取决于管理的需要。从目前看,主要涉及四大类别。

1. 行政执法类职位

行政执法类职位是指行政机关中直接履行监管、处罚、稽查等现场执法职责的职位,其特点包括:其一,纯粹的执行性。只有对法律法规的执行权,而无解释权,不具有研究和制定法律、法规、政策的职责。这一点与综合管理类职位的区别尤为明显。其二,现场强制性。依照法律、法规,现场直接对具体的管理对象进行监管、处罚、强制和稽查。行政执法类职位主要集中在公安、海关、税务、工商、质检、药监、环保等政府部门,且只存在于这些政府部门中的基层单位。

2. 专业技术类职位

专业技术类职位是指机关中从事专业技术工作,履行专业技术职责,为实施公共管理提供专业技术支持和技术手段保障的职位,其特点包括:其一,具有只对专业技术本身负责的纯技术性。其二,专业技术类职位与其他职位相比具有不可替代性。其三,技术权威性。这种权威性体现在技术层面,为行政领导决策提供参考和支持,最终的行政决策权仍属于行政领导。划分和设置行政执法类、专业技术类职位主要是为从事上述工作的公务员提供职业发展空间,增强他们的职业荣誉感,调动他们工作的积极性、主动性和创造性。

3. 综合管理类职位

综合管理类职位是指机关中除行政执法类、专业技术类职位以外的,履行规划、决策、组织、指挥、协调、监督等综合管理以及机关内部管理等职责的职位。

4. 司法专业类职位

法官、检察官职位虽然没有明确专设一个类别,但该类职位分别行使国家的审判权与检察权,具有司法强制性和较强的专业性,与其他类别职位的性质、特点存在明显的区别。法官、检察官在司法体制改革中已经实施员额制,在等级、义务、权利、资格条件、任免程序、回避等方面的管理也与其他类别的公务员有所区别。《中华人民共和国公务员法》第三条规定,法律对"法官、检察官等的义务、权利和管理另有规定的,从其规定"。

(二)考试录用

公务员考试录用制度的建立和推行,是民主、公开、竞争、择优选人用人机制最重要、最直接的体现。经过20多年的实践与发展,符合国情、适应发展阶段、体现干部人事制度改革要求的中国特色公务员考试录用制度逐步建立。

1. 市场经济和政府职能转变背景下考试录用制度的建立

1993年,党的十四届三中全会决定,在我国建立和实行社会主义市场经济。干部人事工作提出"两个调整"改革,即把适应计划经济的人事管理体制,调整到与社会主义市场经济相配套的人事管理体制上来;把传统的人事管理体制调整到整体性人才资源开发上来。① 1993年《国家公务员暂行条例》发布后，1994年，人事部颁布《国家公务员录用暂行规定》，这两个法规明确要求，各级国家行政机关补充主任科员以下非领导职务公务员时，必须坚持公开、平等、竞争、择优的原则，公开考试、严格考核、择优录用。这两个法规的颁布与实施，标志着国家公务员考试录用制度正式建立。

2. 人才强国战略下考试录用制度向纵深发展

从2003年开始，社会政治经济领域也发生了深刻变革，考试录用工作全面铺开并向纵深发展。特别是党的十六大、党的十七大，对人事人才工作作出了全面部署，更好地实施人才强国战略就要不断深化干部人事制度改革，着力造就高素质干部队伍和人才队伍；坚持民主、公开，竞争、择优，形成干部选拔任用的科学机制；完善公务员制度，坚持正确的用人导向，按照德才兼备、注重实绩、群众公认原则选拔干部，提高选人用人的公信度；加大培养选拔优秀年轻干部的力度，鼓励年轻干部到基层和艰苦地区锻炼成长；格外关注长期在条件艰苦、工作困难地方努力工作的干部，注意从基层和生产一线选拔优秀干部充实到各级党政机关等。这些重要精神为进一步做好考试录用工作指明了方向，同时也提出了新的更高的要求。2006年开始实施的《中华人民共和国公务员法》，明确规定实施公务员制度的单位为各级政府机关、中国共产党机关、人大机关、政协机关、法院、检察院以及各民主党派和工商联机关，公务员录用制度实施范围随之扩大到七类机关主任科员以下非领导职务的人员。2007年出台的《公务员录用规定（试行）》进一步规范了公务员录用工作。2007年底，全国人事厅局长会议强调，更好地实施人才强国战略是人事工作的主线，考试录用工作在更好地实施人才强国战略中要承担重要职责。

（三）考核评价

我国公务员考核评价制度是在干部考核制度的基础上建立和发展起来的，逐步形成了考核、奖励和惩戒相关联的制度体系。

---

① 徐颂陶、孙建立：《中国人事制度改革三十年》，中国人事出版社，2008年版。

1. 公务员考核制度的建立

1994年3月，人事部正式印发《国家公务员考核暂行规定》，标志着公务员考核制度正式建立。随后，陆续下发《人事部关于实施国家公务员考核制度有关问题的通知》《人事部关于实施国家公务员考核制度有关问题的补充通知》等综合性法规和政策指导文件。2000年，又下发《人事部关于进一步加强国家公务员考核工作的意见》，从充实内容、改进方法、增设考核等次、加强考核结果运用、严格备案管理等方面，对完善公务员考核制度提出了新的要求。2006年开始实施的《中华人民共和国公务员法》对公务员考核的内容、方式、程序、方法等作出了规定，标志着我国公务员考核制度正式进入法制化、规范化和制度化轨道。2007年1月，中组部、人事部联合下发《公务员考核规定（试行）》，对公务员考核的原则、内容、标准、程序、考核结果的使用等环节作出了具体规定，基本形成了比较系统、完备的制度体系。各地各部门根据国家的规定分别制定了各自的公务员考核实施办法或细则。

2. 公务员奖励制度的发展变迁

在中国革命和建设的各个历史时期，党和国家高度重视对国家机关工作人员的奖励工作。1957年国务院公布了《国务院关于国家行政机关工作人员的奖惩暂行规定》，这是现行公务员奖励制度的前身。1993年发布实施的《国家公务员暂行条例》第一次将奖励与纪律惩戒两部分分开表述，奖励一章包括奖励的事由和基本原则、奖励条件、奖励种类等内容。1995年，人事部下发了《国家公务员奖励暂行规定》，进一步细化了奖励条件，对奖励审批权限和程序作出了具体规定，增加了表彰、颁发证书和奖章、撤销奖励的规定等内容。从2006年开始实施的《中华人民共和国公务员法》专门有一章的内容对奖励作出明确规定，与《国家公务员暂行条例》相比，增加了"为增进民主团结、维护社会稳定作出突出贡献的"奖励条件，新增设了对公务员集体的奖励。2008年《公务员奖励规定（试行）》下发，将10多年来在奖励实践中的成功经验用法规的形式固定下来，又在奖励对象、奖励权限和程序方面有所创新。

3. 公务员惩戒制度的建立和发展

我党历来坚持从严治党的方针，中华人民共和国成立后积极推进干部惩戒制度建设，早在1957年就颁布了《国务院关于国家行政机关工作人员的奖惩暂行规定》，国家人事局于1980年下发了《关于贯彻执行〈国务院关于国家行政机关工作人员的奖惩暂行规定〉的通知》，强调该暂行规定仍是当前奖惩工作的法律依据，标志着改革开放以后干部奖惩制度的重新确立。随着改革开放的不断深入，针对干部队伍建设出现的新问题、新情况，1985年国务院下发了《关于报送国务院审批或备案的行政人员奖励和处分问题的通知》，1987年下发了《劳动人事部关于发布〈国家行政机关工作人员职级奖惩暂行处理办法〉的通知》。1993年《国家公务员暂行条例》施行，标志着纪律惩戒工作进入新的阶段。《国家公务员暂行条例》对公务员处分的种类、标准条件、程序、权限、解决、时限等作出了具体规定。2006年实施的《中华人民共和国公务员法》对健全公务员监督约束机制提出了原则要求，进一步完善了公务员纪律惩戒制度。2007年，《行政机关公务员处分条例》生效实行，这是中华人民共和国成立以来第一部全面、系统规范行政纪律处分的专门性行政法规，有力地保证了纪律惩戒工作依法有序开展。在之后的贯彻实施中，制定出台了《公安机关人民警察纪律条令》《统计违法违纪行为处分规定》等多部专项处分规章，进一步完善了公务员纪律惩戒法规体系。

（四）公务员队伍能力建设

公务员队伍能力建设是一个全面素质提升的概念，其内涵是指在现代行政环境中依法运用公共权力和其他公共资源进行公务活动所必须具备的体力、智力和技能各个方面的综合体现。

1. 公务员通用能力标准框架体系形成

2003年，人事部下发了《国家公务员通用能力标准框架（试行）》。该框架坚持面向现代化、面向世界、面向未来，以党和政府对公务员队伍的素质要求为依据，以公务员工作职位和能力现状为基础，以政府管理所需的实际能力为中心，以形势、任务发展对公务员的能力要求为方向，以优化公务员队伍能力结构为主线，提出公务员要具备九项通用能力，即政治鉴别能力、依法行政能力、公共服务能力、调查研究能力、学习能力、沟通协调能力、创新能力、应对突发事件能力和心理调适能力。各地各部门按照此标准，结合公务员队伍实际，制定出台了细化的标准，初步形成了具有中国特色的公务员通用能力标准框架体系。

2. 公务员培训制度体系逐步完善

1996年，依据《国家公务员暂行条例》出台了《国家公务员培训暂行规定》，标志着我国公务员培训制度基本建立。《中华人民共和国公务员法》的颁布实施，标志着中国特色公务员培训制度正式以法律形式确立下来。2008年，《公务员培训规定（试行）》以部门规章的形式对公务员培训的依据、原则、结果运用、职责分工等作了详细的规定。2010年，《2010—2020年干部教育培训改革纲要》颁布实施，为培养造就高素质专业化的公务员队伍指明了方向。至此，总体上形成了以《中华人民共和国公务员法》《干部教育培训工作条例（试行）》《公务员培训规定（试行）》和《公务员五年培训纲要》为主要框架的公务员培训法规制度体系。

3. 公务员职业道德要求逐步发展完善

1993年施行的《国家公务员暂行条例》在总则、义务与权利、录用、考核、奖励、纪律等各方面都规定了公务员的职业道德要求，奠定了公务员职业道德建设的制度基础。在此基础上，人事部印发了《国家公务员行为规范》，标志着我国公务员职业道德建设向制度化方向又迈进了一步。2006年《中华人民共和国公务员法》施行，把加强公务员职业道德建设推进到更加具体的实践工作中去。2016年，中共中央组织部、人力资源和社会保障部、国家公务员局联合印发《关于推进公务员职业道德建设工程的意见》，对贯彻落实党的十八大以来中央关于加强公务员道德建设的新要求、全面提升公务员职业道德水平进行具体部署，明确提出了中国特色公务员职业道德的主要内容，即"坚定信念、忠于国家、服务人民、恪尽职守、依法办事、公正廉洁"。

（五）工资福利

公务员工资是国家以法定货币的形式支付给公务员个人的劳动报酬，是公务员劳动创造价值的货币表现。公务员福利是指国家和机关为解决公务员生活方面的共同需要和特殊需要，给予公务员的经济帮助和生活照顾。公务员保险是国家对公务员在退休、患病、工伤、生育、失业等情况下所提供的帮助和补偿。但在实践中，三者相互交叉，难以截然分清。改革开放以来，我国在不断深化公务员工资制度和养老保险制度改革方面取得了突破性的进展。

1. 公务员工资制度的改革进程

我国国家机关和事业单位公职人员工资制度是1956年确立的，实行等级工资制。全国划分为11类工资区，国家公职人员分为30个等级。改革开放以来，先后进行了4次工资制度改革，始终围绕着"职务与级别"的不同功能与权重展开，并呈现出不同的时代特征。

1985年，建立结构工资制。这一次改革取消了级别工资，突出了职务因素，设置职务工资模块，使公务员的工资与本人的职务、责任和劳绩相联系。但是，由于职务工资所占比重过大，资历的因素所占的比重太小，工资待遇主要依赖于职务的晋升，在实际运行中又暴露出职务功能过强，不能体现同职务不同资历人员的差距和不同岗位的差距，在一定程度上强化了"官本位"意识。

1993年，建立职务级别工资制。这一次改革恢复了级别工资，工资结构包括基础工资、职务工资、级别工资和工龄工资。其中，职务工资约占40%，级别工资约占35%。但是，由于一些地区和部门在国家工资政策外自行安排发放了一些津贴补贴，使基本工资在工资收入中的比重不断下降，加上这些津贴补贴大多按职务发放，在一定程度上降低了级别工资在提高工资待遇上的作用。

2006年，建立职务和级别相结合的工资制度。这一次改革吸收了前两次工资制度改革的经验与教训，将工资结构设置为基础工资和职务工资两块，并进一步加大级别工资的比重（约占基本工资的60%），同时实行级别与工资等待遇挂钩，使基层公务员在职务晋升受限制的情况下也能通过晋升级别提高待遇。但是，由于地区附加津贴制度尚未建立，级别与待遇挂钩的政策未能及时出台，规范后的津贴补贴大多仍按照职务发放，导致级别工资的作用没有充分发挥出来。

2014年，建立公务员职务与职级并行的工资制度。职务和级别的结合与并行，是公务员工资制度改革与发展的基本趋势，公务员工资既不能完全依赖于职务，也不能片面地强调级别。进一步完善公务员工资制度，有利于缓解"千军万马挤独木桥"的矛盾，有利于解决基层公务员待遇长期偏低的问题。党的十八届三中全会决定，推行公务员职务与职级并行、职级与待遇挂钩制度，完善艰苦边远地区津贴增长机制，健全工资决定和正常增长机制。此次改革的特点突出完善了工资结构，使工资与津贴整体结构比例达到6：4，趋于基本合理状态，缩小了地区之间、部门之间的收入差距；在地市和县级机关实行了职务与职级并行的工资制度，提高了基层公务员待遇和艰苦边远地区公务员津贴；建立了两年一次的工资标准调整机制。但是由于公务员工资调查制度尚未建立起来，地区附加津贴尚未规范，公务员与企业人员之间、与其他行业人员之间、与地区之间的合理分配关系仍未理顺，收入分配不合理的问题仍未得到根本解决。

2. 公务员养老保险制度的改革发展

长期以来，我国机关事业单位实行退休制度，企业实行基本养老保险制度，养老制度双轨运行引发了一系列矛盾和问题。党中央、国务院对此高度重视，党的十八大和十八届三中全会明确提出要推进机关事业单位养老保险制度改革，社会保险法和社会保障"十二五"规划也作了相应规定。2015年1月3日，《国务院关于机关事业单位工作人员养老保险制度改革的决定》发布，这项改革方案的出台，是我国社会保障制度改革方面一次重大的历史性突破，在我国改革发展历程中具有里程碑意义。

三、公务员队伍建设不断得到加强

在公务员法律基本框架指引下，我国按照依法履职要求加强公务员队伍建设，公务员的素质、能力和作风得到全面提升。

从总量和分布上看，截至2016年，我国公务员总数为719万，参照管理人员110万左右，其中，超过70%的公务员在地市及以下机关工作，近50%的公务员在县乡机关工作。

从实践层面来看，公务员考录选拔制度建设取得巨大成效。公务员录用考试，在中央机关已具相当规模，在地方31个省也已全部实行。到2016年底，全国共考录公务员210多万人，占人员总数的27.6%，为各级党政机关选拔了一大批年纪轻、学历高、素质好的优秀人才。近5年，全国各级机关公开选拔干部近3万名，其中县处级以上7000多名；通过竞争上岗走上领导岗位的28万多名，其中县处级以上4.5万多名。涵盖笔试、面试、体检、考察（考核）、监督等诸环节的法规体系已经成型，公务员考录选拔制度体系日益健全完善。

公务员考核奖励工作稳步推进。自1996年起，组织开展了八届全国"人民满意的公务员"和"人民满意的公务员集体"评选表彰活动，共授予（追授）278名公务员"人民满意的公务员"荣誉称号，183个单位"人民满意的公务员集体"荣誉称号。同时，全国各个省区市也积极开展了"人民满意的公务员"评选表彰活动，弘扬了公务员精神，增强了广大公务员执政为民的正能量。

公务员能力建设的政策得到了有效落实。截至2014年底，全国共有1857万名公务员参加培训，达到4573万人次。培训基础建设进一步加强，全国共建立9个公务员特色实践教育基地。

此外，2003—2016年，全国机关干部共交流约274万人，其中县处级27万多人，地厅级3万多人。党的十八大以来，省区市领导干部交流力度进一步加大，截至2016年7月底，在31个省区市新任用的省级干部中，交流干部占51.9%。

第二节
公务员制度的特色与发展成效

《中华人民共和国公务员法》自颁布实施以来，公务员制度进一步完善，公务员管理机制不断创新，公务员管理工作科学化水平稳步提升，为推动国家治理体系和治理能力现代化、加快推进社会主义现代化建设提供了坚强的组织保障和人才支持。

一、我国公务员制度的特色

我国公务员制度的形成过程就是不断探索中国社会主义特色与符合党政人才成

长规律的过程，具体体现为三大特色：

一是公务员管理坚持"党管干部"的原则。坚持党对干部工作的领导，是我国公务员制度区别于西方国家公务员制度的主要特点。中国公务员制度的建立，是对干部队伍实行分类管理的结果。公务员制度又对公务员队伍实行了更加细化的分类管理，即进一步把公务员划分为领导成员和非领导成员两个组成部分，综合管理、专业技术和行政执法三个类别，选任制、委任制、聘任制三种任用方式，并规定了相应的管理办法。在坚持分类管理的同时，又实行统一领导。不同任用方式、不同类别、不同职务公务员的管理都必须坚持"党管干部"的原则，体现党的干部路线和方针政策所规定的基本原则，如录用和晋升都要坚持任人唯贤、德才兼备和公开、平等、竞争、择优的原则；考核与任用都要体现群众公认、注重实绩的原则；惩戒都要遵循严格要求、严格管理、严格监督和惩前毖后、治病救人的方针；职位交流都要贯彻加强廉政建设和提高人员能力的政策。

二是公务员采取大范围的界定模式。我国的公务员指的是依法履行公职、纳入国家行政编制、由国家财政负担工资福利的工作人员，包括中国共产党的机关、人民代表大会机关、政府行政机关、人民政治协商机关、审判机关、检察机关、民主党派和工商联机关等七大机关从中央到地方的工作人员。将立法机关以及包括法官、检察官在内的司法机关的工作人员纳入公务员范围，在国际上有先例，而且《中华人民共和国公务员法》明确规定：法律对"法官、检察官等的义务、权利和管理另有规定的，从其规定"。将法官、检察官纳入公务员范围不仅符合其素质要求以及其管理监督等方面与其他公务员具有一致性的实际情况，且不会妨碍审判机关和检察机关依法独立公正地行使审判权和检察权，反而会更好地保障其履行职责。将党政机关工作人员纳入公务员范围具有明显的中国社会主义特色。依据《宪法》规定，中国共产党在国家事务和社会事务管理方面起领导作用，各民主党派和工商联则参与国家事务和社会事务管理，所以，中国共产党、民主党派和工商联机关工作人员都履行着国家事务和社会事务的管理职能。与此同时，根据依法治国的要求，这些机关的工作人员也需要依法进行管理。

三是公务员坚持为人民服务的宗旨。我国公务员不是独立的利益集团，而是人民的公仆，必须保持同人民群众的血肉联系。为此，《中华人民共和国公务员法》明确规定：公务员必须"全心全意为人民服务，接受人民监督"。为更好地践行为人民服务的宗旨，在公务员思想政治与职业道德教育中，着力解决好公务员的世界观、人生观、价值观和权力观、地位观、利益观方面的问题，以使公务员始终将人民的利益放在第一位。在公务员作风建设上，引导公务员克服官僚主义、形式主义，密切联系群众，倾听群众呼声，维护人民利益，接受人民监督。在公务员能力培养上，着力提高公务员的公共行政、公共管理、公共服务本领，以满足人民对优质高效公共管理与公共服务的需求。

我国公务员制度在总体上体现出以上三大特色，在职位分类、考录选拔、考核评价、能力建设与开发、薪酬福利等各管理环节的制度建设与发展中，也形成了具体的经验，取得了明显成效。

二、有序推进公务员职位分类制度

（一）公务员职位分类管理的特点

1. 职位分类和品位分类相融合，以职位分类为基本准则

我国公务员分类制度既借鉴了职位分类的科学原理，也吸收了品位分类的传统优势。例如，尽管我国公务员并未实行"两官分途"（政务官与事务官），但公务员的职务分为领导职务与非领导职务，这是一种沿用传统干部管理框架的分类方法。公务员的级别根据所任职务及其德才表现、工作实绩和资历确定。职务、资历是品位分类的因素，《中华人民共和国公务员法》规定了我国实行公务员职位分类制度，即按公务员职位的性质、特点、管理需要划分类别。同时，对于具有职位特殊性、需要单独管理的，可增设其他职位类别。这就表明我国公务员分类以职位分类为基本准则，实行职位分类和品位分类相融合的分类制度。

2. 强调公务员德才兼备的通用资格条件，重视公务员的交流

德才兼备原则是我们党在长期的斗争实践中形成的并被证明是行之有效的选拔和任用干部的原则，也是各级国家机关招录公务员的基本原则。坚持德才兼备，既要考察公务员的工作实绩和贡献，也要考核其政治态度和思想品德，以此作为录用、考核、评价公务员的标准，德才兼备，不可偏废。公务员的竞争上岗，与西方竞争的含义是不同的，并非单纯的文化水平与业务能力的竞争，而是包括政治条件、思想品德和业务能力的全面衡量比较。这种通用资格条件的标准，使得公务员在国家机关内部及其与企业、事业单位之间的交流，以及中央与地方之间、地区与地区之间、部门与部门之间的交流成为可能。

3. 既强调公务员横向职能的差异，又重视纵向职责程度的区分

我国在设计职位分类结构时，既考虑了目前国家机关职能划分的现状，也考虑到今后改革的发展方向。一般来说，职位分类应在职位设置相对稳定的情况下进行。以我国目前的情况来看，一些机构及职位的设置不可能在短时间内完全稳定和完全合理。因此，在设计职位分类结构时，既要坚持以现有行政机构和职位的设置及工作任务、职能的分工为基础，又要考虑到今后改革的发展方向。按照这一思路，在划分职系时，要对一些职能尚待转变的过渡性的职位作较粗划分，并且要打破现有行政隶属关系的界限，真正体现以工作性质为划分的依据，譬如，对专业技术类职位而言就应该这样。此外，我国在公务员交流、培训、考核、奖惩、晋升、辞退等具体管理制度上，都规定必须依照公务员管理权限办理。

以上类别并没有穷尽公务员的职位类别，以后根据实践的需要，还可能划分新的类别。因此，《中华人民共和国公务员法》明确规定："国务院根据本法，对于具有职位特殊性，需要单独管理的，可以增设其他职位类别。"作出这样的授权，是为进一步完善职位分类制度预留制度空间。同时还规定，各职位类别的适用范围由国家另行规定。"国家另行规定"是指中央层面的规定，包括法律、行政法规以及中央公务员主管部门的规章。

（二）推进行政执法类和专业技术类的设置和管理

行政执法类公务员是指依照法律、法规对行政相对人直接履行行政许可、行政处罚、行政强制、行政征收、行政收费、行政检查等执法职责的公务员，其职责具有执行性、强制性，主要从事公安、海关、税务、工商、环保、质检、交通、城管等政府部门的现场执法业务。专业技术类公务员是指从事专业技术工作，为机关履行职责提供专业技术支持和保障的公务员，其职责具有强技术性、低替代性。

1. 关于行政执法类公务员的设置和管理

根据《中华人民共和国公务员法》及有关的法律、法规，国务院2016年颁发了《行政执法类公务员管理规定（试行）》。在我国公务员队伍中，县乡两级公务员占全国公务员总数约60%，科级以下公务员占全国公务员总数的92%。在基层公务员队伍中，80%以上为国家行使执法职责的行政执法类公务员。针对行政执法类公务员群体，实施科学而有效的管理办法对其稳定性和积极性的提高将起到重要作用。

行政执法类职位的本质特征是在行政机关中直接履行监管、处罚、稽查等现场执法职责。与其他类别公务员相比，在工作性质、工作特点、行政行为、行政手段、职责任务上都有不同程度的差异，与综合管理类职位的主要区别是其具有纯粹的执行性和现场强制性。这种职位特点决定了行政执法类公务员在管理措施上应重点突出以下几个方面：一是在行政执法类公务员职位的设置上，根据工作性质、执法职能和管理需要，在以行政执法工作为主要职责的机关或者内设机构中设置。行政执法类公务员职位设置范围由中央公务员主管部门确定。机关依照职能、国家行政编制和中央公务员主管部门确定的职位设置范围等，制定本机关行政执法类公务员职位设置方案，并确定职位的具体工作职责和任职资格条件。二是在职务与级别管理上，行政执法类公务员职务分为十一个层次。通用职务名称由高至低依次为：督办、一级高级主办、二级高级主办、三级高级主办、四级高级主办、一级主办、二级主办、三级主办、四级主办、一级行政执法员、二级行政执法员。具体职务名称由中央公务员主管部门以通用职务名称为基础确定。职务职数一般应当按照行政执法类公务员职位数量的一定比例核定。三是在职务任免与升降上，行政执法类公务员任职，应当按照行政执法类公务员职务序列，在规定的职位设置范围和职数内进行。晋升职务，应当具备拟任职务所要求的思想政治素质、工作能力、文化程度、任职年限和任职经历等方面的基本条件，并在规定任职年限内的年度考核结果均为"称职"以上等次。在年度考核中被确定为"不称职"的，按照有关规定降低一个职务层次任职。行政执法类公务员转任其他职位类别职务的，应当予以免职。试用期满考核合格的新录用行政执法类公务员，应当按照规定在一级主办以下职务层次范围内任职定级。四是在任职管理上,一级主办以下职务层次行政执法类公务员的录用,应当采取公开考试、严格考察、平等竞争、择优录取的办法。考试内容根据行政执法类公务员应当具备的思想政治素质、法律知识、工作能力和不同职位要求分类分级设置。考核以职位职责和所承担的行政执法工作为基本依据,全面考核德、能、勤、绩、廉,重点考核履行行政执法职责、完成行政执法工作的情况,必要时可听取行政相对人的意见。行政执法类公务员培训内容侧重职业道德、工作所必需的法律知识、执法技能和应对突发事件能力等。行政执法类公务员在同一职位工作时间较长的,应当交流。国有企业事业单位、人民团体和群众团体的工作人员,可以按照公务员调任有关规定调入机关,担任四级高级主办以上职务。行政执法类公务员转任其他职位类别职务的,一般应当在行政执法类公务员职位工作满五年,并按照干部管理权限,综合考虑其任职经历、工作经历等条件,比照确定职务层次。五是在监督方面,为加强对行政执法类公务员的监督,规定全面落实行政执法责任制。行政执法类公务员在履行职责中有违纪违法行为以及违反机关的决定和命令的,依照有关规定给予批评教育、组织处理或者纪律处分;构成犯罪的,依法追究刑事责任。①

2. 关于专业技术类公务员的设置和管理

为了完善公务员职位分类,建立符合专业技术类公务员特点的管理制度,根据《中华人民共和国公务员法》及有关法律、法规,国务院2016年颁发了《专业技术类公务员管理规定(试行)》。专业技术类公务员是指专门从事专业技术工作,为机关履行职责提供技术支持和保障的公务员,其职责具有强技术性、低替代性,在设置和管理方面具有以下特点:一是在专业技术类公务员职位的设置上,根据工作性质、专业特点和管理需要,在以专业技术工作为主要职责的机关内设机构或者岗位设置。专业技术类公务员职务,分为十一个层次。通用职务名称由高至低依次为:一级总监、二级总监、一级高级主管、二级高级主管、三级高级主管、四级高级主管、一级主管、二级主管、三级主管、四级主管、专业技术员。二是在专业技

---

① 中共中央办公厅、国务院办公厅:《行政执法类公务员管理规定(试行)》。

术类公务员的任职资格上，规定应当具备相应的专业技术任职资格，按照专业技术类公务员职务序列，在规定的职位设置范围和职数内进行。专业技术任职资格为高级、中级、初级。高级包括正高级和副高级。任一级、二级总监和一级高级主管的，应当具备正高级专业技术任职资格；任二级、三级、四级高级主管的，应当具备副高级以上专业技术任职资格；任一级、二级主管的，应当具备中级以上专业技术任职资格；任三级、四级主管和专业技术员的，应当具备初级以上专业技术任职资格。三是在专业技术类公务员的录用上，规定了一级主管以下职务层次专业技术类公务员的录用，应当采取公开考试、严格考察、平等竞争、择优录取的办法。考试内容根据专业技术类公务员应当具备的思想政治素质、专业能力和不同职位要求设置，重点考察报考者的专业技术基础知识和运用专业技术处理实际问题的能力。因专业特殊难以形成竞争的专业技术类公务员职位，可以采用其他测评办法录用公务员。四是在专业技术类公务员的任用方式和考核上，根据工作需要，机关可以按照公务员聘任有关规定，对部分专业技术类公务员职位实行聘任制。专业技术类公务员的考核，以职位职责和所承担的专业技术工作为基本依据，全面考核德、能、勤、绩、廉，重点考核工作实绩。考核结果作为专业技术任职资格评定的重要依据。五是在专业技术类公务员的交流转任上，规定了国有企业事业单位、人民团体和群众团体中从事专业技术工作、担任副高级专业技术职务两年以上或者已担任正高级专业技术职务的人员，可以按照公务员调任有关规定调入机关，并根据认定的专业技术任职资格担任四级高级主管以上职务。专业技术类公务员转任，一般在专业技术类公务员职位范围内进行。因工作需要，也可以在不同职位类别之间进行。对因工作需要转任其他职位类别公务员的，一般应当在专业技术类公务员职位工作满五年，并按照干部管理权限，综合考虑其任职经历、工作经历等条件，比照确定职务层次。其他职位类别公务员转任专业技术类公务员职务的，应当具备拟转任职务所要求的专业技术任职资格等条件。六是在专业技术类公务员的工资和奖励上，专业技术类公务员实行国家统一的职务与级别相结合的工资制度，按照国家有关规定执行体现工作职责特点的津贴补贴政策。鼓励专业技术类公务员在工作中发明创造，对取得显著经济效益或者社会效益的给予奖励。作出杰出贡献的，可以纳入国务院和地方政府特殊津贴的评定范围。符合条件的专业技术类公务员，经批准可以参加中央和地方各级重大人才工程和科研项目评选。①

三、健全完善公务员考试录用制度

（一）公务员考试录用制度的实施要点

1. 全面推行依法考录

为推进依法考录，主要采取了以下具体政策和措施：一是进一步落实两级录用管理权限。根据法律法规规定，公务员招考组织实施工作分别由中央公务员主管部门和省级公务员主管部门负责。这种管理权限不同于考核、奖励、辞退、培训、交流等工作由中央、省、市、县各级公务员主管部门分级管理的规定。二是各级党政机关开展自查自纠活动，对不考而入、违规进入人员进行全面清理。2003年，在全国考录工作会议上，中组部、人事部对严把公务员队伍"进口"关，推进依法考录工作作出全面部署，同年8月，两部联合下发《关于进一步加强和完善党政机关考试录用工作的通知》。三是推行四级联考制度。从2003年起，中央公务员主管部门积极推进四级联考工作，要求各地在组织本省公务员招考时，采取省、市、县、乡四级机关统一招考政策、统一发布招考公告、统一报名与资格审查、统一考试、统一录用。通过四级联考的推行，有效地解决了基层机关不考而入的问题。四是招考方案内容、具体组织实施等工作严格依法操作。《公务员录用规定（试行）》调整的对象是党政机关与社会公民之间的关系，这是不同于公务员其他管理规定的一个重要特点，这一特点决定录用工作不仅要遵守《中华人民共和国公务员法》及其配套法规的有关规定，还必须遵守其他的法律法规，如《中华人民共和国妇女权益保障法》《中华人民共和国残疾人权益保障法》《中华人民共和国行政复议法》《中华人民共和国国家赔偿法》《中华人民共和国民族区域自治法》以及《中华人民共和国兵役法》等。

---

① 中共中央办公厅、国务院办公厅：《专业技术类公务员管理规定（试行）》。

2. 重点实现公平考录

一是从考录制度建立之初，做到招考政策、招考职位和数量、报考条件、考试成绩、录用结果面向社会"五公开"，使考录工作公开接受社会各方面的监督。二是公平设置报考条件，消除报考歧视。按照《公务员录用规定（试行）》第十六条、第十七条的规定设置报考条件，公务员主管部门和招录机关不得再设置与履行职位职责无关的报考资格条件；在报考资格条件中，不得存在学历、户籍、地域、年龄、性别、长相、身高等歧视性条件要求，确保公民平等参与竞争。三是建立健全约束机制。《公务员录用规定（试行）》首先明确了公务员主管部门、招录机关要接受社会各界监督，对招考中不按照国家规定的编制限额、职位要求资格条件、规定的程序录用的或者徇私舞弊的，根据具体情况分别予以责令纠正或宣布无效处理，并对领导人员或直接责任人员给予处分；其次对从事考录工作人员泄露考录秘密信息、伪造考试信息、协助作弊等行为的，要给予处分，直至追究刑事责任；《公务员录用考试违纪违规行为处理办法（试行）》对在报名、笔试、面试、体检、考察过程中弄虚作假、欺骗组织以及考试作弊的，分别给予取消报名资格、取消考试资格、五年内不得再报考公务员的处罚。通过规范参与考录各方的权利与义务，对违规部门和违纪人员进行严厉处罚，营造公平的竞争氛围。

3. 不断追求科学考录

一是以测查能力为主，突出分类考试。公务员考试内容主要是测查公务员应当具备的基本能力和素质，在公共科目考试的基础上，专业科目考试由省级以上公务员主管部门根据各招录机关需要的情况确定。公务员考试内容由最初的知识测查向能力考试逐步演进。二是考试技术方法不断丰富和发展。从单一的结构化面试，逐步发展到无领导小组讨论、情景模拟、演讲答辩等，同时建立面试考官持证上岗制度；在公共科目考试中采用无纸化阅卷技术，有效控制评阅卷误差。三是充分发挥考录的政策杠杆作用，解决乡镇公务员队伍来源不足的问题。各地开展了从优秀村干部中录用乡镇机关公务员、定向大学生"村官"等服务基层项目人员招录工作，其中定向服务基层项目人员录用比例达到10%以上。部分省市还探索从优秀工人、农民等生产一线人员中考录公务员的办法。2014年，中央组织部、人力资源和社会保障部、国家公务员局印发《关于做好艰苦边远地区基层公务员考试录用工作的意见》，探索乡镇公务员与其他机关考试录用相分离，扩大选拔范围，拓展选拔手段，加大从优秀村干部、服务基层项目等人员中考录乡镇公务员的力度，改善基层队伍人员的整体素质和结构。

（二）公务员考试录用制度的主要成效

当前，我国公务员考试录用法规体系基本形成，科学测评体系日益完善，服务水平显著提高，从基层选拔优秀人才的要求得到落实，安全考试的环境建设不断加强，形成了全国考录工作一盘棋的格局。近年来，公务员考试录用制度、干部人事制度改革和市场经济发展要求相适应，充分体现了时代性、政治性、民主性、法制性和科学性特征，使"公开、平等、竞争、择优"的价值理念深入人心，公务员考试录用在制度建设与公平性方面取得显著成效。

1. "公开、平等"价值理念的注入，推进了公共管理导向的民主化

公务员队伍实行"凡进必考"，是保障公民平等竞争担任公职、参与国家事务管理的重要途径。1994年至今的20多年，全国共考录公务员200多万人。考试录用在目前公务员管理制度中满意度最高，绝大多数社会公众认为考试录用制度总体上公平，能够选拔到优秀的治国理政人才。

2. 竞争、择优选拔机制的形成，推进了公共管理过程的效能化

公共部门人员考试选拔制度的建立，正是市场经济效率追求在公务员管理中的应用。改革中的公务员制度强调专业主义、效率和责任性，倡导透明行政和服务承诺，提升了公共部门人力资源管理的整体效能。

3. 监管规制与优化服务并举，促进了公共管理的科学化

公务员考录建立了录用计划制定、报名与资格审查、公共科目笔试、专业科目考试、面试、考察、体检、违纪违规认定与处理等规范的工作秩序，建立健全了诚信报考机制、公开管理机制及360度考录监督机制，提供了报名咨询服务、遍布全国的考点设置、对于困难考生减免报名费用等服务。公务员考录制度工作秩序逐步规范，考录机制不断健全，服务水平不断提高。

四、持续强化公务员考核奖惩制度

(一) 公务员考核制度的特点与建设成效

随着考核制度体系逐步健全,考核工作中的重点难点问题不断突破,公务员考核的效用得到充分发挥。

1. 确立考核制度的主要内容

公务员考核的主要对象是非领导成员公务员。考核的基本原则为坚持客观公正,坚持注重实绩,领导与群众相结合,平时与定期相结合,定性与定量相结合。考核的主要内容包括德、能、勤、绩、廉五方面,坚持以德为先,注重实绩。考核的方式分为平时考核和定期考核。平时考核重点考核公务员完成日常工作任务、阶段工作目标情况以及出勤情况;定期考核以平时考核为基础,采取年度考核方式,年度考核结果分为优秀、称职、基本称职和不称职四个等次,其中优秀等次人数一般掌握在本机关参加年度考核的公务员总人数的15%以内,最多不超过20%。年度考核结果作为调整公务员职务、级别、工资以及公务员奖励、培训、辞退的依据。

2. 健全考核评价机制

各地结合非领导成员公务员的岗位特点,不断健全完善公务员考核评价机制。一是完善考核内容。根据不同区域、不同层次、不同类型非领导成员公务员岗位的性质、任务和要求,确定岗位职责,构建考核评价指标体系;注重从履行岗位职责、完成工作任务情况等方面进行考核,实事求是、全面准确地考核评价公务员,发挥考核的导向、评价和监督作用。二是强化平时考核。建立健全和推行平时考核制度,规范平时考核的方法和程序,以岗位职责为依据,及时了解和掌握公务员的日常工作表现,加强日常工作管理,发挥平时考核的基础作用。三是加强年度考核。严格考核程序,避免考核流于形式、走过场。扩大民主考核,探索引入服务对象评价机制,充分保障人民群众对公务员考核评价工作的知情权、参与权、表达权和监督权。四是强化考核结果运用。把考核结果作为选拔任用、培养教育、管理监督和激励约束的重要依据,把考核作为从严管理公务员队伍的重要环节。

3. 考核对从严管理公务员队伍的作用正在显现

2014年9月,《关于深入开展公务员平时考核试点工作的通知》文件下发后,各地积极探索创新考核的方式方法,逐步形成共性指标和个性指标相结合、工作纪实和领导评鉴相衔接、促进工作落实和公务员成长相统一的考核机制,将指标管理、自我管理、领导管理、组织管理有机结合,通过目标管理、过程管理、结果控制等手段,促进广大公务员履职尽责,激励公务员不断提高工作效率。

(二)公务员奖励制度的特点与建设成效

公务员奖励制度是公务员管理制度的重要组成部分,与其他公务员制度相辅相成,共同发挥公务员制度的激励保障作用。

1. 公务员奖励管理机制逐步形成

中央公务员主管部门负责全国公务员奖励的综合管理工作;县级以上地方各级公务员主管部门负责所辖区内公务员奖励的综合管理工作;上级公务员主管部门指导下级公务员主管部门的公务员奖励工作;各级公务员主管部门指导同级各机关的公务员奖励工作。建立奖励审核制度,由市(地)级以上机关审批的奖励,事先应当将实施方案报同级公务员主管部门审核。为规范奖励,明确奖励审批权限,规定审批机关给予公务员和公务员集体奖励,必要时应当按照管理权限,征得主管机关同意,并征求纪检、监察等有关部门的意见。

2. 公务员奖励制度的作用凸显

各地各部门按照奖励的法律规定要求,对作出突出贡献、成绩突出的公务员和公务员集体给予奖励,在公务员中树立了一大批先进典型,起到了重要的导向和引领作用。自1996年起,人力资源和社会保障部会同有关部门在全国开展"人民满意的公务员"和"人民满意的公务员集体"评选表彰活动,在全社会树立了公务员勤政廉洁、务实高效的风貌和形象,充分调动了公务员的积极性、主动性和创造性。

(三）公务员惩戒制度的特点与建设成效

1. 公务员惩戒制度有序运行

一是严肃纪律，加大对违纪行为的惩处力度。惩戒制度建立以来，各地各部门普遍加大了对公务员违法违纪行为查处的力度，特别是严肃查处以权谋私、官商勾结、权钱交易、损害群众利益等违法违纪行为，严惩腐败分子和违法违纪公务员。二是严格问责，进一步规范权力运行。按照权责统一、依法有序、民主公开、客观公正的原则，各地各部门对建立行政问责进行了探索，问责对象从追究违法违纪官员向不作为的公务员深化，问责的范围和领域也在不断扩展。三是进一步加强廉政建设和队伍作风建设。公务员纪律惩戒制度的有效实施，一方面加强公务员依法行政，教育公务员自觉遵守各项纪律规定和廉政规定；另一方面通过及时惩处违法违纪公务员，纯洁了公务员队伍，廉政建设和队伍建设得到明显加强。

2. 公务员惩戒制度为队伍建设提供纪律保证

公务员惩戒制度的持续强化，有力地推动了公务员管理的科学化。各地各部门在推进惩戒制度的过程中，还需进一步与队伍管理的实际需要相结合，与本系统、本单位的行业特点、业务类型相结合，促使队伍结构、能力特点适应实际工作的需要，推动各项事业的发展和各项工作的落实。

五、加强公务员能力和职业道德建设

近年来，公务员能力和职业道德建设力度加大，成为加强公务员队伍建设的有力推手。

（一）公务员能力和职业道德建设的实现途径

1. 公务员培训管理体系初步建立

经过长期的摸索和实践，我国公务员培训工作已经基本形成在党中央的领导下，由中央组织部主管，中央和国家机关有关部委分工负责，中央和地方分级管理的公务员培训管理体制。实践证明，实行这种管理体制，有利于加强对公务员培训工作的统一领导和宏观管理，有利于调动各方面的积极性，形成工作合力，整体推动公务员培训工作。同时，为了适应公务员能力建设的需要，经过不断的实践探索,已经形成了以初任培训、任职培训、专门业务培训和在职培训为主要形式,以对口培训、出国(境)培训、学历教育为有益补充的公务员培训类别体系。完善和推广组织调训、专题培训、自主选学、网络培训、自学和在实践中学习等培训方式,大力推广讲授式、研究式、案例式、体验式、模拟式等教学方法,进一步提高教学品质。

2. 公务员交流成为培养锻炼公务员的重要方式

一是公务员交流制度确立。1993年施行的《国家公务员暂行条例》明确公务员实行交流制度,并在《中华人民共和国公务员法》中正式以法律形式固定下来。据此,公务员可以在公务员队伍内部交流,也可以与国有企事业单位、人民团体和群众团体中从事公务活动的人员交流。交流的方式包括调任、转任和挂职锻炼。2008年《公务员调任规定(试行)》颁布,明确了调任的资格、程序等。二是交流机制发展创新。各地各部门按照《2010—2020年深化干部人事制度改革规划纲要》的要求,坚持并完善从基层和一线选拔干部,对培养锻炼性交流、任职期满交流进一步规范化和制度化,把干部交流和培养使用结合起来。中央机关和部分地方建立并不断完善从下级机关公开遴选公务员制度,建立上级机关和下级机关公务员双向交流任职制度。

(二)公务员能力和职业道德建设的主要成效

1. 公务员能力素质在大规模培训中大幅度提高

围绕经济社会发展需要和公务员队伍建设实际,以能力建设为中心,坚持"联系实际创新路、加强培训求实效",培训效果不断增强,公务员贯彻执行能力和创新服务能力进一步提升。公务员参训率进一步提高,新录用公务员初任培训参训率达到100%,任职培训制度基本落实,基层公务员和全国公务员培训管理者轮训实现全覆盖。围绕贯彻落实西部大开发、振兴东北地区等老工业基地和促进中部地区崛起等有关政策,公务员对口培训不断加强。"十二五"时期,已为西部、东北和中部地区培训公务员近万人,基本完成五年对口培训任务。通过培训,使西部、东北和中部地区公务员进一步开阔了视野,更新了观念,提高了思想理论水平,能力素质得到进一步提升,促进了当地公务员队伍建设和经济社会发展。

2. 公务员职业道德和作风建设进一步加强

落实中央关于从严管理干部的要求，通过开展思想政治理论、推动科学发展、依法行政、职业道德等培训，进一步加强了公务员队伍的思想政治建设，提升了公务员的道德水平和作风修养，进一步增强了公务员的政治鉴别力。

3. 公务员队伍整体能力在交流中循环提升

建立起以公务员人才培育为核心的依法有序、开放灵活、全员参与、连接畅通的公务员交流机制，是提升公务员职业能力、保障公务员队伍活力的重要制度。各级各部门公务员可以通过职位交流开阔视野、丰富阅历、增长才干，提高综合能力和素质。

面对新形势和新任务，公务员能力和职业道德建设的推进，既要贯彻落实干部教育培训工作条例、全国干部教育培训规划、公务员培训规定和培训纲要，也要进一步推动公务员职业道德建设长效机制建设。结合公务员分类改革的推进，探索开展公务员分级分类能力建设，将能力和职业道德建设重点向基层倾斜。

六、深化公务员工资制度与养老保险制度改革

（一）公务员工资制度改革的主要成效

1. 初步建立了公务员工资水平正常增长机制

工资正常增长的内涵是指保证公务员的工资水平标准能够适应经济社会发展，依照中央的调控目标，有规律、有依据、有条件、有秩序地进行增长的国家制度安排。从历史角度看，历次工资制度改革设计的初衷都很好，制度设计本身也很合理，但工资水平缺乏有效的正常增长机制，使得工资水平作为工资制度的灵魂没有能够适应社会需要进行动态变化，这是造成工资制度屡次陷入僵化、不得不重新设计的重要原因。从国外情况看，几乎所有的发达国家公务员工资制度都有明确的工资水平正常增长机制，这也是这些国家的公务员工资制度能够经久不衰的重要原因。从现实问题看，缺乏公务员工资水平正常增长机制，在社会工资不断上涨、财政分灶吃饭的客观情况下，必然倒逼出各地公务员工资的不正常增长，进而导致中央对工资的管控失灵、公务员工资收入格局失控。从未来需要看，必须尽快建立公

务员工资水平正常增长机制,否则这次千方百计调整好的工资结构、理顺好的工资关系也会在不久的将来再次被不正常的增长冲毁。我国 2014 年工资制度改革采取的是指数化模式增长办法,即按照物价指数或综合指数自动调整公务员工资水平,目前公务员采取两年调整一次工资、事业单位人员一年调整一次工资的调整方法。改革的成效是保障了公务员工资的购买力不降低;依据物价、财政、社会平均工资等构建的指数调整清晰明确,可操作性强,有利于优化工资结构,缩小收入不合理差距。但是由于缺少市场调查,工资的调整仍具有滞后性,也不利于理顺公务员和其他群体的工资关系,还容易引发工资、物价的螺旋上升。所以,仍需要探索建立科学的公务员工资调查制度。2006 年工资改革及《中华人民共和国公务员法》指出,要"建立工资调查制度,定期进行公务员与企业相当人员工资水平的调查比较,为调整公务员工资标准提供科学依据,实现工资调整的制度化、规范化。国家将根据工资调查比较的结果,结合国民经济发展、财政状况、物价水平等情况,适时调整基本工资标准"。虽然工资调查作为一项制度被正式确定下来,以工资调查结果作为确定和调整公务员工资的依据,得到了国家和法律层面的肯定,但要建立工资调查制度,尚有很多关键技术问题需要探索。因此,建立此项制度不能一蹴而就,需要在深化改革中不断创新解决。

2. 逐步优化了公务员工资结构

我国实行统一的公务员工资制度,合理的工资结构就是要求由中央主导的发挥着保障功能的基本工资在各地公务员工资中都占到主体地位。同时,由于我国地区经济发展不平衡,客观造成地方财力的差距较大,且社会平均工资水平的现实差距也较大,因此,历次改革的主张基本采取了中央主导的基本工资能达到各地公务员工资的 60% 以上,这是比较现实的选择。由于不同的工资模块都有其不同的决定机制和决定主体,因此,工资结构背后实际上是工资管理权限和保障责任的分配,工资结构不合理,权力和责任就会错位。公务员从事公共管理的工作性质,决定了其工资应该更多地发挥稳定的保障功能,而基本工资在性质上具有强制性、必保性,其他工资模块从本质上讲都带有条件性、权变性,不是必保的,因此基本工资占到工资的主体地位,有利于加强对公务员工资权益的保障。但是与发达国家基本工资基本上达到80%以上相比，我国公务员工资结构仍需要进一步优化。

优化工资结构的另一个重要成果是清理规范了津贴补贴。2006年的改革措施是将各地自行发放的津贴补贴分为工作性津贴、生活性津贴、改革性补贴和奖励性补贴四类，将工作性津贴、生活性津贴纳入清理规范范围。通过清理规范，基本消除了同地区、同级政府不同部门之间的工资差距，遏制了地区差距扩大的趋势。

3. 建立了有利于基层公务员的工资增长机制和特殊政策

我国有720多万名公务员，60%分布在县以下机关工作，工作任务十分繁重，条件较为艰苦。但是由于县以下机关机构规格比较低，所以基层公务员晋升难、待遇低的矛盾比较突出。党的十八大以来，中央决定实行基层公务员职务和职级并行制度。在基本工资结构中，通过"职务和职级并行"的办法，使得因职数限制而长期无法晋升职务的基层公务员能够通过晋升职级工资获得收入的提升。同时，推行了乡镇工作人员岗位津贴，解决了乡镇工作人员工作条件艰苦、工资待遇低的问题。随着执法类公务员制度的建立，建立了与公务员职务级别工资制度相匹配的执法类公务员分类工资标准，提高了一线执法岗位公务员的工资待遇。基层公务员处在改革发展和维护稳定的第一线，是政府各项政策的具体执行者，其工作的好坏直接关系到群众对政府工作的满意度，而工资是影响基层公务员工作绩效的重要因素，因此，若基层公务员工资偏低的现状长期无法得到改善，就会影响到中央各项政策的执行效果，影响群众对政府的满意度，影响基层政权的稳定。此外，在市场经济条件下，要求中央政府对基层公务员工资进行强有力的调控，这是再分配追求公平的需要。基层地区市场经济发展并不充分，完全参照当地市场工资水平，并不能真实反映基层公务员的贡献，应该加强调控，体现政府对基层公务员的关心。

4. 建立了艰苦边远地区津贴制度

主要是根据自然地理环境、社会发展等方面的差异，对在艰苦边远地区工作生活的公务员给予适当补偿。这项制度自2001年开始实施，以县级行政区域为单位，依据评估指标体系的量化评估结果，结合政策性因素，在综合平衡的基础上确定。列入范围的机关事业单位工作人员和离退休人员享受艰苦边远地区津贴。艰苦边远地区津贴的类别为六类。目前共有15个省区市的719个县市区列入实施范围，实施情况总体比较平稳，但也存在范围、类别划分不尽合理等问题。2006年和2014年分别改革完善了艰苦边远地区津贴制度，主要是建立了科学合理的实施范围和类别评估指标体系；适当扩大实施地区范围，增加了调整类别，合理体现不同地区艰苦边远程度的差别；扶持艰苦边远地区提高工资水平，缓解不同地区之间差距过大的矛盾。另外，还建立了动态调整机制，根据各地自然地理环境和社会发展等情况的变化，定期对实施范围和类别进行评估调整，根据国家经济发展、财政状况及调控地区工资差距的需要，适时调整津贴标准，逐步建立规范化、制度化的管理办法。执行艰苦边远地区津贴所需资金，属于财政支付的，由中央财政负担。

（二）公务员养老保险制度改革的主要特点

近年来，我国公务员养老保险制度改革形成了以下主要特点。

1. 改变了制度模式

原来的制度模式是单位保障模式，单位自己管自己的退休人员。现在变成了一种社会化的制度安排。每个单位不管人多人少，都按照同样的标准交钱，然后形成一个社会保障基金用于支付退休人员待遇。这样，单位退休抚养比不平衡的问题就被分散掉了，这就是社会化的养老保险制度。过去机关事业单位退休人员的退休费都是随在职职工工资相应增长的，以后不是这样了，不管工资是否增长，机关、事业单位、企业都要统筹考虑养老金的调整，这也是一个重大变化。

2. 改革了养老金的计发办法

原来的养老金计发办法是参照两个因素：一个是以退休前一个月的工资作为计发基数；另一个是按工作年限分档，分为10年以下、20年、30年、35年等四档。分档有好处，但比较粗。如果在一个10年段，21年和29年没有区别，31年和34年没有区别。改革后，这种机制变了，是按照缴费年限和缴费工资来计算的。这就体现了一个导向，即缴费越长待遇越高、缴费水平越高待遇越高。还有一个技术上的转变，是将计发基数细化到每一年甚至每个月，从而体现了一个工作人员整个职业生涯的劳动贡献，这是很大的机制变化。

3. 实行区别对待办法

对实施社会保险前已退休的人员继续按照原办法计发养老金，同时执行基本养老金调整办法。这个问题涉及几个方面：第一，"老人"的待遇是不是有保障？这个答案是明确的，原来发多少钱现在还发多少钱，不会改变。同时执行基本养老金调整办法，是指将来养老金调整的时候，"老人"的养老金也会跟着调整。第二，自收自支的事业单位的"老人"是不是单位发？对于所有单位，包括自收自支单位所要履行的责任，就是按照国家规定的基数和比例缴费，然后为职工按照规定的基数和比例代扣代缴基本养老保险费。本单位的退休人员的基本养老金是由改革后形成的基本养老保险基金支付的，不再由本单位来发了，待遇更有保障。

此次改革是渐进的过程，现在的重点是解决制度的并轨问题，就是制度的统一问题，以及规则公平、制度公平的问题。改革的原则是"增量改革"，通过增量进行结构的调整和机制的转换，而不是做减法，待遇降低以后再改革，这不是我们制度设计的出发点。就大多数人来讲，待遇水平是不会降低的。

4. 建立职业年金制度

20世纪90年代，国务院在决定改革职工养老保险制度时就提出了建立多层次的养老保险体系的方向。多层次养老保险体系包括了基本养老保险、补充养老保险、个人储蓄性养老保险。在实践中，企业补充的养老保险以企业年金的形式正在发展，因此，统筹考虑基本制度改革和多层次体系建设，必须把公务员职业年金的设计引入改革内容中。

第三节
公务员制度存在的主要问题

我国公务员制度的改革实践在国家治理体系和治理能力现代化的构建中，受内在因素和外部因素的推动，呈现出不断响应治理需求的演化进程，但仍面临着全面提升公务员队伍素质与持续优化结构的严峻挑战。

一、职位职责规范的标准化和有效性亟待加强

公务员职位职责规范是实现公务员科学管理的重要制度基础。就整体状况而言，我国公务员职位职责规范还处于初步发展的阶段，实践中存在许多比较突出的问题：第一，职位职责规范在公务员管理中的制度功能弱化，只是得到部分发挥；第二，职位职责规范的设计标准比较单一；第三，职位职责规范内容脱节滞后、不够明确；第四，职位职责规范编制程序存在一定的随意性，在很大程度上影响了职位职责规范的科学性和准确性。

公务员职位职责规范在设计与实施中受到诸多因素的制约，工作难点主要表现为以下几个方面：

一是职位本身的标准化。职位标准化是职位职责规范的基本要求。各级机关、各个部门长期形成的权责不清，以现有工作内容代替职位本身标准的惯性，对实现职位标准化，构建公务员职位职责规范而言是重要障碍。公务员职位职责规范构建需要对职位本身的责任、工作任务、权力等进行规定性描述，对性质和工作内容相似的职位进行归类，通过一定的标准限制和规范具体职位上公务员的行为。职位的标准化首先是职位的时空标准，要求职位的职责和职权界定在一定的地域范围内和时间范围内，不能跨地域、跨时间行使权力或履行职责；其次是职位的目的标准，每个职位应该完成哪些任务、达成何种效果；再次是职位的技术标准，职权和职责需要量化和技术化，要清楚地规定出职位的边界、职权的上下限，对职位行为和工作结果作出明确、具体的要求。职位职责规范中职责和职权两大方面能否标准化是我国职位职责规范建立和落实的难点。

二是职位职责规范的操作性。在当前的政治与行政管理体制架构下，各级政府、不同部门之间行政管理"事权"划分不清晰，部门之间管理职能交叉重叠，职位的职责边界难以划分，导致了职位职责的描述具有盲目性，缺乏针对性和科学性，客观上增加了职位职责规范在现实中操作的难度。此外，经济社会的发展使政府管理需要面对各种突发性事件，在应急管理中公务员需要承担许多临时性工作任务，如何在职位职责规范构建中体现这些动态性的发展变化也增大了操作的困难

程度。

三是职位职责规范的有效性。职位职责规范具有优化配置、更新淘汰、维持保障、监控制约、培养开发、评价激励等六项基本功能，这些基本功能的发挥是衡量制度有效性的依据。在现有的干部人事管理体制下，公务员管理职能分散于组织系统、人事系统、纪检监察系统等，这在一定程度上会制约职位职责规范整体功能的发挥；另外，职位职责规范与现有政策和法律法规的相容配套，也是制约其有效发挥作用的关键。职位职责规范公务员管理基础性作用的发挥，需要通过较高的立法层次才能得以保证。在此前提下，构建公务员职位职责规范，就必须解决好与《中华人民共和国公务员法》和《党政领导干部选拔任用工作条例》等法律法规的配套相容问题。

二、考录选拔的公平性和科学化有待提高

考试录用制度面临的主要问题包括：一是考试录用资格条件过度注重文凭和知识结构。二是考试内容与形式过于单纯，缺乏分类分等，公务员考试被认为是"纸上谈兵"。三是考察方式方法相对单一和传统。四是考试的公平性受损。这主要是高科技作弊手段和产业化、规模化的应试考试培训的结果。五是考试录用制度的实施产生很多履历为"从家门到校门再到机关门"的"三门干部"。六是考试录用机制中只有"进口"，没有"出口"。

选拔晋升制度面临的主要问题包括：一是晋升选拔以考试为主，考核考察性的晋升途径不宽，导致"能干的不如能考的"。以竞争上岗为例，竞争上岗的目的是选拔具有管理能力的领导干部，选拔与该管理者职位相匹配的管理人才。但现实中，竞争上岗采取的考试方式带来的问题就是"能干的不如能考的"。笔试、面试很难考出干部的真实能力和水平。二是晋升选拔中缺乏对被选拔者工作绩效的科学评价。公务员的多年岗位绩效评估结果应该作为晋升的一个重要指标，在能否晋升的程序中起到重要作用。但目前的选拔还没达到能够科学评价被选拔者工作绩效的程度。三是竞争性选拔的晋升方式缺乏法律制度保障。虽然地方各省市均不同程度地开展了竞争上岗工作，但有的仅仅是在机构改革期间开展了这项工作，机构改革

结束后,就束之高阁了;有的部门是领导想搞的时候就搞,不想搞就不搞,工作缺乏延续性。

三、绩效管理的法制化与科学化有待提升

我国政府部门绩效评估工作受新公共运动的影响,在绩效评估工作中,既要通过科学化的管理取向实现效率,又希望通过民主化体现政治取向,将干部工作置于群众监督之下。科学化和民主化的考核模式都缺乏法制化的基础,都没有从法律的层面明确规定谁是绩效的责任主体,没有从法律上赋予适宜的考核主体考核的权利,也没有从法律上合理规定考核程序和考核结果如何运用,因此导致出现为了同时推进民主化和科学化考核带来的混乱状态。

具体来说,绩效管理还存在以下问题:

一是公务员绩效管理工作及其价值尚未得到足够的重视和认同。个人绩效评估广受关注,而组织绩效评估的价值尚未得到足够的重视和认同。个人绩效评估与组织绩效评估的有效结合有待进一步加强。

二是绩效评估缺乏科学的指标体系,评估片面强调经济指标。一个时期以来,经济产值和增长速度已经成为政府主要领导人甚至是地方政府绩效评估中首要的甚至是唯一的关注点,这样的指标对政府行为和公务员行为的误导作用太大。

三是绩效评估立法滞后,评估活动尚未制度化。由于没有法律和法规的权威做保障,公务员和政府绩效评估的长效机制难以建立,经常采用"运动式"方法,往往流于形式。另外,由于评估的非制度化,助长了不正之风和腐败行为。

四是绩效评估目标不明确,评估价值取向存在误区。一些地方政府为了评估而评估,不是为从根本上改善政府管理和服务,提高政府绩效,而是为附和当前国内公共管理领域中的"流行趋势",评估成了地方政府领导的又一项政绩工程。

五是评估过程缺乏规范性,评估结果的使用不到位。从我国来看,对评估活动的过程缺乏控制和规范是一个相当严重的问题。另外,重视评估而轻视评估结果的采用或者在绩效评估结果的利用上急功近利。

六是绩效评估以内部为主,评估主体比较单一。当前我国对地方政府绩效的评

估还主要采用目标责任制考核、组织考察和工作检查等评估方式。这些评估方式的主要特征是政府评议政府，政府既是运动员又是裁判员，缺乏政府服务对象——人民群众的参与、监督和批评。

七是评估实践中缺乏正确引导，评估的动力机制不完善。目前我国对绩效评估的认识，从基本概念、作用机理、操作原则到实施步骤等都还没有形成共识，由于缺乏系统理论的指导，政府绩效评估实践过程中盲目跟风、过度炒作、一阵风等现象非常普遍。

四、平时考核的制度设计与实施有待完善

平时考核是对公务员日常工作的管理，作用方式在于激发公务员的内生工作动力，以实现自我管理，塑造团队的职业精神，建设组织内部相互信任的文化。平时考核工作自推进以来，其从严管理公务员队伍的作用正在显现。但随着试点范围的扩大和探索的加深，制度建设不足、难点问题解决不充分等实践障碍制约了其功能发挥。公务员平时考核工作推进中还存在一些盲点和误区，具体表现为以下几点：

一是与年度考核趋同，未能有效激发公务员个体的自我管理意识。平时考核是对公务员日常工作的过程管理，具有与年度考核不同的特点。目前，平时考核在实践中对自身基本特点的关注度和回应性不足，凸显自身特色的诸多关键点尚未突破。在考核周期上，各地平时考核按月或按季度进行，实际上成为一种"定期考核"。在考核内容和考核主体上，平时考核与年度考核缺乏区分性。各地在实际操作中，平时考核的内容仍然按照"德、能、勤、绩、廉"五大方面展开，在考核内容上与年度考核基本一致。许多地区平时考核仍然由组织人事部门来完成，与年度考核的主体重合。这反映出当前的平时考核没有抓住与年度考核的区别，在"谁来考，考什么"的问题上没有作出有效区分。实际上，年度考核着眼于结果，可以由组织人事部门负责；而《公务员考核规定（试行）》第五条特别指出，"平时考核重点考核公务员完成日常工作任务、阶段工作目标情况以及出勤情况"。这说明平时考核具有很强的过程性和即时性，由组织人事部门负责考核容易造成严重的信息不对称，导致考核失真或流于形式。

二是基础工作不够扎实，操作趋向简单化。在公务员平时考核工作推进的过程中，大部分地方和部门缺乏对此项工作的总体设计，受工作推动便利性影响，部分地区或部门出现"重物轻人、重系统轻思想"的问题。多数平时考核试点单位都充分利用了信息化手段和技术，开发了"公务员绩效考核管理系统"，逐步建立并获得应用信息管理系统实现了考核载体信息化。但是部分考核信息系统一方面指标设计在部门、岗位之间的同质性高，缺乏对具体岗位职责的关注，另一方面指标在时序上缺乏动态调整，对年度目标、中长期目标和重点任务的回应性不足，结果是耗用大量投入的信息系统，并不能真正发挥平时考核的功能作用。此外，部分地区在推行公务员平时考核工作中，设立了平时考核奖金，按季度兑现给考核较为优秀的公务员，公务员平时考核奖金在考核结果"轮流坐庄"的情况下，变相成为面向整个队伍的福利补贴。平时考核的基本作用在于及时解决公务员在平时工作中存在的问题，促进公务员个体的学习与成长，推动组织能力建设和个人能力发展，而不应以不断增加的物质投入换取组织和个体对考核的认同。平时考核以物质资源为主的投入方式，缺乏对公务员的思想引领和机关的文化氛围塑造，难以从精神层面和思想层面推动公务员履职尽责。

三是难点问题重视不够，作用未得到有效发挥。各地在推进平时考核工作中，普遍认为平时考核与年度考核的方式应有所区别，但对于如何针对平时考核过程性、及时性的特征采取有针对性的考核方式等难点问题重视不够。公务员考核内容逐渐增多、考核指标覆盖越来越全的现象比较普遍。一方面，指标设计在部门、岗位之间的同质性高，缺乏对具体岗位职责的关注；另一方面，指标在时序上缺乏动态调整，对年度目标、中长期目标和重点任务的回应性不足。平时考核能否采集到与绩效相关的数据和证据至关重要，目前公务员队伍中大量的不作为都是因为无法掌握与公务员行为相关的数据而导致的。公务员平时考核的信息采集，如日常工作表现如何捕捉、工作完成情况如何验证、具有不确定性和模糊性的行为如何量化、指标体系如何落地等问题未有效解决，使得平时考核无法及时对公务员进行工作绩效指导和绩效反馈，工作质量和效率提高受阻，政府机关公共服务与管理目标难以达成。

五、能力建设的系统性和可持续性有待创新

能力本位背景下所要求的公务员能力和现实公务员能力之间存在鸿沟，是目前我国公务员能力建设实践层面问题的本质，具体表现在能力建设的三个基本环节上：

首先是公务员能力建设战略目标与制度工具的协调性不足。能力管理的战略目标，决定了能力建设的制度安排、人力资源管理者选择和使用的工具。国外通常会根据公共部门承担国家使命和工作职责的改变以及技术变革，不断更新公务员能力建设的战略目标。在战略目标的指引下，通过职业面谈、继续教育和职业生涯管理等，进行人员、职位和能力相互匹配的前瞻性管理，并且在实践中注重将公务员能力建设与管理的各种制度和工具结合起来协调使用。在战略目标上，我国明确了要打造信念坚定、为民服务、勤政务实、敢于担当、清正廉洁的公务员队伍，但是实现目标的制度安排和工具手段还无法满足需要。

其次是公务员培训制度的碎片化。具体表现为：一是培训经费不足，培训基础建设薄弱，培训发展不平衡；二是培训机构行政化、层级化，各自为政，缺乏协调和统一认可的培训绩效标准；三是培训的针对性不够强，调查显示，大多数被调查者认为提高教学质量的首要手段是增强培训内容的针对性；四是培训缺乏吸引力，高级公务员对培训不重视，被调查者普遍认为搞好自身能力开发改革的当务之急是激发公务员参加培训的内在动力；五是培训效益不高，基本上是教育取向的，带有明显的普教影响，重应知轻应会。超过半数的被调查者认为应加强需求调研。

最后是公务员交流制度的碎片化。公务员通过交流，可以合理调剂调配人员，改善公务员队伍结构，优化政府人力资源配置，进一步增强机关的活力。从挂职这一具有中国特色的干部锻炼形式来看，各地在挂职方面虽有量的差异，却发展出趋同的准制度安排，主要包括四个方面的问题：挂职人员自身认识的偏差，派出单位的尴尬处境，接收单位存在顾虑，挂职管理体制不完善。不同挂职类型中的行为主体有着不同的角色期待、行为特征和挂职体验。挂职所存在的问题，既与制度的缺位有关，也与中国政治文化的弊病有关。挂职一方面增强了政府间关系，另一方面

人际化色彩浓厚，与依法治国精神存在冲突。这种冲突是结构性的，也是历史延续下来的。

六、工资福利的公平性和统筹性有待加强

2006年公务员工资制度改革，在完善机制、规范分配秩序和缩小工资收入差距等方面，都朝着公平分配的目标前进了一大步。但由于收入分配问题涉及面广，情况十分复杂，解决难度大，有的问题只是初步得到解决，有的问题暂时难以解决，仍然存在较严重的分配不公的现象。

第一，公务员收入差距有所减小，但地区收入差距依然较大。规范公务员津贴补贴使公务员部门和地区工资收入差距有所减小。但是，发达地区与欠发达地区、财政状况好的城市与财政状况差的城市、层级高的机关和基层机关的收入差距依然较大。

第二，公务员基本工资制度已经确立，但依然没有形成工资水平的决定和正常增长机制。由于公务员与企业相当人员工资水平的调查比较制度尚未建立，缺乏科学合理的工资水平确定与调整机制，公务员工资收入水平的增长机制处于一种不规则的被动状态，调整工资标准的时间和幅度，都带有不确定性。

第三，公务员工资的激励作用有所增强，但依然存在有效激励不足的问题。我国基层公务员工作条件艰苦、工作性质辛苦，但由于行政层级限制，职务上不去，工资待遇很低，严重影响了基层公务员队伍的稳定和基层政权建设。

第四，公务员工资的透明化和规范化取得进展，但福利待遇和职务消费等需要改革。与工资收入相比，福利与职务消费更为隐蔽，不透明、不规范，带来的实际收入差距更加悬殊。

此外，机关事业单位全面实行养老保险制度改革，但部分地区改革进展比较缓慢，工作中主要存在以下问题：一是机关事业单位养老保险制度改革与事业单位分类改革、工资制度改革同步进行，单项推进的工作难度大。二是编制管理混乱，影响改革推进。各地医院、高校等事业单位普遍存在超编、混编现象，再加上地方原来开展改革试点的参保人员复杂，既要进行规范，也要保证平稳过渡。

第四节
公务员制度改革完善的基本思路

公务员制度在我国行政管理中发挥了巨大的作用,但随着外部形势的变化、管理需求的调整以及具体制度的发展,亟须不断改革调整以适应管理形势的发展变化,更好地服务于改革发展事业的大局。

一、坚持公务员制度改革的基本方向

(一)明确基本的定位

公务员制度改革与发展要在我国的基本政治体制框架下,以法制建设为基本手段和途径,强化科学管理,提高科学管理水平。这个目标的实现需要分层和排序,难点是如果我们不能努力地把一些分歧的观点或矛盾的价值取向予以有机地结合或适度制衡,将会导致其失去方向,最后以失败告终。实现这个目标要做到:一是强调政府治理结构与模式对公务员制度的制约与决定作用。公务员制度是政治制度和政府管理的一部分,基本政治制度和政府管理体制决定公务员管理的基本体制,因此,完善公务员制度必须体现民权与民主,如公平就业与公众参与等方面的基本取向与要求。二是恰当地处理管理科学与政治民主的关系。公务员管理既是政治制度,也属于管理范畴。目前,我国公务员制度建设基本上处于加强科学管理阶段,与此同时,我国的社会自组织能力不强,政府在经济社会发展中起较大作用,提高政府能力与政府效率是促进发展的重要保证。因此,公务员管理的价值取向应得以强化和彰显,实现社会公平不能以牺牲效率为代价。三是制度建设应以法制化为保证,提高制度建设的规范性与约束性。

(二)系统设计与规划

我国的公务员制度建立的历史不长,健全与完善制度的任务艰巨。与此同时,

制度之间的逻辑关系与相互影响关系较为复杂，不同的制度建设结构与体系安排、制度建设的效率与效益差异明显。《2010—2020年深化干部人事制度改革规划纲要》，对今后十年的干部人事制度作出总体安排与部署，对公务员制度的改革与发展提出了具体要求。以此为基础，我国公务员制度改革与发展应制定相应的专项规划或专门规划，明确今后一段时间内，公务员制度改革与发展的指导思想和基本原则，确定公务员制度改革与发展的目标任务、基本路径与周期，提出公务员制度改革与发展的政策体系、主要工程等方面的对策措施，从而对公务员制度改革与发展作出系统安排。

（三）突破热点难点问题

公共组织被视为是行使政治权力的政治性的、制定政策的机构。如果公务员能够代表整个政治社群的利益，那么公共权力就能够得到控制并使其符合公共利益。如今，对于政府的代表性要求，很大程度反映在对平等就业机会与弱势群体保护行动的关注上。平等就业机会有助于实现社会正义和分配正义；另外，社会代表性是与其政治或政策代表性密切相关的。在公务员制度改革与发展过程中，必须充分考虑民主政治的要求，其核心的价值在于使公务人员对公众的回应力最大化。必须抓住那些群众关心、对制度建设具有瓶颈作用或基础作用而又具有解决可行性的问题，实施重点突破。如公务员分类管理、公务员录用选拔、公务员聘任制、公务员薪酬水平、公务员监督等问题都属于这类问题。

（四）保持先进性与扩大开放性

我国公务员制度的改革与发展，一方面，要有效吸取其他国家公务员制度改革的经验，也要借鉴我国非政府组织如企事业单位人事制度改革的有益做法，保持公务员制度建设的开放性；另一方面，我国政府在经济社会发展中的巨大作用，也源于公务员管理的规范性，公务员制度建设在干部人事制度改革乃至人力资源管理与开发领域具有典型性示范作用，因此，我国的公务员制度改革应在机制建设方面深入探索，形成整体制度优势，并产生一些具有一定先发优势的制度要素。

二、健全完善公务员制度的具体任务

(一) 公务员法律法规的评估与调整

作为规范公职人员管理的法律,各国的公务员法都在不同程度上反映了人事管理的一般规律和要求。因此,各国公务员法有许多共同点和相通的地方。但由于各国的经济发展水平、政治制度和政治体制、法律文化传统、社会发展阶段不同,公务员法律规范也千差万别。评判一个国家公务员制度的优劣,关键看其是否适合本国的国情。因此,我们要立足于我国的国情,根据我国政治体制的特点以及干部人事管理的实际,制定有中国特色的公务员法,建设有中国特色的公务员制度。

另外,在经济、政治因素的影响下,国外公务员管理积极进行改革,其中很重要的一项工作就是对公务员管理的法律法规进行评估、反思和调整,以更好地适应形势发展的需要。我国公务员法于2006年1月起实施,初步形成了一套较为完善的公务员管理法规体系,为公务员管理的规范化和科学化提供了保障。但是,也应该看到当前公务员管理中出现的新形势新要求,积极对公务员法及其配套法规进行立法后评估,不断完善我国公务员管理法规,以适应社会发展的变化。

(二) 深化分类管理改革

公务员分类管理改革是公务员管理制度的一项重大改革,必须从中国国情和公务员队伍的实际出发,稳步推进。

一是夯实基础,全面推进。职位分类的基础是职位职责规范的构建。我国公务员的职位职责规范设计应该界定和明确以下内容:明确职位职责规范的基本要素,通过科学设计基本要素实现职位职责规范的目标;以职位说明书来称谓职位职责规范;工作分析是获得职位职责规范的主要手段,职位职责规范的制定需要遵循正确的流程,选择合适的方法。

二是要循序渐进,逐步到位。分类管理工作不可能一蹴而就、一步到位,而是成熟一类、规范一类、推广一类。

三是要简便易行,便于操作。要满足分类管理需要,分类标准宜粗不宜细,具体办法要便于操作。推进公务员分类改革,要逐步规范并细化分类。在专业技术类、行政执法类公务员分类改革中合理确定不同类别的职位范围，完善配套政策，制定适合不同类别公务员的分类录用、考核、培训等制度，实行科学化、精细化管理。

四是要与时俱进，不断完善。要总结吸收试点经验，针对试点出现的问题，根据公务员队伍出现的新情况、新特点，不断完善公务员分类制度，把我国公务员分类管理不断推向深入。

（三）推进考试选拔科学化

我国公务员考试录用制度在改革开放的时代背景下展开，从统一考试到分类甄选，从单一考录到多元选拔，在选拔标准和知识、能力考察中反映出与公共管理模式需求的内在联系。未来，在公务员考试选拔制度改革探索中，既要解决公平与效率的发展性平衡问题，也需要兼顾政治民主性、公共服务性、法律公平性和时代发展性等多重属性，实现公务员制度建设与干部人事制度改革、政府机构改革和职能调整相互协调、相互促进。

一是由大一统考试向分级分类考试转变。目前，我国的公务员考试录用制度仍然是大一统的方式，尚未建立与公务员职位分类制度相匹配的、分级分类的考试录用制度。我国公务员考试采取统一考试的形式，对于不同的职位没有区分，因而导致标准的简单化和单一化。公务员考试没有层级和职位的区分，报考一般办事员与报考主任科员使用同一试卷进行考试这显然有失公平，同时也缺乏科学性。根据我国公务员法关于公务员职位分类的有关规定，2016年7月，中共中央办公厅、国务院办公厅印发了《专业技术类公务员管理规定（试行）》和《行政执法类公务员管理规定（试行）》，对这两类公务员的职务与级别、录用、考核、职务任免、职务升降、奖励与惩戒等方面作出详细而全面的规范。公务员职位分类制度的完善，为各类公务员考试录用提供制度基础。因此，考试录用制度应该采取分级分类的考试方式，针对不同类型、不同类别的公务员在考试内容和考试方式上进行区分，提升公务员考试录用的科学性。

二是由政策"一刀切"向解决实际问题转变。公务员考试录用工作在20多年的发展中积累了丰富的经验，同时，为了解决应对一些问题也出台了"一刀切"

的政策，极大地制约并损害了考录功能及限制了其作用的发挥。如，自2012年开始，中央机关公务员考试录用均要求从具有两年以上基层工作经历的人员当中考录，目的是解决公务员队伍结构单一、"三门"公务员缺少处理复杂问题的经验的问题，但在实际运行中却给各部门的招录工作带来了严重限制，无法满足机关的实际用人需求。因此，应从解决实际问题出发，在政策上给予用人机关一定的自主性，增强考试录用工作的针对性和有效性。公开选拔领导干部要按照"干什么、考什么"的原则，改进笔试、面试的内容和方法，围绕岗位特点，合理确定人选资格条件。运用现代人才测评技术，真正考出干部的基本素质和实际能力。坚持考试与考察相结合，突出岗位特点，注重工作能力，强化实绩导向，全面准确地了解干部的德才素质、工作表现和实绩，坚决克服单凭考试、演讲得分就录用的倾向。

三是由政策碎片化向整体谋划转变。目前，我国公务员考试录用规定特别是优惠政策方面呈现出碎片化，公务员考试录用政策出现分割。公务员考录工作未来应通过整体谋划，减少制度的临时性分割。

(四) 发挥考核评价的关键作用

健全完善公务员考核评价制度体系，应遵循考核的基本规律，把握关键路径进行改进。

一是注入契约精神，形成法治思维下的权责承诺机制。当前出现的公务员不作为以及政府信任危机问题，主要源于公务员个体和行政机关组织缺乏承诺和责任精神。国外公共部门绩效管理和考核评价的重要经验之一，就是根据契约即绩效合同确定工作任务，个人和组织通过任务分解的指标达成绩效，契约成为责任承诺及职责履行的核心机制。我国在公务员考核制度建设中也应注入契约精神，实现公务员个体与组织之间责权利的契约管理或合同管理。以契约或合同方式确定公务员在工作岗位上的职权、职责和工作目标，塑造公务员管理的法治思维。在考核中强化契约精神，确立权责利关系并形成责任机制，公务员个体的工作任务通过合同或契约的形式确定下来，将对公务员的考核变为公务员对事业的承诺，公务员在享有行政权力、履行行政义务的过程中实现行政责任。凝聚行政责任共同体，从一把手负责变为人人负责。在考核体系设计和工作实施中，遵循契约精神，将公务员考核工作贯彻到机关效能建设、目标管理考核、政府绩效评价等工作中，实现组织绩效目标与个体绩效目标有效结合，形成个体绩效与机关整体绩效不断改进的良性循环。

二是合理选用技术方法，促进绩效改进与能力发展。考核主体多元化，既要发挥上级领导在平时考核中的监督作用，也要发挥同事、工作相关者以及服务对象对公务员履职尽责过程管理的重要作用，帮助其减少工作中的错误，加强自身能力建设和发展。考核指标设计精细化，应根据公共部门岗位的使命和价值，梳理形成共性指标；根据岗位职责梳理形成个性指标，不同类型岗位公务员设置不同的考核要素；根据年度目标、近期规划等确定考核的重点内容，遴选关键绩效指标。数据采集分析专业化，年度考核着眼于结果，平时考核着眼于细节、时效和过程。借鉴国外公共部门绩效管理和考核借助专业机构进行工作行为与结果的采集及分析的经验，如美国、欧洲由专职绩效分析师面向公众采集公职人员的工作行为，作为绩效评价的证据，实现考核与绩效管理信息对等化。

三是教育引导与正激励结合，增强自我管理动机和能力。应坚持教育引导和正向激励，克服考核是单位、主管领导对公务员进行"控制"和"监督"的观念，挖掘公务员个人潜力，提升机关工作效率。采取认可、表彰等正向激励管理方式，激发公务员内生工作动机。合理设计激励手段，可通过正式发文、荣誉室展览等形式对优秀公务员予以表彰，以组织的名义向其家属致感谢信，为先进集体发放奖牌，制作先进集体展板在机关大厅予以公示，制作宣传片和宣传册等，体现价值理性与激励性，激发公务员的责任心和使命感。在日常教育、引导和协作中提升公务员的工作能力和综合素质，帮助公务员纠正工作偏差，树立正确的工作价值观和科学的成才观。

四是文化引领氛围塑造，形成风险预警机制。政府公信力和执行力的增强，基础在于对公务员履职尽责的信任以及公务员个体与行政组织之间的相互信任，需要通过平时考核实现风气引导，塑造相互信任的机关文化。在平时考核工作中，可以将机关工作氛围管理作为预警机制，及时发现公务员履职尽责的风险点，进行风险预判和防范。一旦通过平时考核发现组织内部出现不作为或乱作为的倾向，就需要加强文化引导，形成领导带头履行职责的环境氛围，推动机关内部公务员严格履行岗位职责，预防重大工作失误或管理失当行为的发生。

（五）加强公务员能力建设与开发

一是增强能力建设对需求的回应性。治理能力和治理体系现代化建设对公务员能力提出了更高要求，应结合改革任务，发展更适应形势需要的风险领导力、治理领导力以及行政伦理领导力，使公务员更好地致力于公共服务潜在价值以及公民利益的实现。

二是提升能力建设与开发效率。确立以组织需求为主，兼顾个性需求，有效平衡个体与组织需求之间的平衡的取向；强化需求调查，加强培训规划与计划设计；整合培训资源，开发并优化培训方法与方式，发展职业化外的培训。建立培训的标准体系，加强培训绩效评估。

三是完善公务员能力建设与开发的动力系统。进一步强化能力建设与开发对考核、职业发展的约束作用，建立能力建设与开发参与的激励机制。

四是强化公务员职业道德建设。2016年7月，中共中央组织部、人力资源和社会保障部、国家公务员局印发了《关于推进公务员职业道德建设工程的意见》，首先是从规范履职行为、建立诚信档案、加强教育培训、落实宣誓制度、推进公务员实训、开展主题实践活动、加强考核监督等七个方面细化措施，全面推进公务员职业道德建设工程；其次是开展公务员职业道德全员培训，制定具有地区特色和行业特点的公务员职业道德规范和守则，开展"公务员职业道德标兵"和"为民服务示范岗"等六项专题实践活动，将公务员职业道德考核评价结果作为公务员选拔任用等的重要依据。①

（六）深化工资福利制度改革

一是建立完善合理的工资制度。建立工资水平正常调整机制，不断优化工资结构。进一步完善地区津贴制度，调整艰苦边远地区津贴实施范围和类别，逐步将地区工资差距控制在合理范围内。

二是工资制度与管理改革相协同。适应公务员分类改革的要求，研究制定相关

---

① 资料来源：各地人社部门网站。

配套工资政策，建立适应专业技术类、行政执法类公务员分类管理要求的工资制度。结合县以下机关实施职务与职级并行制度的情况，制定出台地市以上机关的实施办法，全面实施职务与职级并行制度。

三是发挥奖金的激励作用。规范奖励性工资，完善公务员奖金制度和绩效工资分配机制，有效发挥工资激励作用。

我国公务员制度的建立健全是基于改革开放的时代背景，是中国特色社会主义理论指导下的实践探索过程，也是不断吸收借鉴国内外人事管理优秀成果和集思广益、大胆创新的过程。经过30多年的建设实践，中国特色的公务员制度已经建立，充满生机和活力的公务员管理机制已经有效运行，一支政治坚定、业务精湛、作风过硬、人民满意的公务员队伍正在形成。以此为基础，政府调控与监管能力逐步增强，社会管理与公共服务能力日益提升，促进了改革开放，优化了国家发展的体制机制环境，促进了国家经济实力的大幅提升和人民生活水平的提高。

总之，按照党的十八大以来深化行政体制改革和干部人事制度改革的要求，全面贯彻落实习近平总书记关于加强干部队伍建设的重要思想，我国公务员制度仍有改革创新的内在需求和外在压力。必须深入学习贯彻以习近平同志为核心的党中央治国理政新理念新思想新战略，适应新形势新任务，总结近40年来人事制度改革的实践经验，借鉴国外有益经验，继续深化改革，进一步完善我国公务员制度，为建设社会主义现代化强国提供组织和人才保障。

第九章
不断加强法治政府建设

法治政府是中国行政体制的一种模式；法治政府建设是中国行政体制改革的一种方向。中国改革开放近40年来，深入推进依法行政，加快建设法治政府，取得了显著成效。

第一节
法治政府建设的理论

中国法治政府建设的伟大实践是在法治政府建设理论指导下进行的。中国法治政府建设理论是中国特色社会主义法治理论的组成部分。

一、从"法治国家"到"法治政府"

从党的十五大报告将"依法治国，建设社会主义法治国家"确立为治国方略之后，党和国家开启了法治建设的伟大事业。法治建设是在具体的蓝图和规划指引下展开的，蕴含着行为和目标的双重逻辑。从党的十五大到现今，党和国家对法治的认识层层推进，由"依法治国"到"依法行政"及至"依法执政"，体现了目标的具体化和执政党对自身认知的加深。与具体的行为相对，最终的目标是达成"法治国家""法治政府"和"法治社会"，形成国家和社会生活的法治化治理。

法治是现代国家治理所追求的主要目标，是善治的重要形式。自1949年10月中华人民共和国成立以来，法治问题一直或隐或现、持续不断地存在于国人的生活之中，尤其是结束"文化大革命"推行改革开放政策以来，法治更是成为人民关

第九章
不断加强法治政府建设

注的热门话题。理论界和实践界经历了对法律阶级性本质的反思，党的领导人邓小平基于历史教训论述了人与制度之间的关系，并阐释了法治与我国社会转型的必然联系。这些思想争鸣的最终结果是确立了法治在当今中国社会的价值正当性，树立了执政党治国理政的基本理念和基本方式，形成了《宪法》和法律的基本原则。

党的十一届三中全会以来，"发扬社会主义民主，健全社会主义法制"，以及"有法可依，有法必依，执法必严，违法必究"，一直是指导和推动我国民主法制建设的基本提法。基于我国在民主法制建设方面已经取得的巨大成就和今后社会发展的需要，1997年9月在党的十五大会议上，以江泽民为核心的中国共产党第三代领导集体继承了邓小平的民主法制思想，并在系统总结以往实践经验和前瞻今后我国社会发展大势的基础上，提出了"依法治国，建设社会主义法治国家"的跨世纪目标，明确把"依法治国"确定为治理国家的基本方略，把"建设社会主义法治国家"确定为社会主义初级阶段基本纲领的重要组成部分，丰富和发展了邓小平的民主法制思想。1999年九届全国人大二次会议将法制思想载入《宪法》。党的十五大将"依法治国"确立为党领导人民治国理政的基本方略，把建设社会主义法治国家确立为治国理政的建设目标，实现了从"法制"向"法治"的历史性转变，标志着中国特色的社会主义法治道路进入到一个新阶段。[①] 从"法制"到"法治"的飞跃，标志着我们党的法治理论和法治实践进入到一个新阶段和新高度，使我国的法治建设从单纯的制度建设扩展到状态建设，使我们对法的功能认识从单纯的"专政工具"扩展到以"公平正义"治理社会的平衡器。

党的十五大以来，我们党关于依法治国的理论不断丰富、完善和发展。2002年党的十六大明确提出发展社会主义民主政治，最根本的是要把坚持党的领导、人民当家做主和依法治国有机统一起来。党的领导是人民当家做主和依法治国的根本保证，人民当家做主是社会主义民主政治的本质要求，依法治国是党领导人民治理国家的基本方略。中国共产党是中国特色社会主义事业的领导核心。共产党执政就是领导和支持人民当家做主，最广泛地动员和组织人民群众依法管理国家和社会事

[①] 李步云、张志铭：《跨世纪的目标：依法治国，建设社会主义法治国家》，《中国法学》，1997年第6期。

务、管理经济和文化事业，维护和实现人民群众的根本利益。《宪法》和法律是党的主张和人民意志相统一的体现。必须严格依法办事，任何组织和个人都不允许有超越《宪法》和法律的特权。报告在加强社会主义法制建设部分提出要加强对执法活动的监督，推进依法行政，维护司法公正，提高执法水平，确保法律的严格实施。维护法制的统一和尊严，防止和克服地方和部门的保护主义。拓展和规范法律服务，积极开展法律援助。加强法制宣传教育，提高全民法律素质，尤其要增强公职人员的法制观念和依法办事能力。党员和干部特别是领导干部要成为遵守《宪法》和法律的模范。

2004年，在党的十六届四中全会上作出的《中共中央关于加强党的执政能力建设的决定》中，明确必须坚持科学执政、民主执政、依法执政三大执政原则，不断完善党的领导方式和执政方式，要坚持依法治国、领导立法、带头守法、保证执法，不断推进国家经济、政治、文化、社会生活的法制化、规范化。党的十六届四中全会的决定更加清晰地提出了依法行政的要求，为推进依法治国、建设社会主义法治国家指明了方向。为了贯彻落实依法治国的基本方略和党的十六大、党的十六届三中全会精神，坚持执政为民，全面推进依法行政，建设法治政府。2004年，国务院编制并发布了《全面推进依法行政实施纲要》，该纲要的发布正式开启了我国法治政府建设的征程，围绕着法治政府展开了大量的理论探讨，各级政府积极投身法治政府建设之中并展开各种制度实践。

2007年，党的十七大报告中提出要全面落实依法治国基本方略，加快建设社会主义法治国家。依法治国是社会主义民主政治的基本要求。要坚持科学立法、民主立法，完善中国特色社会主义法律体系。加强《宪法》和法律实施，坚持公民在法律面前一律平等，维护社会公平正义，维护社会主义法制的统一、尊严、权威。党的十七大报告要求推进依法行政。2012年，党的十八大围绕全面建成小康社会的奋斗目标，首次提出"全面推进依法治国"的战略举措，首次确立"科学立法、严格执法、公正司法、全民守法"的社会主义法治建设新16字方针。党的

第九章
不断加强法治政府建设

十八大报告关于"依法治国"的论述和要求，重点集中在两个字上，即"全"和"快"。① "全面推进依法治国"，这是党的十八大报告关于推进依法治国的空间要求。推进"依法治国"是涉及中国各领域、各方面的一项政治任务。全面性表现在全面推进科学立法、严格执法、公正司法、全民守法，坚持法律面前人人平等，保证有法必依、执法必严、违法必究。全面推进依法治国，就是使得任何组织或者个人都不得有超越《宪法》和法律的特权，绝不允许以言代法、以权压法、徇私枉法。"加快建设社会主义法治国家"，这是党的十八大报告关于推进依法治国的时间要求。在中国特色社会主义的建设和发展承上启下的关键时期，我们必须加快法治建设的步伐，到2020年实现全面建成小康社会宏伟目标时，"依法治国基本方略全面落实，法治政府基本建成，司法公信力不断提高，人权得到切实尊重和保障"。

2013年党的十八届三中全会，以习近平总书记为核心的党中央提出了"法治中国"建设的新目标，并围绕这一目标，确立"坚持依法治国、依法执政、依法行政共同推进，坚持法治国家、法治政府、法治社会一体建设"的新路径。习近平总书记指出：推进国家治理体系和治理能力现代化，要高度重视法治问题，采取有力措施全面推进依法治国，建设社会主义法治国家，建设法治中国。法治中国的提出，表明我们党对社会主义法治建设有了更加完整系统的规划。② 依法治国，是治理国家的基本方略；依法执政，是执政党的基本执政方式；依法行政，是政府行政权运行的基本原则。全面推进依法治国，就是要更加注重发挥法治在国家治理和社会管理中的重要作用，维护国家法制的统一、尊严、权威，保证人民依法享有广泛的权利和自由。

2014年，党的十八届四中全会作出了《中共中央关于全面推进依法治国若干重大问题的决定》，全面推进依法治国，总目标是建设中国特色社会主义法治体系，

---

① 胡建淼：《认真学习，深刻领会党的十八大关于依法治国的精神》，《国家行政学院学报》，2013年第1期。
② 胡建淼：《全面依法治国：实现奋斗目标的战略举措》，原载于《"四个全面"：新布局、新境界》（魏礼群主编），人民出版社，2015年版。

建设社会主义法治国家。这次全会开创了我们党历史上的三个第一次：是第一次专题研究法治的中央全会，是第一次对全面推进依法治国作出重大决定的中央全会，是第一次确定全面推进依法治国总目标的中央全会。这个总目标就是，在中国共产党的领导下，坚持中国特色社会主义制度，贯彻中国特色社会主义法治理论，形成完备的法律规范体系、高效的法治实施体系、严密的法治监督体系、有力的法治保障体系，形成完善的党内法规体系，坚持依法治国、依法执政、依法行政共同推进，坚持法治国家、法治政府、法治社会一体建设，实现科学立法、严格执法、公正司法、全民守法，促进国家治理体系和治理能力现代化。依法治国的决定还明确了全面推进依法治国的重大任务，这就是：完善以《宪法》为核心的中国特色社会主义法律体系，加强《宪法》实施；深入推进依法行政，加快建设法治政府；保证公正司法，提高司法公信力；增强全民法治观念，推进法治社会建设；加强法治工作队伍建设；加强和改进党对全面推进依法治国的领导。这次决定囊括了五大法治体系和六大具体任务，其中也提出了"共同推进一体建设"理论和"法治中国"新目标。这标志着中国共产党关于"全面法治"理论的成熟，标志着我国法治建设实践踏上了"全面法治"的新起点。

2014年12月，习近平总书记在庆祝澳门回归祖国15周年大会暨澳门特别行政区第四届政府就职典礼上指出："人类社会发展的事实证明，依法治理是最可靠、最稳定的治理。要善于运用法治思维和法治方式进行治理，要强化法治意识。"[①] 在2015年的新年贺词中，习近平总书记将全面深化改革和全面推进依法治国比喻为推动全面建成小康社会目标的"鸟之两翼"和"车之双轮"。在2015年2月2日省部级主要领导干部学习贯彻党的十八届四中全会精神，全面推进依法治国专题研讨班上，习总书记要求把全面依法治国放在"四个全面"的战略布局中来把握，深刻认识全面依法治国同其他"三个全面"的关系。

---

① 引自习近平总书记2014年12月在庆祝澳门回归祖国15周年大会暨澳门特别行政区第四届政府就职典礼上的讲话。

二、从"依法行政纲要"到"法治政府纲要"

正如党的十八届四中全会决定所言,中国法治建设的重要内容包括依法行政。依法行政是法治政府的核心要求,法治政府的建成是法治成功的关键环节,是中国治理能力现代化的重要表征。作为依法治国的重要组成部分,依法行政也取得了明显进展。1999年11月,国务院发布了《国务院关于全面推进依法行政的决定》,各级政府及其工作部门加强制度建设,严格行政执法,强化行政执法监督,依法办事的能力和水平不断提高。党的十六大把发展社会主义民主政治,建设社会主义政治文明,作为全面建设小康社会的重要目标之一,并明确提出"加强对执法活动的监督,推进依法行政"。与完善社会主义市场经济体制、建设社会主义政治文明以及依法治国的客观要求相比,依法行政还存在不少差距。依法行政中存在的问题在一定程度上损害了人民群众的利益和政府的形象,妨碍了经济社会的全面发展。为了解决这些问题,适应全面建设小康社会的新形势和依法治国的进程,必须全面推进依法行政,建设法治政府。为此,国务院于2004年制定并发布了《全面推进依法行政实施纲要》。

通过全面推进依法行政,经过十年左右坚持不懈的努力,我国基本建成法治政府。法治政府具体表现为以下七个方面。第一,政企分开、政事分开,政府与市场、政府与社会的关系基本理顺,政府的经济调节、市场监管、社会管理和公共服务职能基本到位。中央政府和地方政府之间、政府各部门之间的职能和权限比较明确。行为规范、运转协调、公正透明、廉洁高效的行政管理体制基本形成。权责明确、行为规范、监督有效、保障有力的行政执法体制基本建立。第二,提出法律议案、地方性法规草案,制定行政法规、规章、规范性文件等制度建设符合《宪法》和法律规定的权限和程序,充分反映客观规律和最广大人民的根本利益,为社会主义物质文明、政治文明和精神文明协调发展提供制度保障。第三,法律、法规、规章得到全面、正确实施,法制统一,政令畅通,公民、法人和其他组织合法的权利和利益得到切实保护,违法行为得到及时纠正、制裁,经济社会秩序得到有效维护。政府应对突发事件和风险的能力明显增强。第四,科学化、民主化、规范化的行政决策机制和制度基本形成，人民群众的要求、意愿得到及时反映。政府提供的信息全面、准确、及时，制定的政策、发布的决定相对稳定，行政管理做到公开、公平、公正、便民、高效、诚信。第五，高效、便捷、成本低廉地防范、化解社会矛盾的机制基本形成，社会矛盾得到有效防范和化解。第六，行政权力与责任紧密挂钩、与行政权力主体利益彻底脱钩。行政监督制度和机制基本完善，政府的层级监督和专门监督明显加强，行政监督效能显著提高。第七，行政机关工作人员特别是各级领导干部依法行政的观念明显提高，尊重法律、崇尚法律、遵守法律的氛围基本形成。依法行政的能力明显增强，善于运用法律手段管理经济、文化和社会事务，能够依法妥善处理各种社会矛盾。在这个实施纲要的指引下，省、市、县等各级政府开展了法治政府的实践。

2008年，国务院又作出了关于加强市县政府依法行政的决定。加强市县政府依法行政是建设法治政府的重要基础。市县两级政府在我国政权体系中具有十分重要的地位，处在政府工作的第一线，是国家法律法规和政策的重要执行者。实际工作中，直接涉及人民群众具体利益的行政行为大多数由市县政府作出，各种社会矛盾和纠纷大多数发生在基层并需要市县政府处理和化解。市县政府能否切实做到依法行政，很大程度上决定着政府依法行政的整体水平和法治政府建设的整体进程。国务院在2008年作出的决定进一步夯实了依法行政的基础。

党的十八大把法治政府基本建成确立为到2020年全面建成小康社会的重要目标之一。党的十八届二中、三中、四中、五中全会对加快法治政府建设提出了新要求，作出了新部署。

习近平总书记在首都各界纪念现行《宪法》公布实行30周年大会上指出，国务院和地方各级人民政府作为国家权力机关的执行机关，作为国家行政机关，负有严格贯彻实施《宪法》和法律的重要职责，要规范政府行为，切实做到严格规范、公正文明执法；在主持党的十八届中央政治局第四次集体学习时强调，行政机关是实施法律的重要主体，要带头严格执法，维护公共利益、人民权益和社会秩序；在党的十八届四中全会上的报告和讲话中指出，各级政府必须坚持在党的领导下、在法治轨道上开展工作。执法是行政机关履行政府职能、管理经济社会事务的主要方式，各级政府必须依法全面履行职能，健全依法决策机制，完善执法程序，严格执法责任，做到严格规范、公正文明执法；在党的十八届五中全会第二次全体会议上的讲话中强调，要更加自觉地运用法治思维和法治方式来深化改革、推动发展、化解矛盾、维护稳定，依法治理经济，依法协调和处理各种利益问题，避免"埋钉子、留尾巴"。

李克强总理在本届国务院第一次全体会议上，明确提出全面建设法治政府；在国务院党组会议部署推进依法行政建设法治政府时指出，要全面推进依法治国，加快建设职能科学、权责法定、执法严明、公开公正、廉洁高效、守法诚信的法治政府，要坚持依宪施政、依法行政，不断提高法治意识和依法行政能力，用法治引领改革发展、推动民生改善和社会公正，增强政府的执行力和公信力。2015年政府工作报告强调加快建设法治政府、创新政府、廉洁政府和服务型政府，增强政府执行力和公信力，促进国家治理体系和治理能力的现代化建设。

为适应协调推进"四个全面"战略布局的新形势、新要求，切实解决当前依法行政面临的突出问题，实现到2020年基本建成法治政府的奋斗目标，亟须对法治政府建设作出总体设计和全面规划，确定法治政府建设的总蓝图、路线图和施工图。

2015年，党中央和国务院印发了最新的《法治政府建设实施纲要（2015—2020年）》，这是我国"十三五"期间的法治建设纲要，是党和国家在顶层设计的层面上对法治政府更加全面的阐释。它迈出了依法行政理论发展的重要一步，是中华人民共和国成立以来党和国家第一次制定和"十三五"同步同期的法治规划。建设法治政府必须坚持中国共产党的领导，坚持人民主体地位，坚持法律面前人人平等，坚持依法治国和以德治国相结合，坚持从我国实际出发，坚持依宪施政、依法行政、简政放权，把政府工作全面纳入法治轨道，实行法治政府建设与创新政府、廉洁政府、服务型政府建设相结合。坚持依法治国、依法执政、依法行政共同推进，坚持法治国家、法治政府、法治社会一体建设，深入推进依法行政，加快建设法治政府，推进国家治理体系和治理能力现代化，为实现"两个一百年"奋斗目标、实现中华民族伟大复兴的中国梦提供有力的法治保障。经过坚持不懈的努力，力争到 2020 年基本建成职能科学、权责法定、执法严明、公开公正、廉洁高效、守法诚信的法治政府。

该纲要共分三个部分，确立了法治政府建设的指导思想、总体目标、基本原则、衡量标准和 44 项工作措施。与 2004 年的《全面推进依法行政实施纲要》相比，2015 年新的实施纲要的提出表明：法治政府建设是一项系统工程，它不仅仅是政府的事，也是全党、全国、全社会的事。

三、法治政府的目标和标准

1978 年党的十一届三中全会提出"有法可依、有法必依、执法必严、违法必究"的十六字方针，表明了法治意向，显示出党和国家进行法制建设的坚定决心。1984 年，党中央进一步明确应"从依政策办事，逐步转变为既要依政策办事，又要依法律办事"，其中蕴含了法治政府的基本含义和要求；1993 年国务院工作办法中规定"依法办事，依法行政"，"依法行政"四个字第一次出现在政府文件中。

1997 年党的十五大首次将"依法治国"确立为党领导人民的治国理政方针；1999 年九届全国人大二次会议修订《宪法》时，将"依法行政，建设法治国家"写入《宪法》，作为治理国家的基本方略；同年 11 月，《国务院关于全面推进依法行政的决定》中提出了推进法治政府建设的具体要求；为了落实"依法治国"的战略任务，2002 年党的十六大确立了"推进依法行政"的法治任务；2004 年，国务院制定公布了《全面推进依法行政实施纲要》，首次将"全面推进依法行政，经过十年左右坚持不懈的努力，基本实现建设法治政府"确立为全面推进依法行政的目标。①

2012 年 11 月，党的十八大首次将"法治政府基本建成"确立为"全面建成小康社会"的重要目标之一，并同时确定了完成这一重任的时间表，即到 2020 年"法治政府基本建成"。2013 年 2 月，党的十八届二中全会审议通过了《国务院机构改革和职能转变方案》，要求深入推进政企分开、政资分开、政事分开、政社分

---

① 胡建淼：《努力推进法治政府建设》，原载于《走向法治强国》，法律出版社，2016 年版，第 87 页。

开,健全部门职责体系,建设职能科学、结构优化、廉洁高效、人民满意的服务型政府,丰富了法治政府的内涵。2013年11月,党的十八届三中全会通过了《中共中央关于全面深化改革若干重大问题的决定》,将"完善和发展中国特色社会主义制度,推进国家治理体系和治理能力现代化"确定为全面深化改革的总目标,提出了"建设法治政府和服务型政府"的任务。2014年10月,党的十八届四中全会通过了《中共中央关于全面推进依法治国若干重大问题的决定》,提出了法治政府建设的六个标准及其任务,即对"深入推进依法行政,加快建设法治政府"作了全面部署,明确提出了"加快建设职能科学、权责法定、执法严明、公开公正、廉洁高效、守法诚信的法治政府"的任务。2015年10月,党的十八届五中全会审议通过了《中共中央关于制定国民经济和社会发展第十三个五年规划的建议》,进一步提出了经济法治建设要求。

建设法治国家是根本任务和远大目标,建设法治政府是核心任务和关键环节,建设法治社会是基础任务和普遍要求,它们的建设标准有同有异、互系互动、异曲同工,其中最值得关注的是法治政府建设的诸多疑难问题。

当前,依法行政的现状与经济社会发展的要求还不相适应,与人民群众的期待还有差距。一个重要原因是,对何谓法治政府、何谓衡量法治政府的标准存在误区,使得推进法治政府建设缺乏抓手。

2004年国务院《全面推进依法行政实施纲要》第三条确立了法治政府建设的七项具体目标[①],进而在第五条就如何建设法治政府提出六项总体要求,即合法行政、合理行政、程序正当、高效便民、诚实守信、权责统一。该实施纲要推出的上述努力目标,概括起来就是要建设有限政府、法制统一政府、透明廉洁政府、公正诚信政府、服务效能政府、责任政府,这也是建设法治政府的六条判断标准。但是

---

① a.政企分开、政事分开,政府与市场、政府与社会的关系基本理顺,政府的经济调节、市场监管、社会管理和公共服务职能基本到位;b.提出法律议案、地方性法规草案,制定行政法规、规章、规范性文件等制度建设符合《宪法》和法律规定的权限和程序;c.法律、法规、规章得到全面、正确实施,法制统一,政令畅通;d.科学化、民主化、规范化和行政决策机制和制度基本形成;e.高效、便捷、成本低廉的防范、化解社会矛盾的机制基本形成;f.行政权力与责任紧密挂钩、与行政权力主体利益彻底脱钩;g.行政机关工作人员特别是各级领导干部依法行政的观念明显提高,尊重法律、崇尚法律、遵守法律的氛围基本形成。

我们也可以清晰地看到，该实施纲要将法治政府的衡量标准等同于依法行政的基本要求。法治政府建设工作主要是依法行政，但依法行政工作并不是法治政府建设工作的全部，法治政府建设工作比依法行政工作广得多、全面得多。

2014年，党的十八届四中全会通过的《中共中央关于全面推进依法治国若干重大问题的决定》提出"加快建设职能科学、权责法定、执法严明、公开公正、廉洁高效、守法诚信的法治政府"，这六个标准及其任务确定了法治政府的内涵。该决定专门就建设法治政府提出了一系列具体要求，实际上是描述了法治政府建设标准的框架范围和基本要素。具体包括：

（1）依法全面履行政府职能。

（2）健全依法决策机制。

（3）深化行政执法体制改革。

（4）坚持严格规范公正文明执法。

（5）强化对行政权力的制约和监督。

（6）全面推进政务公开。

在这些具体项下仍存在着更为细致的规定，如深化行政执法体制改革、整合执法主体、相对集中执法权、推进综合执法等；减少行政执法层级，加强食品药品等重点领域基层执法力量等。与2004年《全面推进依法行政实施纲要》的构想相比较，《中共中央关于全面推进依法治国若干重大问题的决定》针对长期存在的依法行政薄弱环节，重点提出了理顺和改善执法体制、基层执法、城管执法、执法程序、执法衔接的具体要求和衡量角度。

近年来，我国不仅提出思想方针和进行理论探讨，而且在许多地方、领域积极进行法治一体建设标准的实践探索，取得了丰硕成果和丰富经验。其中，主要包括两种类型：一是某个领域的法治建设专项评价标准探索，例如依法行政、政府透明度、社会治安综合治理、公正司法等方面的评价指标体系。2008年，深圳市政府法制办、市法制研究所经过近两年的研究后拟出了《深圳市法治政府建设指标体系（试行）》。该指标体系是全国第一个法治政府量化评估体系，一经公布即引起巨大反响。2009年4月，湖北省政府与国务院法制办签署了《关于共同推进湖北省法治政府建设和武汉城市圈"两型社会"建设的合作协议》，商定"共同研究制定湖北省建设法治政府的指标体系"，同年11月，湖北省政府推出了全国第一个省级法治政府指标体系。此外，2009年国务院法制办组织起草了《关于推行法治政府建设指标体系的指导意见（讨论稿）》，不过该讨论稿原则性较强且略显空洞，没有为各地广泛接纳。① 迄今为止，全国至少有17个省级、市级和县级政府出台了法治政府评估指标体系，中国政法大学法治政府研究院也开展了独立的法治政府评估。二是某个地区的法治建设综合评价标准探索，例如法治湖南、法治江苏、法治无锡建设的评价指标体系，还包括北京的"法治建设状况综合评价指标体系研究"。鼎鼎有名的"余杭法治指数"也属于这一类，其指标体系选自《中共杭州市余杭区委关于建设法治余杭的意见》，本身就服务于"建设法治余杭"的目标。上述指标体系最大的特点就是重合之处较多，都涉及政府职能、行政决策、行政执法、社会矛盾、行政监督、行政能力建设或组织领导等六大项内容。导致这一现象的原因在于，几乎所有的法治政府评估指标体系的拟定，都依据同样的文件，即2004年国务院发布的《全面推进依法行政实施纲要》和2008年发布的《国务院关于加强市县政府依法行政的决定》。2010年，国务院又出台了《国务院关于加强法治政府建设的意见》，也很快成为新的法治政府评估指标体系制定的参照依据。这些文件提出了建设法治政府的总体要求，为法治政府指标体系提供了基础框架性依据。

2015年12月，党中央国务院发布了《法治政府建设实施纲要（2015—2020年）》。该纲要共分为3个部分，确立了法治政府建设的指导思想、总体目标、基本原则、衡量标准和44项工作措施。这是我国"十三五"期间的一个法治建设纲要。它既是对党的十八大及党的十八届二中、三中、四中、五中全会所确立的法治政府建设目标任务的具体落实，又是对未来五年法治政府建设工作的系统部署。

在此基础上，该纲要确立了法治政府建设的总体目标：经过坚持不懈的努力，到2020年基本建成职能科学、权责法定、执法严明、公开公正、廉洁高效、守法诚信的法治政府。该纲要还确立了建设法治政府所必须坚持的基本原则：一是必须

---

① 国家行政学院课题组：《法治政府指标体系与作用》，《中共天津市委党校学报》，2014年第2期。

坚持中国共产党的领导；二是坚持人民主体地位；三是坚持法律面前人人平等；四是坚持依法治国和以德治国相结合；五是坚持从我国实际出发；六是坚持依宪施政、依法行政、简政放权；七是把政府工作全面纳入法治轨道；八是实行法治政府建设与创新政府、廉洁政府、服务型政府建设相结合。上述八项原则中，第一至第五项是由《中共中央关于全面推进依法治国若干重大问题的决定》所确立的全面推进依法治国的基本原则，建设法治政府作为全面推进依法治国的重要构成部分，自然应当遵循这五项原则；第六至第八项是建设法治政府的特有原则。建设法治政府，既应当遵循全面推进依法治国的一般原则，同时也必须遵循法治政府建设的特有原则。

那么，如何来判断法治政府是否建成呢？《法治政府建设实施纲要（2015—2020 年）》第一次确立了法治政府是否建成的衡量标准，那就是：

（1）政府职能依法全面履行。

（2）依法行政制度体系完备。

（3）行政决策科学民主合法。

（4）宪法法律严格公正实施。

（5）行政权力规范透明运行。

（6）人民权益切实有效保障。

（7）依法行政能力普遍提高。

这 7 项做到了，法治政府也就基本建成了。党的十八大报告提出，要建设职能科学、结构优化、廉洁高效、人民满意的服务型政府。习近平总书记说："人民对美好生活的向往，就是我们的奋斗目标。"我们的政府是人民政府，是坚持党的领导、人民当家做主和依法治国的有机统一，是以人民主权为本质、以人民民主为基础、以宪法法律为行为准则的政府。是否让人民满意，能否做到让人民满意，是检验我们政府好与不好、是不是人民政府的重要标准。[①] 两相对比，可以看出《法治政府建设实施纲要（2015—2020 年）》提出的法治政府的衡量标准就是好政府、人

---

① 胡建淼、戴建华：《人民满意的政府才是好政府》，《求是》，2014 年第 3 期。

民政府的要求。法治政府就是好政府，也是人民政府。

第二节
法治政府建设的实践

在党中央的统一领导下，国务院全面部署，人民群众积极支持和配合，我国各级行政机关推进依法行政、建设法治政府，对照法治政府的建设目标，法治政府建设稳步推进，取得了重大成就。

一、法治政府建设成效

我国提出建设法治政府的时间并不长，最早可以追溯到2004年国务院发布的《全面推进依法行政实施纲要》，在该纲要中首次提出了我们要用十年左右的时间，基本上实现建设法治政府的目标。从那时候开始，国务院一直强调法治政府建设的进程，比如后来在2008年出台了关于加强市县依法行政的决定，2010年全国召开依法行政工作会议，又发布了关于加强法治政府建设的意见，明确提出了法治政府建设若干重要的要求。从法治政府建设目标确立到现在，我们已在这方面取得了非常显著的成效。

法治政府建设的成效表现在很多方面。我国建立了一套比较完整的法治政府建设的制度，以加强和改进政府立法，完善依法行政制度体系。完善行政管理法律法规、提高政府立法质量是建设法治政府的前提。2015年政府工作报告显示，截至2014年9月底，我国已制定现行有效的行政法规737件，国务院部门规章2856件，地方政府规章8909件，以规范经济、政治、文化、社会生活、生态环境以及政府自身活动为主要内容的制度体系逐步健全，政府管理在各个方面总体上实现了有法可依，为法治政府建设奠定了坚实的制度基础。坚持科学立法、民主立法，是保证政府立法质量的根本途径。在立法过程中，除通过座谈会、论证会等方式征求意见外，普遍采取法规规章草案公开向社会征求意见的方式，充分听取各方面意见，凝聚各方面共识。目前，除依法应当保密的外，已经做到所有行政法规草案都通过报纸、网络等媒体向社会公开征求意见。

及时进行行政法规清理，依法推进政府职能转变。2013年以来，国务院把深化行政审批制度改革作为全面深化改革的重要抓手和突破口。规范行政权力运行，促进严格规范公正文明执法。推进政务公开，促进政府工作公开透明。国务院发布实施《中华人民共和国政府信息公开条例》，依法保障社会公众的知情权、参与权、监督权。积极推进权力清单工作，地方各级政府以行政许可、行政处罚等关系群众切身利益的领域为重点，依法清理规范行政权力，公开权力运行流程。发挥行政复议制度功能，妥善化解行政争议。行政复议成为政府层级监督、有效化解行政争议的重要法律渠道。各级行政复议机关认真执行行政复议法，积极发挥职能作用，依法公正裁决案件，及时纠正违法行为，妥善化解矛盾争议，有效维护了公民、法人和其他组织的合法权益，增强了行政复议的公信力、执行力。我国行政审批制度改革取得了进展和成就。上一届政府连续进行了6次行政审批事项的清理，将国务院部委的3600多项行政审批事项精简到了1100多项。本届政府又大力推进简政放权，清理行政审批事项，先后取消下放了数百项行政审批事项，激发了市场主体的活力，有力促进了经济社会发展。

除此之外，党和国务院还发布了很多政策的引导意见，包括2004年的《全面推进依法行政实施纲要》，2008年的《国务院关于加强市县政府依法行政的决定》，还有2010年的《国务院关于加强法治政府建设的意见》，这些都是推动法治政府建设的纲领性文件。

此外，政府依法行政的意识不断提升，依法行政的能力有所增强。回溯20多年前，公务人员和领导干部尚且不能完全理解依法行政和法治政府。但是当下，领导干部和公务人员都能够讲出依法行政的一些基本要求，都有依法行政的基本意识和理念。这是意识层面上取得的非常重要的成就。一个国家法治成功与否的标准不在于法律数量的多少，而在于人的意识的变化。要看这个国家的公民特别是公务员的法律意识有没有增强，对法的尊崇、敬畏程度有没有增加。领导干部是否有比较明确的职权法定的意识，是否按照法定的权限程序行使权力、履行职责。近些年，我国政府在推进依法行政、建设法治政府的过程中，依法行政的意识有所增强、能力有所提高。

虽然法治政府的成就不少，但是也存在着非常多的问题。我国在法治精神和法治理念尚未完全深入人心的社会环境和背景下，提出法治政府的理念和依法行政的要求虽然容易，但要真正践行法治，落实这些要求，特别是加快建设法治政府，实际上还面临很多挑战和任务。

二、法治政府建设经验

经过30多年的法治政府建设实践，我国各级政府在推进依法行政、建设法治政府方面做了大量工作，取得了显著成绩，积累了不少宝贵经验，这些经验主要表现为以下几个方面。

（一）必须坚持党的领导、人民当家做主和依法治国三者的有机统一

党的领导是中国特色社会主义最本质的特征，是社会主义法治最根本的领导保证。历史和人民选择了中国共产党，党的领导是一切事业的保障。法治是现代国家治理的基本方式，是党领导人民实现中华民族伟大复兴的必然选择。党的领导也必须依靠社会主义法治，与社会主义法治的目标相一致，推进社会主义法治必须坚持党的领导。在现代化和全球化背景下，坚持执政党的领导地位必须依靠社会主义法治，走社会主义法治道路。中国共产党代表中国最广大人民的根本利益，只有在党的领导下依法治国、厉行法治，人民才能实现当家做主并享有《宪法》和法律规定的权利。党的领导决定了"总体国家"一以贯之地全面推进法治事业，国家和社会生活法治化才能有序推进。党是社会主义法治的倡导者、主导者和引领者，依法治国以加强和改善党的领导为指向。依法治国是党领导人民治理国家的基本方略，依法执政是党治国理政的基本方式，建设法治政府自然必须坚持党的领导、人民当家做主和依法治国三者的有机统一。

（二）必须坚持宪法原则，忠实履行《宪法》和法律赋予的职责

《宪法》是我国的根本大法，规定了我国的基本制度。《宪法》同样是国家意

志的体现，展现了国家理性和政治决断。法治政府是党和国家作出的关于国家目标和国家任务的重要决断，势必体现在《宪法》和法律中。《宪法》所确立的基本原则、国家根本制度和公民基本权利义务，体现了全国各族人民的共同意志和根本利益，是一切国家机关和武装力量、各政党和社会团体的根本活动准则，也是法治政府建设的基础和依据。建设法治政府所推行的各项措施都必须符合《宪法》的规定。遵循《宪法》，依宪治国是建设法治政府坚持正确的发展方向的根本保证。

（三）必须以经济建设为中心，与经济社会同步协调发展

我国改革开放的过程历经了计划经济和市场经济的争论，最终确立了走社会主义市场经济的道路。市场经济是法治经济，经济发展内生出法治需求，法治为经济持续增长提供制度保障。但诚如马克思理论所言，作为上层建筑的法律制度受生产关系制约。法治政府作为经济社会发展的促进力量和保障力量，其全面推进无法脱离经济发展水平和社会条件。如果过于超前，法治政府建设目标和各项措施就会落空，从而无法实现推动经济和社会发展的作用；如果过于滞后，则可能成为经济和社会发展的阻碍，影响经济和社会的发展。所以，建设法治政府更应该围绕经济建设这个中心，把改革发展和稳定当作法治政府建设的重点，坚持与经济和社会发展相适应，凸显法治政府建设在依法治国方略中的重要地位，为建设法治政府不断增添动力的源泉。当下我国发展进入转型时期，各种利益格局错综复杂，社会发展陷入中等收入陷阱，经历高速发展后经济面临新常态，此刻建设法治政府，理顺各种关系更显得迫切。

（四）必须与政府职能转变和深化行政体制改革有机结合，同步实施

自中华人民共和国成立以来，中国共产党将马克思主义理论和我国实际相结合，建立起党和国家高度同构的体制，这种体制在很长时间内能集中力量办大事，体现社会主义制度的优越性，但也带来了非常多的弊端。对于政府层面来说，行政管理体制改革一直镶嵌在中国政治改革进程中。30多年前，我国启动了改革开放的伟大历史进程，从那时起，我国的行政管理体制改革就必须随着时代的发展和国家主要任务的变化而调整，需要将政府过去计划经济体制下的职能逐步转变为适应市场经济发展需要的新体制。发展到转型期当下，建立高效、法治、廉洁、责任和

效能政府已经是我国行政体制改革的必然方向。对于我国的法治建设来说，建设法治政府是对旧的行政管理模式的深刻革命，必然要求建立与之相适应的新的行政管理体制。

法治政府建设既是政府职能转变和行政管理体制改革的重要内容，也是政府职能转变和行政管理体制改革的必要手段。在我国社会转型过程中，建设法治政府既要在现有行政管理体制下逐步推进，与行政管理体制改革和政府职能转变相衔接，通过法治政府的建设促进政府职能向经济调节、市场监管、社会管理和公共服务方向转变，又要为行政管理体制改革和政府职能转变提供足够的创新空间，保障行政管理体制改革和政府职能转变逐步到位。

（五）法治政府建设必须进一步转变观念

加快法治政府建设应当在现有成就的基础上，进一步转变观念。观念上的转变需要着力解决几个关键问题：一是从无限政府到有限政府的过渡。大包大揽的政府的观念已经过时，并被证明是行不通的。事实证明，政府不是万能的，也不该是万能的。政府若将社会所有事务包揽起来既不应该也做不到。在很多领域，需要政府发挥"看不见的手"的作用，积极承担监管职能。与公权力相对的广泛存在的社会自治力量能承担很多管理职能，是约束和监督政府权力的重要力量。除此之外，被广泛讨论的公私合作模式甚至融合了公权力和私法精神，在基础设施和城市建设等领域得到广泛应用。所以说，领导干部对政府职能定位的观点应予以转变，应该知道在全球治理的框架下政府只是一类治理主体。如果不能在观念上实现从无限政府到有限政府的过渡，政府职能就无法得到转变。二是从管理政府到服务政府的过渡。管理政府的手段侧重于命令、强制和处罚，而服务政府的手段侧重于指导、给付和帮助。要有效地转变政府职能，在观念上从管理政府过渡到服务政府是必要的。柔性行政、服务型政府已经成为法治政府建设中的重要命题。三是从传统政府到现代政府的过渡。传统政府是习惯于用传统方式管理社会的政府，大多靠"运动之治""会议之治""口号之治""领导之治"，体现出一种人治思维和长官意志，这使得政策、方法和手段不具有稳定性、可持续性和科学性。现代政府则是指在国家治理现代化的背景下，能够做到管理科学化、民主化、文明化、法治化，能够实现"规则之治"的政府。

（六）必须把依法治官、治权作为重点，把保护公民权利作为核心

法治政府的实质在于依法治理政府，政府是法治的客体，公民和社会才是法治的主体。这种对主客体的解读与我国的社会主义制度不谋而合。法治政府的基本内涵，就是政府受到法律的支配，政府必须依照法律的内容、目的、原则和精神行政，依法对社会进行管理。政府要维护《宪法》和法律的权威，依法提供公共服务，依法接受监督。建设法治政府的重点是依法治官，而非治民，强调的是对公权力的控制和约束以及对公民权利的保护。依法治权而非治事，核心和目的仍在于保护公民的权利。由于历史传统原因，我国法治文化中更多的是义务本位，而非权利本位。公民的权利文化并不发达，也没有健全的权利保障机制，而与此相对照的是强大的行政权。在公民权利先天不足的情况下，我们在建设法治政府的过程中更应该紧紧抓住这个重点和核心，才不会使政府行政偏离正确的方向，才能真正把行政权纳入法治轨道。事实证明，经历了近30年法治精神的浸润，我国公民权利意识大大提高，在面对公权力时也能行使自己的权利，保障自己的合法权益。

（七）必须坚持立法、执法和监督并重，并使其互相协调、整体推进

法治政府建设是一项系统工程，需要各个环节联动配合，缺失了任何面向都会导致目标无法达成。法治政府的首要前提是有法可依，也就是说，必须依法依规行使权力，不受法律约束的行政权力势必肆意扩张，并侵犯公民权利。而法治政府中的核心关注点是行政权，公权力部门往往处于与公民权利交涉的前线。执法行为是否合法、合理是法治政府成败与否的决定性环节。行政执法工作往往千头万绪，涵盖范围极广，掺杂和缠绕各种利益关系，执法人员是否能依据法律办事，处理好合法性和合理行政的关系显得非常重要。但是实际在行政执法中，没有人能保证权力行使不出现任何错误，一旦出现违法行政行为而侵犯了相对人的权利，就需要强有力的监督机制。因此，应加强党内监督、人大监督、民主监督、行政监督、司法监督、审计监督、社会监督、舆论监督制度建设；健全政府内部权力制约机制；完善审计制度。通过各个层面的监督，使行政权力无法、不敢、不能肆意妄为。当然，立法、执法和监督并不是相互独立的，而是互相协调、彼此促进，并形成良性循环。执法环节和监督机制更能展现可能存在的漏洞,并将其反映到立法中去,使立法更加科学和全面。改善后的立法也能更好地指引执法过程。

总之,立法是建设法治政府的前提,能为行政机关提供公正有效的行为规则;执法是建设法治政府的关键,是人民群众的权益最直接相关的行政行为;对行政权力的监督则是保障,承担着防止和纠正行政机关违法行政的重任。法治政府的建设应坚持立法、执法、监督三位一体,互相协调,整体推进。

第三节
法治政府建设的展望

法治政府建设是一项伟大的系统工程,具有复杂性和艰巨性。围绕到 2020 年"法治政府基本建成"这一法治目标,我们的工作越来越显现出紧迫性。

一、继续推进法治政府建设的重点和难点

(一)法治信仰的缺失:并非所有领导都真正信仰法治

英国著名法理学家哈特区分了"法律的内在观点"和"法律的外在观点",这种区分强调了主体内心对法律的看法会对其行为产生影响,这暗示了法律意识和信仰对法治事业的重要性。而伯尔曼教授在《法律与宗教》一书中强调:"法律必须被信仰,否则其将形同虚设。"马克思主义基本理论也阐述了意识和物质具有反作用,对人的行为具有指引意义。法治成为信仰,人类才有灵魂;法治成为信仰,法律才有生命。徒法不足以自行,法治事业的成功最终仍需要每一个具体的个人参与其中,而个人的法治观念和信仰对法治事业的成败起着至关重要的作用,它决定了法治可能遭遇的阻力,可能引发的争论和模糊不清的决断。法治国家、法治政府和法治社会必须靠法治人来筑建。而没有法治信仰的人是不可能将自己的法治精神内化于心的。因此,对法治事业而言,武装头脑、树立正确的法治思想、让法治信仰

长存每个公民的心中显得尤为重要。①

放眼当今世界，随着全球化进程的加快，法治作为良好的治理方式成为世界各个国家和地区所推崇的方略，没有国家和个人公开宣称反对法治。② 在这种意义上，法治甚至成为具有符号意义的意识形态。古希腊哲人亚里士多德提出了对法治的定义，他认为法治包括两个标准：已制定的法律获得普遍的服从，而人民服从的法律本身是制定得良好的法律。这一关于法治的经典定义被称作亚里士多德法治公式，后来学者不管对法治作出或繁或简的阐释，基本都没有脱离这一定义的范畴。但是落实到不同的政治实体和具体的政治、经济和文化传统中，法治则被赋予了不同的内涵和外延，引发东方和西方、传统与现代的争论。每个国家法治传统的确立都有本国命题，即历史背景和文化。我国在建设法治国家的过程中，在法治思想和意识层面需要处理"权与法""道德与法""人治与法治"和"法制与法治"的问题。

在确立法治思维和法治信仰的过程中，作为关键少数的领导干部最需要改变的就是权力思维，也就是需要对"权与法"关系问题作出准确的认知。"权与法"是全面推进依法治国面临的一个重大理论与实践问题。权与法的关系处理不好，势必导致法治不彰。③ 所有领导干部都要正确认识和处理权与法的关系，自觉尊法、学法、守法、用法，自觉坚持"法大于权"，坚决纠正和解决"权大于法"的问题。坚持"法大于权"的重点是规范和约束公权力。全面推进依法治国，领导干部是"关键少数"。个别领导干部在关系到自身利益的事务上，人情、关系、私利、政绩等不正当考虑迅速成为决策的主要考虑因素，处于至上地位的法律被架空。在现实生活中，有的领导干部法治意识淡薄，还存在有法不依、违法不究、知法犯法等现象。比如不屑学法，心中无法；以言代法，以权压法；执法不严，粗暴执法；干预司法，徇私枉法等现象还时有发生。可以说，在法治政府建设过程中，领导干部

---

① 胡建淼：《让法治成为一种信仰》，《人民公仆》，2014 年 10 月刊总第 28 期。
② 胡建淼：《国家治理现代化的关键在于法治化》，原载于《国家底线：公平正义与依法治国》（俞可平主编），中央编译出版社，2014 年版。
③ 胡建淼：《处理好权与法的关系》，《求是》，2015 年第 11 期。

要克服权力逻辑，学会用法治思维和法治方式处理政府工作中出现的问题，只有这样，法治理念才有可能入脑入心，进而形成真正的法治信仰。

（二）法治理论上的误区：法治影响效率

在现实中，还有一些领导干部将法治与工作效率对立起来，认为法治影响了工作效率，捆绑了人们的手脚。有的领导干部甚至说，"要依法则无法完成任务，要完成工作任务就无法依法"；有的领导干部则认为，"搞定就是稳定，摆平就是水平，不出事就是有本事"，办事基本没有法治观念。

上述说法是将公平与效率绝对地对立起来。公平与效率这一关系，在我国当今现实中是无法回避而又不能不处理好的一对矛盾。市场经济既要求公平，也要求效率，二者不免会直观地发生冲突；加之我国当前转型过渡中诸如明确界定产权、推行现代企业制度、实行投资和金融商业化、完善市场体系等步骤都是借助行政权推进的，显露出鲜明的计划性、强制性。行政权直接、高效，能快速推进建设和改革，短期内能取得实际效益，但是长期看却是"毒树之花"，必将流弊深远。因为这种不讲求合法性、合理性和程序性的行为与法治政府目标背道而驰，就可能滋长行政权的恣意妄为，最终将由国家和社会为此付出沉重的制度成本。而且，这种将法治与效率对立的思维显露了中国当下社会问题的复杂性和独特性与应对方式的简单化、粗放化之间的矛盾。实行法治当然需要成本，包括时间成本，但法治是最为有效的治理方法。我们用人治的方式，有时也能解决和处理一些问题，但它也只能解决一地和一时的问题，无法解决全局性和长远性的问题。

社会事务日新月异、纷繁复杂，情况和形势与以往任何时候相比都发生了极大的变化，社会改革进入攻坚期，社会发展进入黄金期，社会矛盾进入漩涡期，治理难度在加大，复杂性在加深，利益冲突在加剧；简单、粗放、粗暴、看似高效实则危害巨大的政府管理方式难以适应形势的发展变化，必须以法治化方式予以更新和替代。政府在实际工作中，要多问问是否合法合规、是否做到了程序正义、是否将法律放置在心中。法治不会影响效率，古今中外的历史都表明，法治才是人类最文明和最有效的治理方式。

(三)工作体制上的障碍：领导支持你依法，你才能依法

行政首长负责制是指国家特定的行政机关首长在所属行政机关中处于核心地位，在本机关依法行使行政职权时享有最高决定权，并对该职权行使后果向代表机关负个人责任的行政领导制度。它是我国1982年《宪法》确立的一项重要制度。《宪法》第八十六条规定："国务院实行总理负责制。各部、各委员会实行部长、主任负责制。"第一百零五条规定："地方各级人民政府实行省长、市长、县长、区长、乡长、镇长负责制。"行政首长负责制具有事权集中、权责明确、指挥灵敏、行动迅速的优点。实施十多年来，它对克服行政机关中责任不明和效率低下的状况起到了积极作用，有利于工作的开展和领导干部权威的确立。从行政职责角度出发，我们可以看到领导干部对党负有政治责任，对国家权力机关承担执行责任，对司法机关负有法律责任，对人民负有服务责任，对国务院和上级行政机关负有工作责任。在建设法治政府的过程中，各级领导干部作为行政首长，更是推进法治事业的排头兵和领头羊，是法治事业成功与否的"关键少数"。《法治政府建设实施纲要（2015—2020年）》中的一个亮点，就是把党政主要负责人确定为履行推进法治建设的第一责任人，将建设法治政府摆在工作全局的重要位置。

在推动建设法治政府的过程中，领导干部仍是第一作用力，领导干部的支持是改革成功的保障。在现有工作体制中存在少数现象，即领导干部支持依法行政，具体办事部门才能依法行政，领导干部的法治观念直接决定法治政府建设的水平。我国部分法制办公室就面临这样的尴尬。自1986年以来，从国务院到地方省市自治区各级政府都普遍设置了政府法制办公室（以下简称"法制办"）。法制办作为政府在法制事务方面的办事机构，承担着本级政府的参谋、助手和法律顾问的作用，它大大推进了中国依法行政、建设法治政府的工作。但在个别地方，法制办没有起到应有的法律顾问的作用。个别地区政府推出一项举措存在明显违背法治的情况，但法制办无力干预并提供相应的法律意见。作为政府组成部分的法制办很难因为法律问题而背离政府具体的工作目标。个别领导干部不惜以违法的方式追求自己的实际工作成果，甚至希望法制办为违法的政府行为作出合法性论证。法制办接受领导管理，如果领导干部抵触法治，法制办可能就起不到"法制办"的作用，相反，

还会沦为"变法办"。

针对这一问题，党中央和国务院也开出了药方。2016年6月，中共中央办公厅、国务院办公厅印发了《关于推行法律顾问制度和公职律师公司律师制度的意见》。该意见要求，2017年底前，中央和国家机关各部委、县级以上地方各级党政机关普遍设立法律顾问、公职律师。法律顾问应为重大决策提供法律意见。党政机关法律顾问应履行六个方面的职责，包括：为重大决策、重大行政行为提供法律意见；参与法律法规规章草案、党内法规草案和规范性文件送审稿的起草和论证；参与合作项目的洽谈，协助起草、修改重要的法律文书或者以党政机关为一方当事人的重大合同；为处置涉法涉诉案件、信访案件和重大突发事件等提供法律服务；参与处理行政复议、诉讼、仲裁等法律事务；履行所在党政机关规定的其他职责。

该意见还要求，党政机关主要负责同志作为推进法治建设的第一责任人。党政机关在讨论、决定重大事项之前，应当听取法律顾问、公职律师的法律意见；起草、论证有关法律法规规章草案、党内法规草案和规范性文件送审稿，应当请法律顾问、公职律师参加，或者听取其法律意见；依照有关规定应当听取法律顾问、公职律师的法律意见而未听取的事项，或者法律顾问、公职律师认为不合法、不合规的事项，不得提交讨论、作出决定。对应当听取法律顾问、公职律师的法律意见而未听取，应当请法律顾问、公职律师参加而未落实，应当采纳法律顾问、公职律师的法律意见而未采纳，造成重大损失或者严重不良影响的，依法依规追究党政机关主要负责人、负有责任的其他领导人员和相关责任人员的责任。这一意见的出台将努力克服现有工作机制中可能存在的障碍，必将提高领导干部的法治观念水平，通过责任追究机制使得政府行为合法性事前审查成为常态，全方位加快法治政府建设。

二、加快建设法治政府的重点任务

古人云："法令行则国治，法令弛则国乱。""明法者强，慢法者弱。"在改革进入攻坚区和深水区的历史新阶段，如何更好地发挥法治政府的引领和推动作用，关系改革能否顺利推进，更关系改革的成果能否巩固和持久。党的十八大把法治政府基本建成确立为到 2020 年全面建成小康社会的重要目标之一。针对当前法治政府建设实际，党中央和国务院于 2015 年制定和发布了《法治政府建设实施纲要（2015—2020 年）》。该纲要与党的十八大及党的十八届二中、三中、四中、五中全会精神有高度的关联性，是对以往法治政府理论和经验的升华和细化，极大地创新和丰富了法治政府建设的内涵。该纲要提出了法治政府建设的新标准：政府职能依法全面履行；依法行政制度体系完备；行政决策科学民主合法；宪法法律严格公正实施；行政权力规范透明运行；人民权益切实有效保障；依法行政能力普遍提高。现阶段我国政府要达到这一水平，还需要从多个方面提升自己的执政水平。该纲要对具体怎么做也给出了明确的指示。

（一）依法全面履行政府职能

要最终建成法治政府，需要依法全面履行政府职能。对政府职能的准确把握需要以党的十八届五中全会提出的创新、协调、绿色、开放、共享五大发展理念为基础，从这五项理念出发来厘清各种关系。在我国特定的历史发展背景下，政府要坚持政企分开、政资分开、政事分开、政社分开，从而从复杂的利益关系中抽离并回归到政府最本质的功能和定位。当下，我国经济发展迈入新常态，社会发展面临中等收入陷阱的风险，在继续深化改革的过程中更需要政府简政放权、放管结合、优化服务，这一理念的提出既凸显法治政府的品质也贯穿了服务政府的精神。在整个国家社会治理的概念下，摆正政府、市场和社会的位置，才能理顺政府与市场、政府与社会的关系。名正才能言顺，政府职能才能切实得以转变，才能依法全面履行宏观调控、市场监管、社会管理、公共服务、环境保护等职责。

深化行政审批制度改革。在中国，由于传统的高度集中的计划经济体制的巨大影响，行政审批已被日益广泛地运用于许多行政管理领域，对于保障、促进经济和社会发展发挥了重要作用，成为一种国家管理行政事务的不可缺少的重要制度。但在全球化影响日益深入的今天，在行政审批中长期存在的问题已成为我国生产力发展的体制性障碍。我国自 2001 年起全面启动并进行了数轮行政审批制度改革，在当前经济增速放缓的背景下，进一步深化改革有助于释放政策红利，助推全民创新创业。

具体来说，需要最大限度地减少对生产经营活动的许可，最大限度地缩小投资项目审批、核准的范围，最大幅度地减少对各类机构及其活动的认定。取消不符合行政许可法规定的资质资格准入许可，研究建立国家职业资格目录清单管理制度。直接面向基层、量大面广，由地方实施更方便有效的行政审批事项，一律下放地方和基层管理。近年来，国务院下放和取消了大批事权，进一步释放制度红利。在针对企业经营活动方面，政府要加大取消和下放束缚企业生产经营、影响群众就业创业行政许可事项的力度，做好已取消和下放行政审批事项的落实和衔接，鼓励大众创业、万众创新。严格控制新设行政许可，加强合法性、必要性、合理性审查论证。对增加企业和公民负担的证照进行清理规范。

加快投资项目在线审批监管平台建设，实施在线监测并向社会公开，2015年实现部门之间的横向联通及中央和地方的纵向贯通。通过信息化建设使得政府更加公开透明。加快推进相对集中行政许可权工作，支持地方开展相对集中行政许可权改革试点。全面清理规范行政审批中介服务，对保留的行政审批中介服务实行清单管理并向社会公布，坚决整治"红顶中介"，切断行政机关与中介服务机构之间的利益链，推进中介服务行业公平竞争。

通过简政放权、放管结合、优化服务和信息化建设等方法，全方位深化行政审批制度改革，推进法治政府建设更进一步。

大力推行权力清单、责任清单、负面清单制度。权力清单、责任清单和负面清单以清晰明了的方式划定了政府权力界限。将政府职能、法律依据、实施主体、职责权限、管理流程、监督方式等事项以权力清单的形式向社会公开，逐一厘清与行政权力相对应的责任事项、责任主体、责任方式。

开展编制国务院部门权力和责任清单试点。实行统一的市场准入制度，在制定负面清单的基础上，各类市场主体可依法平等进入清单之外的领域。建立行政事业性收费和政府性基金清单制度，清理取消不合法、不合规、不合理的收费基金项目，公布全国性、中央部门和单位及省级收费目录清单，减轻企业和公民负担。2015年底前，取消了没有法律法规依据且未按规定批准、越权设立的收费基金项目，政府提供普遍公共服务或体现一般性管理职能的行政事业性收费，没有法定依据的行政审批中介服务项目及收费，擅自提高征收标准、扩大征收范围的，一律停止执行。

这三种不同类别的清单给了市场主体明确的行为指引，确定了政府行为边界。同时，清单制度也使政府工作显露在阳光之下，市场主体可以依据清单请求政府作为或不作为，这在规范政府行为的同时也起到了监督作用。

优化政府组织机构。精干有效率的机构是法治政府建设的组织保障。法治政府建设需要完善行政组织和行政程序法律制度，推进机构、职能、权限、程序、责任法定化。深化行政体制改革，优化政府机构设置、职能配置和工作流程，理顺部门职责关系，积极稳妥地实施大部门制。同时，创新行政管理方式才能完善政府绩效管理。

优化政府组织机构还需要妥善处理地方和中央的关系。要推进各级政府事权规范化、法律化，完善不同层级政府特别是中央和地方政府事权法律制度。对中央政府层面、省级政府层面以及市县政府层面的侧重点各有不同。强化中央政府宏观管理、制度设定职责和必要的执法权，强化省级政府统筹推进区域内基本公共服务均等化职责，强化市县政府执行职责。

完善宏观调控，加强市场监管。完善健全发展规划、投资管理、财政税收、金融等方面的法律制度，加强发展战略、规划、政策、标准等的制定和实施。切实转变政府投资管理职能，确立企业投资主体地位，制定并公开企业投资项目核准目录清单。完善主要由市场决定价格的机制，大幅缩减政府定价种类和项目，制定并公布政府定价目录，全面放开竞争性领域商品和服务价格。

清理、废除妨碍全国统一市场和公平竞争的各种规定和做法，破除部门保护、地区封锁和行业垄断。深化商事制度改革，继续清理工商登记前置审批，加快工商登记后置审批改革。进一步推进工商注册登记制度便利化。加强事中事后监管，创新市场监管方式，完善市场监管体系，建立透明、规范、高效的投资项目纵横联动和协同监管机制，实行综合监管，推广随机抽查，探索"智能"监管。加强社会信用体系建设，建立健全全国统一的社会信用代码制度和信用信息共享交换平台，推进企业信用信息公示建设，依法保护企业和个人信息安全。完善外资管理法律法规，保持外资政策稳定、透明、可预期。健全对外投资促进制度和服务体系，支持企业扩大对外投资，推动装备、技术、标准、服务"走出去"。

创新社会治理，优化公共服务，强化生态环境保护。加强社会治理法律、体制机制、能力、人才队伍和信息化建设，提高社会治理科学化和法治化水平。完善社会组织登记管理制度。适合由社会组织提供的公共服务和解决的事项，交由社会组织承担。支持和发展社会工作服务机构和志愿服务组织。规范和引导网络社团社群健康发展，加强监督管理。深入推进社会治安综合治理，健全落实领导责任制。完善立体化社会治安防控体系，有效防范管控影响社会安定的问题，保护人民生命财产安全。提高公共突发事件防范处置和防灾、救灾、减灾能力。全方位强化安全生产，全过程保障食品药品安全。推进社会自治，发挥市民公约、乡规民约、行业规章、团体章程等社会规范在社会治理中的积极作用。

政府需要着力促进教育、卫生、文化等社会事业健康发展，强化政府促进就业、调节收入分配和完善社会保障职能，加快形成政府主导、覆盖城乡、可持续的基本公共服务体系，实现基本公共服务标准化、均等化、法定化。建立健全政府购买公共服务制度，公开政府购买公共服务目录，加强政府购买公共服务质量监管。推进公共服务提供主体和提供方式多元化，凡属事务性管理服务，原则上都要引入竞争机制向社会购买；确需政府参与的，实行政府和社会资本合作模式。

加快建立和完善有效约束开发行为和促进绿色发展、循环发展、低碳发展的生态文明法律制度。深化资源型产品价格和税费改革，实行资源有偿使用制度和生态补偿制度。改革生态环境保护管理体制，完善并严格实行环境信息公开制度、环境影响评价制度和污染物排放总量控制制度。健全生态环境保护责任追究制度和生态环境损害赔偿制度。对领导干部实行自然资源资产离任审计。

（二）完善依法行政制度体系

建设法治政府，提高政府立法质量，构建系统完备、科学规范、运行有效的依法行政制度体系，使政府管理各方面制度更加成熟、更加定型，为建设社会主义市场经济、民主政治、先进文化、和谐社会、生态文明，促进人的全面发展，提供有力制度保障。

完善政府立法体制机制，加强重点领域政府立法。严格落实《中华人民共和国立法法》规定,坚持立、改、废、释并举,完善行政法规、规章制定程序,健全政府立法立项、起草、论证、协调、审议机制,推进政府立法精细化,增强政府立法的及时性、系统性、针对性和有效性。完善立法项目向社会公开征集制度。通过开展立法前评估等方式,健全立法项目论证制度。重要行政管理法律法规由政府法制机构组织起草,有效防止部门利益和地方保护主义法律化。对部门间争议较大的重要立法事项,由决策机关引入第三方评估,充分听取各方意见,协调决定,不能久拖不决。探索委托第三方起草法律法规规章草案。定期开展法规规章立法后评估,提高政府立法的科学性。对不适应改革和经济社会发展要求的法律法规规章,要及时修改和废止。加强行政法规、规章的解释工作。

围绕党和国家中心工作,加快推进完善社会主义市场经济体制,发展社会主义民主政治,建设社会主义先进文化,创新社会治理,保障公民权利和改善民生,维护国家安全,保护生态环境和加强政府自身建设等领域的政府立法。坚持在法治下推进改革、在改革中完善法治,实现立法和改革决策相统一、相衔接,做到重大改革于法有据、立法主动适应改革和经济社会发展需要。对实践证明已经比较成熟的改革经验和行之有效的改革举措,要及时上升为法律法规规章。

提高政府立法公众参与度,拓展社会各方有序参与政府立法的途径和方式。健全法律法规规章起草征求人大代表意见制度,充分发挥政协委员、民主党派、工商联、无党派人士、人民团体、社会组织在立法协商中的作用。建立有关国家机关、社会团体、专家学者等对政府立法中涉及的重大利益调整论证咨询机制。拟设定的制度涉及群众切身利益或各方面存在较大意见分歧的,要采取座谈会、论证会、听证会、问卷调查等形式广泛听取意见。除依法需要保密的外,法律法规规章草案要通过网络、报纸等媒体向社会公开征求意见,期限一般不少于30日。加强与社会公众的沟通,健全公众意见采纳情况反馈机制,广泛凝聚社会共识。

加强规范性文件的监督和管理,建立行政法规、规章和规范性文件清理长效机制。完善规范性文件制定程序,落实合法性审查、集体讨论决定等制度,实行制定机关对规范性文件统一登记、统一编号、统一印发制度。规范性文件不得设定行政许可、行政处罚、行政强制等事项,不得减损公民、法人和其他组织合法权益或者增加其义务。涉及公民、法人和其他组织权利义务的规范性文件，应当按照法定要求和程序予以公布，未经公布的不得作为行政管理依据。加强备案审查制度和能力建设，把所有规范性文件纳入备案审查范围，健全公民、法人和其他组织对规范性文件的建议审查制度，加大备案审查力度，做到有件必备、有错必纠。

根据全面深化改革、经济社会发展需要，以及上位法制定、修改、废止情况，及时清理有关行政法规、规章、规范性文件。自 2015 年起用三年时间，对国务院文件进行全面清理，清理结果向社会公布。2017 年底前，有关部门和地方政府要完成对现行行政法规、规章、规范性文件的清理工作，清理结果向社会公布。实行行政法规、规章、规范性文件目录和文本动态化、信息化管理，各级政府及其部门要根据规范性文件立改废情况及时作出调整并向社会公布。

（三）推进行政决策的科学化、民主化和法治化

行政决策制度科学、程序正当、过程公开、责任明确，决策法定程序严格落实，决策质量显著提高，决策效率切实保证，违法决策、不当决策和拖延决策明显减少并得到及时纠正，行政决策的公信力和执行力大幅提升。

健全依法决策机制，增强公众参与实效，提高专家论证和风险评估质量。完善重大行政决策的程序和制度，明确决策主体、事项范围、法定程序和法律责任，规范决策的流程，强化决策法定程序的刚性约束。

事关经济社会发展全局和涉及群众切身利益的重大行政决策事项，应当广泛听取意见，与利害关系人进行充分沟通，并注重听取有关人大代表、政协委员、人民团体、基层组织和社会组织的意见。各级行政机关特别是市县两级政府要加强公众参与平台的建设，对社会关注度高的决策事项，应当公开信息、解释说明，及时反馈意见采纳情况和理由。推行文化教育、医疗卫生、资源开发、环境保护和公用事业等重大民生决策事项民意调查制度。

加强中国特色新型智库建设，建立行政决策咨询论证专家库。对专业性、技术性较强的决策事项，应当组织专家、专业机构进行论证。选择论证专家时要注重专业性、代表性和均衡性，支持其独立开展工作，逐步实行专家信息和论证意见公开。落实重大决策社会稳定风险评估机制。

加强合法性审查，坚持集体讨论决定，严格决策责任追究。建立行政机关内部重大决策合法性审查机制，未经合法性审查或经审查不合法的，不得提交讨论。建立以政府法制机构人员为主体、吸收专家和律师参加的法律顾问队伍，保证法律顾问在制定重大行政决策、推进依法行政中发挥积极作用。

重大行政决策应当经政府常务会议或者全体会议、部门领导班子会议讨论，由行政首长在集体讨论的基础上作出决定。行政首长拟作出的决定与会议组成人员多数人的意见不一致的，应当在会上说明理由。集体讨论情况和决定要如实记录、完整存档。

决策机关应当跟踪决策执行情况和实施效果，根据实际需要进行重大行政决策后评估。健全并严格实施重大决策终身责任追究制度及责任倒查机制，对决策严重失误或者依法应该及时作出决策但久拖不决造成重大损失、恶劣影响的，严格追究行政首长、负有责任的其他领导人员和相关责任人员的党纪政纪和法律责任。

（四）坚持严格规范公正文明执法

建立健全权责统一、权威高效的行政执法体制，法律法规规章得到严格实施，各类违法行为得到及时查处和制裁，公民、法人和其他组织的合法权益得到切实保障，经济社会秩序得到有效维护，行政违法或不当行为明显减少，对行政执法的社会满意度显著提高。

改革行政执法体制。根据不同层级政府的事权和职能，按照减少层次、整合队伍、提高效率的原则，合理配置执法力量。推进执法重心向市县两级政府下移，把机构改革、政府职能转变调整出来的人员编制重点用于充实基层执法力量。完善市县两级政府行政执法管理，加强统一领导和协调。大幅减少市县两级政府执法队伍种类，重点在食品药品安全、工商质检、公共卫生、安全生产、文化旅游、资源环境、农林水利、交通运输、城乡建设、海洋渔业、商务等领域内推行综合执法，支持有条件的领域推行跨部门综合执法。加大关系群众切身利益的重点领域的执法力度。理顺城管执法体制，加强城市管理综合执法机构和队伍建设，提高执法和服务水平。理顺行政强制执行体制，科学配置行政强制执行权，提高行政强制执行效率。健全行政执法和刑事司法衔接机制，完善案件移送标准和程序，建立健全行政执法机关、公安机关、检察机关、审判机关信息共享、案情通报和案件移送制度。

完善行政执法程序，创新行政执法方式，全面落实行政执法责任制。建立健全行政裁量权基准制度，细化、量化行政裁量标准，规范裁量范围、种类和幅度。建立执法全过程记录制度，制定行政执法程序规范，明确具体的操作流程，重点规范行政许可、行政处罚、行政强制、行政征收、行政收费和行政检查等执法行为。健全行政执法调查取证、告知和罚没收入管理等制度，明确听证、集体讨论决定的适用条件。完善行政执法权限协调机制，及时解决执法机关之间的权限争议，建立异地行政执法协助制度。严格执行重大行政执法决定法制审核制度，未经法制审核或者审核未通过的，不得作出决定。

推行行政执法公示制度。加强行政执法信息化建设和信息共享，建立统一的行政执法信息平台，完善网上执法办案及信息查询系统。强化科技、装备在行政执法中的应用。推广运用说服教育、劝导示范、行政指导、行政奖励等非强制性执法手段。健全公民和组织守法信用记录，完善守法诚信褒奖机制和违法失信行为惩戒机制。

严格确定不同部门及机构、岗位执法人员的执法责任，建立健全常态化的责任追究机制。加强执法监督，加快建立统一的行政执法监督网络平台，建立健全投诉举报、情况通报等制度，坚决排除对执法活动的干预，防止和克服部门利益和地方保护主义，防止和克服执法工作中的利益驱动，惩治执法腐败现象。

健全行政执法人员管理制度，加强行政执法保障。各地区各部门对行政执法人员进行严格清理，全面实行行政执法人员持证上岗和资格管理制度，未经执法资格考试合格，不得授予执法资格，不得从事执法活动。健全纪律约束机制，加强职业道德教育，全面提高执法人员素质。逐步推行行政执法人员平时考核制度，科学合理设计考核指标体系，考核结果作为执法人员职务级别调整、交流轮岗、教育培训、奖励惩戒的重要依据。规范执法辅助人员管理，明确其适用岗位、身份性质、职责权限、权利义务、聘用条件和程序等。

推动形成全社会支持行政执法机关依法履职的氛围。对妨碍行政机关正常工作秩序、阻碍行政执法人员依法履责的违法行为，坚决依法处理。各级党政机关和领导干部要支持行政执法机关依法公正行使职权,不得让行政执法人员做不符合法律规定的事情。行政机关履行执法职责所需经费,由各级政府纳入本级政府预算,保证执法经费足额拨付。改善执法条件,合理安排执法装备配备、科技建设方面的投入。严格执行罚缴分离和"收支两条线"管理制度,严禁下达或者变相下达罚没指标,严禁将行政事业性收费、罚没收入同部门利益直接或者变相挂钩。

(五)强化对行政权力的制约和监督

科学有效的行政权力运行制约和监督体系基本形成,进一步健全惩治和预防腐败体系,各方面监督形成合力,人民群众的知情权、参与权、表达权和监督权得到切实保障,损害公民、法人和其他组织合法权益的违法行政行为得到及时纠正,违法行政责任人依法依纪受到严肃追究。

健全行政权力运行制约和监督体系。坚持用制度管权、管事、管人,坚持决策权、执行权、监督权既相互制约又相互协调,完善各方面监督制度,确保行政机关按照法定权限和程序行使权力。起草法律法规规章和规范性文件,有效落实公开行政权力运行流程、惩治和预防腐败、防控廉政风险和防止利益冲突等要求,切实把权力关进制度的笼子。加强行政程序制度建设,严格规范各类行政行为的主体、权限、方式、步骤和时限。发挥政府诚信建设示范作用,加快政府守信践诺机制建设。加强公务员诚信管理,建立公务员诚信档案。

自觉接受党内监督、人大监督、民主监督和司法监督。在党委对党风廉政建设和反腐败工作的统一领导下,各级政府及其部门党组要切实履行主体责任,主要负责人是第一责任人,对本级政府、本部门党风廉政建设负总责。认真执行向本级人大及其常委会报告工作制度,接受询问和质询制度,报备行政法规、规章制度。认真研究处理人大及其常委会组成人员对政府工作提出的有关审议意见,及时研究办理人大代表和政协委员提出的意见和建议,切实改进工作。健全知情明政机制,政府相关部门向政协定期通报有关情况,为政协委员履职提供便利和创造条件。支持人民法院依法受理行政案件,健全行政机关依法出庭应诉制度,尊重并执行人民法院生效裁判。检察机关对在履行职责中发现的行政违法行为进行监督,行政机关应当积极配合。

加强行政监督和审计监督，完善社会监督和舆论监督机制。完善政府内部层级监督，改进上级行政机关对下级行政机关的监督，建立健全常态化、长效化监督制度。加强对政府内部权力的制约，对财政资金分配使用、国有资产监管、政府投资、政府采购、公共资源转让和公共工程建设等权力集中的部门以及岗位实行分事行权、分岗设权、分级授权，定期轮岗，强化内部流程控制，防止权力滥用。各级监察机关要切实履行监督责任，确保廉政建设各项任务落实。完善审计制度，健全有利于依法独立行使审计监督权的审计管理体制，建立具有审计职业特点的审计人员管理制度，基本形成与国家治理体系和治理能力现代化相适应的审计监督机制。对公共资金、国有资产、国有资源和领导干部履行经济责任情况实行审计全覆盖。强化上级审计机关对下级审计机关的领导。

建立对行政机关违法行政行为投诉举报登记制度，畅通举报箱、电子信箱和热线电话等监督渠道，方便群众投诉举报、反映问题，依法及时调查处理违法行政行为。发挥报刊、广播、电视等传统媒体监督作用，加强与互联网等新兴媒体的互动，重视运用和规范网络监督，建立健全网络舆情监测、收集、研判、处置机制，推动网络监督规范化、法治化。

全面推进政务公开，完善纠错问责机制。坚持以公开为常态、不公开为例外原则，推进决策公开、执行公开、管理公开、服务公开和结果公开。完善政府信息公开制度，拓宽政府信息公开渠道，进一步明确政府信息公开范围和内容。重点推进财政预算、公共资源配置、重大建设项目批准和实施、社会公益事业建设等领域的政府信息公开。完善政府新闻发言人、突发事件信息发布等制度，做好对热点敏感问题的舆论引导，及时回应人民群众关切。创新政务公开方式，加强互联网政务信息数据服务平台和便民服务平台建设，提高政务公开信息化、集中化水平。

加强行政问责规范化、制度化建设，增强行政问责的针对性和时效性。加大问责力度，坚决纠正行政不作为、乱作为，坚决克服懒政、庸政、怠政，坚决惩处失职、渎职。认真落实党风廉政建设责任制，坚持有错必纠、有责必问，对"四风"问题突出、发生顶风违纪问题或者出现区域性、系统性腐败案件的地方、部门和单位，既要追究主体责任、监督责任，又要严肃追究领导责任。

(六) 依法有效化解社会矛盾纠纷

公民、法人和其他组织的合法权益得到切实维护,公正、高效、便捷、成本低廉的多元化矛盾纠纷解决机制全面形成,行政机关在预防、解决行政争议和民事纠纷中的作用充分发挥,通过法定渠道解决矛盾纠纷的比率大幅提升。

健全依法化解纠纷机制。构建对维护群众利益具有重大作用的制度体系,建立健全社会矛盾预警机制、利益表达机制、协商沟通机制、救济救助机制。及时收集分析热点、敏感、复杂矛盾纠纷信息,加强群体性、突发性事件预警监测。强化依法应对和处置群体性事件的机制和能力。依法加强对影响或危害食品药品安全、安全生产、生态环境、网络安全、社会安全等方面重点问题的治理。加大普法力度,引导和支持公民、法人和其他组织依法表达诉求和维护权益。

加强行政复议工作,完善行政调解、行政裁决、仲裁制度。完善行政复议制度,改革行政复议体制,积极探索整合地方行政复议职责。健全行政复议案件审理机制,加大公开听证审理力度,纠正违法或不当行政行为。提高行政复议办案质量,增强行政复议的专业性、透明度和公信力。县级以上地方政府要依法加强行政复议能力建设,推动相关机构设置、人员配备与所承担的工作任务相适应,充分发挥行政复议在解决行政争议中的重要作用。切实提高行政复议人员素质,落实办案场所和有关装备保障,行政复议经费列入本级政府预算。

健全行政调解制度,进一步明确行政调解范围,完善行政调解机制,规范行政调解程序。健全行政裁决制度,强化行政机关解决同行政管理活动密切相关的民事纠纷功能。有关行政机关要依法开展行政调解、行政裁决工作,及时有效化解矛盾纠纷。完善仲裁制度,提高仲裁公信力,充分发挥仲裁解决经济纠纷、化解社会矛盾、促进社会和谐的作用。

加强人民调解工作,改革信访工作制度。贯彻落实《中华人民共和国人民调解法》,健全人民调解组织网络,实现村委会、居委会人民调解组织全覆盖,推进企事业单位、乡镇街道、社会团体、行业组织中人民调解组织建设。重点协调解决消费者权益、劳动关系、医患关系、物业管理等方面的矛盾纠纷,促进当事人平等协商、公平公正解决矛盾纠纷。完善人民调解、行政调解、司法调解联动工作体系。

把信访纳入法治化轨道，保障合理合法诉求依照法律规定和程序就能得到合理合法的结果。规范信访工作程序，畅通群众诉求表达、利益协调和权益保障渠道，维护信访秩序。优化传统信访途径，实行网上受理信访制度，健全及时就地解决群众合理诉求机制。严格实行诉访分离，推进通过法定途径分类处理信访投诉请求，引导群众在法治框架内解决矛盾纠纷，完善涉法涉诉信访依法终结制度。

（七）全面提高政府工作人员法治思维和依法行政能力

政府工作人员特别是领导干部应牢固树立宪法法律至上、法律面前人人平等、权由法定、权依法使等基本法治理念，恪守合法行政、合理行政、程序正当、高效便民、诚实守信、权责统一等依法行政基本要求，做尊法、学法、守法、用法的模范，法治思维和依法行政能力明显提高，在法治轨道上全面推进政府各项工作。

树立重视法治素养和法治能力的用人导向。抓住领导干部这个全面依法治国的"关键少数"，把法治观念强不强、法治素养好不好作为衡量干部德才的重要标准，把能不能遵守法律、依法办事作为考察干部的重要内容，把严守党纪、恪守国法的干部用起来。在相同条件下，优先提拔使用法治素养好、依法办事能力强的干部。对特权思想严重、法治观念淡薄的干部要批评教育、督促整改，问题严重或违法违纪的，依法依纪严肃处理。

加强对政府工作人员的法治教育培训。政府工作人员特别是领导干部要系统学习中国特色社会主义法治理论，学好《宪法》以及与自己所承担工作密切相关的法律法规。完善学法制度，国务院各部门、县级以上地方各级政府每年至少举办一期领导干部法治专题培训班，地方各级政府领导班子每年应当举办两期以上法治专题讲座。各级党校、行政学院、干部学院等要把宪法法律列为干部教育的必修课。健全行政执法人员岗位培训制度，每年组织开展行政执法人员通用法律知识、专门法律知识、新法律法规等专题培训。加大对公务员在初任培训、任职培训中法律知识的培训力度。

完善政府工作人员法治能力考查测试制度。加强对领导干部任职前法律知识考查和依法行政能力测试，将考查和测试结果作为领导干部任职的重要参考，促进政府及其部门负责人严格履行法治建设职责。优化公务员录用考试测查内容，增加公务员录用考试中法律知识的比重。实行公务员晋升依法行政考核制度。

注重通过法治实践提高政府工作人员法治思维和依法行政能力。政府工作人员特别是领导干部想问题、作决策、办事情必须守法律、重程序、受监督，牢记职权法定，切实保护人民权益。要自觉运用法治思维和法治方式深化改革、推动发展、化解矛盾、维护稳定，依法治理经济，依法协调和处理各种利益问题，避免"埋钉子、留尾巴"，努力营造办事依法、遇事找法、解决问题用法、化解矛盾靠法的良好法治环境。注重发挥法律顾问和法律专家的咨询论证、审核把关作用。落实"谁执法谁普法"的普法责任制，建立行政执法人员以案释法制度，使执法人员在执法普法的同时不断提高自身法治素养和依法行政能力。

（八）建成法治政府的组织保障

法治政府的建成还需要各级政府及其部门自觉接受党的领导，加强组织领导，强化工作责任，使法治政府建设落到实处。

建立信息报告制度和第一责任人制度。加强党对法治政府建设的领导表现在各级政府要主动向党委报告法治政府建设中的重大问题，及时消除制约法治政府建设的体制机制障碍。

法治政府建设要落实第一责任人责任。党政主要负责人要履行推进法治建设第一责任人职责，将建设法治政府摆在工作全局的重要位置。对不认真履行第一责任人职责，本地区本部门一年内发生多起重大违法行政案件、造成严重社会后果的，依法追究主要负责人的责任。信息报告制度和第一责任人制度可以说是《法治政府建设实施纲要（2015—2020年）》中的亮点。这表明了法治政府不仅是政府层面的事，更是党中央密切关注的事情，党政领导人都要承担起建设法治政府的担子。

在经济社会急剧转型发展的今天，推进行政法治还是要靠不断完善的制度和具备良好素质的公务人员。地方党政领导能不能得到重用提拔，关键要看他是不是有法律意识，是不是善于运用法治思维和法治方式深化改革、推动发展、化解矛盾、维护稳定。要改革现行的领导干部选拔任用制度，重视提拔使用法治观念强、法律素养好的优秀干部。

强化考核评价和督促检查，加强理论研究、典型示范和宣传引导。各级党委要把法治建设成效作为衡量各级领导班子和领导干部工作实绩的重要内容,纳入政绩考核指标体系。应当尽早确立以法治为重要指标体系的政绩考核评价体系,即"法治 GDP"。各级政府及其部门的党组织要领导和监督本单位模范遵守宪法法律,坚决查处执法犯法、违法用权等行为。要加强对法治政府建设进展情况的督促检查,对工作不力、问题较多的,要及时约谈、责令整改、通报批评。

坚持从中国实际出发,解决中国实际问题,加强中国特色社会主义法治政府理论研究。积极开展建设法治政府示范创建活动,大力培育建设法治政府先进典型。定期通报和曝光违法行政典型案例,分析原因;加强正面宣传引导,广泛宣传法治政府建设目标、工作部署、先进经验、典型做法,正确引导舆论,达成社会共识,形成全体公民支持和参与法治政府建设的良好社会氛围。

法治政府是现阶段中国法治事业孜孜以求的目标,是法治中国的重要组成部分。法治政府理论和实践与中国转型期相交织,伴随着改革开放进程的加快和国家任务的变化发展,有着其内在的逻辑思路。

法治政府镶嵌在法治国家的时代背景中,党的十五大提出"依法治国"口号,党的十六大到党的十八大分别贯穿依法行政和法治政府的理念。党的十八届四中全会作出全面推进依法治国的决定,习近平总书记提出"法治国家、法治政府、法治社会一体建设"理论,以此为目标展开依法治国、依法行政和依法执政。党中央和国务院于 2004 年和 2015 年发布了法治政府的具体行动纲领,包括《全面推进依法行政实施纲要》和《法治政府建设实施纲要(2015—2020 年)》,逐步推进法治政府建设。依法行政是依法治国的核心,法治政府是法治中国的关键。①

法治政府的建设目标和标准并非一蹴而就。2004 年国务院印发的《全面推进依法行政实施纲要》首次提出"经过十年左右坚持不懈的努力,基本实现建设法治政府"的目标,党的十八大确定了到 2020 年法治政府基本建成的法治目标。2004 年《全面推进依法行政实施纲要》以依法行政的基本要求代替衡量标准,2014 年党的十八届四中全会在《中共中央关于全面推进依法治国若干重大问题的

---

① 胡建淼:《走向法治强国》,《国家行政学院学报》,2012 年第 1 期。

决定》中明确提出了法治政府建设的六个标准及其任务，即"加快建设职能科学、权责法定、执法严明、公开公正、廉洁高效、守法诚信的法治政府"。2015年，党中央国务院在《法治政府建设实施纲要（2015—2020年）》中最终确定了以下标准：

（1）政府职能依法全面履行。

（2）依法行政制度体系完备。

（3）行政决策科学民主合法。

（4）宪法法律严格公正实施。

（5）行政权力规范透明运行。

（6）人民权益切实有效保障。

（7）依法行政能力普遍提高。

自改革开放以来，我国在依法行政、建设法治政府方面取得了一定的成就，并积累了基本经验。法治政府建设必须坚持党的领导、人民当家做主和依法治国三者的有机统一；必须坚持宪法原则，忠实履行《宪法》和法律赋予的职责；必须以经济建设为中心，与经济社会同步协调发展；须与政府职能转变和深化行政体制改革有机结合、同步实施；必须把依法治官、治权作为重点，把保护公民权利作为核心。在推进法治政府的过程中，也存在着法治信仰的缺失、错误的法治认知以及当下工作体制上的障碍等问题。作为关键少数的领导干部要转变观念，将法治精神长存心间，用法治思维和法治方式化解改革发展中的难题。法律并不是万能的，并不能解决所有问题，法治政府的建成还需要行政体制改革等诸多制度配套推进。

具体来说，在未来法治政府的建设过程中政府需要依法全面履行政府职能；完善依法行政制度体系；推进行政决策科学化、民主化、法治化；坚持严格规范、公正文明执法；强化对行政权力的制约和监督；依法有效化解社会矛盾纠纷；全面提高政府工作人员法治思维和依法行政能力。只有夯实了每一步基础，认真落实每项措施，法治政府才能逐步建成。

第十章
着力打造廉洁政府

建设廉洁政府是人类历史上出现国家后延续至今的一项历史性课题。战国时期屈原在《楚辞·招魂》中就提出"廉洁"一词,"朕幼清以廉洁兮,身服义尔未沫"。纵观历史变迁,廉洁政府始终是古今中外人们普遍追求的一种理想政治状态。《辞源》将廉洁解释为"公正,不贪污",《辞海》将廉洁解释为"清廉,清白",与"损公肥私""贪污"等词对应。演变到现代,廉洁的内涵进一步与执行公务相结合,主要指在公务活动中没有利用职权谋取个人或小团体利益的情况。而廉洁政府的内涵,应包括公职人员普遍清正廉明、公共政策和法律实施公正无私、公共资源的获取和运用合法透明,公共权力被用来服务于公众利益,等等。

当前,由于我国的经济体制、社会结构、利益格局和人们的思想观念正在发生深刻变化,各种社会矛盾凸显,各方面体制机制还不完善,一些领域的腐败现象仍然易发多发,有的案件涉案金额巨大,违法违纪行为趋于隐蔽化、智能化、复杂化。在依然严峻复杂的反腐败形势下,如果不能有效遏制和解决腐败问题,政府就会失去公信力,人民就不会相信政府能把其他事情办好,党和政府的一切工作和努力就有可能付诸东流。因此,抑制和清除腐败、建设廉洁政府,关系到国家发展全局,关系到最广大人民的根本利益,关系到社会公平正义与和谐稳定,关系到我们党执政地位的巩固,对于落实"四个全面"战略布局,实现全面建成小康社会的奋斗目标和中华民族的伟大复兴,具有尤为重要的意义。

第一节
建设廉洁政府的过程

我们党和政府历来主张坚决惩治腐败和有效预防腐败，大力加强廉洁政府建设，取得了明显成效。

一、以毛泽东同志为核心的中央领导集体建设廉洁政府情况概述

中国共产党成立之初，以毛泽东同志为核心的第一代中央领导集体就高度重视反腐倡廉工作。早在1933年12月，毛泽东同志就签发了党内第一个反腐法令——《关于惩治贪污浪费行为》第二十六号训令。1937年，中共中央在《抗日救国十大纲领》中明确规定："实行地方自治，铲除贪官污吏，建立廉洁政府。"中华人民共和国成立后，中国共产党从一个革命党转变为执掌全国政权的执政党，更加重视廉洁政府建设，先后设立国家检察机关、政府监察机关和中国共产党的纪律检查机关，颁布了《中华人民共和国宪法》《中华人民共和国惩治贪污条例》等法律法规，反腐败和廉政建设体制机制初步建立。为保持新生人民政权的纯洁性，开展了反贪污、反浪费、反官僚主义的"三反"运动和反对行贿、反对偷税漏税、反对盗骗国家财产、反对偷工减料和反对盗窃经济情报的"五反"运动。通过这些措施，坚决打击贪污腐败行为，惩处了一批腐败分子，形成了风清气正、蓬勃向上的良好局面。

二、以邓小平同志为核心的中央领导集体建设廉洁政府情况概述

20世纪70年代末，我国开始实行改革开放政策。改革开放是一个从高度集中的计划经济体制到充满活力的社会主义市场经济体制、从封闭半封闭到全方位开放的社会大变革的过程，极大地解放了生产力，激发了社会活力。同时，在这个过程

中也出现了一些消极腐败现象。面对新的考验和挑战，以邓小平同志为核心的第二代中央领导集体坚持一手抓经济发展，一手抓腐败惩治，开展以打击走私、套汇、贪污受贿等严重经济犯罪活动为重点的专项斗争，设立审计机关，制定《中华人民共和国刑法》《中华人民共和国刑事诉讼法》等一批法律法规，进一步完善反腐败和廉政建设制度，探索在改革开放新形势下依法有序开展反腐败的途径和办法。

三、以江泽民同志为核心的中央领导集体建设廉洁政府情况概述

20世纪90年代，我国开始建立社会主义市场经济体制。面对新旧体制转换过程中腐败现象滋生蔓延的情况，以江泽民同志为核心的第三代中央领导集体作出加大反腐败斗争力度的决策，确立领导干部廉洁自律、查办违法违纪案件、纠正部门和行业不正之风的反腐败三项工作格局。明确提出坚持标本兼治，教育是基础，法制是保证，监督是关键；通过深化改革，不断铲除腐败现象滋生蔓延的土壤。制定了一系列加强反腐败和廉政建设的法律法规，不断完善反腐败制度体系。在检察机关设立反贪污贿赂部门、反渎职侵权部门和职务犯罪预防部门。作出军队、武警部队、政法机关一律不得经商等重大决策。推进行政审批、财政管理、干部人事等体制机制制度改革，实行政务公开、厂务公开和村务公开等制度。反腐败和廉政建设走上标本兼治、综合治理、逐步加大治本力度的轨道。

四、以胡锦涛同志为总书记的中央领导集体建设廉洁政府情况概述

进入21世纪，以胡锦涛同志为总书记的中央领导集体把反腐败和廉政建设放在更加突出的位置，确立标本兼治、综合治理、惩防并举、注重预防的方针，制定建立健全惩治和预防腐败体系这一反腐败国家战略，整体推进反腐败和廉政建设。在工作部署上，强调要严肃查处违法违纪案件，认真解决涉及领导干部廉洁自律的突出问题，坚决纠正损害群众利益的不正之风，制定完善反腐败和廉政建设法规制度，扎实推进重点领域和关键环节的改革。成立国家预防腐败局，统筹各方面的预防腐败工作。加强公民道德建设和廉政文化建设，推动社会公众树立崇尚廉洁的价值理念。推进农村、企业、学校、公用事业单位和城市社区廉政建设，推行廉政风

险防控机制建设。反腐败和廉政建设总体呈现出积极发展的态势。

五、以习近平同志为核心的中央领导集体建设廉洁政府情况概述

党的十八大以来,以习近平同志为核心的中央领导集体,以强烈的历史责任感和深沉的使命忧患感,以巨大的政治勇气和担当精神,亮剑党内存在的突出问题,把党风廉政建设和反腐败斗争提到新的高度,着力构建不敢腐、不能腐、不想腐的体制机制,党内政治生态明显好转,全党全社会高度认同,赢得了党心民心,为开创党和国家事业新局面提供了重要保证。坚持查处腐败分子无禁区、全覆盖、零容忍,坚决遏制腐败蔓延势头,查处严重违纪违法案件取得重大进展。坚持狠抓作风建设,锲而不舍、驰而不息地落实中央八项规定精神,聚焦解决形式主义、官僚主义、享乐主义和奢靡之风等"四风"问题,干部的作风面貌焕然一新,党心民心为之一振。坚持纪严于法、纪在法前,把纪律和规矩挺在前面,把严明政治纪律和政治规矩摆在首位,要求各级党委扛起全面从严治党的政治责任,以严肃问责推动责任落实,各级党组织管党治党意识和能力不断增强。坚持依规治党和以德治党相统一,把从严治党实践成果转化为道德规范和纪律要求,党内法规制度体系更加健全。坚持强化党内监督,加强上级纪委对下级纪委的领导,推动巡视全覆盖和派驻监督全覆盖,聚焦发现问题、形成震慑,不断释放党风廉政建设和反腐败斗争新的活力和动力。反腐败和廉政建设取得重要阶段性成果,极大地提振了全党的信心,赢得了人民群众的信任和拥护,反腐败斗争压倒性态势已经形成。

第二节
廉洁政府建设的主要举措和成效

一、建立和完善廉洁政府建设的法律法规制度体系

坚持依法治国基本方略,重视发挥法律法规制度的规范和保障作用,不断推进反腐败和廉政建设法制化、规范化。以《宪法》为依据,制定了一系列反腐倡廉

法律法规；以党章为依据，制定了一系列党内制度规定，逐步形成内容科学、程序严密、配套完备、有效管用的反腐败和廉政建设法律法规制度体系。

为规范领导干部廉洁从政行为，制定了一系列党员领导干部廉洁从政的行为准则和道德规范，建立健全防止利益冲突的制度。2015年，在原《中国共产党党员领导干部廉洁从政若干准则》的基础上制定了《中国共产党廉洁自律准则》，将适用对象从党员领导干部扩大到全体党员，明确提出"四个必须""八条规范"，是中国共产党执政以来第一部坚持正面倡导、面向全体党员的廉洁自律规范，是向全体党员发出的道德宣示和对全国人民的庄严承诺。针对权钱交易案件中出现的新情况、新问题，2007年颁布的《中共中央纪委关于严格禁止利用职务上的便利谋取不正当利益的若干规定》，明确了对党员干部在经济和社会交往中可能出现以权谋私等八种行为的处理办法；2009年颁布的《国有企业领导人员廉洁从业若干规定（试行）》，明确提出严禁国有企业领导人员利用职权为本人或特定关系人谋取利益以及损害企业权益等行为。为规范领导干部廉洁从政行为，颁布了《关于对党和国家机关工作人员在国内交往中收受礼品实行登记制度的规定》，明确要求党和国家机关工作人员不得收受可能影响公正执行公务的礼品馈赠；制定了《关于领导干部报告个人有关事项的规定》，要求领导干部如实报告本人收入，本人及配偶、共同生活的子女的房产、投资，以及配偶子女从业等情况；制定了《关于对配偶子女均已移居国（境）外的国家工作人员加强管理的暂行规定》。这些规定，对维护国家利益、依法依纪加强对党员和国家工作人员的管理，提高领导干部廉洁从政意识，具有重要作用。

为确保公共权力的正确行使，制定了一系列法律法规制度，以加强对领导干部行使权力的制约和监督。2007年施行的《中华人民共和国各级人民代表大会常务委员会监督法》，以法律形式对各级人民代表大会常务委员会加强对同级人民政府、人民法院和人民检察院行政权、审判权、检察权的监督作出规定。还制定了《中华人民共和国行政监察法》《中华人民共和国审计法》《中华人民共和国行政复议法》《中华人民共和国行政诉讼法》等法律，建立了行政监察、审计监督、行政复议和行政诉讼制度，加强对行政机关及其工作人员的监督。制定和修订《中国共产党党内监督条例》及《中国共产党巡视工作条例》《关于对党员领导干部进行诫勉谈话和函询的暂行办法》《关于党员领导干部述职述廉的暂行规定》等一系列规定，对党内监督的各项具体工作进行规范和完善。

为依法依纪惩治腐败，制定并不断完善包括刑事处罚、党纪处分和政纪处分在内的惩处违法违纪行为的实体性法律法规。在刑事处罚方面，通过制定和修订《中华人民共和国刑法》，规定了贪污罪、受贿罪、行贿罪、失职渎职罪、巨额财产来源不明罪等腐败犯罪的刑事责任，最高人民法院、最高人民检察院发布了相关司法解释，使之成为惩治腐败犯罪的重要法律依据。在党纪处分方面，制定并修订《中国共产党纪律处分条例》，具体规定党员违反政治纪律、组织纪律、廉洁纪律、工作纪律、群众纪律、生活纪律等违犯党纪行为及其量纪标准，明确警告、严重警告、撤销党内职务、留党察看和开除党籍五种党纪处分。在政纪处分方面，颁布《行政机关公务员处分条例》，具体规定政纪处分原则、权限以及各类违纪行为及其量纪标准，明确警告、记过、记大过、降级、撤职、开除六种政纪处分。

为保证以上实体性法律法规的执行，加强程序性法律法规建设，我国制定了《中华人民共和国刑事诉讼法》《人民检察院刑事诉讼规则》《监察机关调查处理政纪案件办法》等法律法规，颁布了《中国共产党纪律检查机关案件检查工作条例》等规定，对违法案件和违纪案件的受理、调查、审理和申诉工作予以规范，并建立证人和举报人保护制度、案件移送和协调配合制度以及被告人和受处分人权利保障制度。

制定了一批与预防腐败密切相关的法律法规。制定《中华人民共和国行政许可法》，规范行政许可的设定和实施，保障和监督行政机关有效实施行政管理。制定《中华人民共和国公务员法》，规范公务员的管理，加强对公务员的监督，促进勤政廉政。制定《中华人民共和国政府采购法》《中华人民共和国反垄断法》《中华人民共和国招标投标法》，规范行政自由裁量权，发挥市场在资源配置中的基础性作用，有效防止腐败行为的发生。制定《中华人民共和国法官法》《中华人民共和国检察官法》《中华人民共和国人民警察法》，明确规定司法工作人员的任职条件、管理方式和监督措施，强化了廉洁司法的要求。各地区各部门也依据宪法和国家法律，制定了与反腐败相关的地方性法规、地方政府规章和部门规章，完善了中国的反腐败和廉政建设法律法规制度体系。

二、建立健全对权力的监督和制约体系

按照结构合理、配置科学、程序严密、制约有效的原则，逐步建立健全决策权、执行权、监督权既相互制约又相互协调的权力结构和运行机制，推进权力运行程序化和公开透明，加强对权力的制约和监督。目前，已形成了由中国共产党党内监督、人大监督、政府内部监督、政协民主监督、司法监督、公民监督和舆论监督组成的具有中国特色的监督体系。各监督主体既相对独立又密切配合，形成了整体合力。

中国共产党党内监督是党的各级组织和广大党员依据党章和其他党内法规以及国家法律，重点对党的各级领导机关和领导干部特别是各级领导班子主要负责人进行的监督。不断探索加强党内监督的措施和办法，制定《中国共产党党内监督条例》，分别就党的中央组织、党委（党组）、党的纪律检查委员会、党的基层组织和党员这四类监督主体的监督职责以及相应监督制度作出规定，形成了党中央统一领导，党委（党组）全面监督，纪律检查机关专责监督，党的工作部门职能监督，党的基层组织日常监督，党员民主监督的党内监督体系。全面开展巡视，加强对领导干部的监督，中共中央派出巡视组到地方、部门和企事业单位，检查中央路线方针政策执行情况，着力发现违反政治纪律和政治规矩、违反中央八项规定精神、违规选人用人和腐败问题。截至 2016 年 10 月，中央巡视组已巡视 213 个地方、部门和单位党组织，实现对省区市、中管国有重要骨干企业、中管金融单位巡视全覆盖，对中央部门基本实现全覆盖，中央巡视全覆盖的任务完成近 80%。对党的纪律检查机关派驻机构实行统一名称、统一管理，加强对驻在部门领导班子特别是主要领导干部的监督，中央纪委向中央一级党和国家机关派驻 47 家纪检组，实现对 139 家中央一级党和国家机关派驻纪检机构全覆盖。严肃党内政治生活，保持党的先进性和纯洁性。制定《关于新形势下党内政治生活的若干准则》，从坚定理想信念、坚持党的基本路线、坚决维护党中央权威、严明党的政治纪律、保持党同人民

群众的血肉联系、坚持民主集中制原则、发扬党内民主和保障党员权利、坚持正确选人用人导向、严格党的组织生活制度、开展批评和自我批评、加强对权力运行的制约和监督、保持清正廉洁的政治本色等十二个方面对加强和规范党内政治生活提出明确要求、作出具体规定。大力发展党内民主，为加强党内监督创造有利条件。健全和完善党的代表大会制度，发挥党的委员会全体会议对重大问题的决策作用，推行和完善党委常委会向全委会定期报告工作并接受监督制度。改革和完善党内选举制度，规定差额推荐和差额选举的范围和比例，逐步扩大基层党组织领导班子成员直接选举范围。颁布实施《中国共产党党员权利保障条例》，明确党员行使权利的程序和参与党内监督的各项权利。

人大监督是国家权力机关代表国家和人民对国家行政机关、司法机关和国家法律实施情况进行的监督。宪法规定，国家的一切权力属于人民。人民代表大会是人民行使国家权力的机关，国家行政机关、审判机关、检察机关都由它产生，对它负责，受它监督。人民代表大会行使法律赋予的各种监督职权，通过询问、质询、执法检查、听取和审议有关部门工作报告以及预算审查等手段，加强对政府、法院、检察院及其工作人员的监督，促进依法行政、公正司法，预防和制止各种腐败现象。

政府内部监督包括层级监督和监察、审计等专门机关的监督。各级政府、政府各部门的上级对下级、政府对部门、行政首长对工作人员的行政行为进行层级监督。监察机关全面履行法定职责，开展执法监察、廉政监察和效能监察，依法对监察对象行使职权、履行职责、勤政廉政等情况实施监督。审计机关依法对政府的预算执行情况和决算以及其他财政收支情况进行监督。这些监督形式对于规范行政执法、促进依法行政、建设法治政府，发挥了重要作用。

政协民主监督是具有中国特色的监督形式。中国人民政治协商会议是中国共产党领导的多党合作和政治协商的重要机构。人民政协主要通过召开会议、提交提案、组织委员视察、开展民主评议等形式，对宪法和法律法规的实施、重大方针政策的贯彻执行、国家机关和国家工作人员履行职责和遵纪守法等方面的情况进行监督。各级党委和政府在作出重大决策、出台重要规定前，都要征求同级人民政协和各民主党派的意见和建议。

司法监督包括人民法院的监督和人民检察院的监督。人民法院的监督是指上级法院对下级法院、最高人民法院对地方各级法院审判工作是否合法、公正的监督。人民法院还通过审理行政案件，对政府具体行政行为的合法性进行审查。人民检察院的监督，包括依法对诉讼活动的法律监督和对国家工作人员职务犯罪行为的监督。人民检察院通过对立案、侦查、审判、刑罚执行和监管活动的监督，实施对诉讼活动全过程的监督；通过查办贪污贿赂、渎职侵权等职务犯罪案件，对国家工作人员职务行为进行监督。

公民对国家机关和国家工作人员提出批评、建议、申诉、控告或者检举，是《宪法》赋予公民的监督权利。政府设立专门的信访机构，受理公民提出的检举控告和意见建议。各级纪律检查机关、国家检察机关、政府监察机关和审计机关等都建立了举报制度，开通了举报电话，设立了举报网站，受理公民的检举和控告。对受理的举报线索，相关部门依法依纪进行调查或转送有关部门处理。在鼓励公民举报腐败案件的同时，重视维护举报人的合法权益。《中华人民共和国刑法》《中华人民共和国刑事诉讼法》《中华人民共和国行政监察法》等法律法规和党内法规都对保护举报人作了明确规定，对举报人的有关情况予以保密，严禁泄露举报人身份或者将举报材料、举报人情况透露给被举报单位、被举报人，对打击报复举报人的行为进行惩处。

重视发挥舆论监督的作用。依法保护报刊、电视、广播等新闻媒体的采访权和舆论监督权，支持新闻媒体披露各种不正之风和党政机关及其工作人员中的违法违纪问题。政府有关部门高度关注新闻媒体反映的问题，积极回应社会关切，及时提出解决办法，改进工作。近年来，随着互联网的快速发展和广泛普及，网络监督成为一种反应快、影响大、参与面广的新兴舆论监督方式。高度重视互联网在加强监督方面的积极作用，切实加强反腐倡廉舆情网络信息收集、研判和处置工作，完善举报网站法规制度建设，健全举报网站受理机制及线索运用和反馈制度，为公民利用网络行使监督权利提供便捷畅通的渠道。与此同时，加强舆论监督的管理、引导和规范，维护舆论监督的正常秩序，使舆论监督在法制轨道上运行。

阳光是最好的防腐剂，公开是对权力最好的监督。从20世纪80年代开始，我国积极推行政务公开、厂务公开、村务公开和公共企事业单位办事公开等制度。颁布《中华人民共和国政府信息公开条例》等重要法规文件，规定按照公开是原则、不公开是例外的要求，及时、准确地公开除涉及国家秘密、商业秘密和个人隐私以外的政府信息，依法保障公民的知情权、参与权、表达权和监督权。中央和国家机关、各省（自治区、直辖市）普遍建立了新闻发布和新闻发言人制度，绝大多数县级以上政府建立了政府网站。国家司法机关推进审判公开、检务公开、警务公开、狱务公开等司法公开制度，为加强对司法活动的监督提供了有力保证。积极推进党务公开，发布实施《关于党的基层组织实行党务公开的意见》，健全党内情况通报制度，及时公布党内事务特别是党组织重大决策、干部选拔任用、党员领导干部执行廉洁自律规定等情况，拓宽党员了解党内事务和表达个人意见的渠道。

三、通过体制改革和制度创新防止腐败

进入21世纪以来，我们坚持用发展的思路和改革的办法预防和治理腐败。针对容易滋生腐败的重点领域和关键环节，大力推进体制改革和制度创新，建立适合时代发展要求的新体制、新机制，努力从源头上防治腐败。

深化行政审批制度改革。全面推行行政审批制度改革，加快推进政企分开、政资分开、政事分开、政府与市场中介组织分开，促进政府转变职能。在全面清理审核的基础上，国家对行政审批事项进行了大幅度削减和调整。2001年推行行政审批制度改革至2010年，国务院各部门共取消和调整行政审批项目2000多项，地方各级政府取消和调整行政审批项目77000多项，占原有项目总数的50%以上；2013—2015年，又累计取消行政审批事项1000多项，彻底终结了非行政许可审批。对于保留的行政审批项目，通过广泛设立行政服务中心公开审批，建立行政审批电子监察系统及时监控，完善行政审批责任追究制度和信息反馈机制，提高工作效率，减少权力寻租的机会。

推进干部人事制度改革。坚持民主、公开、竞争、择优，建立健全科学的干部选拔任用和管理监督机制，提高选人用人公信度，从源头上防治用人腐败。先后发

布《深化干部人事制度改革纲要》《党政领导干部选拔任用工作条例》《党政领导干部选拔任用工作监督检查办法（试行）》《党政领导干部选拔任用工作责任追究办法（试行）》等，对干部人事制度改革进行全面规划，对干部选拔任用的基本原则、标准、程序、方法等作出严密规定，对干部选拔任用工作加强监督。坚持德才兼备、以德为先的用人标准，全面推行民主推荐、民主测评、民意调查、考察预告、任前公示，以及干部交流、任职回避等制度，大力推进公开选拔和竞争上岗，推行和完善地方党委任用重要干部票决制。

深化司法体制和工作机制改革。坚持以维护司法公正为目标，按照科学配置侦查权、检察权、审判权和执行权的原则，建立公正、高效、权威的社会主义司法制度。建立警务督察制度，推行人民陪审员、人民监督员制度，扩大司法民主，推进司法公开。加强对司法活动的监督，规范司法人员对自由裁量权的行使。健全执法过错、违法违纪责任追究制度，保证司法公正。

推进财政管理体制改革。1998年以来，围绕建立公共财政的目标，积极推进财政管理体制改革，深化部门预算公开、国库集中支付、"收支两条线"管理、政府采购、规范转移支付等改革。目前已将行政事业性收费、政府性基金、国有资源有偿使用收入、国有资本经营收益等纳入预算或"收支两条线"管理的范围，并将逐步实现全部缴入国库的目标。国家已初步建立起适合我国国情的部门预算基本框架，初步实现预算内外资金统筹使用、"一个部门一本预算"的改革目标。加大财政预算公开力度，中央部门预算、"三公"经费预算和部门决算全部公开，政府采购、机关运行经费、公务接待批次及人数等内容在决算中向社会公开，31个省（区、市）全部公开省级预算决算和省级部门预算。推进公务用车、公务接待等职务消费制度改革，规范党政领导干部职务消费行为。这些措施规范了政府的理财行为，增强了财政管理的透明度，有效地抑制了财政资金管理和使用中的腐败行为。

加快投资体制改革。为防止投资领域腐败现象的产生，我国着力建立市场引导投资、企业自主决策、银行独立审贷、融资方式多样、中介服务规范、宏观调控有效的新型投资体制，减少行政干预。2004年，国务院发布《关于投资体制改革的决定》，对深化投资体制改革作出全面部署。经过改革，企业投资主体地位逐步确立。不断建立和完善政府投资监管体系，完善政府重大投资项目公示制和责任追究制，加强对投资中介机构的监管。对中央预算内投资项目实行代建制，到 2010 年已有 2/3 以上的省级政府开展代建工作。修订政府核准投资项目目录，核准投资项目累计减少 76%。

推动金融体制改革。实行中央银行与商业银行分离、政策性金融与商业性金融分离、银行与证券及保险业分业经营。不断加强和改进金融宏观调控，建立和完善银行业、证券业、保险业分业金融监管体制，加强金融监管，金融市场秩序逐步规范。建立并完善信息披露、信用评级制度，推动金融市场快速健康发展。推进国有商业银行股份制改革、证券公司重组、保险公司注资改制等一系列重大金融体制改革，进一步完善法人治理结构，全面清理和处置历史积累的金融风险，初步建立投资者保护制度。积极推动支付体系建设，推广使用非现金支付工具，完善金融账户实名制，有效防止和严厉惩处利用银行账户、证券市场和资本运作等手段进行的腐败活动。建立覆盖全国的企业和个人信用信息基础数据库，加快建设金融业统一征信平台。建立金融机构的客户识别及大额和可疑交易报告、记录保存等制度，加强反洗钱监管。这些改革措施促进了金融业的规范健康发展，也有利于防范金融风险和金融腐败。

建立市场配置资源制度。注重完善制度，强化监管，防止在公共资源配置、公共资产交易、公共产品生产领域出现腐败问题。在工程建设方面，加快建立统一规范的有形市场，完善招标投标法律制度，规范招标投标活动。在土地使用权出让方面，实施公开竞争出让建设用地使用权制度，对经营性用地通过招标、拍卖、挂牌的方式出让。2001—2009 年，招标拍卖挂牌出让国有土地面积占总出让面积的比例由 7.3% 上升到 85.3%。在产权交易方面，规定必须遵循等价有偿和公开、公平、公正、竞争的原则。在政府采购方面，实行以公开招标为主要方式的采购运行机制，2002—2009 年累计节约财政资金 3000 多亿元。在矿产资源开发方面，严格执行探矿权、采矿权招标拍卖挂牌出让规定，严肃查处矿产资源开发中的违法违纪行为。

四、依法依纪查处腐败案件

依法依纪查处腐败案件，是惩治腐败最直接最有效的手段。坚持在法律和纪律面前人人平等，严肃查处党员干部和国家工作人员中的腐败行为，保持惩治腐败的强劲势头。

针对不同时期腐败现象发生的特点，确定查办案件的重点。20世纪80年代，重点打击严重经济犯罪活动和利用价格"双轨制"非法倒买倒卖行为。20世纪90年代，以查办党政领导机关、行政执法机关、司法机关、经济管理部门和县（处）级以上领导干部的违法违纪案件为重点，着重查处贪污贿赂、挪用公款、失职渎职、贪赃枉法、腐化堕落等方面的案件，加大对金融、房地产、工程建设等领域案件的查处力度。进入21世纪，在继续坚持查处以上重点案件的同时，着重查办领导干部利用人事权、司法权、行政审批权、行政执法权等搞官商勾结、权钱交易、索贿受贿的案件，为黑恶势力充当"保护伞"的案件，严重侵害群众利益的案件，群体性事件和重大责任事故背后的腐败案件。党的十八大以后，紧紧围绕遏制腐败蔓延势头的目标任务，深入分析地区、部门和单位党风廉政建设和干部队伍整体状况，既见"树木"又见"森林"，重点查处党的十八大后不收敛、不收手，问题严重、群众反映强烈，现在重要岗位可能还要提拔使用的党员领导干部。

各级纪律检查机关和政府监察机关始终坚持依法依纪查办腐败案件，做到事实清楚、证据确凿、定性准确、处理恰当、手续完备、程序合法。严格规范举报、受理、初核、立案、调查、审理、处分、执行、案件监督管理等各个环节，坚持文明规范办案，保障被调查人员的人身权、财产权、申辩权、申诉权和知情权等合法权益。坚持保持高压态势，零容忍惩治腐败，"老虎""苍蝇"一起打。党的十八大后，查处了近200名高级干部，包括省委书记、省长、部长、中央委员、中央候补委员等，涉及31个省区和不少中央一级党和国家机关、国企和金融单位。2013年至2016年9月，全国纪检监察机关共立案101.8万件，给予党纪政纪处分101万人。经过3年多的努力，不敢腐的震慑作用充分发挥，不能腐、不想腐的效应初步显现，反腐败斗争压倒性态势正在形成。

人民检察院依法对贪污贿赂、渎职侵权等国家工作人员职务犯罪直接立案侦查，并代表国家向人民法院提起公诉。检察机关接受贪污贿赂、渎职侵权犯罪的举报和有关部门移送的案件后，及时对举报线索和案件材料进行审查和初步调查，有犯罪事实并需要追究刑事责任的，依照程序对案件立案侦查，依法查明犯罪嫌疑人的犯罪事实。案件侦查终结后，根据查明的事实和证据，依法作出处理，其中对犯罪事实已经查清，证据确实、充分，应当依法追究刑事责任的，由人民检察院反贪污贿赂、反渎职侵权部门移送公诉部门审查后向人民法院提起公诉。2015年，全国检察机关共立案侦查贪污贿赂、渎职侵权等职务犯罪5.4万多人。在惩治受贿犯罪的同时，我国不断完善行贿犯罪档案查询系统，加大惩治和预防行贿犯罪力度。

人民法院作为国家审判机关，依法独立行使审判权。对于检察机关依法提起公诉的贪污贿赂、渎职等腐败犯罪案件，人民法院依法进行审理，按照罪刑法定、法律面前人人平等、罪责刑相适应的原则定罪量刑。除涉及国家秘密、商业秘密、个人隐私和未成年人犯罪外，人民法院审判案件一律公开进行，并保障诉讼参与人依法享有的诉讼权利，保证被告人充分行使辩护权。在审判腐败犯罪案件的过程中，人民法院坚持任何人犯罪都适用法律上一律平等的原则，不论腐败分子现任或曾任职务多高，只要构成犯罪就依法定罪处罚，既不允许其有超越法律的特权，也不因为其特殊身份和社会压力就加重处罚。2015年，全国法院系统审结一审贪污贿赂案件1.6万多件、渎职侵权案件4300多件。

为准确适用法律、统一司法尺度，最高人民法院和最高人民检察院在总结贪污贿赂、渎职等腐败犯罪案件审判和公诉经验的基础上，依法适时制定相关的司法解释，及时解决审判和公诉工作中出现的新问题，对指导各级人民法院和人民检察院正确审理公诉案件，起到了重要作用。

集中开展治理商业贿赂专项工作。既对中资企业在国（境）外从事商业贿赂行为予以惩罚，也依法查处国（境）外经济组织在中国境内的商业贿赂行为。2012年以来，共查处各类商业贿赂案件约1.4万件，涉案金额约44亿元。建立行贿犯罪档案查询系统和市场诚信记录信息库，着手修订《中华人民共和国反不正当竞争法》，进一步加大对各类商业贿赂行为的打击力度。中国还积极参与二十国集团反腐败工作组、亚太经合组织反腐败工作组框架下的反贿赂合作，2014年与经合组织共同主办亚太经合组织反腐败高层研讨会，2016年与英国共同主办二十国集团反腐败工作组系列会议。

狠抓作风建设，持之以恒纠正"四风"。党的十八大后，中央政治局出台关于改进工作作风、密切联系群众的八项规定，重点整治形式主义、官僚主义、享乐主义和奢靡之风等四种不良风气，严肃查处公款吃喝送礼、借婚丧喜庆敛财、出入私人会所等突出问题。截至2016年8月31日，全国累计查处违反中央八项规定精神问题139622起、处理187409人，给予党纪政纪处分91913人，党风政风明显改善，民风社风为之一新。

纠正损害群众利益的不正之风是反腐败的重要内容。针对一些地方和部门存在的乱涨价、乱收费、乱罚款、乱摊派等损害群众利益的行为，采取了专项治理措施。针对农村土地征收、城镇房屋拆迁、国有企业重组改制、医药购销和医疗服务中出现的损害群众利益，以及拖欠农民工工资等突出问题，采取专项检查等措施予以纠正。国家加快改革步伐，相继取消农业税和义务教育阶段收费，推行教育、医药卫生体制改革等一系列改革措施，为纠正损害群众利益的不正之风创造了条件。

逐步加大以行政首长为重点的行政问责力度，纠正执法不公、违法行政和有令不行、有禁不止、行政不作为乱作为等行为，对给国家利益、公共利益和公民合法权益造成严重损害的，依法依纪严肃追究责任。发布实施《中国共产党问责条例》，对党的领导弱化、党的建设缺失、全面从严治党主体责任监督责任落实不到位、维护党的纪律不力、推进党风廉政建设和反腐败工作不坚决不扎实等六个方面的失职失责行为，造成严重后果或者恶劣影响的，进行严肃问责。2015年，国务院对不作为、乱作为问题开展专项督查，监察机关会同相关部门问责处理1046人；严肃查处失职渎职行为，对2.6万人进行责任追究。

五、加强廉政教育和廉政文化建设

教育是反腐败和廉政建设的一项基础性工作。多年来，全国坚持不懈地在国家工作人员中开展廉洁从政教育，在全社会加强廉政文化建设，促使国家工作人员增强廉洁自律意识,推动全社会形成崇尚廉洁的良好风尚。

把对党员和国家工作人员进行国家法律法规和党纪政纪教育作为廉洁从政教育的一项经常性工作。中央政治局经常组织有关法制的集体学习,对推动全社会特别是党员和国家工作人员提高法律意识起到良好的带动作用。目前,党的各级组织和国家机关集体学习已形成制度。积极开展全民普法教育,从1986年起,在全体公民特别是国家工作人员中连续实施了6个五年普及法律知识教育,共有13亿多人次接受了各种形式的法制教育,增强了公众的法治观念和对国家机关、国家工作人员廉洁从政的监督意识。

重视对国家工作人员的廉政教育培训,筑牢拒腐防变的思想道德防线。制定《干部教育培训工作条例》和全国干部教育培训规划,把廉洁从政教育作为干部教育培训的重要内容。中国共产党的各级党校、政府的各级行政学院和其他干部培训机构,把廉洁从政教育纳入教学计划,作为各级领导干部的必修课程。建立50个全国廉政教育基地,编写廉洁从政教育读本,有针对性地开展岗位廉政教育和培训。对于新任领导干部和新录用的国家工作人员,进行任职和上岗前的廉政培训,建立廉政培训档案。一些省(自治区、直辖市)在领导干部选拔前进行廉政法律法规考试,并将考试合格作为重要的任职条件。在领导干部任职前进行廉政谈话,做到防范在先。

注重开展示范教育和警示教育。通过新闻媒体报道、召开先进事迹报告会、拍摄影视作品等形式,宣传党员干部和国家工作人员中的先进典型和他们的事迹。通过编写典型案例教材、拍摄警示教育片、建设警示教育基地、举办警示教育展览以及涉案人员现身说法等灵活多样的形式,教育广大党员干部和国家工作人员引以为戒,发挥典型案件的教育作用,达到惩处一个、教育一片的目的。

大力开展廉政文化建设,弘扬以廉为荣、以贪为耻的社会风尚。制定《关于加强廉政文化建设的意见》,推动廉政文化进机关、社区、家庭、学校、企业和农村。注重继承和发扬中华优秀传统文化中的廉政文化精华,以文学艺术、影视作品、书画展览和公益广告等形式表现廉政文化的丰富内涵,推出一批主题昂扬向上、时代特色鲜明、体现人文关怀的优秀廉政作品。通过这些内容丰富、形式多样、群众喜闻乐见的廉政文化活动,歌颂中华民族崇尚廉洁的优良传统,展示廉政建设的丰硕成果,推进廉政文化建设深入开展。

重视对青少年进行廉洁教育。许多小学、中学和大学专门开设廉洁教育课程,编写相关教材,有的还配备专门的师资力量。同时,充分利用中小学生的夏令营、冬令营,以及大学生社会实践和校园文化建设等课外活动开展廉洁教育,培养青少年廉洁、诚信、守法的良好道德意识和法治观念。

六、加强反腐败国际交流与合作

随着经济全球化的快速发展,腐败行为呈现出有组织、跨国境的趋势。加强反腐败的国际交流与合作成为世界各国、各地区的共识。我国重视反腐败领域的国际交流与合作,主张在尊重主权、平等互利、尊重差异、注重实效的原则下,与世界各国、各地区和有关国际组织加强合作,互相借鉴,共同打击腐败行为。党的十八大以来,我们高度重视并积极推动反腐败国际合作和追逃追赃工作。习近平总书记多次强调,腐败分子即使逃到天涯海角,也要把他们追回来绳之以法,要切断腐败分子的后路。将反腐败国际合作和追逃追赃工作纳入反腐败工作总体部署,建立集中统一的领导体制和高效顺畅的跨部门协调机制,拓宽对外合作渠道,持续加大工作力度,不断扩大工作成果。

同世界各国、各地区及有关国际组织的反腐败交流与合作,已经成为国际反腐败的重要力量。我国共参与了十五个全球和区域反腐败合作机制,积极履行《联合国反腐败公约》,先后担任亚太经合组织反腐败工作组主席及二十国集团反腐败工作组主席,推动通过亚太经合组织《北京反腐败宣言》,健全亚太经合组织反腐败执法合作网络和二十国集团拒绝腐败分子入境执法合作网络,推动建立金砖国家反腐败合作机制。同联合国毒品和犯罪问题办公室、国际反腐败学院、国际刑事警察组织、世界银行、经济合作与发展组织等保持密切沟通与协作。与89个国家和地区建立反腐败合作关系,对外缔结44项引渡条约和57项刑事司法协助条约,与35个国家和地区签署金融情报交换合作协议。

为推动反腐败国际交流与合作,我国于2005年批准加入了《联合国反腐败公约》。为履行公约规定的各项义务，成立了由 24 个机关和部门组成的部际协调小组，具体承担国内履约的组织协调工作，做好有关国内法与公约的衔接工作。2006年颁布《中华人民共和国反洗钱法》，以预防、遏制洗钱犯罪及相关犯罪。先后批准加入四个与反洗钱相关的国际公约，并成为金融行动特别工作组、欧亚反洗钱和反恐融资组织、亚太反洗钱组织的成员。2007 年，成立国家预防腐败局，开展预防腐败的国际合作和技术援助。

我国还积极加入相关反腐败国际组织，参加和举办反腐败国际会议。1996 年我国和巴基斯坦等国发起成立亚洲监察专员协会。2003 年，批准加入《联合国打击跨国有组织犯罪公约》，这是第一个针对跨国有组织犯罪的全球性公约。2005 年，加入亚太经合组织反腐败与提高透明度工作组、亚洲开发银行/经合组织亚太地区反腐败行动计划。2006 年，中国最高人民检察院发起成立国际反贪局联合会，这是世界上首个以各国、各地区反贪机构为成员的国际组织。近年来，中国还成功举办第七届国际反贪污大会、亚洲监察专员协会第七次会议、第五次亚太地区反腐败会议、国际反贪局联合会首届年会、亚太经合组织反腐败研讨会等国际会议，多次参加全球反腐倡廉论坛、政府改革全球论坛、国际反贪污大会等国际性反腐败会议。2014 年中国担任 APEC 轮值主席时通过了《北京反腐败宣言》，这是第一个由中国主导起草的国际性的反腐败宣言，对引领亚太地区反腐败合作朝追逃追赃等务实合作方向发展具有重要意义。2016 年，在二十国集团领导人杭州峰会上，中国发起并由二十国集团领导人一致批准通过《二十国集团反腐败追逃追赃高级原则》、在华设立二十国集团反腐败追逃追赃研究中心、《二十国集团 2017—2018 年反腐败行动计划》等重要反腐败成果，表明中国关于反腐败追逃追赃合作的倡议得到了更广泛国家的认可，在国际社会享有更大的影响和更稳固的根基。

引渡和遣返外逃腐败犯罪嫌疑人是反腐败国际合作的重要内容。1984 年，中国加入国际刑警组织，加强了抓捕外逃腐败犯罪嫌疑人方面的国际合作。2000 年颁布了《中华人民共和国引渡法》，为中国与外国加强引渡合作提供了法律基础。目前，中国已与 35 个国家缔结了双边引渡条约，加入含有司法协助、引渡等内容的 28 项多边公约。中国还可以依据联合国反腐败公约、联合国打击跨国有组织犯罪公约等国际公约，与世界 100 多个国家开展包括引渡在内的国际司法合作。2014 年以来，连续开展"天网行动"，集中缉捕外逃腐败分子和经济犯罪嫌疑人，已从 70 多个国家和地区追回外逃人员 1915 人，追回赃款 74.7 亿元人民币。我们还集中公布了 100 名已被发布红色通缉令的外逃人员名单，在国际刑警组织和有关国家支持下已到案 33 人。中英两国根据《联合国反腐败公约》开展个案合作，英国政府向中国澳门特区政府返还 2827 万英镑腐败犯罪资产。中美两国共同确定 5 起重点案件，指定专人集中突破，有 2 人已主动回国投案自首，2 人在美国被定罪入狱。

七、建立反腐败的领导体制和工作机制

反腐败和廉政建设领导体制与工作机制，是由国体和政体决定的。在反腐败和廉政建设实践中，我们探索形成了党委统一领导、党政齐抓共管、纪委组织协调、部门各负其责、依靠群众支持和参与的具有中国特色的反腐败领导体制和工作机制。

中国共产党是执政党，中国的反腐败和廉政建设在中国共产党领导下进行。中国共产党坚持科学执政、民主执政、依法执政，在宪法和法律的范围内活动。

中国共产党在革命、建设、改革的历史进程中，始终高度自觉地把反腐败和廉政建设摆在十分重要的位置。特别是改革开放以来，中共中央制定了一系列反腐败和廉政建设工作战略、方针和政策。自 1993 年以来，中共中央每年通过中央纪委全会向全党全国部署反腐倡廉工作。国务院每年都召开廉政工作会议，对政府系统的反腐败和廉政建设作出部署。中共中央、国务院还先后颁布和修订了《关于实行党风廉政建设责任制的规定》，明确要求各级领导班子和领导干部按照"谁主管、谁负责"的原则，在抓好业务工作的同时，抓好职责范围内的反腐败和廉政建设，对违反规定的，进行责任追究。全国各地区各部门按照中央要求，把反腐败和廉政建设纳入经济社会发展总体规划、寓于各项改革和重要政策措施之中，同改革发展工作一起部署、一起落实、一起检查、一起考核，保证了反腐败和廉政建设扎实有效地向前推进。

人民群众的支持和参与是反腐败和廉政建设取得成功的重要基础。各社会团体、新闻媒体和广大人民群众，在建言献策、参与监督、揭露腐败等方面发挥着重要作用。

反腐败和廉政建设的职能机构，主要有中国共产党纪律检查机关、国家司法机关、政府监察机关和审计机关以及国家预防腐败局。

各级纪律检查委员会是依据《中国共产党章程》设立的党内监督的专门机关，由同级党的代表大会选举产生，是开展反腐败和廉政建设的重要机构。其主要任务是：维护党的章程和其他党内法规，检查党的路线、方针、政策和决议的执行情况，协助党的委员会加强党风建设和组织协调反腐败工作。其经常性工作是：对党员进行遵守纪律的教育，对党员领导干部行使权力进行监督，查处违犯党纪的案件，受理党员的控告和申诉，保障党员的权利。党的中央纪律检查委员会在党的中央委员会领导下进行工作。地方各级纪律检查委员会和基层纪律检查委员会在同级党的委员会和上级纪律检查委员会的双重领导下开展工作。

人民法院和人民检察院是依据宪法设立的司法机关，分别依法独立行使审判权和检察权，不受行政机关、社会团体和个人的干涉。人民法院是国家的审判机关，依法承担包括贪污贿赂、渎职等腐败犯罪在内的各类刑事案件的审判工作，及时、公正地对检察机关提起公诉的贪污贿赂、渎职等案件作出判决，依法惩治腐败犯罪。人民检察院是国家的法律监督机关，担负着依法追究刑事犯罪、侦查国家工作人员贪污贿赂和渎职侵权等职务犯罪、预防职务犯罪、代表国家向人民法院提起公诉等职能。最高人民法院、最高人民检察院还通过司法解释等方式，对贪污贿赂、渎职等腐败案件的审判、检察工作进行指导。人民检察院、人民法院对侦查、审判案件过程中发现引发职务犯罪的重要问题，及时向有关部门和单位提出检察建议和司法建议。

政府监察机关是依据宪法设立的行使监察职能的机关，依法对国家行政机关及其公务员和国家行政机关任命的其他人员，对法律、法规授权的具有公共事务管理职能的组织及其从事公务的人员，对国家行政机关依法委托从事公共事务管理活动的组织及其从事公务的人员的执法、廉政、效能情况进行监察。

审计机关是依据宪法设立的审计监督机构，依法对国务院各部门和地方各级人民政府及其各部门的财政收支、国有金融机构和国有企业事业单位的财务收支等进行审计监督。我国还建立了经济责任审计制度，对国家机关和依法属于审计对象的其他单位主要负责人进行审计监督。

国家预防腐败局是为统筹预防腐败工作而专门设置的机构，其主要职责是：负责全国预防腐败工作的组织协调、综合规划、政策制定、检查指导，协调指导企业、事业单位、社会团体、中介机构和其他社会组织的防治腐败工作，负责预防腐败的国际合作和技术援助。

公安、金融等其他有关部门和机构，也在自身职责范围内依法承担反腐败和廉政建设的相关工作。

上述具有不同职能的机构，在反腐倡廉各项工作中既相对独立、各司其职，又相互协调、密切配合。党的纪律检查机关在掌握党员违纪线索之后，经调查认定为违犯党纪的，对其作出相应的党纪处分；对其中涉嫌犯罪的，移送司法机关处理。政府监察机关对于违反政纪的监察对象，作出相应政纪处分；涉嫌犯罪的，移送司法机关处理。公安、审计、行政执法机关在履行职责过程中发现有违法违纪行为的，根据具体情况分别移送司法机关或党的纪律检查机关、政府监察机关处理。人民法院、人民检察院在履行职责过程中发现犯罪嫌疑人涉嫌违犯党纪或政纪的，将有关证据材料移送党的纪律检查机关或政府监察机关处理。

目前，我国正在开展国家监察体制改革试点，目标是建立党统一领导下的国家反腐败工作机构，通过组织和制度创新，整合反腐败资源力量，扩大监察范围，丰富监察手段，实现对行使公权力的公职人员监察全面覆盖，建立集中统一、权威高效的监察体系，履行反腐败职责，深入推进党风廉洁建设和反腐败斗争，构建不敢腐、不能腐、不想腐的有效机制。反腐败工作机构已在北京市、山西省、浙江省进行试点，分别由省（市）人民代表大会产生省（市）监察委员会，作为行使国家监察职能的专责机关。党的纪律检查委员会与监察委员会合署办公，建立健全监察委员会组织架构，明确监察委员会职能职责，建立监察委员会与司法机关的协调衔接机制，强化对监察委员会自身的监督制约。

从事反腐败工作的机构承担着开展反腐败和廉政建设、维护社会公平正义的重大责任。近年来,这些机构采取一系列措施,对执法执纪干部队伍严格要求、严格教育、严格管理、严格监督,切实加强自身建设。通过加强内部管理和制度建设,完善制约监督机制,督促执法执纪人员秉公用权、严格自律;通过推行权力公开透明运行、廉政监督员等制度,督促执法执纪人员牢固树立接受监督意识、自觉接受各方面监督,不断提高执法执纪能力和水平,为中国的反腐败和廉政建设提供组织保证。

第三节
廉洁政府建设的经验和启示

回顾多年来建设廉洁政府特别是党的十八大以来反腐倡廉的经历,我们既要看到取得的明显成效,也要看到贪腐犯罪仍然呈现高发态势。要深刻地认识到,建设廉洁政府不可能一蹴而就,必须把反腐倡廉工作放到新的时代背景下和国家改革发展稳定的大局中去考虑,努力寻找从根本上解决腐败问题、建设廉洁政府的有效途径。

一、把廉洁政府建设放在"四个全面"战略布局中去认识

党的十八大以来,党中央从坚持和发展中国特色社会主义全局出发,提出并形成了全面建成小康社会、全面深化改革、全面依法治国、全面从严治党的战略布局。这是党中央在新的历史条件下的治国理政方略,也是实现中华民族伟大复兴中国梦的重要保障。廉洁政府建设与"四个全面"战略布局紧密联系和贯通。全面建成小康社会,覆盖了经济建设、政治建设、社会建设、文化建设、生态文明建设"五位一体"内涵,建设廉洁政府是其中的重要目标。全面深化改革,强调要建设廉洁政治,努力实现干部清正、政府清廉、政治清明的目标,把廉洁政府建设作为改革的一项重要内容。全面依法治国要求加快建设职能科学、权责法定、执法严

明、公开公正、廉洁高效、守法诚信的法治政府，廉洁政府建设也是法治政府建设的重要方面。全面从严治党，紧扣加强党的执政能力建设、先进性建设和纯洁性建设这条主线，政府作为党的路线方针政策的执行者，建设廉洁政府应是全面从严治党的应有之义。上述关系说明，廉洁政府建设是推进"四个全面"战略布局的重要内容和关键步骤，我们要通过加强廉洁政府建设推动廉洁政治建设，带动形成良好的党风、政风、民风，为实现"四个全面"战略布局提供坚强保障。

二、把廉洁政府建设放在国家治理体系和治理能力现代化中去定位

推进国家治理体系和治理能力现代化，是党的十八届三中全会确定的全面深化改革的总目标。国家治理体系是在党领导下管理国家的制度体系，包括经济、政治、文化、社会、生态文明和党的建设等各领域体制机制、法律法规安排，是一整套紧密相连、相互协调的国家制度。国家治理能力就是运用国家制度管理社会各方面事务的能力，包括改革发展稳定、内政外交国防、治党治国治军等各个方面。在推进国家治理体系和治理能力现代化的进程中，政府无疑处于最关键的位置，政府治理能力的强弱、水平的高低，对整个国家治理都会产生深刻影响。加强廉洁政府建设，要求政府抓紧推进职能转变，深化行政体制改革，创新行政管理方式，增强政府公信力和执行力；要求严格依法行政，以完善的规则和严格的法律制度来约束和规范权力运行和政府行为，从源头上减少和治理腐败；要求让权力公开透明，建立公开、透明、规范、完整的预算制度，及时主动公开涉及群众切身利益的环境污染、食品药品安全、安全生产等信息，让人民能有效进行监督；要求切实勤政廉政，进一步转变工作作风，节约开支、提高效能，大力整治不作为、慢作为、乱作为、庸懒散，树立廉洁奉公、务实高效的政府形象。这些要求都有利于提高政府治理能力，从而推进国家治理体系和治理能力的现代化。因此，建设廉洁政府，既是推进国家治理体系和治理能力的现代化的重要内容，也是其重要载体和重要抓手，离开了廉洁政府建设，国家治理体系和治理能力的现代化也就无从谈起。

三、把廉洁政府建设放在完善社会主义市场经济体制大格局中去谋划

改革开放近40年来，我们虽然建立了社会主义市场经济体制，但计划经济体

制的弊端尚未根本革除，市场经济体制机制的许多方面还没有完全建立起来，深化经济体制改革的任务还很繁重。深化经济体制改革，核心问题是处理好政府和市场的关系，使市场在资源配置中起决定性作用和更好地发挥政府作用。能否建设廉洁政府直接关系到经济体制改革的成败。这是因为，腐败增加了社会发展成本，降低了资源配置效率，造成整个社会资源的浪费；干扰了正常的市场秩序，恶化了经济运行环境，不仅不利于经济增长，也使经济改革难度倍增；还使整个社会的导向发生偏移，严重影响社会风气、道德和价值观，使社会发展出现扭曲。尤其是在当前国际经济形势严峻复杂、国内经济下行压力加大的情况下，加快廉洁政府建设，可以打击权力寻租，推动清除阻碍市场机制运行的障碍，促进规则公平，创造更好的投资营商环境，这是保持经济社会平稳健康发展、提高国际竞争力的必然选择。因此，要把建设廉洁政府放到完善社会主义市场经济体制的大格局中去谋划，既要转变政府职能，进一步简政放权，减少政府对微观经济的直接干预，压缩寻租空间，又要加强对政府行使权力的监督，构建高效得力的监督网络，打造政务公开的"阳光政府"。

四、把廉洁政府建设放在干部清正、政府清廉、政治清明目标中去推进

党的十八大明确提出，要坚持中国特色反腐倡廉道路，坚持标本兼治、综合治理、惩防并举、注重预防方针，全面推进惩治和预防腐败体系建设，做到干部清正、政府清廉、政治清明。这是我们党在全面把握世情、国情、党情和民情的基础之上，顺应人民群众的新要求、新期待对新形势下反腐倡廉建设的新要求提出的战略目标。从党的十七大报告提出"标本兼治、综合治理、惩防并举、注重预防"的反腐倡廉基本方针，到党的十八大提出"干部清正、政府清廉、政治清明"的战略目标，既反映反腐败理论的进一步成熟和完善，又彰显了我们党坚决反对腐败，建设廉洁政治的鲜明政治立场。"干部清正、政府清廉、政治清明"三位一体、紧密联系、相辅相成。其中，政府清廉是连接干部清正和政治清明的中介桥梁，干部清正必须转化到政府组织层面才能有效，政治清明必须依靠公开透明的施政管理才能实现。政府是否廉洁，直接关系到人民群众对党的感情、对党的事业的信任和对建设中国特色社会主义伟大事业的信心。只有做到勤政廉洁，人民才会拥护，廉洁政治的目标才能真正实现。因此，我们要把建设廉洁政府作为反腐倡廉的重要目标去推进，通过构建执政为民的清廉政府，打牢干部清正基础，实现政治清明。

五、把廉洁政府建设放在构建不敢腐、不能腐、不想腐体制中去落实

习近平总书记指出，随着反腐败斗争向纵深推进，我们要着力形成不敢腐、不能腐、不想腐的体制机制。从"不敢腐"到"不能腐""不想腐"，其内在逻辑是一个从"治标"到"标本兼治"、从硬性约束到思想自觉的过程。对于建设廉洁政府而言，构建不敢腐、不能腐、不想腐的体制机制，关键在于加强制度建设，加大对行政权力的制约，进而潜移默化地渗透人的思想，并长久持续地影响人的行为。建立不敢腐败的制度，主要是建立健全严厉惩治腐败的法律法规、有关政策和规定，加大对腐败实施制裁的力度，使腐败真正成为一种高成本、高风险的行为，使产生腐败念头的人望而生畏，主动放弃腐败。建立不能腐败的制度，主要是针对腐败现象易发多发的部位和环节进行制度创新，弥补制度漏洞，进一步完善干部人事制度、财政管理制度、行政审批制度等，坚持用制度管权、管事、管人，从源头上防止腐败现象的发生。建立不想腐败的制度，主要是将廉洁从政教育作为廉洁政府建设不可缺少的重要组成部分，作为惩治和预防腐败体系建设重心前移的必要举措，切实发挥教育的治本性功能，引导、警示和规范各级公务员尤其是领导干部廉洁自律，自觉抵制腐败。

第四节
廉洁政府建设展望

建设廉洁政府，任务艰巨，前景光明。要按照"四个全面"战略布局，以深化改革为动力，以制度约束为重点，以正风肃纪为抓手，坚持依法行政、廉洁从政，

放好权,管住钱,抓落实,惩贪腐,以反腐倡廉、勤政为民的新成效,促进经济平稳发展及社会和谐稳定。

一、大力推进简政放权,降低腐败的机会

政府管得过多,直接干预微观经济活动,不仅影响市场在资源配置中发挥决定性作用,增加交易成本,还容易滋生腐败。从这个意义上说,简政放权是释放市场潜力的关键之举,也是反腐败的治本之策。要以权力"瘦身"为廉政"强身",进一步取消下放行政审批事项,全面清理中央设定地方实施的行政审批,大幅减少投资项目前置审批,有效遏制权力寻租。尤其是那些对社会投资创业影响大、含金量高的事项,能取消的都要取消,真正让市场发挥作用。非行政许可审批要全部取消,坚决堵住这个"偏门"。对保留的审批事项,要规范审批行为,明确标准,缩短流程,限时办结,推广"一个窗口"受理、网上并联审批等方式,方便企业和群众办事,减少权力寻租。放权的同时还要加强事中事后监管,创造公平竞争的市场环境。要做到放而有序、活而不乱,防止改革红利被截留蚕食、对冲消减。要对中介服务进行清理,破除垄断,规范收费,加强监管。推进行业协会商会与政府部门彻底脱钩,斩断背后的利益链条。

二、全面深化改革,把权力关在制度的笼子里

权易滥用,滥则腐败。政府在减权放权的同时,还要全面深化改革,以刚性的制度来管权限权,念好权力"紧箍咒"。要着力深化体制机制改革,最大限度减少政府对微观事务的管理,加快建立权力清单、责任清单和负面清单制度,给市场让出更大的空间。要把工程建设项目招投标、政府采购、国有土地使用权和矿业权出让等公共资源交易,纳入规范化、法制化轨道,减少领导干部插手干预。要进一步建立健全转移支付管理制度,对项目设立、资金分配、使用管理、绩效评价、信息公开等作出明确规定,建立财政结转、结余资金定期清理制度,提高资金使用绩效。要加快健全国有资产监管机制,强化对国有企业改制重组、产权交易、投资并购等重点环节的监督,严防以改革之名行侵吞国有资产之实。要改革完善现代金融

监管体制，完善银行、证券、保险等金融机构内部管理制度和重点环节风险防控举措。要加强基层反腐倡廉制度建设，全面推进村务公开，健全农村集体资金、资产、资源管理制度，完善土地征收、惠农政策、扶贫资金等方面的监管措施。要全面推进政务公开，推进行政决策公开、执行公开、管理公开、服务公开和结果公开，让人民群众更好地了解政府、支持政府、监督政府。

三、层层传导责任和压力，落实全面从严要求

在我们国家，"党政军民学，东西南北中，党是领导一切的"。建设廉洁政府也要坚持党的领导，放到全面从严治党的大背景下来考虑。要严格落实党风廉政建设责任制，层层传导责任和压力，确保全面从严的要求落到实处。各级政府和政府各部门党组（党委），要切实担负起党风廉政建设的主体责任，把党风廉政建设和反腐败工作作为一项政治责任，做到守土有责。党政一把手要强化不抓党风廉政建设就是严重失职的意识，把廉政建设的要求体现到业务工作和管理中，重要工作亲自部署，重大问题亲自过问，重点任务亲自督办。班子其他成员要对职责范围内的党风廉政建设切实负起领导责任，落实"一岗双责"，既要抓好工作，又要带好队伍。政府部门派驻的纪检组、纪委要认真负起监督责任。强化责任追究，实行"一案双查"，对领导不力、疏于监督管理，致使发生重大违纪问题和腐败案件的，同样要严肃追究责任。同时，要深入开展"学党章党规，学系列讲话，做合格党员"学习教育，使政府系统的广大党员进一步增强政治意识、大局意识、核心意识、看齐意识，严格遵守廉洁自律准则，勇于担当作为，充分发挥先锋模范作用。

四、加强巡视和监督检查，形成强大震慑

党的十八大以来，党中央重新明确巡视工作的定位、提出巡视方针，聚焦党风廉政建设和反腐败斗争，围绕"四个着力"，发现问题、形成震慑，巡视工作的力度、强度、效果大幅提升，成为党风廉政建设和反腐败斗争的重要平台。在中央纪委立案审查的中管干部中，一半以上是根据巡视移交的问题线索查处的。巡视冲着具体事、具体人、具体问题而去，推动查处了一批严重违纪违法案件，并公开反馈

整改情况，强化了不敢、知止的氛围。加强廉洁政府建设，也要充分借助巡视这一方式，深入发现问题，发挥对腐败的震慑、遏制和治本作用。到2017年8月，中央巡视组已完成对所有中央和国家机关的巡视，实现中央部门全覆盖。对巡视发现的问题和线索，要分类处置、注重统筹，在"件件有着落"上集中发力。巡视发现的诸多问题，除历史和主观原因之外，客观上是体制机制不健全，特别是在管人管事管资产方面，制度缺失和制度执行不力并存，监督手段和监督措施缺位。要深化监管体制改革，切实管细管实，做到有力有效。

五、加大监督执纪问责力度，保持反腐败高压态势

推进廉洁政府建设，重在行动，贵在坚持。在当前反腐败斗争形势依然严峻复杂的情况下，必须坚持惩治腐败，加大监督执纪问责力度，保持高压态势不放松，做到无禁区、全覆盖、零容忍，以猛药去疴，以重典治乱，坚决遏制腐败蔓延势头。要严肃查办发生在政府机关和领导干部中的官商勾结、权钱交易、权色交易、权权交易等腐败问题，严肃查办国有企业和金融机构及其从业人员利用职务便利搞利益输送、以权谋私等违规违法行为和腐败问题，严厉惩治群众身边的腐败，坚决纠正行业不正之风，严厉打击食品药品安全、公共安全等领域的违法犯罪行为，严肃查处相关失职渎职和腐败问题，确保人民群众的健康和生命安全。重点查处党的十八大后不收敛、不收手，问题严重、群众反映强烈，现在重要岗位可能还要提拔使用的领导干部。综合运用"四种形态"，扩大谈话函询覆盖面，实现惩处极少数、教育大多数的政治效果和社会效果。对发生地区性、系统性等重大腐败问题的地方、部门和单位，实行"一案双查"制度，既追究当事人责任，又倒查追究相关人员的领导责任和监管责任。要健全重大案件剖析制度，总结教训，举一反三，发挥反面教材的精神教育作用和查办案件的治本功能。

六、营造良好政治生态，坚持作风建设永远在路上

政治生态好，人心就顺，正气就足；政治生态不好，就会人心涣散，弊病丛生。当前，有的地方和部门正气不彰，邪气不祛；"明规矩"名存实亡，"潜规则"

大行其道；求真务实、埋头苦干的受到排挤，好大喜功、急功近利的如鱼得水。这种风气不纠正、不扭转，对干部队伍杀伤力很大，建设廉洁政府也无从谈起。"浇风易渐，淳化难归。"净化政治生态同修复自然生态一样，绝非一朝一夕之功，需要综合施策、协同推进。要认真贯彻执行《关于新形势下党内政治生活的若干准则》，着力增强党自我净化、自我完善、自我革新、自我提高能力，着力提高党的领导水平和执政水平、增强拒腐防变和抵御风险能力，营造风清气正的政治生态。要坚持正确的用人导向，把好干部选出来、用起来，促进能者上、庸者下、劣者汰。要抓紧建章立制，立"明规矩"、破"潜规则"，查找漏洞，吸取教训，着重完善党内政治生活等各方面制度，压缩消极腐败现象的生存空间和滋生土壤，通过体制机制改革和制度创新促进政治生态不断改善。

政治生态的成效还体现在作风建设上。当前，一些地方和单位违反党中央八项规定精神的现象依然存在，有的在落实国务院"约法三章"时打折扣、搞变通，甚至顶风违纪。这说明"四风"问题十分顽固，作风建设永远在路上，必须锲而不舍，紧盯不放，严抓不懈。要持之以恒纠正"四风"，大力倡俭治奢，持续推进政风作风转变。领导干部不仅自身要作廉洁自律的表率，还要培育良好家风，严格约束亲属和身边工作人员，自觉接受群众和社会监督。

七、加强廉政教育，建设廉政文化

崇高的道德信念能给人以鼓舞，纯洁的道德情操能给人以理智，正确的道德规范能给人以准绳，高尚的道德素质能给人以约束。官气正则民风清，廉政文化能从情感上和心理上影响、引导着人们的行动，在全社会营造出一种人人崇廉奉廉的良好氛围。建设廉洁政府，既要注重惩治腐败问题，更要加强廉政教育，引导人向善向上，发挥理想信念和道德情操的引领作用，建设为民、务实、清廉的廉政文化。要大力培育和弘扬廉洁价值理念，着力树立领导干部秉公用权、廉洁从政的价值理念，培育公民廉荣贪耻、诚实守信的道德观念，增强全社会大力支持、有序参与反腐倡廉的责任意识，努力在公职人员和全体公民中营造起崇尚廉洁、抵制腐败的社会风尚，打造风清气正的社会环境。要推动廉政文化深入社会领域，把廉政文化创建活动同群众性精神文明创建活动结合起来，使廉政文化进机关、社区、学校、农村、企业、家庭，引导广大干部群众在参与中自觉增强廉洁意识。要积极推动廉政文化产品的创作和传播，大力提高廉政文化产品和服务的供给能力，大力宣传、积极传播廉政文化，大力加强廉政文化理论研究，推动廉政文化建设不断推陈出新。

八、加大国际追逃追赃力度，不给腐败分子藏身之地

腐败是世界毒瘤，没有一个国家、一个组织能够幸免，独善其身，敢保证自己绝对廉洁。在当今这个全球化时代，反腐败已经成为世界各国面临的共同难题，谁也不可能关起门来搞反腐，必须共同应对挑战。通过反腐败国际追逃追赃，警示外逃者迷途知返、投案自首，震慑企图外逃的人，这已成为遏制腐败蔓延势头、建设廉洁政府的重要一环。要将加强追逃追赃纳入反腐败工作总体部署之中，健全集中统一、高效顺畅的工作机制，及时研究解决追逃防逃重大问题，自觉服从服务于反腐败工作大局。要进一步加强与外逃腐败分子集中国家的协调与合作，明确表达我方主张，缩小分歧、寻求支持，拒绝为腐败分子提供"避风港"。要加大国际追逃追赃力度，推动二十国集团、亚太经合组织、《联合国反腐败公约》等多边框架下的国际合作，实施重大专项行动，综合运用警务、检务、外交、金融等手段，集中时间、集中力量，抓捕一批腐败分子，劝返一批外逃人员，带动追逃追赃工作整体推进。要强化双边交流合作机制建设，加强与美国、欧洲、加拿大、澳大利亚等国家的反腐败执法合作，推动引渡、司法协助条约谈判工作，在交换信息、追缉在逃人员、追缴资产等方面建立反腐败执法合作网络。要加强我国追逃追赃配套法规制度建设，研究建立刑事缺席审判制度，细化违法所得特别没收程序，实现国内法律与国际规则的有效衔接，为国际追逃追赃提供法律保障和制度支撑。

第十一章
构建中国特色的现代应急管理体系

应急管理是针对各类突发事件（包括自然灾害、事故灾难、公共卫生事件和社会安全事件），从预防与应急准备、监测与预警、应急处置与救援到恢复与重建等全方位、全过程的管理。应急管理与常态管理是一个硬币的两面，人类社会既有风平浪静的正常生产生活状态，也有遇到各类突发事件的时候。天有不测风云，人有旦夕祸福，各种灾难和不测会随时来临。因此，既需要有常态的管理，也需要有非常态的应急管理。应急管理与人类的生产生活相伴而生、不断发展。我国是一个自然灾害多发、事故灾难频发的国家，在长期的抗击自然和人为灾难的过程中，积累了丰富的经验，形成了独特的御灾模式。但是，总体而言，我国传统意义的应急管理更多还是被动应对，主动防灾减灾意识不够；以单灾种管理为主，部门化管理色彩较重，缺少综合治理，纵向指挥较为顺畅，但部门之间协调较为困难；以分散的经验为主，缺少全面系统深入的研究，依法、规范、科学应急不足。

我国政府真正重视应急管理，把它作为一项重大任务进行制度化、法治化、科学化部署和推进，是从2003年战胜"非典"疫情之后开始的。经过"十一五"时期和"十二五"时期国家突发事件应急体系的建设，以"一案三制"为核心的具有中国特色的现代应急管理体系已经基本形成并不断完善，[1] 在有效预防和处置重大突发事件中发挥了积极的作用，为我国改革开放和现代化建设提供了有力的公共安全保障。

---

[1] 由于我国现代应急管理起步较晚，从2004年算起只有短短的十几年时间，因此，对于一些基本概念、基本理论的认识也是在不断变化和深化，例如，本文中的"突发公共事件"和"突发事件"、"应急体系"和"应急管理体系"两对概念，虽然名词有所差异，但是实际意思是相同的。2007年之前，国家相关应急预案中采用"突发公共事件"。《中华人民共和国突发事件应对法》出台后，"突发公共事件"被称为"突发事件"。国家"十一五""十二五"和"十三五"突发事件应急体系建设规划，均使用"应急体系"，而学术界一般习惯称其为"应急管理体系"。

第一节
现代应急管理体系建设的起步

一、"非典"疫情突如其来

2002年底至2003年春天,一场突如其来的"非典"疫情肆虐我国大地,给人民群众身体健康和生命安全造成严重危害,给我国改革开放和现代化建设造成重大损失,给部分地区社会生活带来严重影响。根据世界卫生组织(WHO)于2004年4月21日公布的疫情,在2002年11月至2003年7月全球首次"非典"疫情中,全球共报告"非典"临床诊断病例8096例,死亡774例,发病波及29个国家和地区。我国共发病7429例、死亡685例(分别占全球总数的91.8%和88.5%),病死率为9.2%;其余国家发病667例,死亡89例,病死率为13.3%。我国内地总发病数达5327例,死亡349例,病死率为6.6%。病例主要集中在北京、广东、山西、内蒙古、河北、天津等地,其中北京与广东共报告病例4033例,占内地总病例数的75.7%。

"非典"疫情迅速传播和蔓延,给我国旅游、民航、餐饮、对外交往等经济和社会生活带来严重的负面影响。我国部分出境活动受阻,原定在我国举行的一些国际性会议和活动被推迟或取消,一些外事和商贸活动遇到困难,我国的国际形象相应受损。"非典"是一种人类至今尚未完全认识的疑难病症,是进入21世纪以来人类面临的第一次全球性重大公共卫生危机,也是以胡锦涛为总书记的中央领导集体履职后面临的一次重大挑战。

二、抗击"非典"的做法与启示

在经历了短暂的无知、无序和混乱之后,2003年4月起,在认识到"非典"

疫情已经产生和可能进一步发展的重大危害后,党中央审时度势,果断决策,采取一系列有效的措施;地方各级党委和政府坚决落实党中央决策部署,认真负责,靠前指挥;全民动员,紧急行动,群防群控,进行了一场抗击"非典"的人民"战争"。从2003年5月中旬开始,全国日发病人数、日死亡人数大幅下降,治愈出院人数大幅上升,疫情趋于稳定。5月23日,世界卫生组织在日内瓦宣布,取消对香港和广东的旅游警告,认定这两个地区的"非典"疫情已经得到了控制。从6月初开始,全国日发病人数达到零报告或个位数报告。6月24日,世界卫生组织宣布解除对北京的旅游警告,并将北京从"非典"疫区名单中删除。这标志着肆虐的"非典"疫情得到控制,我国抗击"非典"疫情取得了重大阶段性胜利,有效地减少了疫情造成的损失。我国之所以能够如此快速有效地战胜"非典"疫情,是因为在党中央的坚强领导下,采取了一系列措施,既有成熟的老办法,更有开拓性的新举措,其中两个方面的措施给人们留下深刻印象。

(一)及时公布疫情信息

"非典"发生之初,由于病因不明,传染性较强、死亡率较高,各种传言、猜测甚至谣言不胫而走,一时间造成社会恐慌、焦虑和无措,一度引发抢购日用品、食品、保健医药品等非理性行为,加剧了社会的紧张和无序,影响到人们对政府的信任,怀疑政府是否有能力管控疫情、救治病人。党中央国务院很快意识到信息公开的重要性和紧迫性,果断决策要主动发布信息,公开事实真相,逐步扭转了疫情发生初期舆论上的被动局面。从2003年4月20日开始,根据国务院的要求,卫生部门不仅适时召开新闻发布会,而且每天向社会公布一次疫情。从4月26日到6月26日60天里的每天下午4时,中央电视台直播卫生部"每日疫情通报"。从2003年4月初到6月24日,卫生部共举办了67次新闻发布会,及时公开"非典"疫情,保障了公众的知情权。政府以坦诚、透明和负责任的态度,赢得了国内外的民众的信任,降低了社会的恐慌和焦虑,从而使民众能够理性对待疫情,支持和配合政府的举措。

(二)依靠科学、依靠法制、依靠群众防控疫情

"三依靠",即依靠法制、依靠科学、依靠群众,是我国政府成功抗击"非典"

的主要做法和成功经验。第一，迅速制定出台《突发公共卫生事件应急条例》。该条例从动议到出台，只用了20天左右的时间。它的颁布实施标志着我国突发公共卫生事件应急处置工作走上了法治化的轨道。第二，加强疾病诊断、治疗、防疫的科学研究。卫生部门在总结广东等地治疗经验的基础上，修订和补充相关的治疗标准，采取中西医结合等有效办法，积极探索，提高治疗效果。同时，组织卫生、教育、科技以及军队系统等方面的专家，成立"非典"病原学研究联合攻关组，建立"非典"实验室研究网络，及时交流相关结果、样本和实验信息，集中力量查找病因、病原。积极开展防治"非典"疫苗、治疗药物、快速体温检测设备的研制和生产，加强与世界卫生组织等国际组织的交流与合作，与香港特别行政区、澳门特别行政区建立了"非典"防治工作联系机制。同时，充分听取各方面专家的意见，提高决策的科学化水平。第三，建立联防联控机制。"非典"在不同地区和不同城市之间快速传播，大量的人口流动加大了疫情扩散的风险。不同地区各自为政、互不隶属，按照传统的管理办法，实施属地为主、条块结合、资源整合，已经不能有效应对"非典"疫情的新情况。为此，中央决定成立北京防治"非典"联合工作小组，统一负责在京党、政、军、群、机关和企事业单位的疫情防治工作。同时，中央提出要实行联防联控，要求北京、天津、河北、内蒙古相互交流疫情、相互学习借鉴、相互支持帮助，加强协调，共同做好联防联控工作。第四，对重点区域和重点人群，特别是农村、农民工和大学生，以基层社区、单位和学校为依托，实施属地管理和群防群治，要求减少人员流动，防止疫情随人员流动而扩散传播。在公共卫生基础薄弱的农村地区，形成了"人自为防、村自为防、乡自为防"的农村群防群控体系。

成功抗击"非典"疫情之后，党中央国务院全面总结经验教训。一是全面加强卫生应急工作。"非典"疫情暴露出我国在处置重大突发公共卫生事件方面存在的诸多不足，突出的问题包括：缺乏统一的应急指挥系统，缺乏有效应对突发公共卫生事件的应急预案，重大传染病疫情信息报告网络不健全，应急医疗救治能力不强，疾病预防控制体系薄弱。这些不足和问题导致不能及时有效应对和处置突发公共卫生事件，造成疫情的传播和扩散。痛定思痛，我国迅速启动全国突发公共卫生事件应急体系建设。按照中央的部署，我国突发公共卫生事件应急体系建设，主要包括突发公共卫生事件应急指挥体系、疾病预防控制体系、医疗救治体系和卫生执法监督体系等方面。二是推进应急体系顶层设计。在2003年抗击"非典"疫情取得阶段性重大胜利后，我国以卫生应急工作为基础，把突发事件应对从公共卫生领域推广到综合性应急体系建设，形成以"一案三制"为核心内容的综合性应急体系，从顶层来全面谋划应对突发事件的应急体系建设，为我国现代应急体系建设奠定了良好的基础。

三、现代应急管理体系建设全面启动

2003年10月，党的十六届三中全会通过的《中共中央关于完善社会主义市场经济体制若干问题的决定》中明确提出，"建立健全各种预警应急机制，提高政府应对突发事件和风险的能力"。2004年，国务院决定把制定完善突发事件应急预案、建立健全突发事件应急机制、提高政府处置突发事件的能力，作为政府工作的重要任务之一。

2004年伊始，国务院召开各部门负责同志参加的制定修订突发事件应急预案工作会议。这是国务院第一次召开应急管理工作专门会议。这次会议就制定修订应急预案，加强应急体制、机制和法制建设作了系统的部署。会议强调，做好这项工作千头万绪，任务繁重，但制度建设是根本。关键是制定完善突发公共事件应急预案，在建立健全突发公共事件应急机制、体制、法制上下功夫。这一年，国务院又先后在郑州和天津主持召开了部分省及大城市应急预案编制工作会议，对制定完善突发公共事件应急预案、建立健全应对和处置突发公共事件的管理体制、机制、法制，以及"一案"与"三制"的辩证关系等进一步作了全面研讨交流和部署。

2005年3月14日，十届全国人大三次会议审议通过的《政府工作报告》中写道，"我们组织制定了国家突发事件总体应急预案，以及应对自然灾害、事故灾难、公共卫生和社会安全等方面105个专项和部门应急预案，各省（区、市）也完成了省级总体应急预案的编制工作"。《政府工作报告》充分肯定了过去一年各级政府在应急管理工作方面所取得的成绩，表明了政府高度重视应急管理这项工作。2005

年7月22日,第一次全国应急管理工作会议在北京召开,温家宝总理作了重要讲话,强调各级政府要以"一案三制"为重点,全面加强应急管理工作。2005年10月,党的十六届五中全会通过了《中共中央关于制定国民经济和社会发展第十一个五年规划的建议》,提出要"建立健全社会预警体系和应急救援、社会动员机制,提高处置突发事件能力"。

2006年3月15日,十届全国人大四次会议通过了《中华人民共和国国民经济和社会发展第十一个五年规划纲要》,在"加强公共安全建设"这一章里就增强防灾减灾能力、提高安全生产水平、保障饮食和用药安全、维护国家安全和社会稳定、强化应急体系建设等作出了专门安排。2006年6月,国务院出台了《关于全面加强应急管理工作的意见》。2006年7月7日,第二次全国应急管理工作会议在北京召开。2006年9月23日,中央企业应急管理和预案编制工作现场会在南京召开。

2006年10月,党的十六届六中全会通过的《中共中央关于构建社会主义和谐社会若干重大问题的决定》第一次完整地就"一案三制"建设作出部署。该决定提出要"完善应急管理体制机制,有效应对各种风险。建立健全分类管理、分级负责、条块结合、属地为主的应急管理体制,形成统一指挥、反应灵敏、协调有序、运转高效的应急管理机制,有效应对自然灾害、事故灾难、公共卫生事件、社会安全事件,提高突发事件管理和抗风险能力。按照预防与应急并重、常态与非常态结合的原则,建立统一高效的应急信息平台,建立精干实用的专业应急救援队伍,健全应急预案体系,完善应急管理法律法规,加强应急管理宣传教育,提高公众参与和自救能力,实现社会预警、社会动员、快速反应、应急处置的整体联动"。

2007年5月19日,全国基层应急管理工作座谈会在浙江省诸暨市召开。2007年7月,国务院办公厅发布了《关于加强基层应急管理工作的意见》。2007年8月30日,第十届全国人大常委会第二十九次会议通过了《中华人民共和国突发事件应对法》(以下简称《突发事件应对法》)。这是我国加强应急管理工作的一部综合性法律,是有效预防和处置突发事件的基本法,为政府依法行政、科学预防和处置突发事件提供了法律保障。

由此可见，从 2003 年到 2007 年是我国应急管理开疆拓土、快速发展的时期，一年一个重点，一年一个台阶，一年一大步，发展脉络十分清晰，应急管理工作有条不紊地全面向前推进。2003 年是总结"非典"经验教训的一年，也是我国全面加强应急管理工作的起步之年；2004 年可以称为"全国应急预案编制年"；2005 年是应急预案落实年；2006 年是深入推进"一案三制"建设和应急管理进企业的一年；2007 年是推进应急管理体系建设和应急管理进基层的一年。

第二节
"十一五"时期应急管理体系建设

一、印发实施"十一五"专项建设规划

2006 年 12 月 31 日，国务院印发实施了《"十一五"期间国家突发公共事件应急体系建设规划》。该规划分为序言，应急体系现状与面临的形势，指导思想、建设原则和建设目标，总体布局与主要任务，重点建设项目，相关政策措施等六章，是我国应急工作的第一个全方位、综合性的国家级专项规划，是指导"十一五"期间我国应急体系建设工作的纲领性文件。

（一）基本定位

该规划按照"分类管理、分级负责、条块结合、属地为主"的要求，全面落实和细化《中华人民共和国国民经济和社会发展第十一个五年规划纲要》有关应急体系建设的部署，在不改变现有部门职责分工和分类管理格局的基础上，以相关专项规划为支撑，提出应急体系建设的方向和任务，充分利用和整合各地区、各行业的应急信息、队伍、装备、物资等现有存量资源，重点解决涉及全局的薄弱环节和共性问题，提高预防和处置重大、特别重大突发公共事件的综合能力。《国家突发公共事件总体应急预案》及其各专项预案、部门预案主要是明确、规范预防和应对

突发公共事件的职责、程序和运行机制，而该规划确定的建设任务和项目为实施各级、各类应急预案提供支撑基础，保障应急预案的执行。

（二）指导思想

该规划的指导思想是，以邓小平理论和"三个代表"重要思想为指导，全面落实科学发展观，坚持以人为本，预防与应急并重、常态与非常态结合，全面布局与重点建设统筹、近期任务与长远目标兼顾；依靠科学技术，用好存量，建好增量，重点解决应对重大、特别重大突发公共事件的薄弱环节和共性问题；加强宣传教育，强化社会参与，提高国家应对突发公共事件的综合能力，保障公众生命财产安全，维护社会稳定，促进经济社会全面协调可持续发展与社会主义和谐社会建设。

（三）原则

按照"用好存量、资源共享、任务明确、分工负责"的总体要求，充分利用现有资源，挖掘潜力，加强整合，提高效率，避免重复建设；充分发挥政策导向作用，引入市场机制，调动各方面参与应急体系建设的积极性；把政府管理与社会参与有机结合起来，提高应急管理工作的社会化程度。

（四）目标

根据《中华人民共和国国民经济和社会发展第十一个五年规划纲要》和《国务院关于全面加强应急管理工作的意见》的要求，该规划确定了"十一五"期间国家突发公共事件应急体系建设的总体目标：到2010年，形成统一指挥、结构合理、反应灵敏、运转高效、保障有力的国家突发公共事件应急体系，突发公共事件预防与应急准备、监测预警、应急处置和恢复重建及应急保障等能力明显增强，应急管理综合能力显著提高，有效减少重大、特别重大突发公共事件及其造成的生命财产损失。为了保证总体目标的实现，该规划提出了二十个具体指标作为分类指标。其中，自然灾害方面重点突出监测预警和灾害救助的能力，事故灾难方面重点突出预防和救援的效果，公共卫生事件方面重点突出早期发现报告和应急处置能力，社会安全事件方面重点突出综合防控能力。

（五）主要任务和重点建设项目

该规划着重从监测预警、信息与指挥、应急队伍、物资保障、紧急运输、通信保障、恢复重建、科技支撑、培训与演练、应急管理示范等 10 个方面，统筹了"十一五"期间应急体系的总体布局和建设任务。每一个方面的建设任务，在充分考虑和利用现有资源的基础上，提出了总体性建设要求，并分条目细化和明确了部门和地方在应急体系建设中的具体任务。经过充分论证和通盘考虑，该规划选取了 10 个重点建设项目，每一个项目都与应急体系建设目标和主要任务直接对应或密切相关，影响应急管理工作全局，意义重大。

二、"十一五"期间应急管理体系建设的成就

在党中央、国务院的高度重视下，各级政府及其有关部门坚持以人为本，按照预防与处置并重、常态和非常态结合的原则，围绕提高防范和应对突发事件能力，认真贯彻落实《"十一五"期间国家突发公共事件应急体系建设规划》，大力加强应急预案、体制、机制、法制和保障体系的建设，取得了显著成效。概括起来，就是"八个一"。

（一）建立了一套体制

各级政府成立了应急管理领导机构和办事机构。各地区各有关部门大力推动应急管理领导机构和办事机构建设，明确职责分工、落实人员编制，初步形成了统一领导、综合协调、分类管理、分级负责、属地管理为主的应急管理体制。全国共有 24 个省（区、市）成立了应急委，有 7 个省（区）明确了应急管理领导机构，各省（区、市）政府都成立了应急管理办公室。一些地方在推进政府机构改革中强化应急管理体制建设，全国 96% 以上的地级市建立了应急管理领导机构和办事机构，80% 以上的县级政府成立了应急管理领导机构和办事机构。

（二）健全了一套机制

一是建立健全了隐患排查和监测预警机制。国务院应急平台已初步建成；气象、地震、卫生、水文、地质灾害、森林防火等灾害监测和综合预警能力得到提高；全国高瓦斯矿井、煤与瓦斯突出矿井和低瓦斯矿井建立了瓦斯监测监控系统；各级疾病预防控制机构突发公共卫生事件和传染病疫情的网络直报率达到 100%，全国 300 多个地市初步完成了食品安全信息网的建设。

二是健全完善了应急处置机制。安全、民政、卫生、环保、交通运输、水利、农业、安全监管、地震、气象等部门建立了部门间的信息共享机制和应急联动机制；泛珠三角、沪苏浙、苏皖鲁豫、东北四省、黄渤海、中部六省等地建立了区域应急联动机制；外交部、公安部、交通运输部、商务部、民政部、卫生部、地震局、总参等部门和单位建立健全涉外突发事件防范处置机制。

三是建立完善了恢复重建保障机制。在重特大自然灾害等突发事件应急处置工作中，依法迅速发布救助、补偿、抚慰、抚恤、安置等善后政策，及时制订实施恢复重建计划，出台落实恢复生产、生活和社会秩序的相关政策措施。例如，青海玉树地震发生不到2个月，国务院印发了《玉树地震灾后恢复重建总体规划》，并以最快的速度开展灾后重建工作。

（三）完善了一套预案

一是加强了预案编制工作。国家总体应急预案、专项预案和部门预案体系基本建立起来，制定各级各类应急预案240多万件，应对各类重特大突发事件基本有案可依。所有省、市级政府和90%以上的县级政府编制了总体应急预案。全国各级各类应急预案基本覆盖了各地常见的各类突发事件，其中高危行业企业安全生产应急预案覆盖率达到100%，为有效应对突发事件发挥了重要的基础性作用。

二是加强了预案管理和演练工作。制定了预案编制、报备、演练、评估、修订等动态管理制度，不断增强预案的针对性、操作性和实用性。按照《突发事件应对法》的要求，各地区各有关部门有针对性地开展了防汛抢险、地震救援、消防灭火、防化学泄漏、处置环境污染、公共卫生事件处置、海上救助、处置大面积停电、应急通信保障、反恐怖和核事故等方面的各级应急演练154多万次，参加演练人数超过1.8亿人次，对检验预案、锻炼队伍、磨合机制、宣传教育起到了积极作用。

（四）出台了一套法规

2007年11月1日，《突发事件应对法》正式实施，标志着我国突发事件应对工作走上了法制化、规范化的道路。制定或修订了涉及自然灾害、安全生产、公共卫生与社会安全等方面的法律法规70多件。在中央和部门层面，制订或修订了

《气象灾害防御条例》《中华人民共和国食品安全法实施条例》等防范应对突发事件的法规、规章。在地方层面，北京、辽宁、湖南、广东、山东等多地相继出台了贯彻落实《突发事件应对法》的地方性法规。

（五）壮大了一支队伍

一是推进专业应急救援队伍建设。各级政府及其有关部门组建的公安消防、地震救援、抗洪抢险、森林消防、海上陆地搜寻救助、应急通信、道路抢通、应急运输、铁路救援、电力抢修、矿山救护、危险化学品处置、医疗救治和卫生防疫及核事故处置等专业应急救援队伍不断壮大。

二是推进综合应急救援队伍建设。全国 31 个省（区、市）以公安消防等为依托成立了综合应急救援总队，所有市（地）级城市全部成立综合应急救援支队，90%的县成立了综合应急救援大队。

三是大力支持专兼职队伍和志愿者队伍。各级政府积极推进企事业单位建立承担应急救援辅助任务的专兼职队伍；民政、交通、地震等部门和共青团中央、红十字会等单位积极推进应急志愿者队伍建设，注册志愿者近千万人。

四是将军队应急队伍纳入国家应急队伍体系。军队组建了抗洪抢险、地震救援、交通应急抢险、海上应急搜救、应急通信保障、医疗防疫救援、核生化应急救援、空中紧急运输服务队伍八个方面的应急队伍；武警建立了水电和交通专业应急救援队伍，进一步加强了反恐、反劫机和地震灾害紧急救援等应急专业队伍建设。

五是推动专家队伍建设。国务院和绝大部分省区市均聘请有关专家组成专家组，为应急管理提供决策建议。

（六）强化了一个理念

各地区、各有关部门以贯彻落实《突发事件应对法》为契机，各级党校、行政学院等培训机构将应急管理列为培训班必备课程，举办各级各类应急管理培训 40 多万班次，进一步增强了各级政府对及时妥善处置突发事件重要性的认识，强化了对"人命关天、生命至上"理念的理解和重视。

（七）培养了一个意识

将公共安全知识纳入国民教育体系，企业安全生产主体责任进一步明确，从业人员安全知识和应急技能培训广泛开展；将每年5月12日设为全国防灾减灾日，积极推进应急管理科普宣教进企业、进社区、进农村、进家庭，组织形式多样的各类科普宣教活动300多万次、发放宣传教育材料200多亿份、普及公共安全知识70多亿人次，公众防灾避险意识和自救互救能力得到明显提高。

（八）提高了一套能力

一是提高了应急物资和经费保障能力。各地区各有关部门重点加强了防汛抗旱、防震减灾、重大疫情处置、医疗救治等应急物资储备及专业救援装备储备，初步建立了国家、省、市、县四级储备网络体系，品种和数量比"十一五"初期均有较大幅度增加。

二是强化基础设施抗灾救灾能力。2008年初，南方大面积低温雨雪冰冻灾害发生之后，电力、道路、通信等基础设施的安全设防标准得到提高。2008年"5·12"汶川地震后，全国学校、医院等人员密集场所的抗震设防等级得到提高，长江、黄河等大江大河防洪工程和沿海地区防潮工程建设得到加强。县级以上行政区划单位建设应急避难场所10多万个，省会城市和大中城市均建设了应急避难场所。

三是提升应急管理重大工程项目支撑能力。实施了国家应急平台体系、预警信息发布系统、国家陆地搜寻与救护基地、国家核生化应急救援基地、国家空中紧急运输服务基地、国家应急物资保障系统、国家公用应急卫星通信网络、国家应急管理人员培训基地等10个重点建设项目，在应对重特大突发事件中发挥了重要作用。

正是得益于以上"八个一"，我国防范、应对突发事件的能力显著提高，经受住了各类重特大突发事件的严峻考验，成功应对了南方大范围低温雨雪冰冻、汶川特大地震、玉树强烈地震、甘肃舟曲特大山洪泥石流等自然灾害，成功开展了王家岭煤矿特大透水等事故灾难的救援行动，有效防控了甲型H1N1流感、高致病性禽流感等公共卫生事件，妥善处置了拉萨"3·14"和乌鲁木齐"7·5"事件，最大限度地减少了突发事件造成的生命财产损失，维护了社会和谐稳定。

三、应急管理体系建设存在薄弱环节

虽然"十一五"期间我国应急管理体系建设取得了很大成就，但是，与人民群

众的要求相比，与我国现代化发展新的形势要求相比，与发达国家的能力和水平相比，我国应急体系建设总体水平仍然不高，存在诸多薄弱环节。

一是应急管理基层基础能力总体薄弱。基层应急管理的组织体系、机制和预案有待健全，应急能力总体薄弱，社区、乡村、学校、企业等基层组织和单位应急管理工作进展不平衡，基层干部和专业技术人员缺乏系统的应急能力培训。部分桥梁、隧道、堤防、水库等基础设施及生命线工程抗损毁能力弱；城乡防灾减灾基础设施建设相对滞后，特别是农村设防水平低。突发事件损失快速评估和应急恢复能力有待加强。重特大自然灾害和公共卫生事件的形成机理和预测预报研究有待深入，预警信息发布的时效性、准确性和覆盖面需要进一步提高。应急管理标准体系有待健全，运用科技防灾减灾能力整体不高。

二是应急处置协调联动能力亟待加强。应急管理的综合协调能力不足，应急指挥系统功能还不完善，地区之间、部门之间、条块之间、军地之间密切协作的机制尚不健全，各类应急队伍协同作战联合训练演练不够，导致应对突发事件时有关方面难以快速形成合力，各类救灾要素难以有机整合。有关部门间应急通信与信息系统标准不一，信息资源尚难以实现完全共享。

三是应急救援专业化水平有待提升。专业应急救援队伍装备配备数量和种类不足，大型和特种专业装备缺乏，培训演练基础条件尚未得到明显改善；核生化应急救援、海上溢油应急处置、反恐处突等队伍力量亟待加强。现场信息快速获取和传输的专业手段与能力不足。应急物资储备的种类和数量仍然有限、布局不够合理、方式相对单一，各类应急物资的综合信息动态管理和资源共享管理体系亟待加强。大宗应急物资和大型装备的紧急快速运输能力还严重不足，多种运输方式综合协调的机制亟待完善。

四是应急管理的社会参与程度需要进一步提高。公众参与应急管理的组织程度和规范化程度较低，专业领域志愿者发展不足。全社会共同参与的公共安全文化氛围尚未形成，应急知识的宣传教育还不够高。应急志愿者和基层群众参与的培训演练有待进一步规范和加强。应急社会动员机制和灾害保险机制有待健全。政府引导企业积极参与应急产业发展的扶持政策和制度还有待完善。

第三节
"十二五"时期应急管理体系建设

一、印发实施"十二五"专项建设规划

在总结"十一五"期间我国应急体系建设成就和不足，分析未来五年我国经济社会发展趋势和突发事件发生特点的基础上，国务院继续支持编制突发事件应急体系建设专项规划。2012年8月，国务院办公厅印发《国家突发事件应急体系建设"十二五"规划》。这是我国应急体系建设第二个五年专项规划。"十二五"应急体系建设规划延续了"十一五"时期建设规划的格式，仍然分现状与形势，指导思想、基本原则和建设目标，主要任务，重点建设项目，相关政策与保障措施五个部分。"十二五"应急体系建设规划从形式到内容都体现了与"十一五"时期建设成就的衔接，是一个继往开来，不断开拓创新、优化提升的规划。

与"十一五"应急体系建设规划相比，在指导思想上，"十二五"应急体系建设规划突出强调以强化应急管理基础和提高重特大突发事件处置能力为重点，着力加强薄弱环节和解决共性问题，加快构建统一指挥、结构合理、反应灵敏、保障有力、运转高效的国家突发事件应急体系，全面提高应对复杂多变公共安全形势的能力，最大限度地减少突发事件及其造成的人员伤亡和危害，促进经济社会全面、协调、可持续发展。

"十二五"应急体系建设规划坚持"统筹规划、突出重点，合理布局、优化配置，政府负责、社会协同，分类分级、夯实基础"的原则，努力加强应急体系薄弱环节和优先发展能力建设，重点做好预防与应急准备工作，提高突发事件防范和应急处置能力，解决基层基础薄弱、协调联动不足等突出问题；充分利用军地存量资源，挖掘潜力，提高效率，实现资源共享，促进各地区和各行业信息、队伍、装

备、物资等方面的有机整合，提高综合应急能力，避免重复建设；完善应急管理工作格局，落实各级政府责任，实现政府、社会、个人有机结合。充分发挥政策导向作用，引入市场机制，调动各方面参与应急体系建设的积极性，提高应急管理工作的社会化程度；按事权合理划分各级政府及相关部门建设任务，各司其职、各负其责。

"十二五"应急体系建设规划和"十一五"应急体系建设规划一样，既设定了总体目标，也设定了分类目标。总体目标是，到2015年，国家突发事件应急体系进一步健全，重大基础设施抗灾、城乡防灾减灾等应急管理基础能力明显增强，突发事件预防和应急准备、监测预警、应急处置、恢复重建及应急保障等综合应急能力显著提高，公众生命财产安全得到充分保障。分类目标包括应急管理基础能力、监测预警能力、应急救援能力、应急保障体系等4个方面23个具体目标。

围绕总体目标和分类目标，"十二五"应急体系建设规划分别从应急管理基础能力建设、监测预警能力建设、信息与指挥系统建设、应急队伍能力建设、物资保障能力建设、紧急运输能力建设、通信保障能力建设、应急恢复能力建设、科技与产业支撑能力建设、加强培训演练与宣传教育等10个方面进行了具体任务和重点项目建设的部署。

二、"十二五"期间应急管理体系建设的成就

"十二五"期间，我国突发事件应急体系建设取得重要进展，防范和应对突发事件的综合能力显著提升，主要表现在以下六个方面。

（一）在应急管理体系方面，机制更加科学合理

一是健全了中央统筹指导、地方就近指挥、分级负责、相互协同的抗灾救灾应急机制。2013年"4·20"芦山地震发生后，党中央、国务院领导从实际出发改变了过去抗震救灾直接指挥的做法，充分尊重当地干部的意见，尽量减少对具体工作的干预，为各级领导干部各负其责、合理分工、相互配合支持树立了榜样，成功地实践和诠释了"属地管理为主"的原则。二是建立了中央统筹指导、地方作为主体、灾区群众广泛参与的灾后恢复重建机制。在总结汶川特别重大地震和玉树强烈

地震恢复重建经验教训的基础上，根据习近平总书记的指示，芦山地震之后，中央有关部门、四川省、雅安市和当地群众找准定位，群策群力、共治共享，走出了一条重特大自然灾害恢复重建的新路。党中央、国务院不再对灾后重建大包大揽，而是在履行好宏观指导和支持的同时，充分调动地方政府和灾区干部群众的积极性，推动多种力量形成合力。三是确立了党政同责、一岗双责、齐抓共管、失职追责的安全生产责任体系。在安全生产领域，不断总结地方和基层的实践经验，充分听取政府和企业干部职工的意见，进一步完善了安全生产责任体系，努力使党委和政府肩负同样的责任。四是制定和修订各类应急预案 550 多万件，应急管理体系进一步完善。

（二）在监测预警方面，突发事件防范能力明显增强

一是成立了国家预警信息发布中心和国家应急广播中心。依托中国气象局成立国家预警信息发布中心，2015 年 2 月 26 日正式运行。该中心为国务院发布预警信息提供权威统一的发布渠道。该中心建立了国家、省、市、县四级综合预警信息发布业务，具备了对自然灾害、事故灾难、公共卫生事件、社会安全事件四大类突发事件预警信息的接受、处理和及时发布能力。它还与气象、海洋、地质灾害等各类预警信息发布平台开展对接，未来将陆续推进相关部委预警信息发布业务统一接入。依托中央人民广播电台，成立了国家应急广播中心，对公共安全知识科普宣教，开展灾害预警和应急救援服务。二是实施自然灾害防灾减灾工程、隐患排查治理工程。三是建立网络舆情和各类突发事件监测预警体系。

（三）在应急救援和保障方面，队伍不断健全、能力快速提升

一是 99% 的县级政府依托公安消防部门等成立了综合性应急救援队伍。二是武警专业救援力量纳入了国家应急体系。三是组建了国家核应急救援队、国家卫生应急救援队、国家矿山救援队、国家应急测绘保障队。四是初步建成国家应急平台体系。

（四）在科技和产业支撑方面，技术装备和科研服务能力得到加强

一是成功研制出了 AG600 大型灭火/水上救援水陆两栖飞机、移动式生物安全三级实验室、救援现场大型及多功能破拆救援一体化机等重大应急设施和装备。二

是开展了国家应急产业示范基地建设。应急产业是为突发事件预防与应急准备、监测与预警、处置与救援提供专用产品和服务的产业。近年来，我国应急产业快速兴起并不断发展，在突发事件应对中发挥了重要作用，但还存在产业体系不健全、市场需求培育不足、关键技术装备发展缓慢等问题。为了促进应急产业健康快速发展，2014年12月，国务院办公厅印发了《关于加快应急产业发展的意见》。同时，工业和信息化部、国家发展改革委、科技部开展首批国家应急产业示范基地申报评审工作。2015年，经评审，确定中关村科技园区丰台园、河北怀安工业园区、烟台经济技术开发区、合肥高新技术产业开发区、随州市、贵阳国家经济技术开发区、中海信创新产业城等7家为首批国家应急产业示范基地。三是成立中国应急管理学会、中国安全产业协会等一批相关社会组织。2014年9月，在国务院应急办的支持下，经民政部批准，依托国家行政学院成立了中国应急管理学会。中国应急管理学会是由国内外从事应急管理理论研究、教学培训、咨询服务的专家学者、实践人员及相关专业机构、企事业单位、非政府组织等自愿组成的全国性、学术性、公益性法人社会团体，致力于发展与应用现代应急管理观念、方法、技术，提升全社会预防与应对各类突发事件的能力。中国应急管理学会的成立为从事应急管理的理论和实践工作者搭建了一个相互交流的平台。

（五）在基层能力建设方面，社会公众防灾避险意识进一步增强

一是推进了综合减灾示范社区、安全示范社区、卫生应急综合示范区等基层示范项目建设。二是初步建立了国家应急新媒体平台。三是科普宣教和应急演练活动广泛开展。

（六）在国际和地区应急事务方面，发挥越来越重要的建设性作用

一是积极参与国际应急救援和人道主义紧急援助，成功组织实施我国在利比亚人员大规模撤离行动、援助西非国家抗击埃博拉出血热疫情、开展马航MH370失事客机家属安抚工作等。二是充分利用上海合作组织、亚太经合组织、东盟地区论坛等框架和机制，不断深入应急管理国际交流合作，我国应对大灾巨灾的政治优势和组织优势得到国际社会广泛赞同。

与"十一五"期间相比，全国自然灾害造成的因灾死亡失踪人数和直接经济损

失分别下降92.6%和21.8%，生产安全事故发生数量和死亡人数分别下降30.9%和25%，公共卫生事件发生数量和报告病例分别下降48.5%和68.1%，群体性事件发生数量下降25.9%。特别是在党中央、国务院坚强领导下，我国成功应对了四川芦山、云南鲁甸、甘肃岷县漳县等地震灾害，东北松花江、黑龙江流域性大洪水，"东方之星"号客轮翻沉事件，青岛市"11·22"中石化东黄输油管道泄漏爆炸特别重大事故，天津港"8·12"瑞海公司危险品仓库特别重大火灾爆炸事故，深圳光明新区渣土受纳场"12·20"特别重大滑坡事故，有效防控了人感染H5N1禽流感、H7N9禽流感、中东呼吸综合征、埃博拉出血热和鼠疫等突发急性传染病疫情，妥善处置了"3·1"昆明火车站和"5·22"乌鲁木齐严重暴力恐怖袭击等一系列重特大突发事件。应急体系经受住了严峻考虑，并在实践中不断加强和完善。

三、应急管理体系建设存在薄弱环节

我国应急管理体系经过抗击"非典"之后几年的全面建设和"十一五"和"十二五"期间的重点推进，取得了巨大成就，具有中国特色的现代应急管理体系框架已经基本形成，重点领域的应急能力稳步提升，基层群众的防灾减灾意识和应急处置能力也在不断增强。但是，与严峻复杂的公共安全形势相比，我国应急管理体系仍然存在诸多不适应，主要表现在：

一是重事后处置、轻事前准备，风险隐患排查治理不到位，法规标准体系不健全，信息资源共享不充分，政策保障措施不完善，应急管理基础能力亟待加强。

二是应急队伍救援装备和核心能力不足，专业和区域分布结构不均衡。我国相当一部分应急救援队伍是依托大型国有企业建立的，在当前各类企业经济效益滑坡的情况下，应急队伍的建设存在欠账较多、装备数量和核心能力不足、专业和区域分布结构不均衡、技术相对落后等问题，应急保障能力有待进一步提升。

三是应急物资储备结构不合理、快速调运配送效率不高，资源共享和应急征用补偿机制有待健全，应急信息发布和传播能力不足，公共安全科技创新基础薄弱、成果转化率不高，应急产业市场潜力远未转化为实际需求，应急保障能力需进一步

提升。

四是我国城市发展已经进入新的时期,与城市安全保障相适应的应急管理体系建设压力加大。我国城市化快速发展,2015年底,城市数量达到656个,建制镇数量达到20515个,分别比1978年增加463个和18342个。2015年,城镇化率达到56.1%,城镇人口快速增加,常住人口达到7.7亿,1978年是1.7亿,增长了3.5倍,年均增长1600万人。城市建成区面积,从1981年的7438平方公里增加到2015年的51948平方公里,增长了6倍,年均增加1309平方公里。城市基础设施显著改善,1981年到2015年,城市用水普及率由53.7%提高到97.7%,燃气普及率由11.6%提高到95.3%,污水处理率由3.8%提高到91%,城市集中供热面积由不足0.2亿平方米提高到64.2亿平方米,人均道路面积由人均不足2平方米提高到15.6平方米。随着城市规模不断扩大,城市系统越来越复杂,脆弱性加大,各种常态和非常态的城市安全隐患增多,城市特别是大城市面临的风险增大,单一城市安全问题的发生,往往引发一系列次生、衍生安全问题的连锁反应,造成巨大的人员伤亡、财产损失和不良社会影响。

五是基层应急能力薄弱,公众参与应急管理的社会化组织程度较低,公共安全意识和自救互救能力总体薄弱,社会协同应对机制有待健全。

六是随着"一带一路"倡议的实施和全方位开放新格局的构建,保护我国境外公民和机构安全的需求不断增长,应急体系建设的范围亟须拓展,参与国际应急救援行动的能力亟须提高。

"十二五"时期我国应急管理体系建设中存在的问题和不足,就是我国当前应急管理体系中存在的问题和不足,反映的是我国当下应急管理体系的现状和水平,其中既有规划中提出但没有很好解决的问题,也有一些是随着中国现代化发展和对外开放不断深入而出现的新情况、新问题;有些问题不是通过一两个五年规划就能彻底解决的,而是需要持之以恒、久久为功才有希望根治。因此,现代应急管理体系建设只有进行时,没有完成时。

第四节
"十三五"时期应急管理体系建设的思考

一、公共安全形势严峻复杂

我国现代化建设正在深入推进，公共安全面临诸多挑战，形势不容乐观。

（一）大灾多发、多灾并发

我国历来是世界上自然灾害最为严重的国家之一，灾害种类多、分布地域广、发生频率高、造成损失重。据统计，20世纪全世界的地震有1/3发生在我国，因灾死亡人数的1/2在我国，两次死亡20万人以上的地震灾害都发生在我国。近年来，受全球化气候变化、生态环境变化和人为活动等因素影响，我国自然及其衍生、次生灾害的突发性、复杂性和危害性加重加大。特别是我国大陆正处于强震活跃阶段，存在发生强烈地震的危险。继2008年5月12日四川汶川发生8.0级特大地震后，2010年青海玉树发生7.1级地震，2013年四川芦山发生7.0级地震，2014年云南鲁甸发生6.5级地震、新疆于田发生7.3级地震。2013年，全年各类自然灾害共造成3.9亿人（次）受灾，因灾死亡（失踪）2284人，紧急转移安置1215人（次），农作物受灾面积3135万公顷，其中绝收384.4万公顷，房屋倒塌87.5万间、损坏770.3万间，因灾直接经济损失5808.4亿元。2014年全年各类自然灾害共造成全国2.45亿人（次）受灾，1583人死亡，235人失踪，直接经济损失3373.8亿元。各类自然灾害共造成601.7万人次紧急转移安置，45万间房屋倒塌，354.2万间房屋不同程度损坏；农作物受灾面积2489.07万公顷，其中绝收309.03万公顷。2014年灾情虽有所减少，但是仍然非常严重。

（二）重特大事故灾难时有发生

我国经济快速发展，能源、资源、运输供求关系长期偏紧，再加上安全生产基础薄弱，一些地方和企业安全生产责任不落实、措施不得力、监管不到位，生产安全事故总量仍然偏大，重特大事故尚未得到有效遏制。2013年，吉林省长春市德惠宝源丰禽业公司火灾事故造成121人遇难；11月22日，青岛市黄岛区中石化东黄输油管道泄漏爆炸，造成62人死亡、136人受伤，直接经济损失7.5亿元。2014年，全国共发生各类事故29.8万起，死亡6.6万人。其中，3月1日山西晋城段隧道危化品燃爆造成40人死亡、12人受伤，42辆车被烧毁，直接经济损失8197万元；7月19日沪昆高速湖南邵阳段发生危化品燃爆事故，致使大客车、轻型货车等5辆车被烧毁，58人死亡，2人受伤，直接经济损失5000多万元；8月2日江苏省昆山中荣金属制品有限公司发生铝粉尘爆炸，造成146人死亡，114人受伤，直接经济损失3.51亿元；8月9日拉萨市尼木县境内318国道发生特大道路交通事故，造成44人死亡、11人受伤，直接经济损失3900多万元。另外，我国的煤矿每百万吨死亡率虽然下降到0.03以下，但仍然是美国的10倍，与先进产煤国家相比还有很大差距。

（三）公共卫生事件防控难度增大

突发公共卫生事件诱因和影响呈现较强的国际性特点，来自非洲、东南亚的输入性恶性疟疾、登革热等疫情在我国多次出现，虽然得到及时有效处置但对我国的威胁却在日益显现，非洲猪瘟等动物疫病经野生动物传入的风险在不断加大，全球新发的30多种传染病已有半数在我国发现。重特大疫情和群体性不明原因疾病时有发生，随着人口流动量加大和流动速度加快，疾病传播范围更广、速度更快、损失更重、防控更难。2013年，人感染H7N9禽流感疫情共报告144例确诊病例，造成48人死亡，并对家禽业造成较大损失。2014年，西非出现埃博拉疫情，在全球产生广泛影响，我国也受到威胁。近年来，食品药品安全事件频发，"病死猪"、"假羊肉"、中药材掺杂使假、大米镉超标、地沟油等引发社会广泛关注，尤其是婴幼儿乳粉、疫苗等食品药品安全事件涉及人群敏感，舆论影响和热度居高不下。

（四）社会安全面临新的挑战

我国现代化发展中存在的不平衡、不协调、不可持续的问题仍然比较突出，地区之间、城乡之间的发展差距以及部分社会成员之间的收入分配差距扩大。在全面深化改革的过程中,社会结构进一步深刻变化,各种利益关系更加错综复杂,历史遗留问题与改革发展中的新问题交织叠加,因利益关系调整等引发的社会矛盾多样多发,群体性事件呈现触点多、燃点低、关联性强的特点。近年来,环境保护、劳资纠纷、征地拆迁、执法司法等领域群体性事件趋于增多,一些城市白领、专业人士也加入其中,出现了直接利益与其他权益关联、利益涉及群体与无关联人员汇聚、有组织串联与自发聚集交织等新情况,互联网的聚焦发酵作用凸显。受极端宗教思想、境外分裂势力以及国际恐怖组织的影响,我国反恐斗争面临严峻形势,新疆暴力恐怖活动仍有苗头,仍有发生重大暴恐事件的可能。"家族式"和"新生代"暴恐团伙不断滋生,制爆意识、技术和规模明显升级。2013年北京"10·28"冲撞天安门金水桥案件、2014年昆明"3·1"恐怖袭击事件,表明暴恐活动开始由新疆向内地和其他边境地区扩散。个人极端案件时有发生。近年来,还发生了公交车纵火、学校商场等公共场合持刀砍人等突发事件。2013年6月7日,厦门一公交车发生纵火,造成包括7名参加高考的花季少年在内的47名无辜群众死亡。这类事件突发性强,侵害对象随机,极易引发公众恐慌,而且还会发生不良示范和诱导效应。电信诈骗、网络诈骗等新型犯罪事件增多,网络安全监管形势严峻。

在四大类突发事件频发的态势下,涉外突发事件呈现上升趋势,突发事件关联性、衍生性越来越强,危害性越来越大,突发事件应对处置难度加大,对我国公共安全形势造成前所未有的挑战。

二、应急管理工作仍需加强

2003年,抗击"非典"疫情是我国应急管理工作的一个转折点。自此以后,我国应急管理工作开始沿着规范化、法治化和科学化的轨道发展,现代应急管理工作格局逐步形成。10多年来,我国应急管理工作取得了巨大的成就:一是预案体系不断完善,二是应急管理体制不断健全,三是应急管理机制不断完备,四是应急法规体系不断健全,五是应急保障能力不断增强,六是应急管理观念不断转变。我国特色的应急管理体系正在形成并不断完善。但是,面对日益复杂严峻的公共安全形势,面对人民群众的新期待、新要求,我国应急管理体系建设仍然任重道远。

第一，思想意识需要进一步强化。仍然有不少领导干部对应急管理工作重视不够，缺乏忧患意识、风险意识，没有底线思维，抱有侥幸心理，认为本地区、本部门、本单位、本次活动不会有风险，只注重常态管理，轻视甚至忽视应急管理，把应急管理当作可有可无的工作。还有一些地方和城市不同程度存在着重处置、轻预防，重地上、轻地下，重表面、轻基础，重眼前、轻长远等情况。重大突发事件屡屡发生既有客观原因，存在不可抗拒的因素，更重要的原因是麻痹大意、工作不细致不深入、责任制不落实。2014年12月31日上海外滩发生的拥挤踩踏事件，造成36人死亡、49人受伤的严重后果。这是一起对群众性活动预防准备不足、现场管理不力、应对处置不当而引发的拥挤踩踏并造成重大伤亡和严重后果的公共安全责任事件。究其根本原因是黄浦区有关领导对群众自发大规模聚集开展迎新年活动存在风险估计不足、对应急管理工作重视不够。

第二，预案管理需要进一步加强。一些重要领域、重大活动、重要目标还缺乏应急预案，一些部门和地方对应急预案的功能定位不准。一是把应急预案混同于应急规划，不是基于现有的队伍、物资等条件制定应对工作方案，不恰当地强调应急预案的计划性和前瞻性，不是"看菜吃饭"而是"点菜吃饭"；二是预案针对的重点环节不准确，认为应急预案应当贯穿应急管理的全过程，包括预防准备、监测预警、处置救援、恢复重建等各个环节，而不是把应急预案定位于应对事发后的应对工作方案，侧重规范应急响应措施，强调做什么、怎么做和谁来做等具体问题。大多数地方和部门在编制应急预案时，缺乏对风险、突发事件的特点和应急资源现状的系统分析，没有结合自身应急资源和周边可以调用或支援的应急资源提出恰当的应对方案。不少预案提出的措施存在单一部门措施多、综合协作措施少，后方指挥措施多、前方组织措施少等突出问题。还有的预案对应急措施的要求过于原则性甚至内容模糊，或者不切实际，影响了预案的可操作性。预案之间的衔接不够，缺乏统筹规划，造成预案重复、交叉甚至冲突。不少单位把编制应急预案作为一种应付上级检查和推卸责任的工作，编完之后就束之高阁，没有进行预案演练，也没有根据实际情况及其相关情况的变化对预案修订完善。

第三，应急管理体制机制需要进一步完善。党政协同、军地协同和条块协同、地方之间协同等都有待进一步加强，应急资源的整合和利用效率也需提高。部门之间应急管理职能缺乏规范、科学的界定，有的部门职能相近或交叉，但又各管一段，一方面容易出现漏洞，另一方面容易出现力量建设重复交叉；有的地方或领域把风险防范工作归由专业的应急指挥机构负责，有的交由常态职能部门负责，缺少统一规定，防范工作往往不到位。各地应急办事机构不规范，各地应急办职责和级别不同，协调能力及发挥的作用也不同。应急指挥协调机制不够明确科学，大部分应急救援处置队伍都是由隶属不同的上级部门指挥派遣，有时存在各自为政、各自为战的问题，而指挥部往往在达到一定伤亡后才启动，甚至临时组建指挥部，造成统一指挥的滞后。另外，社会舆情监控引导机制不够健全，社会动员机制和社会组织参与机制亟须规范。

第四，监测预警和快速处置能力需要进一步提高。气象灾害预评估和预警能力不足，地震预测预报仍处于探索阶段，地质灾害、森林火灾等监测网络建设还不健全，灾害信息获取处理、遥感减灾应用等方面与发达国家相比仍有不小差距。预警信息发布的"最后一公里"瓶颈问题还没有很好地解决，特别是对农村和偏远地区的预警信息服务亟待加强。应急通信专业保障队伍装备技术水平滞后于网络发展，机动通信和特殊通信装备不足，在常规通信瘫痪的情况下，不能很好地满足应急指挥的需要。各类专业应急队伍特别是救援队伍和装备数量不足，布局不尽合理，缺乏大型和特种装备；现场处置能力尤其是第一时间生命搜救能力亟待增强。在发生巨灾、交通和电力等重要基础设施遭受破坏的情况下，缺乏备用系统及可供迂回的路线和线路。空中救援和大型装备快速运抵现场能力不足，特殊环境下飞机救援配套装备欠缺，影响了对偏远地区和常规交通难以抵达地区的应急救援。应急物资储备的种类和数量仍然有限、布局不够合理，大宗应急物资紧急生产、采购、储存、调运和配送体系还不完善。

第五，群众的风险意识和自救互救能力有待进一步提升。群众安全意识还不高，缺少防灾避险、应急处置的知识和技能，不少人在突发事件面前常常手足无措，不知如何应对。居民家庭、社区、基层单位紧急避险、自救逃生的装备设施准备不足。每年因违章指挥、违章作业造成事故灾难以及因遇险人员缺乏自救知识而导致不应有的伤亡的情况屡见不鲜。

此外，应急管理法律制度还需要进一步完善。《突发事件应对法》存在诸多需要修订完善的地方，同时，还缺乏与之配套的相关制度。对一些新兴突发事件的防范应对还缺乏相应的、适用的法律法规。

三、新时期应急管理体系建设的思路和任务

党的十八大以来，以习近平同志为核心的党中央高度重视包括应急管理在内的公共安全和国家安全工作。习近平总书记对公共安全的地位，公共安全的形势，维护公共安全，强化安全生产责任以及如何科学有效预防、处置各类突发事件等多方面的工作发表了一系列重要讲话。关于公共安全的地位，习近平总书记深刻地指出，"公共安全是国家安全的重要体现，一头连着经济社会发展，一头连着千家万户，是最基本的民生"，"公共安全是社会安定、社会秩序良好的重要体现，是人民安居乐业的重要保障"。关于公共安全形势，习近平总书记在深刻分析国际国内形势的基础上指出，"当前，我国面临对外维护国家主权、安全、发展利益，对内维护政治安全和社会稳定的双重压力，各种可以预见和难以预见的风险因素明显增多"。关于如何维护公共安全，习近平总书记指出，"维护公共安全，必须从建立健全长效机制入手，推进思路理念、方法手段、体制机制创新，加快健全公共安全体系。"他还指出，"维护公共安全体系，要从最基础的地方做起"，"要坚持群众观点和群众路线，拓展人民群众参与公共安全治理的有效途径"。习近平总书记的重要讲话精神有力地推动了我国"十二五"时期应急管理体系建设，也为"十三五"时期应急管理体系建设指明了方向。

2017年1月，国务院办公厅公布了《国家突发事件应急体系建设"十三五"规划》。这是我国在应急管理领域发布的第三个国家级专项规划，是"十三五"时期为数不多的国家级专项规划之一，对于指导和推动国家应急体系建设，提升预防和处置突发事件能力，保障公共安全必将起到重要作用。

"十三五"时期，我国突发事件应急体系不是在一张白纸上起步建设，而是在多年建设积累的成功做法和宝贵经验，特别是"十一五"时期和"十二五"时期

建设的巨大成就的基础上，瞄准全面建成小康社会的新要求、未来可能出现的新风险，查缺补漏，突出重点，全面部署。因此，该规划坚持目标和问题导向，着力补短板、织底网、强核心、促协同，进一步推进应急管理工作法治化、规范化、精细化、信息化。"补短板、织底网、强核心、促协同"，是"十三五"时期我国应急体系建设的总体思路，也是重点任务，而"应急管理工作法治化、规范化、精细化、信息化"则是应急体系建设的总目标，也是建设完善高效应急体系的根本保障。

该规划主要对以下五个方面的工作进行了部署和安排：

一是加强应急管理基础能力建设。公共安全和应急管理的理念应该贯穿于突发事件应急管理的各个环节、各个方面。我国应急管理存在重事中处置、轻事前预防，城乡建设规划中公共安全设防标准不高，缺乏系统完整、科学有效的风险管控体系和隐患排查机制，突发事件监测预警服务能力仍然不高等问题。因此，要健全完善突发事件风险管控体系，加强城乡社区和基础设施抗灾能力，完善监测预警服务体系，强化城市和基层应急管理能力建设，提升应急管理基础能力和水平。

二是加强核心应急救援能力建设。目前，我国已基本形成了以公安、武警、军队为突击力量，以抗洪抢险、抗震救灾、森林消防、海上搜救、铁路事故救援、矿山救护、核应急、医疗救护、动物疫情处置等专业队伍为骨干力量，以企事业单位专兼职队伍、应急志愿者为辅助力量的现场救援、医疗救治的应急队伍体系。近年来，这几支力量在抗震救灾、抗洪抢险、处置重特大安全生产事故、维护社会稳定等方面发挥了重要作用。但是，总体而言，我国应急救援力量还不强，应急队伍的装备条件、专业能力、日常训练、经费保障、基地建设、科学研究等方面欠账较多。因此，要强化公安、军队和武警突击力量应急能力建设，支持重点行业领域专业应急队伍建设，形成我国突发事件应对的核心力量，承担急难险重抢险救援使命。特别是要加强综合应急救援队伍建设，推进国家紧急医学救援基地和区域紧急医学救援中心建设，构建陆海空立体化、综合与专科救援兼顾的紧急医学救援网络。紧急医学救援能力建设既关系突发公共卫生事件本身的应急处置，也关系到其他各类突发事件的应对，涉及面广任务重。

三是加强综合应急管理保障能力建设。应急管理综合保障能力涉及信息、物资、交通运输和新技术应用等方面的内容。经过多年的建设和发展,我国应急指挥、信息报送、物资储备和运输能力有了极大提高。但是,突发事件发生时,仍然存在信息收集和报送不及时、不准确的情况,仍然有通讯盲区和死角,应急物资储备结构不合理、快速调运配送效率不高,资源共享和应急征用补偿机制不健全,从而影响了突发事件处置的效率和效果。因此,要统筹利用社会资源,加快新技术应用,推进应急协同保障能力建设,进一步完善应急平台、应急通信、应急物资和紧急运输保障体系。

四是加强社会协同应对能力建设。应急管理需要多方面力量的参与和配合,群策群力、众志成城。有效的突发事件预防、处置和恢复重建,需要在党和政府的坚强领导下,走群众路线,充分发动群众、依靠群众,实现政府与社会、市场力量的合理分工和协调配合。因此,要强化公众自防自治、群防群治、自救互救能力,支持引导社会力量规范有序参与应急救援行动,完善突发事件社会协同防范应对体系。要大力开展公共安全和应急管理知识进学校、进企业、进基层、进社区、进农村、进家庭等的活动,宣传普及预防和应对各类突发事件的知识和技能,运用多种形式、多种方法,寓教于乐,进行体验式、参与式、分享式应急管理教育培训。从小学生抓起,在培养孩子的同时,"小手拉大手",带动家长一起参与学习提高。加快应急志愿者队伍建设,制定和完善相关政策措施,鼓励更多的人参与应急救援工作,加强培训,提升专业技能,完善组织体系,规范参与应急管理的渠道,改变现在应急志愿者队伍"小、散、弱",热情高、能力弱,有队伍无秩序的状况。要积极推进完善巨灾保险机制建设,引导市场力量更好地参与防灾救灾。

五是进一步优化应急管理体系。"一案三制"是我国现代应急体系建设的起步及全面推进的抓手和宝贵经验。如果说,"十一五"时期,"一案三制"是1.0版本,那么"十二五"时期,就是2.0版。"十三五"时期要毫不动摇地继续把"一案三制"作为工作抓手,完善应急管理标准体系,向着3.0版迈进。在预案管理方面,要科学编制应急预案,健全预案体系,推动不同地区、不同单位、不同部门、不同层次、不同类型预案之间的有效衔接,开展科学有效的预案演练,使应急预案真正科学合理、简便管用。在应急体制方面，不断总结经验教训，建立符合实际、集中统一、反应迅速、协调有序、应对科学有力的领导和指挥体制。在应急机制方面，重点要完善信息报送、舆情引导、物资保障、联动协调、恢复重建等机制。在应急法制方面，研究制定《突发事件应对法》相关配套法规制度和规范性文件，健全各类突发事件应急相关法律法规体系，完善地方性应急管理法规。特别是要树立标准意识，着力加强应急标志标识、风险隐患识别评估、预警信息发布、应急队伍及装备配置、公共场所应急设施设备配置、应急避难场所建设、物资储备、应急通信、应急平台、应急演练等相关标准研制。标准和预案一样，是应急管理法律法规的重要组成部分。通过优化"一案三制"提升应急管理学科化、规范化、有效化水平。

经过未来几年的建设和发展，到 2020 年，我国一定会建成一个与有效应对公共安全风险挑战相匹配、与全面建成小康社会要求相适应、覆盖应急管理全过程、全社会共同参与的突发事件应急体系。届时，我国应急管理基础能力持续提升，核心应急救援能力显著增强，综合应急保障能力全面加强，社会协同应对能力明显改善，涉外应急能力得到加强，应急管理体系进一步完善，应急管理水平再上新台阶。

参考文献

◻ 第二章

[1] 邓小平. 邓小平文选：第 2 卷. 北京：人民出版社，1994.

[2] 邓小平. 邓小平文选：第 2 卷. 北京：人民出版社，1994.

[3] 夏海. 政府的自我革命——中国政府机构改革研究. 北京：中国法制出版社，2004.

[4] 佚名. 中国共产党第十四次全国代表大会文件汇编. 北京：人民出版社，1992.

[5] 张志坚，刘俊林. 中华人民共和国政府机构五十年. 北京：党建读物出版社，国家行政学院出版社，2000.

◻ 第三章

[1] 钱纳里，等. 发展的型式：1950—1970. 北京：经济科学出版社，1988.

[2] 贝里. 比较城市化——20 世纪的不同道路. 顾朝林，等译. 北京：商务印书馆，2008.

[3] 诺克斯. 城市化. 顾朝林，等译. 北京：科学出版社，2009.

[4] 顾朝林. 中国城镇体系：历史·现状·展望. 北京：商务印书馆，1992.

[5] 陆学艺. "三农论"——当代中国农业、农村、农民研究. 北京：社会科学文献出版社，2003.

[6] 蔡昉. 中国的二元经济与劳动力转移. 北京：中国人民大学出版社，1990.

[7] 周叔莲，金培. 国外城乡经济关系理论比较研究. 北京：经济管理出版社，1993.

[8] 厉以宁. 论城乡一体化. 中国流通经济，2010（11）.

[9] 吴根平. 我国城乡一体化发展中基本公共服务均等化的困境与出路. 农业现代化研究，2014（4）.

[10] 沈雪澈,郭跃. 新型城镇化背景下的我国"镇级市"改革研究,2013(8).

[11] 张沛,张中华,孙海军. 城乡一体化研究的国际进展及典型国家发展经验. 国际城市规划,2014(1).

[12] 岳经纶. 中国社会政策60年. 湖湘论坛,2009(4).

[13] 张永岳. 我国城乡一体化面临的问题与发展思路. 华东师范大学学报(哲学社会科学版),2011(1).

[14] 陆学艺. 破除城乡二元结构实现城乡经济社会一体. 社会科学研究,2009(4).

[15] 洪银兴. 城乡差距和缩小城乡差距的优先次序. 经济理论与经济管理,2008(2).

[16] 党国英. 推进城乡要素平等交换. 前线,2013(12).

[17] 张强. 中国城乡一体化发展的研究与探索. 中国农村经济,2013(1).

[18] 麦婉华. 广东城镇化建设有新突破:大镇强镇将升级为"镇级市". 小康,2014(13).

[19] 孙鸿志. 美国农业现代化进程与政策分析及启示. 世界农业,2007(12).

[20] 倪建伟,何冬妮. 挪威城乡一体化核心制度安排及对中国的启示. 经济社会体制比较(双月刊),2010(6).

[21] 徐勃. 珠三角城乡一体化的路径研究. 特区经济,2012(8).

[22] 何子英. 走向城乡一体化的社会政策体系建设——以"十一五"时期的浙江经验为研究对象. 经济社会体制比较,2012(4).

[23] 杜芳,乐波. 罗斯福新政与美国农业现代化及其启示. 江西社会科学,2008(11).

[24] 孙海军,张沛. 2000年以来国内城乡一体化理论与实践研究综述. 区域经济评论,2013(3).

[25] 张占斌,罗尔·中国新型城镇化背景下的省直管县体制改革. 经济社会体制比较,2012(6).

[26] 冯俏彬. 创新跨区域行政体制 促进区域协同发展. 改革内参,2014(11).

[27] 张占斌. 省直管县改革新推进. 中国行政管理,2013(3).

[28] 陈喜生. 对目前省直管县体制的五点思考. (2009-02-12)[2017-07-30]. http://theory.people.com.cn/GB/49154/49369/8795486.html.

[29] 王开泳. 行政区划视野下我国城市化发展的现状、问题与对策. 工程研究——跨学科视野中的工程, 2011 (3).

☐第四章

[1] 桂世镛, 唐铁汉. 邓小平行政理论与我国政府机构改革. 北京: 国家行政学院出版社, 1998.

[2] 何颖. 中国政府机构改革: 30年回顾与反思. 中国行政管理, 2008 (12).

[3] 吴江. 我国政府机构改革的历史经验. 中国行政管理, 2005 (3).

[4] 许耀桐. 行政体制改革: 十年十成果. 瞭望, 2012 (45).

[5] 许耀桐. 关于我国大部制改革的探讨. 中共福建省委党校学报, 2013 (12).

[6] 周志忍, 徐艳晴. 基于变革管理视角对三十年来机构改革的审视. 中国社会科学, 2014 (7).

[7] 朱光磊, 李利平. 回顾与建议: 政府机构改革三十年. 北京行政学院学报, 2009 (1).

☐第六章

[1] 本刊评论员. 依法而选则安, 违法而行则乱. 乡镇论坛, 1999 (2).

[2] 胡仙芝. 历史回顾与未来展望: 中国政务公开与政府治理. 政治学研究, 2008 (6).

[3] 中国行政管理学会编. 政务公开与政府建设. 北京: 知识出版社, 2001.

[4] 胡仙芝. 政务公开提升政府公信力. 瞭望, 2012.

[5] 胡仙芝. 政务公开与政治发展研究. 北京: 中国经济出版社, 2005.

[6] 胡仙芝, 姜秀谦, 王君琦, 等. 我国县级政务公开改革研究. 北京: 华夏出版社, 2014.

[7] 周汉华. 我国政务公开的实践与探索. 北京: 中国法制出版社, 2003.

[8] 赵永伟, 唐璨. 行政服务中心理论与实践. 北京: 企业管理出版社, 2006.

[9] 段龙飞. 我国行政服务中心建设. 武汉: 武汉大学出版社, 2007.

[10] 本书编写组. 大数据领导干部读本. 北京：人民出版社，2015.

第八章

[1] 中共中央组织部，等.《中华人民共和国公务员法》释义. 北京：中国人事出版社，党建读物出版社，2007.

[2] 中共中央组织部干部一局，国家公务员局. 公务员法配套政策法规文件汇编. 北京：党建读物出版社，中国人事出版社，2008.

[3] 杨士秋. 治国之举——建设中国特色公务员制度. 北京：中国人事出版社，2011.

第九章

[1] 李步云，张志铭. 跨世纪的目标：依法治国，建设社会主义法治国家. 中国法学，1997（6）.

[2] 胡建淼. 认真学习，深刻领会党的十八大关于依法治国的精神. 国家行政学院学报，2013（1）.

[3] 魏礼群. "四个全面"：新布局、新境界. 北京：人民出版社，2015.

[4] 胡建淼. 走向法治强国. 北京：法律出版社，2016.

[5] 国家行政学院课题组. 法治政府指标体系与作用. 中共天津市委党校学报，2014（2）.

[6] 胡建淼，戴建华. 人民满意的政府才是好政府. 求是，2014（3）.

[7] 马怀德. 法治政府建设：挑战与任务. 国家行政学院学报，2014（5）.

[8] 胡建淼. 让法治成为一种信仰. 人民公仆，2014（10）.

[9] 俞可平. 国家底线：公平正义与依法治国. 北京：中央编译出版社，2014.

[10] 胡建淼. 处理好权与法的关系. 求是，2015（11）.

[11] 胡建淼. 走向法治强国. 国家行政学院学报，2012（1）.

后 记

党的十九大，是在我国全面建成小康社会决胜阶段、中国特色社会主义发展关键时期召开的一次十分重要的大会，全党全国人民正怀着无比喜悦的心情翘首以待。在大会即将开幕之际，《建设服务型政府——中国行政体制改革40年》一书写作完成并正式出版，各位作者感到十分高兴，因为这是作者们用自己的汗水和知识为十九大精心制作的一份礼品，可借以表达作者们对这次盛会的热切期盼和崇高敬意。

本书是集体智慧的结晶，10多位长期研究行政体制改革问题的专家学者参与了本书的写作。各章作者分别是：第一章，魏礼群；第二章，王满传、王君琦；第三章，张占斌、冯俏彬、安森东；第四章，许耀桐、刘祺；第五章，孟庆国、王理达；第六章，胡仙芝；第七章，张定安；第八章，吴江、张敏；第九章，胡建淼；第十章，李沛；第十一章，龚维斌。

在本书编写过程中，联合策划和组织《复兴之路——中国改革开放40年回顾与展望》丛书出版的广东经济出版社、中国（海南）改革发展研究院给予了大力支持，丛书编委会专家就本书写作提纲、思路提出了宝贵意见。在此，对广东经济出版社、中国（海南）改革发展研究院表示衷心感谢，对丛书编委会各位专家表示衷心感谢。同时，要特别感谢本书的责任编辑，她们严谨细致的工作精神和高水平的专业能力，提高了本书的质量。

  由于多方面原因，书中难免存在不足之处，敬请读者朋友批评指正。

本书编者